ボスニア紛争報道

メディアの表象と翻訳行為

坪井睦子

みすず書房

目　次

序　章
1　異文化コミュニケーションとしての翻訳の歩み　1
2　メディアと翻訳の不可視性　2
3　国際報道体制とメディア翻訳　5
4　本書の位置づけ　8
5　ボスニア紛争報道と翻訳　13
6　本書の構成　18

第Ⅰ部　メディア翻訳への視点：言語行為の多層性

第1章　グローバル化とメディア翻訳
1　グローバル化の二面性　26
2　グローバル化と情報・翻訳の流通　29
3　メディア、翻訳、メディア翻訳　32
4　求められる記号論的視点　36

第2章　メディア翻訳と紛争報道に関する研究
1　メディア翻訳という実践と研究領域　41
2　メディア翻訳研究の進展　42
3　社会的言語学からのアプローチ　50
4　その他の関連領域　51

第3章　翻訳学における「等価」理論の展開
1　翻訳学における2つの潮流：言語理論と文化理論　57
2　言語理論における「等価」の概念　60
3　文化理論からの解釈の「不確定性」の提起　64
4　言語理論と文化理論をつなぐ新たな可能性を求めて　69

第4章　現代社会記号論系言語人類学と出来事モデル
1　現代社会記号論系言語人類学の概要　75

2　コミュニケーションモデル　79
　3　語用とメタ語用　82
　4　名詞句階層とメタ語用的装置　83
　5　言説分析の方法　92

第Ⅱ部　メディアの表象と翻訳：ボスニア紛争報道の言説分析

第5章　ボスニア紛争の経緯と歴史的背景
　1　ユーゴスラヴィア解体とボスニア紛争　97
　2　近代国家の誕生と紛争の歴史的背景　103
　3　ボスニアにおける民族意識の形成　111
　4　ボスニア紛争と政治指導者　114

第6章　ボスニア紛争と国際社会
　1　西欧諸国の対応　125
　2　ヨーロッパの中のバルカンと中・東欧諸国　133
　3　アメリカ外交の展開　137
　4　日本社会の反応　141

第7章　紛争をめぐる解釈とメディア言説
　1　旧ユーゴスラヴィアのメディアと紛争　151
　2　ボスニア紛争をめぐる言説　163
　　2.1　セルビア、クロアチアの主要メディアの動向　164
　　2.2　セルビア、クロアチアの独立系メディア　166
　　2.3　ボスニアのメディア　171
　　2.4　ドキュメンタリー映画　174
　　2.5　ボスニアの民族誌　176
　3　欧米メディアの言説・メタ言説　183
　4　日本のメディア言説　198
　5　考察　201

第8章　メディア翻訳の言説分析
　1　分析の視点とデータ　209
　2　各テクストを取り巻くコンテクスト　211
　3　事例分析　224
　　3.1　報道週刊誌：*Newsweek*　224
　　3.2　外交・国際専門誌：*Foreign Affairs*　250

3.3 ルポルタージュ：*The Fall of Yugoslavia*　258
   3.4 テレビドキュメンタリー：*The Death of Yugoslavia*　272
 4 考察　293

終　章
 1 メディアの表象と相互行為としての翻訳　303
 2 今後の課題　308
 3 異文化コミュニケーションにおけるメディア翻訳の役割　310

あとがき　314

付録　第8章談話分析データ一覧　318

参考文献　326

索　引　345

序　章

1　異文化コミュニケーションとしての翻訳の歩み

　翻訳という人間の営みの歴史は長い。古代より今日まで、異なる文化、異なる言語の邂逅するあらゆる時と空間で実践され、異文化間のコミュニケーションと異文化理解に大きな役割を担ってきた。この翻訳の実践のあるところにはいつもまた、翻訳とは何か、翻訳とはどうあるべきかという根源的な問い、議論が生まれた。翻訳論である。今日、私たちが一般的に「翻訳」と呼ぶもの、そしてその実践についての議論は古代ローマにまで遡る。すでに紀元前1世紀にはキケロ（Cicero）とホラティウス（Horace）が、また紀元4世紀後半には聖ヒエロニムス（St. Jerome）が、今でも翻訳をめぐってよく耳にする「逐語訳（word-for-word）」か「意味対応訳（sense-for-sense）」か、あるいは「直訳（literal）」か「自由訳（free）」かという議論を展開し、現代に至るまで西洋における翻訳に関する議論の基礎をなしてきた。同様の関心は、古来から翻訳の伝統のある中国やアラブ世界でも生まれていたという（マンデイ, 2009 [2008], pp. 28-34）。つまり、古今東西、翻訳論は、異文化間の狭間で脈々と続けられてきた言語実践、言い換えると異文化コミュニケーションとしての翻訳の歴史とともにあったと言える。

　日本における長い翻訳の歩みも、人間としてのこのような普遍的な営為の一環である。同時に、すべての言語活動と同様に、日本という個別の歴史と文化に根ざした実践でもある。古代大和の人々が中国・朝鮮という異文化に出会い、漢字の受容を試みてから今日に至るまで、日本の歴史を振り返ってみれば、翻訳の多様な姿が浮かび上がってくる。特に、幕末から明治時代にかけての日本の近代化に、翻訳は重要な役割を果たした。官民をあげ、膨大な西洋の文献が日本語に翻訳されたことはよく知られている。翻訳は西洋文明を摂取するため

の国家的な大事業であり、それは質と量において際立つだけでなく、法律、科学技術、医学、政治、地理、歴史、哲学から文学、芸術まで網羅的、かつ広範な領域に及んだ（加藤・丸山，1991）。日本でもこの時期、様々な翻訳論が誕生している（cf. 柳父・水野・長沼，2009）。

一方で、翻訳の実践、現象を理論的、実証的に研究する独立した学問領域としての「翻訳学（Translation Studies）」が西洋で確立するのは、ようやく20世紀後半になってからであり、その歴史も浅い。しかし、人々はそれよりもずっと以前から、翻訳を実践し、その実践を通し、翻訳についてあくなき問いかけを続けてきたのである。それゆえにまた、翻訳論は、近代以降の諸科学、なかでも言語、文化、社会を扱う人文・社会科学領域においても様々な形をとって展開してきたのである。

近年、とりわけ1990年代以降、東西冷戦構造の崩壊と、インターネットや通信ネットワークをはじめとする情報技術の発展に伴い、グローバル化が急速に進展し、これまで国民国家として画されてきた領域を越えて、人・もの・情報が自由に、大量に、瞬時に行き交う時代を迎えている。グローバル化の加速するこの過程において、翻訳を介したコミュニケーションも拡大、多様化している。その意味で、翻訳が国際関係と異文化理解に担う機能は、従来にも増して重要となっている。このような時代にあって、「他者」なる異文化への共感と理解、同時に「自己」と「他者」というこれまでの二項対立的、固定的な関係性の再考を通し、多文化・多言語の平等と共存を模索する異文化コミュニケーションの今日的な課題に、翻訳はいかなる役割を果たすのだろうか、その可能性は何だろうか。そして翻訳の実践と理論の架橋に、翻訳学という若い学問は何を新たに提供できるのだろうか。あらためて、翻訳とは何か、どうあるべきかが問われる時代に私たちは生きている。

2 メディアと翻訳の不可視性

現代のグローバル社会で、翻訳の関わるジャンルも内容も多岐にわたる。その中で、日々、日本の人々が新聞、雑誌、テレビ、ラジオ、インターネット等のマス・メディアを通し受け取る国際報道記事やニュースにも、もちろんのこと、翻訳が関わり、世界各地での様々な出来事や文化、とりわけ日本からは地

政学的に遠い国々の出来事や文化の理解に大きな貢献をしている。

　周知のように、近代以降の「公共圏」の成立に、メディアは重要な役割を担ってきた。人々はメディアを通して様々な出来事を理解するだけではなく、積極的に世論を形成し政治を動かしていくという側面を持っている（ハーバーマス，1994 [1990]）。現代社会にあって翻訳は、このメディアの存在と表象に深く結びついた営みである。その意味で、国際報道に関わるメディア翻訳は、一方で冷戦後の新たな世界構築のための相互理解、他方で噴出する地域紛争の解決のための情報提供に欠かせない実践である。このことは、政治、メディア、翻訳がそれぞれ相互に深い関わりを持つ営みであることを示すものでもある。

　ニュース・バリュー研究でも明らかにされているように、メディアにおいて、紛争や対立は常にニュースとしての価値の高い項目のひとつである（大石，2005, p. 88; 大石・岩田・藤田，2000, pp. 18-21）。それだけに、紛争が誰によって解釈されるのか、その中でいかなる取捨選択がなされるのか、そしてメディアを通して、いかなるテクストとなって国境を越えていくのかは、人々の異文化理解、ひいては各国の外交政策や国際政治に強い影響を及ぼす世論形成にも関わってくる。そして、そこには常に翻訳が介在している。

　本書において、紛争とメディアが大きく関わった事例として取り上げるボスニア紛争は、冷戦終結後世界で多発した地域紛争の中でも、第2次世界大戦後ヨーロッパで起きた最悪の紛争と言われ、グローバル社会における「情報戦争」、「メディア戦争」の典型のひとつと位置づけられている。この紛争について、日本の人々が受け取った報道も、その多くが欧米主要メディアの発信したニュースや記事の翻訳であった。

　しかしながら、私たち一般の視聴者や読者は、国際報道における翻訳の存在や影響を十分認識していると言えるだろうか。多くの場合、翻訳の介在は、視聴者や読者にとってはほとんどその姿が見えないものであり、何か特別な問題が起こらない限り、日常の意識に上ることも少ないのではないだろうか。このことは翻訳という行為が、現代社会において今なお、情報理論的コミュニケーションモデルに典型的に見られるような、二言語間の意味の「等価的な」置き換えとして捉えられていることを物語っている。その背景には、「コミュニケーションとは情報伝達」であるという、現在も社会に広く行きわたったイデオ

ロギー（情報理論的コミュニケーション観）の強い影響があると考えられる。翻訳もそのようなコミュニケーション活動の一環であると見なされ、翻訳について人々の抱くイメージは依然として昔と変わらず、Ａという言語からＢという言語への、つまり語から語、あるいはテクストからテクストへ置き換えるだけの作業と捉えられがちである。ここでは、翻訳、あるいは翻訳者とは、いわば「導管 (conduit)」と見なされる。「等価 (equivalence)」という語をどう定義するかは別として、この語は今も多くの翻訳者や翻訳を依頼する顧客、翻訳のエンドユーザー（メディアの翻訳で言えば、読者や視聴者）が漠然とでも抱いている翻訳観を最もよく表していると言えるだろう（cf. ピム, 2010 [2010]）。

　メディアのテクストは、文学作品の翻訳のように時間をかけて、繰り返し読んだり聞いたりされることも少ない。また原文と訳文を突き合わせて読み比べられることもまれで、短い時間で次から次へと消費されていく。通常、人々はメディアのテクストに事実を読みとることを期待し、基本的に信じ、その情報を前提に生活している。メディアが問題となるのは、情報の改竄・捏造・隠蔽あるいは報道の偏向や政治権力との関係が指摘される時ぐらいである。報道における翻訳という視点から、再考される機会はほとんどないと言ってよいだろう。

　一方、情報の改竄や捏造などの問題が大きく取り上げられる背景には、メディアの報道自体に関しても、ジャーナリストの規範として、あるいは視聴者や読者のメディアへの期待として、「客観報道」が今も重視されている状況がある。そこでは、「中立性」とか「客観報道」など、メディアに関する常識が人々の間で広く共有されており、それがまたメディア自体の存在を見えにくくしている（有山・竹山, 2004, p. 2）。ここでも、メディアは「現実」を「そのまま」映し出す、つまり「等価的な」伝達をするものである考えられており、その背後に情報理論的コミュニケーション観が見え隠れする。

　中立や客観報道という概念は、一方で読者や視聴者を獲得、拡大するためにメディアの中から生まれたイデオロギーであると同時に、他方でそのような中立的で客観的な情報が入手できることが近代の民主政治を支え、それに参画する自由で主体的な市民の判断の前提となっているのである（ibid.）。こうしたメディアの客観性という前提が、メディアにおける翻訳の介在をより一層見えに

くくしている。メディアの表象とそれに関わる翻訳という行為は、相互に関連し合いながらも、ともに目に見えない、いわば透明な存在である。

　Schäffner & Bassnett（2010, pp. 4-9）が指摘するように、どのような政治的談話の報道とそれに関わる翻訳行為も、出来事を「再コンテクスト化（recontextualisation）」したものであり、どのような再コンテクスト化にも「変容（transformation）」が伴う。さらに、国際報道においては、そこに大きな影響力を持つ国際通信社の存在がある。そこではジャーナリズムと翻訳行為が渾然一体となってニュースが産出される（Bielsa & Bassnett, 2009）。近・現代社会において噴出する戦争や紛争は、政治、メディア、翻訳が非常に複雑に絡み合う場でもある。Baker（2006a）は、翻訳と通訳が国際紛争に大きく関わっているとし、紛争の流れやその環境を醸成するような言語の存在としてのナラティヴ（物語）に注目し、メディアの表象を含めた物語が現実世界を表象するだけでなく、現実を構築する点を強調する。その上で、その流布と正当化に翻訳や通訳が重要な役割を担っているとする。だからこそ、国際報道に介在する翻訳という実践に関する洞察が、今必要なのである。

3　国際報道体制とメディア翻訳

　日本に住む人々が国境の外で起きた出来事を理解する上で、国際報道がいかに大きな役割を果たしているかに異論を挟む者はいないであろう。グローバル化の進展により、人々が受け取る情報の量や質だけでなく、その報道の方法や取材範囲も以前とは比べられないほど充実したものとなっている。それと併行し、マス・メディアの社会的影響力も増大している。この間、日本の新聞・テレビなどのメディアもそれぞれ積極的に国際社会のニュースを報道してきた。日本から海外各地には新聞記者や放送記者が派遣されているが、その数も決して少なくない（岡村, 2006, p. 208）。しかし、現在の日本の報道体制を考える時、国際報道によって提供される情報の量と内容に関しては、大きな偏りのあることにすぐ気づくだろう。

　日本では、取材範囲に関しては、近年アジア重視、さらに中東やアラブ諸国重視の姿勢を強化している。しかしその取材体制が最も充実していると言えるのは米国においてである。続いて、ヨーロッパ先進諸国や中国・韓国などの近

隣アジア諸国地域[4]となっている。アフリカや南アメリカなどの第3世界諸国に派遣される特派員はわずかである（大石・岩田・藤田, 2000, pp. 22-23）。私たち視聴者や読者が受け取る国際ニュースは、当然のことながらこのような特派員の派遣状況の偏りを反映している。つまり、特派員の多くは、国際レヴェルで政治・経済・文化的に強い影響力のある国家や地域、あるいは日本と人や情報の交流が盛んな国家や地域に送られ、その結果そこから数多くの情報がもたらされて、日本でニュースとして報じられるということである（大石, 2005, p. 54）。

しかし、これは何も日本に限ったことではない。世界の報道に目を向けてみれば、ロイター（英）、AP（米）、AFP（仏）の欧米国際通信社3社が[5]、国際報道の配給を事実上コントロールしている現状であり、これらがグローバルな国際報道の第1次情報を供給している（伊藤, 2006, p. 3）。このような非対称的な情報のグローバルな移動と、欧米中心の国際的配給システムの構造が、情報やニュース内容を左右する状況である。日本における主要新聞各紙の国際記事は、各社の特派員電でおもに構成される。「AFP時事」とか「AP共同」「ロイター」などクレジット入り国際通信社電のものは[6]、短い記事や写真キャプション箇所によく見られる。しかし、その他の多くの記事も、通常、自社の特派員の取材だけで書かれたものではない。日本の代表的な通信社である共同通信社と時事通信社もこれらの国際通信社と契約している。日本の新聞各紙は、両通信社が選択、翻訳したこれら国際通信社の配信を受け、さらにそれとは別に直接、個別契約を結んでいる（里見, 2000, p. iii）。

日本では、特派員が送られている地域でも、特派員自身が直接取材を行うことは決して多くはなく、海外支局であってもその情報源は通信社から送られてくるニュースであり、それをもとに現地新聞あるいはテレビ放送の報道も参照しながら自分の名前の入った原稿を書き、日本に送るという形が取られるという（岡村, 2006, p. 209）。常駐の特派員がいない場所で大きな事件が起った場合などは、別の場所に駐在している特派員が急遽その場所に送られ、同じような経緯を経て日本にニュースが送られることになる。英語圏でない場合で、現地の言葉がわからないときには、現地の助手に翻訳させたり、現地のニュースを英語に翻訳するサービスを利用したりするのだという（各務, 2006, p. 143）。

日本の放送局では、こうした通信社との契約とは別に、米国の主要メディアと業務提携を結んでいる。例えば、NHKとABC、フジテレビとABC、テレビ朝日とCNNなどである（伊藤, 2006, p. 2）。このように、日本語のニュースや記事のもとになっているのは、主として欧米国際通信社や欧米主要メディアが発信した英語の情報ということになる。そこには英語から日本語へという翻訳行為が必然的に生じているわけである。それだけではなく、もととなる英語ニュースが出来上がるまでにも、現地語から英語への翻訳や通訳が様々な形で介在していると考えられる。

　新聞記事やテレビニュース以外でも、日本では、1980年代後半からNHKの衛星放送でABC、CNN、PBS等のニュースの報道が始まった。当時は、突発的な事件やニュース以外の定時のニュースは基本的に時差通訳の形であった[7]が、現在では同時通訳も併行して行われている。また、イギリスBBC、フランスFrance 2、ドイツZDF、ロシアRTR、韓国KBS、中国CCTV、カタールのアルジャジーラなど日本で放送される放送局の範囲も広がりを見せ、そのどれもが二カ国語放送に対応している。一方、*Time*と並ぶ報道雑誌である*Newsweek*が1986年からその翻訳として日本語版を出版している。正確には報道記事とは言えないが、外交・国際政治専門誌*Foreign Affairs*の一部論文の翻訳が1991年から『中央公論』に掲載されている[8]。

　このように現在では、私たちの触れることのできる情報には広がりや多様性が見られるようになる一方、日本においては明らかに欧米メディア、なかでも米国の主要放送メディアが重要な位置を占めているのが現状である。第1章で詳述するが、このようにグローバル社会におけるメディアの表象と世界の情報の流れに深く関わっているのが翻訳であるわけだが、この翻訳を取り巻く環境にはまぎれもない非対称性、不均衡が見られる。他の情報取得の選択肢を持つ一部の人を除き、私たちの多くは欧米、特に米国の主要メディアの発信するテクストの日本語訳を読んでいることになる。言い換えると、日本の国際報道のもとになるテクストは、世界における力関係というコンテクストの中で生成されたものであり、すでに権力関係、イデオロギー[9]、ステレオタイプ[10]等を内包するテクストを起点テクスト（source text, ST）とし、それが英語から日本語へという翻訳をめぐるコンテクストの中で（再）解釈され、目標テクスト（target[11] text, TT）となって発信されるということである。そこには、当然のことながら、解釈する主体の視点が関わっている。

　日本の人々にとって関心の高い欧米諸国や近隣アジア諸国に関するニュースや記事においてさえ、国際通信社や欧米、なかでもアメリカの情報が日本での報道のもとになっており、日本からは遠い国々や地域に関しては、その地域から直接発信された情報や、国際通信社・欧米主要メディア以外のメディアの発する情報に一般の人々が触れる機会はほとんどない。日本の人々の異文化理解とコミュニケーションの場を提供するメディアの情報が、欧米メディアの解釈とその翻訳に依存している状況を鑑みた時、メディアの表象と翻訳行為がどのように絡み合い、どのような効果を生み、どのような問題を提起しているのかを明らかにしていくことは、これからの異文化コミュニケーションにおける翻訳の役割と課題を模索する上で非常に重要だと言えないだろうか。

　翻訳という行為は、起点テクストが内包するイデオロギー、権力性、不平等性に向き合う行為であり、それを目標テクストとして生成する作業は自ずと政治性を持ち大きな責任を抱えることになる。Benjamin（1992 [1923], p. 77）が翻訳者の使命は、原文の「*Intention*（意図）」を探ることだと述べたように、原文のテクストに批判的に対峙することによって、覆い隠されている「意図」を明らかにすることが翻訳に課された使命だと言えるのではないか。この意図を解明するには、翻訳（解釈、テクスト）の相互行為性、つまりテクストとコンテクストの間のダイナミックな相関関係に向き合わざるを得ない。メディア翻訳は、まさに現代的で新たな領域であり、言語と文化・社会・歴史的コンテクストの両者を視野に入れた新たな取り組みが求められている。

4　本書の位置づけ

　これまでの研究について詳しくは第2章で述べることにするが、ここでは簡単にメディア翻訳に関する研究動向を振り返り、本書の研究としての位置づけを明確にしておきたい。先に述べたようなメディア翻訳を導管的に捉えるコミュニケーション観は、実はメディア翻訳の受容者である視聴者や読者ばかりではなく、近年までメディア翻訳の実践や研究に携わる人々の間でも支配的であった。その結果、翻訳学においてメディア翻訳の研究は、他の分野、特に人々

の関心の高い文学をはじめとするフィクション領域の研究と比べて大いに立ち遅れてきた。「文学（＝創造・主観・価値）」対「報道（＝事実・客観・情報）」という西欧近代的な二分法は、西洋で発達した翻訳学においても大きく作用し、報道の翻訳における「等価」は問題にさえならないほど当然のことと見なされる傾向にあった。メディアで伝えられることは、客観的な「事実」、「現実」であるのだから、翻訳も客観的、中立的、技術的なもの、つまり「等価」でしかありえないと考えられがちであった。言い換えると、等価が問題となるのは、特に文化的価値に焦点が当てられるコンテクスト、つまり文学的コンテクストにおける創造的な営みに関してであった。その結果、メディア翻訳は、このような文学作品の等価の問題に焦点化した翻訳論からは排除され、研究の対象とならなかったのである。

一方、従来の言語研究では、メディアが大きく関わる言語現象を扱っているものでも、メディアにおける「言語」自体に焦点を当てる研究はほとんどなかった（三宅・岡本・佐藤, 2004, p. i）。こうした中で、社会的言語学領域、なかでも批判的談話分析（Critical Discourse Analysis, 以下CDA）[13]の立場から、談話を通して権力を行使するエリート層による談話、とりわけ社会への影響力の強い新聞・ニュース等、公的なメディア談話の分析を通して、談話の構造や方略がいかに社会の権力の生産・再生産に関わっているのかが探究されるようになる（cf. Bell & Garrett, 1998; Fairclough, 1995; van Dijk, 1988）。メディアの伝える報道は「現実」そのものではない。メディアは、社会で生起した出来事を秩序づけ、編集し、再構成し、「物語（narrative）」として視聴者に提示する（大石, 2005, p. 65; 高橋, 2005, p. 62）。Bell（1991, p. 8）は、ニュースの生成に直接関わるジャーナリストや編集者たちは、"article"を書くのではなく、構造、秩序、視点、価値基準を備えた"story"を書くのだと強調する。

現実で起きる出来事については、その時点において理論的には無限と言える解釈の可能性があるわけだが、通常ジャーナリストを含め言語行為の参加者はそれぞれ何らかの解釈を行っている。そのような解釈が可能なのは、そこに何らかの解釈の枠組み（フレーム）がかかることによって解釈が有限化されるからである。そうでなければ、解釈そのものが不可能であろう。報道においては、出来事を取り巻くコンテクストの1要素としての、言い換えるとコミュニケー

ションの参加者としてのジャーナリストによる現実の「解釈」と物語の「産出」という言語行為・過程があり、加えて、報道機関内での種々の編集作業が複雑に絡む。ここでは必ず解釈に基づいた多様な言語行為が行われている (Bell, 1991)。国際報道では、さらにもうひとつの「解釈」と「産出」行為である言語間の「翻訳」という言語行為・過程が、常に、そして多層的な形で介在している。しかしながら、この言語行為としての翻訳に、メディア研究はほとんど注意を向けてこなかったのが現状である。翻訳研究においての「メディア」への視点の欠如、メディア研究における「翻訳」への視点の欠如がメディア翻訳研究の進展を阻んできた。翻訳研究ではメディアにおける言語使用を、メディア研究では翻訳という言語行為を、それぞれ情報理論的モデルで見てきたということであろう。

　一方、グローバル化の現象については、社会学をはじめ、政治学、経済学、あるいはこうした学問と学際的な関係をもつ領域で、様々な議論が活発に展開してきた (e.g. Beck, 2000; Castells, 2000; Giddens, 1990; Sassen, 1996)。しかし、そこではグローバル化における言語の問題、したがって翻訳という言語行為については、ほとんど全くと言ってよいほど関心が向けられてこなかった (Bielsa & Bassnett, 2009)。

　冒頭に述べたように、実践としては長い歴史を持つ翻訳であるが、その実践、現象、理論を研究する学問分野としての翻訳研究が本格的に始まったのは、ようやく1950年代になってからであり、今日までまだ60年ほどの短い歴史でしかない。言語が関わる他の「応用言語学」的な学問領域と同様この領域でも、当初翻訳はもっぱら単語間、テクスト間の「等価」という言語学的観点から研究が進められた。その後、言語行為を社会文化的なコンテクストにおけるコミュニケーション行為と捉える談話分析が進展し、90年代になると活発な展開を見せるようになる。

　一方で80年代後半になると、カルチュラル・スタディーズの視点を基盤に持つ文化理論が翻訳研究にもたらされ、翻訳学は大きな変革期を迎える。この流れは、研究の関心が語やテクストの等価から、それらを取り巻く社会・文化的コンテクストへ、そしてイデオロギー・権力関係へと移行してきたことを意味する。同時に、翻訳学がそれを支える理論的土台として、言語学理論から文

化理論へとその重心を大きく移してきたことを物語る。それに伴い、従来の等価に関する議論は、翻訳学において周辺化される事態も招いている（マンデイ, 2009 [2008], p. 312）。

しかし、ここで注意すべき点は、翻訳学において繰り広げられてきた等価の議論が、ややもすると脱コンテクスト化された意味の体系における等価に限定され、語用論の影響下に発展した研究においてさえも、おもに言語使用の言及指示的機能面に焦点を据えた等価であったことである。現在、翻訳学の内部では、言語理論と文化理論というこの2つの大きな潮流に対立や断絶も見られる一方、両者間の共通基盤を模索する試みも進められている（cf. Chesterman & Arrojo, 2000）。

こうした一連の流れの中で、翻訳学が従来、研究対象としてきた「翻訳そのもの（translation proper）」という概念自体にも再考が求められるようになっている（マンデイ, 2009 [2008], pp. 6-7）。この「翻訳そのもの」と捉えられているものこそ、今でも多くの人々が翻訳という言葉からまず想起する「異なる二言語間での翻訳」である。しかし、そもそも「翻訳（translation）」という語の概念や意味、またその理論的枠組みも学問領域によって異なり、非常に多岐にわたるものである。翻訳学でも急速に進展する学際化に伴い、翻訳学領域内においてさえ「翻訳」の定義自体が複雑化、多様化している。

今では古典となり、翻訳学でも重要な文献と位置づけられるJakobson（2004 [1959], p. 139）では、翻訳を以下の3つに分類している。すなわち、「言語内翻訳（intralingual translation）」、「言語間翻訳（interlingual translation）」、「記号間翻訳（intersemiotic translation）」である。翻訳学の伝統では、もっぱら「言語間翻訳」を「翻訳そのもの」、「本来の翻訳」とし、研究の焦点としてきた。しかし、現在のように翻訳の実践が多様化する中で、翻訳学においても、またカルチュラル・スタディーズ、人類学、社会学等の他の学問領域からも、翻訳を考察するのにそれで十分なのか、妥当なのかという問題が投げかけられている。翻訳学の中で、メディア翻訳はまだ研究の十分進んでいない領域であるが、メディア翻訳ひとつを取ってみてもその多様性を考察するのに、より広い枠組みが求められており、その視点を「言語間翻訳」から「記号間翻訳」へと広げて検証することの必要性が問われている。

一方、メディアや翻訳を導管と見なす情報理論的モデルを前提とするコミュニケーション観では、メッセージはコンテクストとは関わりのない意味の体系であり、コミュニケーション行為に先行して送り手の頭の中に存在するものと想定される。ここでは、コミュニケーションは相互行為の出来事ではなく、単なる意味の伝達として考えられている。ここにおいては「等価」という概念も、メッセージの言語的な「意味」にのみ焦点化して理解される。しかし、報道も翻訳もコンテクストにおいて生起する言語実践である。言い換えると、言語を介した行為であり、言語行為である以上、言語行為、あるいは語用としての特徴を有する。そして語用（言語使用）であるなら、語用の2つの側面を持つはずである。

語用は、言及指示と述定に関わる「何かについて何かを言う」という側面（言及指示的機能 [referential function]）だけでなく、その言語使用によって言語使用者たちのアイデンティティや権力関係を示すという社会的な側面（非言及指示的機能 [non-referential function]・社会指標的機能 [social-indexical function]）をあわせ持つ（小山, 2008, p. 39）。すなわち、言語使用には、言語使用の場（コンテクスト）における権力関係が反映されるということである。

このことは、言語使用が人間に共通する権利でありながら、同時に他の権利同様、世界の人々の間で非常に不均衡、不平等に分配されている現状を鑑みた時、言語の使用を通してこのような不平等な関係が作られ、維持されることを意味している（メイ, 2005 [2001], p. 436）。メディアの言語は教育システムや医療の言語とともに、このような不平等な言語使用の典型的な例であると言われる（ibid., pp. 441-442）。メディアにおける翻訳は、このような不均衡、不平等な言語使用に関わる言語使用である。

そうであるならば、メディアの表象とそれに関わる翻訳行為を考察するには、情報理論的コミュニケーションモデルに代え、社会、文化、歴史的コンテクストを十分に視野に入れたコミュニケーションモデルと理論的な枠組みが必要とされることは明らかだろう。そのような枠組みを与えてくれるひとつの可能性が、本書が分析の基盤とする社会記号論系言語人類学の理論と、その理論の中核をなす「出来事モデル（event model）」である。

情報理論的モデルに依拠する限り、そして言語の語用面、特に社会指標的側

面の議論を欠く限り、翻訳の「等価」の問題も、翻訳学での昨今の傾向のように、単なる幻想 (cf. Snell-Hornby, 1988)、あるいは信念の体系 (cf. Gutt, 2000; Toury, 1995) 以上のものではないとされ、もはや古い議論として片付けられてしまう。しかし、異なる言語と異なる文化をつなぐ翻訳が、翻訳として存在する意義があるのであれば、この等価の問題を避けて通ることはできない。何よりも、翻訳が個々の実践、言語使用である限りにおいて、翻訳研究もまた言語使用（語用）を対象としている。したがって、等価の問題も、語用のレヴェル、さらに言えば、言及指示的語用のレヴェルだけでなく、社会指標的レヴェルをも含めて深く議論されるべきではなかろうか。等価の理論を再考するとともに、新たな枠組みを探求していくことが今求められている。

　本書は、これまで、翻訳研究でもメディア研究でも十分顧みられることのなかったメディア翻訳に焦点を当て、メディアの表象に関わる翻訳実践が、一般的に考えられているような語やテクストの単なる置き換えではなく、他の様々なコミュニケーション同様、歴史・社会・文化的コンテクストにおいて生起する多層的な言語行為であることを、具体的事例分析を通して明らかにしようとしたものである。もう少し詳しく言えば、メディア翻訳が意味する「等価」に関わる言及指示的機能の側面だけでなく、翻訳に関わる言語使用者たちの権力関係やイデオロギー、アイデンティティを指標する社会指標的機能の側面をあわせ持つ、動的かつ多層的な社会的実践であることを、ボスニア紛争報道言説という具体的事例を通して考察するものである。それによって、人々が一般にメディア翻訳に対し抱いている導管的翻訳観を問い直すとともに、等価を再考することを通して、翻訳学における従来の等価をめぐる言語理論と、解釈の不確定性、個別性、一回性を根拠に等価理論に反論する近年の文化理論との間に横たわる溝に橋を架けるひとつの試みとして、翻訳学への現代言語人類学の応用可能性を提起するものである。

5　ボスニア紛争報道と翻訳

　本書で事例として取り上げるボスニア紛争は、多民族国家であった旧ユーゴスラヴィア社会主義連邦共和国 (Socijalistička Federativna Republika Jugoslavija, 以下旧ユーゴ) の解体と密接に絡み合いながら進行し、1992年春の紛争勃発か

ら 1995 年 11 月の停戦合意まで約 3 年半に及んだ。ボスニア紛争は、旧ユーゴ解体に伴う一連の紛争の中でもとりわけ凄惨であり、紛争を象徴する「民族浄化」の報道は、ナチスのホロコーストと関連づけられ当時世界の耳目を集めた。「民族浄化」という日本語はすでに定着した語、あるいはジャーゴン化した語とも言えるが、後述するように、これはボスニア紛争の時、メディアで使用された言葉であり、英語の "ethnic cleansing" の翻訳語である。この語は、日本の人々が日常ほとんど知る機会のない地理的にも意識的にも遠いボスニアの地の出来事を表象するものとして、人々のボスニア紛争理解の鍵のひとつとなった。

　一方、もとになった英語の "ethnic cleansing" も、1992 年にアメリカの PR 会社によって旧ユーゴの共通語であったセルビア・クロアチア語(15)(srpsko-hrvatski jezik) の "etničko čišćenje" から翻訳されたものである。"etničko čišćenje"、"ethnic cleansing"、「民族浄化」というこれら 3 つの語は、一見、A の言語から B の言語へ、さらに B の言語から C の言語へと辞書に従って置き換えただけに見える。つまり、意味的に等価の表現であるように思われる。しかし、第 8 章で考察するように、この熟語をめぐる翻訳行為の生起するコンテクストには、不均衡な世界の権力関係やその語を使用する言語主体のイデオロギーが反映されているのである。

　旧ユーゴの民族紛争に関しては、連邦を構成していた南スラヴ諸民族間の歴史的憎悪や宗教間対立の根深さ、「バルカン」半島の非近代性・野蛮性を紛争の原因・背景とする言説、またバルカン諸民族のうちでも特に「民族浄化」と関連づけられたセルビア人の負のイメージは、欧米メディアによってボスニア紛争初期の段階に形成されたと言われている。長 (2009, p. 100) は、旧ユーゴ紛争への国際社会の対応に、マス・メディアが大きな影響力を持ったとして、以下のように指摘する。すなわち、ヨーロッパの裏庭で起きた紛争に、BBC はじめ欧州のメディアは「重点的な報道体制」を敷いたが、同じぐらい大きな鍵を握ったのは米国内の報道であり、いわゆるメディア戦争で、「旧ユーゴ分裂以来、一貫して『セルビア悪玉論』が欧米メディアにおいて喧伝され」、国際社会の対応のあらゆるレヴェルで一定の影響力を行使したとしている。(16)その世界的な流布に翻訳が関わっていたのはもちろんである。

ジャーナリストの視点から、高木(2005, p. 110)は「民族浄化」という言葉がなければ、ボスニア紛争は全く異なる結末になっていただろうと述べている。ここで高木が言及する「民族浄化」は、正確に言えば世界中に流布した英語の"ethnic cleansing"という語である。この時メディアによって形成された言説は、その後の国際機関やEC（93年以降EU）によるボスニア紛争、続くコソヴォ紛争解決の外交や調停、交渉上の前提となり、米国、NATOの政治的・軍事的介入の条件ともなった。

　2001年の9.11同時多発テロ以降、国際社会の関心はアフガニスタンやイラクへと移り、旧ユーゴの紛争は人々の記憶からは徐々に消えかけている。しかし2008年にコソヴォがセルビア共和国からの独立を宣言し、ボスニア紛争の戦犯として国際手配されていたボスニアのセルビア人勢力指導者カラジッチが拘束されるなど、特別な事件が起きると、思い出したかのように再びメディアに取り上げられる。例えば、2008年3月3日発行の週刊『アエラ』は、「セルビアの孤独と屈辱」と題した記事を掲載し、記事のリードで「『民族浄化』という言葉とともに世界の嫌われ者になったセルビア。コソボ独立の陰で、いまだに負の遺産を引きずっている」(国末, 2008, p. 76)と述べている。また、同じ年の8月6日発行の『ニューズウィーク日本版』では、「戦犯逮捕でも消せない歴史」と題し、「セルビアとしては、バルカン半島の罪人という役割は認めたくない」だろうとしながら、「セルビア人が自分たちの過去を受け入れなければ、バルカン半島の戦いは終わらない」とする国際非政府組織ICG（国際危機グループ）の見解を紹介している（ノードランド, 2008, pp. 22-23）。

　「民族浄化」という語は「バルカン」という語が共示するものとともに、紛争終結から15年以上も経つ今でもバルカン半島のこの地の人々に大きくのしかかっている。一度メディアによって焼き付けられたイメージやステレオタイプは、容易に払拭できるものではなく、現在の出来事を理解する前提として参照されては新たな言説となっていく。その意味でメディアの表象とそれに関わる翻訳行為の役割と責任は重い。

　ヨーロッパのオリエントとしてのバルカン像の再生とその他者化（cf. Bjelić & Savić, 2002; Todorova, 1997）の過程や、紛争自体への欧米メディア報道の関わりについては、社会的言語学系のメディア研究（cf. Allen & Seaton, 1999; Kolstø,

2009; Thompson, 1999）で多くが語られ明らかにされてきたが、そのメディア言説に関わる翻訳行為についての研究はほとんど為されていない。これはボスニア紛争報道に限らず、上記のアフガニスタンやイラクの紛争報道、スーダンのダルフール紛争に関する報道、あるいはボスニア紛争とほぼ同時期に起きたルワンダの部族間紛争報道ほか、多くの第3世界の紛争報道と翻訳に共通する問題を内包している。この意味で、今回ボスニア紛争報道を取り上げることは、メディア翻訳の相互行為性の具体的考察例として意義を持つと考える。それはまた、紛争自体への理解だけでなく解決の道筋の模索、またその前提となる多文化・多言語の共存と多様性の尊重という異文化コミュニケーション学の課題にメディア翻訳がどう取り組むかを追求する上で示唆を与えうるのではないかと期待する。

　しかし、ボスニア紛争報道のみを対象としながらも、本書の分析は限られたものとなっていることをあらかじめ注記しなければならない。何よりも、その翻訳分析対象として新聞やニュースを扱えていない。新聞の国際報道記事やテレビの国際ニュースにも当然翻訳が関わっている。しかし、それを記事やニュースのテクストから特定することは非常に困難である。Bielsa & Bassnett (2009) が指摘するように、国際通信社では、ニュースの産出や配信にあたって、その言語的多様性に対応するため、翻訳は重要な位置を占めている。しかし、そこでの翻訳は、ジャーナリストとしての記事の執筆や編集などの他の仕事と切り離されたものではなく、これらのジャーナリストの仕事の一部なのである。

　ジャーナリストの仕事と翻訳の仕事の一体化という状況は、報道機関全体に共通する問題であり、メディア翻訳研究を難しくしている大きな要因となっている。その点で ABC や CNN などの英語によるニュースと時差通訳を介した日本語によるニュースは、英語と日本語のテクストが揃えば、翻訳行為の一環を考察できる重要なデータとなりうるが、現時点ではどちらも入手不可能である。

　こうした制約のため、今回分析対象としたのは、現時点で英語と日本語のテクストが入手可能な報道週刊誌 *Newsweek*、外交・国際専門誌 *Foreign Affairs*、ルポルタージュ *The Fall of Yugoslavia*、BBC テレビドキュメンタリー *The Death of Yugoslavia* という4つのタイプのテクストとその翻訳テクストである。

このように限られたデータではあるが、言語行為、相互行為としてのメディア翻訳の考察事例として、まだほとんど未開拓のこの研究領域に一石を投じることができるのではないかと思う。分析上焦点を絞るために3年半に及ぶボスニア紛争報道のうち、基本的には1992年春から夏を中心とする紛争初期を扱ったテクストを対象とした。その理由は、この時期に欧米メディアの論調がほぼ決定したとされているからである。これらを含む今回の分析の制約や課題については、本書の最後でもう一度振り返りたい。

　旧ユーゴ連邦解体、それに伴う紛争の背景、要因を扱った文献は非常に多い。特にこの問題が、冷戦後のヨーロッパ再編に大きな影響を与えたことから、欧米では歴史学、政治学、社会学等の視点から多くの研究が行われた。[19] 日本でも国際政治学、歴史学、地域研究等の領域から数多くの重要かつ優れた研究が、90年代以降次々に発表、出版されている。また、日本のメディア関係者やジャーナリストによるルポルタージュや記事にも、日本というコンテクストでボスニア紛争を捉えるのに重要な文献も多い。

　一方、ボスニア紛争をはじめとするユーゴ紛争におけるメディア、特にメディアの偏向報道については度々指摘されながらも、まだ十分な検討は為されていない。その中で、この問題を正面から扱ったBrock（2006［2005］）、およびその翻訳書『戦争報道　メディアの大罪――ユーゴ内戦でジャーナリストは何をしなかったのか』[20]（田辺希久子・訳，2009）が出版されたことの意義は大きい。メディアの偏向報道や捏造の問題は、特に国際紛争報道を考察する上で避けては通れない重要な問題であり、ここにも翻訳や通訳行為が複雑に絡んでいる。その意味で、今後、翻訳研究のテーマとして進展の期待される領域である。

　しかしながら、ここで確認しておきたいのは、本書の意図は、メディアの偏向や捏造に焦点を当てるものではない点である。また、翻訳上の意図的な改訳、あるいは不適切とみられる訳を探し出そうとするものでもない。それは本書の意図するものではない。本書で明らかにしようとしたのは、メディア翻訳の言語行為としての多層的な姿、相互行為性である。つまり、メディア翻訳もまた、他のすべてのコミュニケーション行為や言語行為同様、コンテクストに根差す言語実践であり、そこには意識的にせよ無意識にしろ、自ずと翻訳に関わる言語使用者の社会指標性が反映されるということである。もしそのような姿があ

る程度示すことができれば、異文化コミュニケーションにおけるメディア翻訳の課題と可能性、役割の探求という本書の最終的な目標に向かって一歩踏み出せたことになると思う。そして、メディア翻訳という実践を可視化することによって、メディア翻訳とメディア翻訳研究の重要性を、あらためて世に問うことにつながるだろう。

6　本書の構成

本書は大きく分けて、第Ⅰ部「メディア翻訳への視点：言語行為の多層性」と第Ⅱ部「メディアの表象と翻訳：ボスニア紛争報道の言説分析」の二部構成となっている。前半の第Ⅰ部はおもに理論的研究であり、後半の第Ⅱ部は第Ⅰ部の理論的研究を土台として行った事例研究である。以下、本書の多くを占める第Ⅱ部を中心に、議論の順序を示しておくことにする。

前半の第Ⅰ部では、まず第1章で、グローバル化過程でのメディアと翻訳の問題について焦点を絞って考察し、メディア翻訳の課題に取り組む上での記号論的視座の必要性を提起する。第2章では、メディア翻訳という語の指す領域を確認した上で、本書のテーマに関連する諸領域のこれまでの研究について概略を述べる。第3章では、本書のテーマを現在の翻訳学の課題の中に位置づけることを目的とし、まず、翻訳学の理論の歴史的経緯を振り返る。それを通し、翻訳学に通底しながら同時に批判的考察の標的となることによって常に新たな理論の転換につながってきた「等価」の概念について、この「等価」に対する根本的な疑問を投げかける「不確定性」の概念と対照させながら再考する。その考察を踏まえて現在の翻訳学の課題を同定する。その上で、メディア翻訳の分析という研究目的にとっては、現在の翻訳学の枠組みを越え、記号論という視座から翻訳研究を行う必要性の根拠を示し、社会記号論系言語人類学の考えを導入する。第4章では、第3章で導入した社会記号論系言語人類学の理論とそのコミュニケーションモデルの概要について述べる。ここでは言語人類学の理論の中心となる「出来事モデル」、および「メタ語用」の概念に焦点を絞って簡潔に説明することを試みる。

以上、前半で、翻訳論、メディア論、言語人類学のコミュニケーション論など、領域的、理論的背景を論議した上で、第Ⅱ部では、ボスニア紛争という具

体的な出来事をめぐるメディア翻訳の実践を考察する。第Ⅱ部のうち、第8章をのぞく、第5章、第6章、第7章はすべて第8章のメディア翻訳の言説分析の前提となるコンテクストに関わるものである。本書の目的が、言語人類学の出来事モデルに基づいてメディア分析を行おうとする以上、ボスニア紛争がいかなる歴史的・文化的・社会的コンテクストで生起した出来事であるのかを考察することは必須であるからである。

　まず第5章で、ボスニア紛争という出来事について、旧ユーゴといういわば地理的にローカルな状況に焦点をあて、その歴史的背景について概略を述べる。最初に旧ユーゴ連邦解体とボスニア紛争がどのように連動し、経緯したかを示し、紛争の歴史的背景理解のために、ユーゴスラヴィア王国（Kraljevina Jugo-slavija）という近代国家の誕生から紛争までの歴史を振り返る。続いてボスニアにおいて各民族集団の民族意識がどのように形成されていったのか、最後に、各民族集団を率いた政治指導者たちがどのように紛争に関わったのかについても簡単に触れる。

　第6章は、国際社会というよりグローバルな状況から、ボスニア紛争を考察するものである。まずEC（EU）を中心とする西欧諸国のボスニア紛争への対応について述べ、次に国際社会、特に西欧にとって紛争理解上、重要な概念である「ヨーロッパ」とそのヨーロッパにとっての「バルカン」や「中・東欧」について考察する。その上でボスニア紛争に政治的に関与し、そのメディアが深く関わったアメリカ社会の対応について述べ、最後に日本社会の反応をそれと関連づけ検討する。

　第7章は、第8章の談話分析において起点テクストとなる欧米主要メディアの言説について考察する。そこでは、欧米主要メディアの言説がいかなるコンテクストを前提として指標し、いかなる新たなコンテクストを創出する相互行為であるのかを明らかにするために、旧ユーゴ内部での言説と対照させて論じることにしたい。まず、ボスニア紛争をめぐって現地、つまりローカルなレヴェルではいかなる言説があったのかを例をいくつか挙げて考察することを試みる。そして、欧米主要メディアの言説とメタ言説を取り上げ、これらの言説がいかなるコンテクストで生起したものであったのかを検証する。次に、第8章での談話分析の対象となる翻訳行為が生起する場となった日本で、日本のメデ

ィアがとった対応について欧米主要メディアとの関連から概観する。最後に欧米主要メディアによる表象の画一性とローカルな場での解釈の多様性について、ミクロなレヴェルでのコンテクストの視点から照射し、同時に両者の解釈の共通性をマクロなレヴェル、つまり象徴的レヴェルでの「近代」というコンテクストの視点から考察し、欧米主要メディアの言説の持つ特徴をあぶりだしたい。

第Ⅱ部の最後、第8章では、第7章で考察したボスニア紛争をめぐるコンテクストと言説をもとに、先に挙げた4つのタイプのメディア・テクストの翻訳実践について、談話分析を行う。各テクストに関し、主として英語である起点テクストと日本語の目標テクストを対照させながら、その翻訳実践を語用の2つの側面（言及指示的機能と社会指標的機能）から考察する。

最終章では、議論全体を総括し、メディア翻訳が従来考えられてきたような事実の等価的な伝達ではなく、「今・ここ」の出来事の解釈をめぐる多層的な言語実践であることを確認し、メディア翻訳の持つこのような相互行為性をさらに追求していくためには、メタ語用レヴェルでの考察が必須であることを示すことにしたい。その上で、本研究自体を批判的に検証し、その限界と残された課題について論及し、異文化コミュニケーションにおけるメディア翻訳の課題と可能性を展望して結びとしたい。

注

(1) 新聞、雑誌、テレビ、ラジオなどのメディアは、いわゆる「オープン・チャンネル」などを例外とすると、一般的には、情報、なかでも報道に関わる情報を、特定の少数の送り手から、不特定多数の受け手に発信する。メディアという用語も、これらのマス・メディアの同義語として使用されることが多い。一方のインターネットは、複数の送り手と複数の受け手の間で情報が行き交う。そのためネットワーク・メディアとも呼ばれるが、不特定多数の受け手に情報を発信するウェブ・サイトは、マス・メディアに近い機能を持つと考えられる。「メディア」という用語については、第1章でもう少し詳しく取り上げる。

(2) 「メディア翻訳」という語は、一般的には、出版翻訳以外のメディアに関わる翻訳を総称する語として使用されている。ここにはメディアを通して発信される報道、ドラマや映画等の娯楽、さらに音楽・演劇・芸術まで非常に幅広いジャンルの翻訳が含まれる。出版翻訳とメディア翻訳の境界は、必ずしも明確ではない。報道に関わるテレビのニュースやドキュメンタリー番組の翻訳は、通常、メディア翻訳に位置づけられるが、新聞や雑誌記事あるいはルポルタージュなどの出版物の翻訳については、出版翻訳に含める場合も多い。一方で、映画、テレビドラマ、またそれらをもとにしたDVD等の映像翻訳の意味で使われる場合もある。本書では、基本的に「メディア翻訳」を主としてマス・メディア、すなわち新聞、雑誌、

ニュース、ドキュメンタリーなどのメディアを介して発信される報道に関わる翻訳という意味で使用する。詳しくは第2章参照。
(3) 欧米社会で客観報道の様式が誕生するのは、19世紀末から20世紀初頭と言われる。近代化の進展に伴う国民国家の形成とマス・メディアの発達・普及には深い関わりがあるが、近代化の過程においてニュースの信頼性を保証する上で不可欠な要件となったのが客観報道（主義）であった（大石・岩田・藤田, 2000, p. 24）。しかし、その後、この報道様式は第1次世界大戦中に行われた大規模な宣伝にメディアが動員され、操作されたことによって再考を迫られることになる。その結果、実際に生じる出来事と、報道によって社会的に構築される「社会的現実」との差異に対する認識が高まっていくことになる（大石, 2005, pp. 67-68）。
(4) 派遣都市としては、米国ではワシントン、ニューヨーク、欧州ではロンドン、パリ、ベルリン等の主要都市、アジアでは北京、ソウル、バンコクなどが重視されている（岡村, 2006, p. 208）。
(5) 「国際通信社」の条件は、世界規模で独自の情報を収集する能力だけでなく、その情報を世界的に分布する多くの新聞やテレビ等に向けて配信する能力を持つことである（岡村, 2006, pp. 210-211; 里見, 2000, pp. ii-iii）。第2次世界大戦後で、この条件を満たすのは、AP、ロイター、AFP、UPI（米）、タス（旧ソ連）の5社であったが、冷戦体制終結後、タス通信がその影響力を低下させ、UPIは経営悪化により国際的な取材能力が低下したため、現在ではこれら2社を除く3社を国際通信社とする見方が有力である（ibid.）。国際通信社に対し、日本の共同通信社や時事通信社など、上記能力を有さず情報の収集・配信が基本的に国家レヴェルで行われるものは「国家通信社（national news agency）」と呼ばれる。
(6) クレジットは、通信社と報道機関の契約で明記が義務付けられており、文責を明らかにするためにも一般的に配信記事には配信元の通信社のクレジットが付される。ところが、日本ではこのクレジットが明記されないことも多く、まるで新聞社やその特派員が独自に取材した記事に見えることも多々ある。
(7) ニュース等の報道の翻訳は、放送通訳とも呼ばれるように通訳の要素が大きい。放送通訳には大きく分けて、時差通訳、生同時通訳、セミ同時通訳がある。最も多い形態が時差通訳である。事前にニュースをビデオ録画し、何人かで手分けして録画を見ながら訳文を作成し、定時の生放送で画面に合わせながら通訳を行う（BS放送通訳グループ, 1998）。以前は、定時のニュースで、生同時通訳が行われるのは突発的な事件やニュースが発生した時に限られていたが、現在の放送通訳の世界では、2006年からNHKでABCニュースを同時通訳で放送するなど、平時でも同時通訳の導入・多用化が進んでいる（稲生・河原, 2008）。
(8) 1991年から98年までは『中央公論』、その後2008年まで『論座』で、寄稿論文の一部についてその日本語訳が掲載された。
(9) ここでは、ある社会や文化で様々な言説がせめぎ合うなか、特定の時期に、特定の人々において支配的である言説、つまり、多様な選択肢のなかから人々が選び取り、構築してきた価値体系の総体を指すものとする。本橋（2002, pp. 22-23）を参照。
(10) ここでは、社会に広く行き渡った既存のパターン化されたイメージを指すものとする。このイメージによって、観察する対象が単純化かつ固定化されて認識される。ステレオタイプは、「人々がニュースを理解し、評価するうえでたいへん役立つものである。なぜなら、ニュースを1つひとつ考える手間が省け、思考の節約になるからである」が、同時に「人々の先入観や偏見を生み出したり、それらを活性化させる働き」を持つ（大石・岩田・藤田, 2000, p. 51）。
(11) 翻訳研究の領域では、翻訳行為においてもとになるテクスト、すなわち原文を起点テクスト（source text, ST）、翻訳行為によって訳出されるテクスト、すなわち訳文を目標テク

スト (target text, TT) と呼ぶ。
(12) このことは、逆に言えば、海外における日本に関するニュースも、欧米国際通信社や欧米主要メディアによって取材され、発信された英語テクストがもとになっていることを意味する。共同通信社や時事通信社、NHK などの放送局も海外向けに英語ニュースを発信し、朝日新聞、読売新聞なども主要英文紙と提携するなどして情報を発信してきた。しかし、その発信量、したがって影響力は前者と比べものにならないほど小さい。日本と馴染みの薄い国々となれば、そこで受け取られる日本のニュースは、なおさら欧米通信社や主要メディアの情報に依拠したものとならざるを得ない（木村・田所, 1998, pp. 39-41）。
(13) 言語には社会の不平等な権力が内包されており、この不平等な権力関係が言語を通して維持、再生産されるという認識のもとで発達した一連のアプローチの仕方や態度を指す。CDA は、我々の日常の談話を時間的な流れと、空間的なつながりの中の「今、ここ」で起きる社会的行為であると見て、「談話の中で、あるいは、談話を通して巧みに目に見えない形で発信され受け入れられる支配的イデオロギーや社会的不平等を問題とし」て取り上げ、異議を唱え、その不平等を取り除くことによって、「多元文化主義的、民主主義的世界の発展に貢献する」（野呂, 2001, p. 19）という目標を持つものである。

「クリティカル（critical）」という語について佐藤（2005, p. 56）は、「対象を問題化する」という意味だけでなく「対象を注意深くかたよりのないように評価する」という意味が含まれているとする。このような意味での「批判的」な視点は、CDA の立場に立つ研究者に共通する。しかし、CDA は、特定の理論や方法に依拠するものではなく、方法論的に多元主義をとる学際的なアプローチである。

メイナード（1997, p. 81）によると、その端緒は Kress & Hodge（1979）の *Language as Ideology* にあり、その後 80 年代から 90 年代にかけヨーロッパで急速に発展する。現代社会において、言語の重要性が強く認識されるようになったことを背景とする。
(14) 英語では、the Bosnian conflict と呼んでおり、旧ユーゴ連邦を構成する 6 つの共和国のひとつであったボスニア・ヘルツェゴヴィナ共和国で起った紛争を指す。the Bosnian war という語句を使うメディアも多い。一方、当時のボスニア・ヘルツェゴヴィナ共和国という共和国名もボスニア（英語で Bosnia）と省略することが多い。紙幅の関係上、本書でもこのように省略して表記する。しかし、ボスニアもヘルツェゴヴィナもそれぞれ地域名を表しているので、このような省略は本来望ましくない。加えて、本文でも詳述するように、ボスニア紛争以来、英語の Bosnian には、2 つの用法、すなわちボスニアに住む人々すべてを指す本来の用法と、ムスリム（第 5 章参照）の共同体を指す用法が混在している。そのため、翻訳通訳研究の立場から、このような省略した名称を欧米メディアが使うこと自体がムスリム側に立つことを暗に示し、中立的ではないという指摘がある（Dragovic-Drouet, 2007, p. 38）ことに留意すべきである。
(15) ユーゴ解体過程で、まずセルビア語（srpski jezik）とクロアチア語（hrvatski jezik）の 2 つに分裂した。多民族国家ユーゴの中でも典型的な民族混住地域のボスニアでは、主要 3 民族のムスリム人（Muslimani, 旧ユーゴでは 1971 年以降民族概念のひとつ。第 5 章を参照）、セルビア人（Srbi）、クロアチア人（Hrvati）をはじめ、ボスニアの地に住むすべての人はボスニア人（Bosanci, 単数形は Bosanac［ボサナッツ］）と呼ばれ、地域によって差異はあるものの、基本的には皆、セルビア・クロアチア語のボスニア標準的表現を使用していた。ボスニア独立、紛争の過程で、自前の民族国家に不可欠となる民族語、国家語を追求する中で、1993 年民族名を「ボスニア人（Bošnjaci, 単数形は Bošnjak［ボシュニャク］）」と変更し、民族語名を「ボスニア語（bosanski jezik）」と決定した（齋藤, 2004）。こうして、ユーゴ連邦時代のセルビア・クロアチア語は、セルビア語、クロアチア語、ボスニア語の 3 言語となった。さらに、モンテネグロでは、新ユーゴ連邦からの独立に伴い、やはり以前はセルビ

ア・クロアチア語の一言語変種(方言)とされていたものが、モンテネグロ語(Crnogorski jezik)と呼ばれるようになり、2007年より同国の公用語となっている。
(16) 橋本(2006, p. 128)も参照。
(17) ボスニア紛争報道における米国大手PR会社の情報操作を調査・取材したノンフィクション。
(18) 英語版タイトルは"The Back of the Crowd"(Nordland, 2008)。
(19) Ramet(2005)は、ユーゴ解体およびボスニア紛争、コソヴォ紛争に関する100を超える文献を取り上げている。
(20) 翻訳書の原稿が1990年代半ばに完成していたにも関わらず、初版が出版されたのはようやく2005年であり、訳者あとがきにもあるように、日本での出版もその衝撃的な内容のため一旦立ち消えになったという経緯がある(pp. 489-490)。
(21) その前身は1918年建国の「セルビア人・クロアチア人・スロヴェニア人王国(Kraljevina Srba, Hrvata i Slovenaca)」で、1929年その名称を「南スラヴ人の国家」を意味するユーゴスラヴィア(Jugoslavija)に変更した。第5章で、その経緯について取り上げる。日本では、その表記について、「ユーゴスラヴィア」と「ユーゴスラビア」が混在しているが、本書では文献名および引用箇所に関しては原著の表記に従い、それ以外は前者で統一した。その他の「ヴィ」と「ビ」や、「ヴ」と「ブ」等の表記についても同様である。
(22) メディアの言説についての言説。ボスニア紛争に関する欧米主要メディアの言説については、研究者だけではなく、メディア関係者や政治家・外交官等からも数多くの論究がなされた。

第Ⅰ部　メディア翻訳への視点：言語行為の多層性

第1章　グローバル化とメディア翻訳

1　グローバル化の二面性

　国際報道とそこに関わる翻訳はともに、私たちのすぐ身近にある日常的な実践であるにも関わらず、その営みに人々の関心が向けられることはまれである。あふれるほどの情報が自由に、何の障壁もなく行き交うように見えるグローバル化とういう現象の中に、報道も翻訳も呑み込まれてしまっているかの感さえある。メディアの表象と翻訳について深く考察しようするなら、まずこのグローバル化の現象とこれら実践の関係を探ってみることが必須だろう。

　一方で、インターネットに代表される情報技術、情報メディアの飛躍的な発展、他方で、1989年のベルリンの壁崩壊に象徴される東西冷戦構造の終焉、ソ連・東欧諸国での共産主義政権の崩壊と民主化過程、ヨーロッパ再編、市場経済の全世界的拡大など一連の政治的・経済的動きによって、この数十年の間にグローバル化が一気に勢いを増し今日に至っている。しかし、グローバル化という現象が、国際社会における厳然たる権力関係を背景として展開してきたことに目を向けてみるならば、そこに欧米主要メディアの絶大な影響力と、その結果としての不均衡な情報流通の姿が浮かび上がってくる。この章では、グローバル化とメディア翻訳の関係を近代から現代までの歴史の中に位置づけ、考察することを通して、メディア翻訳研究が直面する現代的課題を明らかにしたい。

　ラテン語で球を意味する"globus"を語源とする英語の"globe"やその形容詞"global"は、古くから使用されている語である。それに対し、そこから派生した造語である"globalization"（グローバル化）という語が使用されるのは、比較的最近で、80年代半ばから90年代以降のことである。このグローバル化という語が意味するところは、政治や経済、社会、文化において生起する様々な出

来事や事象の「越境的過程」、つまりナショナルな境界を越える過程と言ってよいだろう。この意味で、用語としては新しいが、現象としてのグローバル化は、現在だけに特徴的なものではなく、「近代」という時代を反映するものである。

　メディアとの関連で言えば、活字メディアと印刷術の誕生は16世紀以降の近代社会に大きな影響を及ぼし、この新しい情報技術の前提の上に、国民国家と国語が形成された(1)（吉見, 2004, p. 83）。アンダーソン（1997 [1983], p. 24）は「国民とはイメージとして心に描かれた想像の政治共同体である」[ルビ原文]と述べ、その「国民（nation）」という想像の共同体の創出・構築に、出版資本主義、具体的に言えば、出版業者による新聞や雑誌を含む大量の国語の出版物の出版・発行が大きな役割を果たしたことに注目した。新聞や、その後のラジオやテレビに代表されるマス・メディアの発達と普及は、「国語」の普及と「国民国家」の成員としての情報の共有化、つまり同じものを読む・聞く、そしてそれをもとに話す・書くという行為を通して「国民」の形成に寄与した(2)。

　このナショナルな空間である国民国家の形成期は、一方で、帝国主義や植民地支配としてナショナルな空間を越えた支配が広がった時期でもあった。サイード（1993 [1978]）が『オリエンタリズム』で明らかにしたように、帝国主義は軍事や政治的な力によるものばかりではなく、欧米の優位性をイデオロギー的、文化的に構築することによって植民地統治の様式を生み出し、それを支配正当化の装置として作り上げた。オリエンタリズムは「我々」である「西洋」が、「他者」である「東洋」を支配する装置であり、一方の東洋においてはオリエンタリズムが内面化されることによって、近代という世界の秩序が形成された。近代という時代は、常に「我々」と「他者」を明確に区別しながら、統合と差異化を繰り返す過程であった。

　このようにグローバル化は、「近代」を反映するものであり、そこにグローバル化の両義性が立ち現れてくる。それはどういうことかというと、グローバル化を通し、人・もの・情報の行き来が拡大することによって、それまで個々に切り離されていた人々が境界を越えて結びつき、統合に向かう一方で、そのような過程において新しく形成される境界によって、境界の外の集団が絶えず差異化されてきたということである。

こうした両義性を持つグローバル化にメディアが大きな役割を果たす一方、翻訳もまた重要な貢献をしてきた。翻訳が、一方でナショナルな存在である国民国家の形成と再編、他方でグローバルな世界秩序の再編を目指す帝国主義や植民地支配において大きな役割を担ってきたことは、欧米の近代化の過程のみならず、西洋文明の積極的な受容、欧米諸国との対等な外交関係の構築、アジア諸国の植民地化などと絡み合う日本における近代化の過程を振り返ってみても明らかである。メディアが、前述のように国民国家の前提となる国語の整備・普及に大きな役割を果たしたことはもちろんだが、翻訳もまたナショナルな境界を作り上げていく上で、対外的のみならず国内的にもアイヌ語や琉球語をはじめとする各地「方言」の排除・抑圧に深く関わる実践であった（坪井, 2007; 安田, 2000）。

　では、このような近代のグローバル化に観察されるグローバルな側面とナショナルな側面の共存は、過去のものだろうか。それは、むしろ見えない形で現在も様々な局面に見られる現象と言えないだろうか。たしかに、現代の私たちを取り巻くグローバル化は、インターネットの急速な発展と情報伝達の即時性の実現とも相まって、従来の国民国家という枠組みを大きく揺るがす契機となっている。そして、それは、政治、経済、文化、社会の様々な活動における領域性が解体する過程を生み出し、これまでの「ヨーロッパ中心的な思考と近代科学の普遍性への批判が急速に台頭」（伊豫谷, 2002, p. 39）する結果となっている。しかし一方で「欧米を基準とする規範や様式、制度や機構、さらに文化までもが、これまで以上に強力に世界的に浸透し」、「国家は、こうしたグローバル化の浸透を促すように再編・強化されてきている」（ibid., pp. 38-39）。近代から現代へと脈々と受け継がれるグローバル化のこの二面性を見逃しては、メディアと翻訳の関係性は見えてこない。

　一方、グローバル化が情報伝達技術の発展と深い関わりを持つ以上、グローバル化の二面性は「コミュニケーション」の歴史や概念とも大きく関係してくる。18世紀の西欧における啓蒙運動や産業革命、続く19世紀の帝国主義の時代を通して、コミュニケーションの概念はそれまでの物のやりとり、つまり商業的な意味から、人や情報・メッセージのやりとりという意味に変化していくことになった。それに伴い、コミュニケーションの場もナショナルな空間から

グローバルな空間へと広がることになった。実際に、産業革命が可能にした道路や鉄道網、通信ネットワークの整備は、国内の経済システムだけでなく、19世紀の戦争のあり様も大きく変化させ、戦線との連絡や軍隊の動員に情報の共有の果たす役割（つまり、コミュニケーションの役割）が大きく注目されるようになる（Mattelart, 1996 [1994]）。このようにコミュニケーションの発展史もまた、近代の国民国家の成立と帝国主義・植民地支配の確立を反映し、ナショナルとグローバルの2つの側面を有している。

2　グローバル化と情報・翻訳の流通

　1980年末から90年代という時代は、グローバル化の波がメディアにも一気に押し寄せ、様々なニュースが世界中を駆けめぐるというメディアにとっても歴史的転換期であった。89年の天安門事件、ベルリンの壁崩壊、続くルーマニア革命とチャウシェスク大統領処刑、90年夏のイラクのクウェート侵攻、翌年1月の多国籍軍によるイラク空爆、それと併行するように起きた旧ユーゴ、ルワンダ等での紛争は、瞬く間に世界中にニュース映像や報道記事となって伝えられた。21世紀に入ってからの9.11同時多発テロ、その後のアフガニスタンやイラク、2011年に始まる中東・北アフリカでの新しい政治のうねりに関する報道も記憶に新しい。これらすべてのニュースの発信と流通に国際通信社、欧米主要メディア、そして数多くの翻訳行為が大きく関わった。

　グローバルなニュース流通のルーツは、第2次世界大戦前の国際放送に遡る。その背景に西欧列強間の植民地獲得競争があったことは言うまでもない。フランスAFPやイギリスのロイター等の国際通信社も、帝国主義を背景としてその活動を拡大した。このような国際通信社の歴史そのものが、国際的なニュースの流通が国益と不可分に結びついていることを示すものである（大石・岩田・藤田, 2000, p. 215）。戦後は、ここにアメリカのAP、UPIとソ連のタス通信が加わり、東西冷戦を背景として、国際通信社が政治的イデオロギーと国益を代弁する機能を担った。こうして「第一世界のニュースと第二世界のニュースは、あたかもそれだけで世界のニュースを構成しているかのように世界中を駆け回」り、東西どちら側も自国の視点からニュースを世界に流通させ、そこに偏りを生じさせた（ibid.）。

これに対し異議を申し立てたのは、第3世界の諸国であった。彼らは、世界の情報の主導権が主要国にある国際通信社に独占され、その結果、世界におけるニュース流通に偏りを生じさせていること、そして発展途上国では未だに情報主権の獲得に至っていない状況に対して不満を表明するとともに、情報主権の回復を強く望んだのである。そこには国境を越えて流れていく自らに関する情報を、自らの言葉で語れない、発信できないという現実を克服して、自らが自らの言葉で発信したいという第3世界の諸国の希求があったのである（鈴木, 2005, pp. ii-iii）。

その願いは、70年代前半、世界の「新情報秩序（New Information Order）」の確立を目指す第3世界諸国の提案となって具体化し、国連の場でも取り上げられた。1976年ユネスコ総会で、これら諸国は、国際的な情報流通の不均衡是正実現のための「新国際情報秩序」樹立を求めるナイロビ宣言の採択を目指した。しかし、国連の場では、自由主義に基づく伝統的な自由流通論の前に期待した成果は得られなかった。それでもこれら諸国は、旧ユーゴの国営タンユグ通信をセンターとする第3世界通信社プールを作り、西側の報道支配から脱する道を求め、情報主権の確立を図ることに努めていくことになる（大石・岩田・藤田, 2000, p. 217）。

こうして、世界における情報流通をめぐる対立は冷戦の終結とともに、東西間から南北間へ、言い換えると東西のイデオロギー間の対立から、西欧対非西欧間の文化的対立へとその軸を大きく変化させることになる。冷戦終結後のグローバル化の過程では、先に見たように情報が国民国家を越えて流通する一方で、その流通は経済的に圧倒的に優位に立つ欧米、特にアメリカによって支配されているのが現実である。文化帝国主義批判やメディア帝国主義批判（サイード, 1998 [1993], 2001 [1993], 2003 [1981]; トムリンソン, 1993 [1991]）においては、このような情報流通を通して、経済的に強い国の文化や価値観が、第3世界を中心とする弱い国に浸透し、それによって文化的支配・被支配という新たな文化対立を生み出しているとの指摘がある。もちろんグローバル化をこのようにある特定の中心的な国、つまりアメリカから周辺部への一方的な文化的支配とする見方だけでは、グローバル化におけるダイナミックで多層的な権力関係、権力作用は見えてこないことも確かである（cf. アパデュライ, 2004 [1996]）。

実際には、国際社会において様々な力学がせめぎ合う中で、ひとつの大きな流れを形作りながら相互作用を繰り返す存在として、国際通信社を含む欧米主要メディアを捉えるべきであろう。

　さて、いずれにしてもこうした近現代における国際構造の不均衡や非対称性を、独自な形で示しているのが「翻訳」である。先に述べたように、翻訳は近代の国民国家の成立と植民地支配に大きな役割を担ってきた。帝国主義の時代、植民地では、その地域固有の諸言語の中に植民地言語が導入された。その結果、植民地が解放された後、すなわちポストコロニアルの時代を迎えても、旧宗主国の言語が公用語となってる国々もあるなど、この言語的制約が取り除かれたわけではなく、今も過去の植民地支配の痕跡がこれらの地の人々の生活に影響を及ぼしている。また、政治的自立性を保ちながら経済成長を促進していくためには、覇権的な国際共通語で商取引を行う必要性もあった。そのために、一方では否応なしに行われたのが翻訳であった。ここでは、翻訳は支配と従属という関係性に深く根差した文化的実践であった。他方で、翻訳は従属的な立場にある者からも、ある場合はグローバル資本と共犯関係を結びつつ、またある場合は植民地支配に対抗するために、率先して行われてきた（Venuti, 1998, p. 158）。こうした支配と従属に絡む翻訳実践は、現在のグローバル経済における翻訳の問題をあらためて浮き彫りにする。Venuti（ibid., pp. 159-160）は、英語圏、特にその主要国であるアメリカとイギリスの優位性がもたらす英語のグローバル化によって、世界が英語圏の文化的産出物のための市場と化し、結果的に翻訳に様々な問題を引き起こしていると指摘する。

　たしかに、第2次世界大戦以来の翻訳の形態を見てみれば、英語圏の文化の圧倒的な優位は明らかである。英語は世界で最も多く翻訳されてきた言語である。英米両国の出版産業は、規模にしてもかなり大きく、技術的にも充実し、財政的な安定性が保たれている。しかし、それにも関わらず、英語以外で書かれたテクストが英語に翻訳されることはきわめて少ない。この不均衡ははなはだしいと言わざるを得ない。Venuti（2008 [1995]）がその著書 *The Translator's Invisibility* で指摘するように、これに輪をかけているのが、英語圏で重視される受容化方略（domesticating strategy）という翻訳方略である。受容化方略とその対概念としての異質化方略（foreignizing strategy）については、第3章で詳

しく取り上げるが、前者の受容化方略とは、簡単に言えば、読者にとって読みやすく、読むものがまるで自分の国の言語で書かれているような印象を与える翻訳、つまり翻訳研究でよく言われる「透明な (transparent)」翻訳を目指す方略である。英語圏ではそのような受容化方略が翻訳の規範となっている現状である。

　こうした状況は、メディアによって産出される報道記事やニュースについても当てはまる。欧米優位の情報流通の中でも、英語で発信される情報は翻訳を介して世界に流布するが、それ以外の言語、なかでも少数言語や地域言語で発信される情報はほとんど翻訳されない。Cronin (2003) は、その著書 *Translation and Globalization* において、グローバル化によって大きな変化を遂げている世界と翻訳の関係を様々な角度から考察しているが、翻訳と政治の関係については、グローバル化という均質化を引き起こす新たな植民地主義について取り上げている。またヨーロッパ言語と少数言語については、アイルランド語の例を挙げ、ポストコロニアル翻訳理論においてさえ見落とされているヨーロッパ言語内の言語間の不均衡性、すなわちヨーロッパ言語内の少数言語の政治的、文化的地位の低さを指摘している[5]。

3　メディア、翻訳、メディア翻訳

　前節までで、グローバル化と、メディアおよび翻訳との関係を、近代から現代への歴史の流れの中に位置づけ、メディアと翻訳が現在どのような状況に置かれているのかを概観した。この節では、ここまで自明のものとして使用してきた「メディア」と「翻訳」という言葉について、あらためて確認しておくことにしよう。

　英語で「メディア」は "media" であり、"medium" の複数形である。"medium" の語源は、ラテン語 "medium" または "medius" であり、その意味は「中間」であった。吉見 (2004, p. 5) によると、英語として使われ始めたのは16世紀であり、その後「17世紀初期までに介在的もしくは中間的な働きを意味するように」なっていった。この時期におけるメディアの概念は、物質的、心的な媒介から神と人間、精神と世界の媒介まで含むものであった (ibid.)。つまり、ここでは現在の用法のように伝達手段やコミュニケーション媒体に限定さ

れてはいなかった。それが19世紀以降の情報技術の発展によって、もともとの意味である媒介・仲介としてのメディア概念が薄らぎ、20世紀を通して、メディアとは送り手から受け手へのメッセージを伝達する媒介手段であるという考えが広がっていく。メディアとは情報媒体、つまり情報伝達の機器そのものであり、その媒体を通して伝達される情報、あるいは「メッセージ」からは明確に区別されていた。それゆえに、メディアが有する「透明性」が強調され、メディアはコミュニケーションの技術的前提ではあっても、メッセージの内容には関わらないものと捉えられていた（ibid., p. 6）。

ところが、1960年代になると、このようなメディアの透明性について疑問、批判が生じることになる。メディア論に新しい地平をもたらしたのは、今では古典的となった有名な「メディアはメッセージである」（マクルーハン, 1987 [1964], p. 7) という言葉である。この標語は、メディアを情報伝達の媒体とする考え方からの脱却を目指すものであり、メディアは単なる伝達手段ではなく、メディアがむしろメッセージ（テクスト）のあり方を規定する力をもつこと、したがって、社会と文化のあり方を変える大きな要素であることを表した言葉だと言える（石田, 2003, p. 109）。言い換えると、この言葉は、メディア概念に本来の媒介的・仲裁的な作用を取り戻すものであり、メディアにおいて実現していることは、送り手から受け手への単なる意味の伝達ではなく、メディアに関与する様々な主体間で連鎖的に意味を媒介・調整していくプロセスであることを示している（吉見, 2004, pp. 7-8）。そこには当然、参与主体による意味の解釈と産出があり、それによって意味が媒介される。メディアに関するこのような視点は、おもにカルチュラル・スタディーズを中心とする領域での議論ではあるが、まさしく「翻訳」という概念の今日的な議論と重なっている。

一方、「翻訳」は英語で"translation"であり、その語源はラテン語の"trans"（別の場所へ）と"late"（運ぶ）を合せたものである。日本語では「翻訳」は通常、書記言語を訳す行為・過程または訳出物を指し、基本的に音声言語を扱う「通訳」と区別される。これに対し、英語の"translation"は一般的かつ包括的な語であり、広義では日本語の「翻訳」も「通訳」も含む。英語でも狭義では翻訳のみを指す場合もあり、その場合は"interpretation"（通訳）と区別して用いられる。動詞の"interpret"はラテン語の「説明する」に由来し、"inter"（〜の

間）と"pret"（仲介者）を合せたものである。英語における"translation"と"interpretation"の2つの語に共通する意味は「解釈」である（鳥飼, 2005, p. 25; 2007, p. 31）。

　今日、私たちが「翻訳」と呼ぶもの、そしてその実践についての議論はすでに古代ローマに始まり、それ以来、西洋では「逐語訳」か「意味対応訳」かをめぐって長い議論が戦わされてきたと本書冒頭で述べた。その議論の中心は、聖書のテクストの翻訳をめぐるものであり、それは神の言葉をどのように「解釈」し、それをどのように「媒介」するかという問題であった。19世紀には、テクストはそれが能動的に解釈されて意味を持つと主張する解釈学（hermeneutics）が生まれたが、"hermeneutics"の語は「解釈する」、「翻訳する」という意味のギリシャ語"hermeneuō"に由来する。この解釈学の発展は、神の言葉、聖書というテクストを理解、解釈する方法と密接に関係していた。

　翻訳学との関連で言えば、神学者、思想家でもあり自らも翻訳者であったシュライアーマハー（Friedrich Schleiermacher）が翻訳者の姿勢として述べた以下の言葉は、翻訳研究に携わる者なら知らない者はいないだろう。すなわち、翻訳者がとる姿勢には「著者をできるだけそっとしておいて読者を著者に近づけるか、読者をできるだけそっとしておいて著者を読者に近づけるかのどちらかの選択しかない」（Schleiermacher, 2004 [1813], p. 44）。この言葉は、その後の翻訳論の根本的課題・命題となった。第3章で詳述するが、解釈学の発展は、20世紀後半の脱構築の誕生につながるとともに、翻訳学における「等価」論議を乗り越えようとする試みとも深く関わることになる。

　翻訳学で長い間、翻訳の規範として捉えられてきた「等価」の概念は、翻訳に関わる主体（通常は翻訳者）による能動的な解釈や翻訳のプロセスを背後に押しやり、その結果、研究の焦点は、おもに起点言語（source language, SL）で書かれた起点テクストをもとに、目標言語[7]（target language, TL）でいかに等価の目標テクストが産出されるかに当てられた。そこでは、翻訳という行為やプロセス、そして翻訳者は、単に原文と翻訳産出物を等価的に通す道具、言うなれば導管として捉えられ、テクストの内容には関与しない存在、それゆえに、透明な存在として捉えられた。「等価」といういわば「メタ言語的」規範が、翻訳実践に強力に作用してきた結果である。

その後、70年代に入り、翻訳テクストの生成と受容を、文化的・社会的コンテクストの中で捉えていこうとする研究が、特に文学の領域で発展を見せた。その結果、それまでの翻訳研究で主流だった翻訳の「規範」を研究するアプローチから、翻訳過程の現象を「記述」しようとするアプローチへと研究の中心的課題も変化していくことになる。このようなアプローチでは、翻訳は、起点言語で書かれた起点テクストから、目標言語によって書かれる目標テクストへの単なる意味伝達手段でなく、意味を媒介する翻訳プロセスとして考えられる。そして続く「文化的転回（cultural turn）」と呼ばれる翻訳学における大きな転換期につながる過程においては、他の学問領域から「翻訳」についてのより一般的な、より抽象的な概念が様々な形で翻訳学にもたらされた。それは起点テクストおよび目標テクストの不確定性、あるいは人類学で言う「文化の翻訳」のように物や形としての起点テクスト自体の不在を前提とするものであった。

　ここで再び「翻訳」と「メディア」の概念の重なりが見えてくる。メディアは、その仲介過程において、ある既存の言語的テクストのみに焦点を当てるものではないことから、ピム（2010 [2010], p. 248）が「翻訳不在の翻訳」として言及する文化翻訳のひとつの形態と言える。「翻訳不在の翻訳」とは、従来の伝統的な翻訳概念である「言語間翻訳」という意味での「翻訳」がないことを指している。このことは、安定した起点テクストがあるかどうかを別にすれば、翻訳もメディアもともに、テクストの「解釈」と「産出」に主体的に関わる媒介・仲介行為であり、過程であることを意味しており、「メディア」とは広い意味での「翻訳」である。メディアにおいて解釈され、その結果として意味をなすものとなった産出物（テクスト）は、いわば現実の出来事を翻訳したものであり、その翻訳の過程にはジャーナリストをはじめとする様々な主体間で連鎖的に意味を媒介・調整していく行為があると捉えられる。そして、それが他の言語に「翻訳」される場合は、そこにも意味を媒介・調整していく行為が続くことになる。

　以上を考慮すると、現代という時代におけるメディア翻訳とは、個々に多様な時間・空間で起きる出来事についての解釈が行われる時点から、最終的な翻訳物としてのテクストとなって読者や視聴者が受け取るまで「翻訳」という行為が繰り返される場なのである。さらに言えば、産出物としての翻訳は、読

者・視聴者によってさらに解釈・翻訳し直される。メディア翻訳とは、このように延々とテクスト化（解釈・翻訳）が繰り返される過程なのである。その意味で、メディア翻訳とは、翻訳学で「翻訳」という語が通常意味する、起点言語で書かれた言語テクスト（起点テクスト）から目標言語で書かれる言語テクスト（目標テクスト）へという過程に関わる相互行為はもちろん、ある出来事が解釈されて（翻訳されて）起点テクストとなる過程に関わる相互行為も含む言語行為ということになる。

　本書では、メディア翻訳をこのような概念として捉え、起点テクストから目標テクストへの言語間翻訳過程（第8章）を中心に据えつつ、そもそもその起点テクストが生成される過程（第7章）をも含めて考察する。そして、メディア翻訳がこのように、個々のコンテクストにおいてテクスト化が繰り返される過程であるとするならば、その分析で鍵となるのはコンテクスト分析ということになろう。第7章と第8章でボスニア紛争について欧米主要メディアによって生成（解釈・翻訳）された報道言説、およびその英語テクストをもとに日本のメディアによって生成（解釈・翻訳）された日本語テクストを分析する前提として、第5章と第6章でボスニア紛争を取り巻くコンテクストについて紙幅を割いて論じているのはそのためである。

4　求められる記号論的視点

　前節では、グローバル化におけるメディアと翻訳の概念の重なりを検討し、それを踏まえて、メディア翻訳が、出来事の解釈から始まる一連の翻訳という媒介過程として捉えられることを示した。これに対し、従来の国際報道に対する人々の認識を支えてきたのは、序章でも述べたとおり、情報理論的コミュニケーション観、つまり単なる媒介装置、いわば導管としてのメディア観、翻訳観であった。そこでは、メッセージ（テクスト）は所与のものであり、メディアも翻訳も単なる情報伝達と見なされる。

　1970年代から80年代にかけて、翻訳学でも機能主義的言語学理論の影響の下、コミュニケーション重視の機能主義的アプローチがドイツで盛んになる。ライス（Katharina Reiss）は、テクストをコミュニケーションが達成されるレヴェルとして捉え、それまで翻訳学で主流だった単語や文のレヴェルの「等

価」ではなく、テクスト・レヴェルでの「等価」が追究されるべきことを強調した。そして、その主張に基づいて、起点テクストの目的と機能を重視したテクスト・タイプ別翻訳方略を提示した。Reiss (2000 [1971]) は、テクストのタイプの違いに応じ、そこで優勢となる機能に差があると考え、どのような機能がそのテクストで優勢なのかを考察し、テクストを３つの基本的テクスト・タイプに分類した。その３つのテクスト・タイプとは、「情報型テクスト」、「表現型テクスト」、「効力型テクスト」として知られている。

　まず、情報型テクストで優勢な言語機能は「叙述機能」であり、そこでは伝達内容レヴェルでの正確性、等価が求められるとした。このタイプの典型が、ニュース報道、学術書、公文書などである。それに対し、表現型テクストで優勢な言語機能は「表出機能」であり、芸術表現レヴェルでの等価が求められる。このタイプの代表はもちろん文学作品である。最後の効力型テクストにおいて優勢な言語機能は、受け手に対し何らかの行為を働きかける「訴え機能」であり、訴え効果のレヴェルでの等価が求められるとする。このタイプのテクストの例としては、宣伝、広告などが挙げられる。その後、この３つのテクスト・タイプに加え、言語以外の媒体が関わる場合として、第４のテクスト・タイプ「マルチ・メディア型テクスト」が加えられている。マルチ・メディア型では、叙述機能、表出機能、訴え機能のそれぞれどの機能が優勢かで、３つの下位レヴェルがある。本書のテーマとの関連でいえば、メディア翻訳とは、まさに情報型タイプ、あるいはマルチ・メディア型の情報型タイプということになる (cf. 藤濤, 2007, pp. 18-25)。ここで求められるのは、情報というメッセージ（テクスト）をその伝達内容を変えずに正確に伝えること、すなわち言われていること（言及指示的内容）の等価を達成することである。このように新聞記事やニュースでは、もっぱら言及対象の叙述機能だけが注目され、表出機能や訴え機能などの社会指標的機能については考慮の対象とされてこなかった。

　さらに、そこにスコポス理論が登場する。スコポス理論では目標言語側の「目的 (skopos)」こそが翻訳方略を決めるとされ、メディアの翻訳における受容化方略が正当化されることになる。メディアにおける翻訳行為の存在が、ほとんど人々の意識にのぼらないことの要因として、Bielsa (2007, p. 151) は以下の点を指摘する。すなわち、世界の情報を独占的に支配している通信社では、

まずニュースの産出において多様な言語に対処しながら各国言語でニュースを配信するという作業において、翻訳が重要な役割を果たす一方で、翻訳がジャーナリストの作業と切り離して認識されていない点である。また、受け手にとっての読みやすさに価値を置くため、翻訳の介在を隠蔽する受容化方略を採用する結果、二重の意味で翻訳行為は不可視であるという。これは通信社だけではなく、メディア全体に共通する問題とも言える。さらに現在のメディアは、様々な記号形態をとり、そこでは書記言語と音声言語、加えて写真や映像など非言語記号が混在している。この映像という記号（類像性と指標性の高い記号）[10]は「現実」を構築する上で大きな影響力を持つ。

　メディア翻訳の不可視性という問題は、このように一方でこれまでの情報理論的コミュニケーション観、加えてメディアにおける目標テクスト重視の読みやすい翻訳という規範、他方で従来の言語間翻訳にとどまらないメディア翻訳行為の複雑な実践がその背景にあり、メディア翻訳研究の遅れにつながってきたわけである。グローバル化におけるメディア翻訳のこのような多様な形態ゆえに、その実践を考察しようとする場合、従来の「言語間翻訳」という枠組みを超えるものが必要であることはここからも明らかであろう。その枠組みを超えるものとは、Jakobson（2004 [1959], p. 139）の言う「記号間翻訳」の視点である。すなわち、ある記号形態から別の記号形態への翻訳として検証していくことが求められていると言える。同時に、メディア翻訳の不可視性という問題に迫るためには、情報理論的コミュニケーション観に代わる社会・文化的コンテクストを射程に収めるコミュニケーションモデルからの検証が必要となる。そして、こうした新たな枠組みから、受容化方略が実際に、メディア翻訳にいかなる形で顕現しているのかを記述する研究が為されるべきであろう。このような視座と枠組みを翻訳学に与えてくれるひとつが、哲学者パース（Charles Sanders Peirce）によって考案され、その後ヤコブソン（Roman Jakobson）によって言語学・文学研究に接合された記号論（semiotics）をその理論的中核とする社会記号論系言語人類学の「出来事モデル」である。これについて詳しくは第4章で述べることとしたい。

　次章では、理論について取り上げる前に、メディア翻訳という語の指す実践領域と研究領域を確認した上で、本書のテーマに関連するこれまでの研究につ

いて概要を示すことにする。

注

(1) 広く知られているように、15世紀半ばにグーテンベルクが活版印刷機を発明して、大量の印刷物によるコミュニケーションが可能となった。その技術は聖書の印刷だけでなく、その後の新聞、雑誌等の印刷に活用された。16世紀にはすでに印刷機と印刷技術が日本にも伝えられている。1549年には、日本でもイエズス会宣教師フランシスコ・ザビエルによって『マタイ福音書』がもたらされ、日本語で書かれた教義書が印刷された（各務, 2006, p. 9）。また、幕末から明治にかけては、発達した印刷技術が日本最初の新聞やその後の日刊紙の誕生を支えた。

(2) 17世紀前半にはヨーロッパで最初の週刊新聞、続く17世紀後半には最初の日刊新聞がともにドイツで誕生した。その後、ドイツでは30年戦争が起こり、新聞事業の展開が滞ることになり、西欧における新聞の発展はイギリスが中心となっていく（有山・竹山, 2004, p. 40）。一方、日本では、すでに江戸時代に江戸や大坂を中心に、瓦版文化が発達していたが、「時事的な問題を報道・解説・論評する活動」としてのジャーナリズムの形成にはつながらなかった（ibid., p. 41）。民間人による日本最初の新聞は、幕末の1964年、ジョセフ彦（Joseph Heco）による『新聞誌』で、翌年『海外新聞』と改題された。また、1971年（明治3年）には日本最初の日刊新聞『横浜毎日新聞』が発刊された。『海外新聞』は、当時横浜に入港したイギリスやフランス等の定期船が持ってくる米英の新聞雑誌から彦が日本語に口述で翻訳し、それを岸田吟香と本間潜蔵がわかりやすい日本語に直すというものであった（近盛, 1977; 佐々木, 1999; 高橋, 1994）。その創刊の辞には、新聞発刊の主旨として「童子之輩にも読なんことを欲すれハ」（ジョセフ彦記念会早稲田大学, 1977, p. 43）とあり、新聞があくまでも読まれなければならないこと、そのためには読みやすくわかりやすくなければならないことが述べられている。この「童子に読なん」新聞精神は、明治に誕生し全国紙として発展する『毎日新聞』『読売新聞』『朝日新聞』に受け継がれたという（近盛, 1977, pp. 331-332）。ジョセフ彦の『海外新聞』は、いわば日本のメディア翻訳の嚆矢と位置づけられるだろうが、発行部数は100部程度で、経営は厳しく、しばらくして廃刊になったという（有山・竹山, p. 43）。

(3) 「コミュニケーション（communication）」の語源は、ラテン語で「共通の」「共有の」を意味する「コミュニス（communis）」と言われている。コミュニケーションの定義は多種多様であるが、その語源を見ても分かるように、そこには基本的に、メッセージや情報の伝達によってそれが「共有される」という相互的な過程が想定されている。

(4) 英米両国の出版書籍は、1950年代以降10倍以上に増加しているが、その中で翻訳が占める割合は約2.4パーセントにとどまっている。その割合が最も高かった1960年代でも4.7パーセントであるが、現在はさらに低いということになる。例えば、2004年におけるアメリカでの全出版書籍数（195,000点）に翻訳（4,040点）が占める割合は、わずか2.07パーセントである。これに対し、例えば、フランスでは8-12パーセント、ドイツでは約14パーセント、イタリアでは25パーセントを翻訳が占めている（Venuti, 2008 [1995], p. 11）。

(5) ポストコロニアル的文脈からアイルランド問題を論じているものとしては、Tymoczko (1999)、イーグルトン (1997 [1995]) も参照。アイルランド語同様、旧ユーゴの諸言語もヨーロッパにおいて政治的・文化的地位の低い言語の典型であり、旧ユーゴの人々が自らの言説を発信しようとすれば、通常ヨーロッパの主要な言語、特に英語で行うことになる。日

本の場合も同様である。日本の人々が世界に向けて発信しようとする際も、多くは英語を介して行われる。序章で論及したように、日本の国際ニュースは、国際通信社から配信される英語の情報に大きく依拠している。日本から世界に向けたニュースの送信に関しては、例えば共同通信社の場合、2000年より24時間海外向け英文のニュース送信を行っている。ここでは、受け取るニュースも送り出すニュースも、ともに英語で書かれたものということになる。大きな違いはその量である。自らが外国通信社から受け取るニュース受信量と送り出すニュース送信量では数十倍の開きがあるという。そのほか、NHKなど放送局も英語での海外向け放送、朝日、読売新聞なども主要米紙と提携し記事を送ったり英文紙を発刊したりしてきたが、その発信力・影響力という意味では限定されたものである（里見, 2006, pp. iv-v）。

(6) 一方で、現在も、"medium" には、化学的な意味や巫女的・霊媒的な意味が残っている点については注意が必要である。

(7) 起点言語（source language, SL）、目標言語（target language, TL）は、翻訳学の用語として、それぞれ起点テクスト側の言語、目標テクスト側の言語を指す。また、起点テクスト側の文化は、起点文化（source culture, SC）、目標テクスト側の文化は目標文化（target culture, TC）と呼ばれる。

(8) 機能主義的翻訳理論には、Reiss & Vermeer（1984）およびVermeer（2004 [1989]）によるスコポス理論、Holz-Mänttäri（1984）による翻訳行為理論、Snell-Hornby（1988）の統合アプローチ、Nord（1997）のテクスト分析モデルがある（マンデイ, 2009 [2008]）。スコポス理論では、翻訳とは何らかの目的を達成するためのものであり、翻訳の目的（スコポス）が翻訳の方法と方略を決定し、その決定の結果として、機能において適切な翻訳が産出されると主張された。特にフェアメーア（Hans J. Vermeer）は、目標側の目的が翻訳において最も優先されると考えた。これに対し、ライスは、翻訳の目的と機能を重視するという点ではフェアメーアと同じ基盤に立ちつつ、他方で、あくまでも起点テクストの目的と機能を重視し、起点テクストのテクスト・タイプによって異なる翻訳方略が必要であると主張した点でフェアメーアと異なっている。

(9) ライスの3分類のもとになったのは、Bühler（1982 [1934]）の言語機能に関する3分類（オルガノンモデル）で、言語機能を、「叙述」、「表出」、「訴え」の3機能に分けて考察したものである（藤濤, 2007, pp. 19-20）。これが後にヤコブソンの6機能モデルに展開する。そこで加えられた「メタ言語」機能こそが、翻訳の問題の中心にあることを示したのがJakobson（2004 [1959]）による翻訳論である。第3章参照。

(10) 第4章参照。

第2章　メディア翻訳と紛争報道に関する研究

1　メディア翻訳という実践と研究領域

　日常生活においてメディアという語は、新聞、雑誌、テレビなど、マス・メディアの同義語として、またその中でも報道の役割に焦点化して使用されることが多いだろう。本書でも、このような一般的な用法を踏まえて、メディア翻訳という語について「マス・メディアを介して発信される報道の翻訳」という意味に限定して論じている。しかしながら、実際には、メディア翻訳という語は非常に広義、多義的である。

　この語は、翻訳の実務においても、翻訳学においても、一般的にメディアを介したすべてのテクストの翻訳を指している。その対象は、報道から、ドラマや映画等の娯楽、音楽・演劇・芸術まで、様々なジャンルに及んでいる。出版もメディアの領域であるが、通常、文学や絵本等のフィクション、あるいはビジネス書などの書籍を対象とする翻訳とは区別されている。ただし、その境界は必ずしも明確ではない。

　本書が扱う新聞、雑誌、テレビ等マス・メディアの報道に関わる翻訳は、広い意味ではメディア翻訳に位置づけられる。しかし、日本の翻訳業界では、新聞や雑誌記事、あるいはルポルタージュなどの出版物の翻訳については、出版翻訳に入れる場合もある。[1]特にルポルタージュは、他の書籍の翻訳と同じような工程を経て出版社から出版されるため、出版翻訳に位置づけられることが多い。ニュースなどの報道の翻訳は、放送通訳とも呼ばれるように通訳の要素が大きい。[2]他方、音声や映像を伴う翻訳は、一般的には視聴覚翻訳（audiovisual translation, AVT）とも呼ばれているが、[3]ここには当然ドキュメンタリーやテレビニュースも含まれてくる。実際には、映画やテレビドラマなどフィクション分野の翻訳を指すことも多い。さらにこれらの翻訳をメディア翻訳と同義で使

用している場合もあるので注意が必要である。

　1995年に誕生100年を迎えた映画の翻訳領域は、当初「映画翻訳（film translation）」と呼ばれていたが、テレビやビデオの登場によってaudiovisual translation（AVT）という用語が使用されるようになり、映画もその中に組み込まれることになった。そして今日では、テレビ、映画、コンピューター等「画面（screen）」を通して配信されるすべての翻訳を「映像翻訳（screen translation）」というくくりで呼ぶようになっている。

　1990年代には、テクノロジーの急速な発展を背景に、文字、音声、動画など様々な形態の情報を統合するマルチ・メディアという用語が一種流行語となり、マルチ・メディア翻訳（multimedia translation）あるいはマルチ・モード翻訳（multimode translation）という用語も登場している。こうした様々な表現や、各用語の意味する領域の重なりのために、混乱も生じている現状である。

　このようにメディアの翻訳をめぐって、多様な用語が使用されているのは事実ではあるが、Gambier（2003, p.172）が指摘するように、どれも複数の種類の記号からなるテクストを対象としていることに変わりはない。そして、複数の記号の使用という意味では、写真や地図など様々な非言語記号が使用されている新聞等の出版物も同様である。メディア翻訳は非常に裾野の広い実践領域であるが、報道に関わるメディア翻訳に限ってみても、その要素や記号は多様である。

2　メディア翻訳研究の進展

　さて、従来の翻訳研究で主として研究対象とされてきたのは、いわゆる書籍翻訳（出版翻訳）であった。その中心となったのは文学作品である。メディアへの関心がようやく高まるのは1990年代であるが、近年その研究成果が次々と出版となって現れている。(4)しかし、これらはメディアの中でも、特にマルチ・メディアあるいは映像や音声を伴う翻訳に焦点を当てている。その中心は映画である。それに対し、出版報道の分野やニュース報道・ドキュメンタリーの翻訳については、きわめて関心の低い状況が続いてきた。これは、翻訳学における研究対象が、つい最近まで文学や映画であり、フィクションの分野が中心であったことの反映である。

翻訳学において、報道の翻訳という意味でのメディア研究が本格的に始まるのは比較的最近のことである。Franco (1998, p. 235) は、これについて、翻訳研究者が "translating facts is a straightforward, non-problematic activity" という考えを保持してきたためだと指摘する。ドキュメンタリーに限ってみても、伝統的に客観性を求められ、文学や映画のような創造的な工夫が許されないドキュメンタリーは、研究としては面白みがないと考えられてきたという (ibid.)。ようやく報道に焦点を当てたメディア翻訳に関心が向けられるようになってきたわけだが、その背景には、次章で述べるような様々な研究領域からの影響がある。それが、Bielsa & Bassnett (2009)、および Schäffner & Bassnett (2010) などの研究に結実している。

Bielsa & Bassnett (2009) は、通信社の協力を得て、ニュースが言語と文化を越えて転移する上で翻訳がどのような社会的機能を果たすのかを調査した研究である。ここでは、メディア翻訳が、グローバル化を扱った近年の様々な文献においても翻訳研究でも十分顧みられず、研究があったとしても実務経験から生まれた記述的な取り組みにとどまってきたこと、また一方のニュース報道の世界でも、翻訳に対して明確な認識が確立していないことが指摘されている。ジャーナリズムの世界では、翻訳はジャーナリストの仕事の一部であり、報道というジャンルに必要な様々な要件を満たすものでなくてはならない。だからこそ、報道機関が雇うのは、翻訳者ではなく、ジャーナリストなのだという。ジャーナリストを希望する人々は、通常の意味での翻訳実務の訓練や、翻訳理論の学習などはしていないが、翻訳に必要とされる高い外国語能力は、入社時の前提なのである。(ibid., pp. 57-58)。

一方、Schäffner & Bassnett (2010) は、政治的談話の報道とそれに関わる翻訳は、出来事を再コンテクスト化したものであるという視点から、政治、メディア、翻訳の相互関係性を探る論稿を集めたものである。Schäffner & Bassnett (ibid., p. 9) は、上記のメディアと翻訳の関係の不明瞭さは、ニュース翻訳の複雑な過程を考えた場合驚くにあたらないとする。例えば、インタビューの場合、ある言語で行われたインタビューは、まず編集され、次に要約され、さらに他の言語に移し変えられ、そこで再び編集され、通信社の言語に相応しい形に変えられ、そしてある特定の出版物の用語規則を適用された上で、

報道スペースにうまく収まるよう短くされるなど一連の工程を踏む。そこは現代社会を背景とするスピードが要求される場でもある。こうなるとメディア翻訳は従来の意味での翻訳、つまり聖書翻訳に起源を持ち、近代文学の翻訳へと展開してきた西洋的文脈における翻訳という概念が当てはまらないばかりか、これまでの言語間翻訳のモデルでは対処できない領域であることが示唆される。一方、ドキュメンタリー翻訳も、ほとんど研究が進んでいない分野であるが、その中で数少ないドキュメンタリー翻訳の研究として、ここではFranco（1998）やEspasa（2004）の論文を挙げておく。

このように、メディアに関わる他の主要な学問領域、例えば社会的言語学領域やマス・メディア研究、マス・コミュニケーション研究、あるいはジャーナリズム論では、中心的な研究対象とされてきた報道に関わる領域は、翻訳学においてはやっと研究が始まったばかりである。翻訳学においては、従来の議論の中心をなす意味的「等価」の実現が、問題なく行われているはずと見なされてきた場がメディア翻訳であるということであろう。

さて、それがメディアに対する今日的な関心を喚起するまでになった背景には、先に言及した翻訳学での大きな潮流の変化があったことはもちろんである。翻訳研究が、言語学の下位分野としての研究領域から独り立ちし、翻訳学として発展をし始める70年代から80年代にかけては、一方で言語学の内部や周辺から、文化や社会に対し正面から取り組もうとするラボヴやミルロイなどの社会言語学、メイなどを代表とする社会的語用論、タネンなどの談話分析、フェアクラフをはじめとするCDA等「社会的」な言語学の分野が台頭してくる（小山, 2008, pp. 37-38）。社会言語学は、ミクロおよびマクロ社会学のアプローチを言語学に援用したものである。それ以外の3分野は、基本的に、語用論や言語人類学、あるいはパースの記号論、ハリデーの選択体系機能文法の延長線上に発展したものである。こうした分野は、それまでの言語学の研究対象であった音素や形態素、統語から、談話のレヴェルでの諸機能に焦点を移し、社会・文化的コンテクストにおけるテクスト生成のメカニズムやジェンダー、職業、エスニシティなど、社会的範疇に関係するアイデンティティ、権力、イデオロギーの作用を分析対象としている。いずれも、従来のチョムスキー派の文法理論に代表される抽象的な形式主義の言語学への批判を糧として発展した。

そこでは、言及指示と述定に関わる抽象的コードである「文法」ではなく、言語使用者のアイデンティティや権力関係に関わる語用、あるいは現実の言語使用にその焦点が据えられた (ibid., p. 39)。

翻訳学がもともと言語学にその基盤をおいていたことから、翻訳学が上記のような言語学やその周辺学問領域の動向に大きな影響を受けたことは不思議ではない。90年代に入ると翻訳学でもハリデーの選択体系機能文法や語用論、社会言語学、社会学の研究成果を受け、マクロおよびミクロ・レヴェルでの談話分析が盛んになり、翻訳テクストの生成過程を社会・文化的コンテクストの中で捉えていこうとする研究が発展を見せた。

House (1997) はハリデーの理論をモデルとした主要な翻訳研究と言えるが、翻訳教育という面で、また結果的に翻訳学の発展という面でも多大な影響を与えたのは、Baker (1992) であった。ベーカー (Mona Baker) は、それまでの翻訳学での中心的な概念であった「等価」について、等価が理論上成り立つかどうかは別として、この語が実際に多くの翻訳者によって使用されているという事実を踏まえ、便宜上等価という語を使用し (ibid., pp. 5-6)、等価を一連のレヴェルごとに分けて翻訳実践を考察した。具体的なレヴェルとしてベーカーが示したのは、単語、単語以上、文法、主題構造、結束性、語用論のレヴェルである。Baker (ibid., p. 6) は、等価はある程度実現可能ではあるが、諸々の言語的・文化的要因による影響で常に相対的なものである点を強調する。その他ハリデー系の研究で90年代に翻訳学に特に影響を及ぼしたのは Hatim & Mason (1990) および同じ著者による Hatim & Mason (1997) である。[7]

これらのハリデー系の談話分析モデルは、言語学志向の翻訳研究者の間で盛んに応用された。こうした研究は、社会文化的コンテクスト、言い換えると権力関係やイデオロギーといった概念を翻訳分析に取り入れようとした点で、それまでの翻訳理論を超える取り組みであったと言える。[8] とはいえ、当然のことながらその分析は言語学中心であり、テクストの言語構造や意味に焦点が当てられた。この点が様々な批判の対象となるが、しかしこのような権力関係やイデオロギーへの関心が、後の文化志向の翻訳理論へとつながる契機となる。

文化志向の翻訳理論の展開で端緒となったのは、Bassnett & Lefevere (1990) である。1990年代に入る頃から、カルチュラル・スタディーズの影響が一気

に翻訳学に広がり、翻訳学において「文化的転回」と呼ばれるようになる大きな転換期を迎えたことは先に述べたとおりである。90年代を通して翻訳学において強い影響力を持つことになる Bassnett & Lefevere（ibid.）は、「等価」に基づく様々な言語理論については単語からテクストへと分析単位は移行したものの、テクストを文化的環境において考察せずに、原文と翻訳の比較に終始しているとして批判の矛先とした。そして、翻訳をコンテクストに位置づけ、文化と翻訳の動的な相互作用として考察することの重要性を指摘した（pp. 4-11）。このような視点は、翻訳研究の対象をもはや個別的テクストに限定することなく、文化、政治、権力、アイデンティティをその射程に含むものとして考察することにつながる。

カルチュラル・スタディーズが翻訳学に影響を与えた領域として、マンデイ（2009 [2008], pp. 196-197）は、以下に代表される3領域を挙げている。Lefevere（1992）による「書き換え（rewriting）」としての翻訳[9]、Simon（1996）などによるジェンダーと翻訳[10]、Spivak（2004 [1993]）、Niranjana（1992）、Bhabha（1994）をはじめとするポストコロニアルと翻訳[11]を扱った論述である。

ヤング（2005 [2003]）は、「ポストコロニアリズムの政治的活動と力学において、翻訳という概念ほど中心を占めるものはない」（p. 201）と述べている。そして現実の営みとしての翻訳は、文化間のコミュニケーションとして始められるが、そこには権力関係と支配形態の問題が常に内包されると指摘する（ibid., p. 203）。また、Bhabha（1994）は、ポストコロニアル的状況にある移住者たちのアイデンティティ、行為主体性、帰属の問題を取り上げ、移住者が移住という過程を通して、もとのままでいられるか、あるいは新しい文化に同化するのかと問いかける。これは、翻訳理論における「等価」の二項対立的議論と重なる。つまり、起点言語、あるいは起点文化（source culture, SC）を重視するのか、目標言語、あるいは目標文化（target culture, TC）[12]を重視するのかという問いかけである。Bhabha（ibid.）には、彼の言う「第3の空間（a third space）」における文化的異種混淆性と、それに特徴づけられる翻訳者の仲介的位置、営為、そして翻訳が越えるべき文化的境界の問題が明瞭に提起されている。

こうしたポストコロニアル的視点は、Bassnett & Trivedi（1999）、Tymoczko（1999）、Tymoczko & Gentzler（2002）の研究へとつながり、ポストコロニ

アル翻訳研究の基礎を形成する。ここでは、ポストコロニアルのコンテクストに内包される非対称的な権力関係が、言語間転移としての翻訳のみならず、文化的転移としての翻訳など様々な形態となって展開していることが考察の対象となった。

　ここで特に留意すべきことは、以下の2点である。ひとつ目は、このようなカルチュラル・スタディーズやポストコロニアル理論の視点が翻訳学にもたらされた結果、翻訳の言語理論が周辺化される状況を招く結果となった点、つまり次章で述べる翻訳学における言語理論と文化理論ともいうべきものの間の対立、あるいは乖離につながっている点である。第2点目は、翻訳学でのこのような研究の展開にも関わらず、こうした研究が未だ文学の翻訳に関わる領域に限られていた点である。この点は、きわめてアイロニックである。なぜなら、ポストコロニアル理論等は、文学と他の学問領域（情報伝達的ジャンル）との混淆や越境を目指したものであり、したがって、例えば「文化翻訳 (cultural translation)」をめぐる Bhabha (1994) の "a sense of the new as an insurgent act of cultural translation" (p. 10)、"the borderline condition of cultural translation" (p. 11)、"cultural translation, hybrid sites of meaning open up to a cleavage in the language of culture" (p. 234) などの曖昧な表現は、まさに戦略的に意図された表現であり、それによって戦略的な学術ディスコースを展開しようとしていたからである。しかしながら、翻訳学ではこの越境的試みは十分理解されずにきたと言えるだろう。[13]

　その他のポストコロニアル理論と翻訳学の議論については、翻訳者の方略と翻訳者の役割に焦点を当てた以下の重要な研究を挙げるにとどめたい。すなわち、Venuti (2008 [1995]) および Venuti (1998) に代表されるヴェヌティ (Lawrence Venuti) による研究である。Venuti (2008 [1995]) は、翻訳者の「透明性 (transparency)」あるいは翻訳の「不可視性 (invisibility)」という視点から、翻訳の問題を再検討した研究である。Venuti (2005) の講演録の翻訳に際し、鳥飼 (2006) はその「訳者解説」でヴェヌティの翻訳論について「翻訳者の透明性という問題をポストコロニアル的視点から論じたという意味で」(Venuti, 2005, p. 21) 意義が深いと指摘し、以下のように述べている。

ヴェヌティ氏はそこに「言語の権力関係」という視座を取り込み、強大な力を有する言語、例えば英語へ訳される際に往々にして要求される読みやすい翻訳が、結果として行使する「暴力性」を指摘した。そして、読者に翻訳者の姿が見えず翻訳と意識させないような読みやすい翻訳にはかえって翻訳者が深く介在し、原文にない要素が付与されている、というパラドックスと「翻訳者の透明性」の欺瞞性を明らかにした。(pp. 20-21)

この「翻訳者の透明性」と「読みやすい翻訳」という視点は、ヴェヌティが中心的に論じた文学翻訳だけでなく、現在のメディア翻訳が置かれている状況を考察する上でも、示唆に富む指摘である。

ヴェヌティは、この透明性と不可視性の問題を、受容化 (domestication) と異質化 (foreignization) という2つの翻訳方略と絡めて論じた。この考えのもととなったのは、先に言及したシュライアーマハーが翻訳者の姿勢として述べた2つの方法である。ヴェヌティによれば、受容化とはシュライアーマハーの言う「読者をできるだけそっとしておいて著者を読者に近づける」方法に相当し、目標テクストの異質性を抑えるための滑らかで透明な翻訳方略を指している。ポストコロニアルという現代世界にあって圧倒的な力を持つ英米の翻訳文化においては、受容化方略が支配的である。しかし、受容化は外国のテクストを目標言語の英語の文化的価値に還元するものであり、自民族中心的な方略であるという。それに対して異質化は、シュライアーマハーの言う前者に呼応し、読者を外国へと送り出し外国テクストの持つ言語的・文化的差異を刻印するような翻訳方略である。ヴェヌティにとって異質化は受容化、言い換えると自民族中心的な暴力を抑制する「抵抗」を示す方略なのである。しかしながら、Venuti (1998, 2008 [1995]) が指摘するように、出版業界において翻訳者は非常に弱い立場に置かれている。そのため、出版社がのぞむような受容化方略を取らざるを得ないのが現状である。

グローバル化における英米出版業界の覇権の問題、さらに出版社と翻訳者の間の相対的な権力関係とこうした受容化、翻訳者の透明性に関するヴェヌティのこれら論稿は、翻訳学内において広く議論を巻き起こし、批判や反発も招いた。しかし、翻訳を取り巻く文化・社会のみではなく、翻訳という実践に関わ

る主体あるいは参与者としての「翻訳者」、そして「翻訳者の役割」に焦点をあてた近年の研究のひとつのきっかけを作ったという意味で重要である。その他、多様なコンテクストにおける翻訳者の役割に関する研究としては、上記以外に Bermann & Wood（2005）、Cronin（2006）、さらに紛争、あるいはイデオロギー上の対立といったまさに現代的な状況における翻訳者や通訳者の役割を追究した研究としては Baker（2006a）が挙げられる。

このように、翻訳とコンテクスト、あるいは権力関係、イデオロギーに関わる研究は、1970年代以降の言語学に関わる談話分析、語用論、社会言語学等における進展を受けて言語理論の枠内でまずは繰り広げられ、その後他の領域、特にポストコロニアル研究やジェンダー研究を含むカルチュラル・スタディーズや社会学などの影響を受けて展開した。その結果、翻訳学では言語理論を中心とする研究と文化理論を中心とする研究という2つの大きな潮流が生まれることになった。

こうした翻訳学の一連の流れの中で、ポストコロニアルという現在の世界における権力関係の不均衡性、そしてその不均衡性の中で展開するグローバル化と多発する地域紛争や民族紛争は、近年の翻訳研究における紛争や対立に対する関心の高まりの背景にもなっている。そこでは、紛争と翻訳行為の関わりや、紛争時に翻訳者（および通訳者）が直面する問題にも焦点が当てられるようになっている。具体的に言うと、翻訳（および通訳）という仕事が一般に中立的で透明、そして単なる語や文法を他の言語に置き換える役割を担うものと考えられているのに反して、実際には紛争という権力の関わる場に巻き込まれる中で、自らの立場をどちらかに取らざるを得ないという現実的問題や、その際の倫理的問題に関心が向けられるようになっている。この視点からの研究には、先に挙げた Baker（2006a）と Baker（2007）、Salama-Carr（2007）などがある。本書のテーマであるボスニア紛争を含む旧ユーゴ紛争というコンテクストの中での翻訳を扱った論文としては、紛争当事者となっている民族集団の文学を翻訳する際に起きる問題について考察した Jones（2004）および Jones & Arsenijević（2005）、また、紛争の情報を紛争当事者の民族の一員として第三者に翻訳・通訳する際の様々な困難を扱った Dragovic-Drouet（2007）および Stahuljak（2010）などが挙げられる。

以上、翻訳学領域でのメディア翻訳の研究のこれまでの歩みと、その背景としての翻訳学の変遷、それと関連した紛争と翻訳との関わりへの取り組みの興隆という流れを追いながら先行研究を振り返った。次に、メディアと紛争を扱う社会的言語学領域や他の関連領域のこれまでの研究の中から、特にボスニア紛争に関わる研究を概観する。

3 社会的言語学からのアプローチ

社会的言語学の領域では、カルチュラル・スタディーズ、ポストコロニアル研究、CDAの視点から、メディアが権力関係、イデオロギー、ステレオタイプ、偏見を維持、強化、再生産する装置として機能している事実が検証、指摘されてきた。旧ユーゴ紛争に関しては、紛争に旧ユーゴ内メディアも国際メディアも大きく関わったことから、紛争とメディアの表象を談話分析を用いて考察する研究が行われた。とりわけCDAの視点からの研究が活発な展開を見せた。ここでは、CDAのアプローチからの研究と、それに基づいた旧ユーゴ紛争とメディア談話の関連を扱った文献に絞って取り上げる。

CDAについては、序章で少し触れたが、このアプローチには、いくつかの研究動向がある。メディアの談話分析に特に大きな影響を与えたのはフェアクラフ（Norman Fairclough）の社会文化的変化と談話の変化（Sociocultural Change and Change in Discourse）を重視するアプローチとヴァン・デイク（Teun A. van Dijk）の社会認知的研究（Socio-Cognitive Studies）である。[18] 後述する旧ユーゴ紛争とメディアの談話を扱った研究も、多くはこの2つに依拠している。前者の特徴は、談話と社会、文化の関係を包括的に分析しようとした点にある。Fairclough (1995, p.55) は、言語の使用は、既存の社会的アイデンティティ、権力関係、知識や信念の体系を再生産・維持すると同時にまた、それを創造的に変えていく力を持つという視点から談話分析を行う。[19] ヴァン・デイクも言語と社会の関係を重視するが、特に社会的認知をその軸に据え、社会の「再生産」、なかでも民族主義的偏見やステレオタイプの再生産に注目し、そこに大きな役割を果たすエリート層の談話に焦点を絞った研究を行った。[20]

上記に代表されるCDAのアプローチは、様々なメディア談話の分析に応用されてきた。とりわけ近年頻発する国際紛争や地域紛争にメディアが大きく関

わったことから、このようなCDAの視点から紛争時のメディア分析を行う研究が注目された。メディア戦争と言われた旧ユーゴ紛争におけるメディアの談話分析も例外ではない。Schäffner & Wenden（1995）は、言語と平和の関係についてCDAを用いて解明しようとした論文集である。ここに収められた論稿に共通するのは、平和の実現を阻む様々な社会的状況や制度の研究の中で言語と社会・経済的な要因を考察すべきであるとする視点である。一方、Thomson & White（2008）も論集であるが、紛争をめぐる国際報道における広範な事例を集め、これらの報道がある特定の価値観や世界観を、明示的にせよそうでないにせよ、どのように維持・強化するのかをCDAを使って明らかにしようとしたものである。また、Kolstø（2009）は、旧ユーゴ紛争の当事者たちが、どのように新聞、テレビ、ラジオ、映画等マス・メディアを通して「自己」と「他者」を表象し、暴力を伴う紛争へと導いていったかを考察したものである。[21]

その他、メディア研究やジャーナリズム研究の領域で、Thompson（1999）は、紛争をはさむ時期のセルビア、クロアチア、ボスニアのメディアの動向、および政府系メディアによる情報操作、またそれに対する独立系メディアの言説を詳細に追った研究である。他方、Allen & Seaton（1999）は、旧ユーゴ紛争のみを扱ったものではないが、国際報道がいかに紛争の複雑な状況についての理解を阻害する要因となっているかを明らかにするものであり、Paterson & Preston（1996）は、旧ユーゴや欧米諸国でボスニア紛争がそれぞれどのように報道されたかを探るものである。日本では、ジャーナリストによる様々なルポルタージュも出版されている。しかし、社会的言語学の視点からの談話分析はほとんど行われていない状況である。

4 その他の関連領域

最後に、その他の関連領域の主要な文献について簡単に触れておきたい。旧ユーゴ連邦解体、それに伴う紛争の背景、要因を扱った文献は非常に多い。特にこの問題が、冷戦後のヨーロッパ再編に大きな影響を与えたことから、欧米では人文・社会科学の諸領域の視点から多くの研究が行われた。[22]ここではそのおもなものに論及するにとどめる。まず、Cohen（1993）、Samary（1995 [1994]）、Denitch（1996）が挙げられるだろう。旧ユーゴ国内の研究者が中心となった

研究 Udovički & Ridgeway（1997）も重要である。これらは、国内的な要因に焦点を当て、旧ユーゴ連邦で起きた一連の紛争と、それに伴う連邦解体の原因・過程を描いたものである。ステファノフ・ヴェルツ（1997 [1994]）は、1994年に開催された「ボスニアとヨーロッパ ― 紛争の原点」で発表された論文や報告をまとめたものである。Malcom（1994）およびドーニャ・ファイン（1995 [1994]）は、ボスニアの歴史とボスニア紛争に至る道のりを描いたものである。これらは、ボスニアの歴史を知る上では欠かせない文献である。

序章でも触れたように、日本では地域研究、国際政治学、歴史学などの研究領域から数多くの優れた研究が、90年代以降その成果となって次々に出版されている。柴（1995, 1998a）は、旧ユーゴ紛争を連邦制の問題から論じた論稿である。一方、ユーゴ紛争そのものの全体像に迫ろうとしたものとしては、千田による一連の研究（1993, 1999, 2002）が挙げられる。ユーゴ紛争、特にボスニア紛争と民族主義的政治指導者を扱った月村（2006）、ユーゴ紛争における民族浄化の原因を探る佐原（2005, 2008）はこの分野での最近の大きな成果である。[23] 本書の第5章と第6章では、おもにこれらの文献に基づき、旧ユーゴ解体とボスニア紛争の経緯と歴史的背景について、またボスニア紛争と国際社会の対応について考察する。

一方、人類学の立場から旧ユーゴ紛争を扱ったものとしては、まずHalpern & Kideckel（2000）があり、これはどのように紛争を通してそれまでの隣人が敵となっていくかを探るもので、ユーゴ紛争の多様な解釈を示唆するものである。Maček（2001, 2009）は、ボスニア紛争時における体験と民族主義的な政治家による扇動を通して、普通の人々が民族主義的なグループへと分裂していく過程を観察したものである。この文献については、第7章で、ごく普通の人々が、ボスニア紛争をどう捉えたかを示唆するものとして具体的な引用を通して論じる。また、ポストコロニアルの視点から、中・東欧およびバルカンの紛争を考察したものとしては、Bugajski（1995）、Bjelić & Savić（2002）、Todorova（1997）が挙げられるだろう。これらの文献は、第6章、第7章、第8章でヨーロッパ、さらに世界におけるバルカン、中・東欧を考察する上で、重要な示唆を与えてくれた文献である。

その他、紛争に関与したジャーナリストや政治家、外交官、軍の司令官など

による数多くの著作がある。⁽²⁴⁾これらの著作は、研究書ではないが、ルポルタージュや回想録の形をとるものが多く、当時の連邦解体や紛争の過程を知る上で大いに参考になった。その中でも、第8章で取り上げるルポルタージュのGlenny（1993 [1992]）は、旧ユーゴ関連の文献をしっかり調べた上での報道となっており、当時テレビや新聞、雑誌が伝えなかった情報を知る上で貴重である。やはり研究書ではないが、日本のメディア関係者による書籍や記事には、日本というコンテクストでボスニア紛争報道を捉えるのに重要な文献も多い。NHKの高木（2005）はユーゴ紛争の背後にあった情報戦、特にアメリカPR会社の関与を知る上で重要な情報を提供している。また、朝日新聞の江木による一連のシリーズ記事や木下（2005）、⁽²⁵⁾毎日新聞の伊藤（1996）、共同通信社の今井・三浦（1993）、読売新聞の波津（2002）による論考も示唆に富み、第6章および第7章で、メディアの対応、特に日本というコンテクストにおけるメディアの対応を考察する上で参照した。

　紙幅の関係上、すべてに言及することができなかったことは事実であり残念であるが、同時にもし重要な文献が看過されていたとしたらそれはひとえに筆者の不勉強によるものである。

　以上、これまでの研究について概観したが、このように、旧ユーゴ紛争、その中のボスニア紛争については、社会科学分野および社会的言語学の領域では多くの優れた研究が行われてきた一方で、翻訳学においては報道、特に紛争の報道に焦点を当てたメディア翻訳研究はまだ始まったばかりである。また、メディア翻訳を研究する上で依拠すべき理論についても、まだ模索段階である。そこにささやかながらも本書の意義があり、翻訳学でのメディアへの視点、メディア研究での翻訳という言語実践への視点を提示、喚起しようとする本書の意図がある。

注

(1) 日本の翻訳業界では通常、翻訳を以下の3つに分類することが多い。すなわち、実務翻訳、出版翻訳、メディア翻訳である。実務翻訳は、産業翻訳、あるいはビジネス翻訳とも呼ばれ、企業活動の様々な分野で求められており、翻訳業界全体の約9割を占めると言われている。ソフトウェアのローカライズや特許、医療、法律関連の翻訳など、その需要は広範囲にわた

る。出版翻訳は文芸翻訳と呼ばれることもあるが、その翻訳対象は小説などのフィクションにとどまらず、ビジネス書から児童書、絵本、雑誌まであらゆる出版物が含まれる。
(2) 大きく分けて、時差通訳、生同時通訳、セミ同時通訳の3つがある。序章の注 (7) を参照。
(3) 日本ではこれを「映像翻訳」と呼ぶことも多い。
(4) おもなものは、Díaz-Cintas (2009)、Díaz-Cintas & Anderman (2009)、Gambier (1998)、Gambier & Gottlieb (2001)、Orero (2004) などである。
(5) 具体的には、一方で談話分析、語用論等の影響、他方でポストコロニアル研究やカルチュラル・スタディーズ等からの影響を受ける形で、翻訳学では、翻訳行為を社会・文化的なコンテクストや権力関係、イデオロギーとの関係で考察する方向に展開していった。第3章参照。
(6) そのほか、Bielsa (2007)、Holland (2006)、Kang (2007) の各論文が挙げられる。
(7) Baker (1992) と Hatim & Mason (1990, 1997) の相違は、前者がハリデー・モデルにおけるテクストの意味層における3つのメタ機能、すなわち観念構成的機能、対人的機能、テクスト形成的機能のうち、テクスト形成的機能に最大の焦点を置いたのに対し、後者がその他の2つに注意を向けた点と、レジスター分析に記号論レヴェルを組み入れた点である。
(8) 翻訳を社会文化的コンテクストに位置づけようとする理論の中で、その他翻訳学の展開にとって重要であったものとしては、Toury (1995) による記述的翻訳研究や、Even-Zohar (2004 [1978]) による多元システム理論があり、文学を中心として多くの翻訳研究に応用されている。本論との関連性に照らして、ここではその詳細を取り上げない。
(9) Lefevere (1992) 参照。ルフェーヴルはシステム理論から「書き換えとしての翻訳」という理論を発展させ、翻訳を文化システムに存在するイデオロギー的緊張関係あるいは権力関係という視点から考察した。
(10) ジェンダーと翻訳については、Harvey (2004 [1998])、Santaemilia (2005)、von Flotow (1997) も参照。
(11) Bhabha (1994) は、ポストモダンの世界の特徴が、周縁化された移民やマイノリティのアイデンティティに表象されていることを、「翻訳文化 (translational culture)」という語で表し、「第3の空間」、「異種混淆性 (hybridity)」、「狭間性 (in-betweenness)」などの概念を用いて理論化した。そして一見洗練されているがゆえに見えにくい宗主国の言説に潜む権力を、文化的異種混淆性が切り崩す可能性を指摘する。Niranjana (1992) は、翻訳が実践を通し植民地主義における権力関係を形成すると同時に、その中で自らを具体化していくと指摘する (p. 2) とともに、翻訳学自体が西洋志向、すなわち西洋哲学やイデオロギーに偏っている点を強く批判する (pp. 48-49)。スピヴァク (Gayatri Chakravorty Spivak) は「翻訳の政治学」(Spivak, 2004 [1993]) において、ポスト構造主義、ポストコロニアリズム、フェミニズムのアプローチを統合し、翻訳に潜む覇権主義的言語、すなわち英語をはじめとする西欧諸言語による権力の行使を痛烈に非難している。
(12) 第1章注 (7) 参照。
(13) ピム (2010 [2010], pp. 239-248) も参照。
(14) 第1章参照。Schleiermacher (2004 [1813], p. 44) によると、翻訳に対する姿勢には以下の2つしかない。すなわち、「著者をできるだけそっとしておいて読者を著者に近づけるか、読者をできるだけそっとしておいて著者を読者に近づけるか」のどちらかである。
(15) 最終的な翻訳産出物が編集者や校正編集者 (copy editor) の決定に左右されるこのような業界の状況を Fawcett (1995, p. 189) は「権力プレイ (power play)」と呼んでいる。
(16) たとえば、Pym (1996, p. 170) は、実際の翻訳実践においては、起点文化と目標文化間の権力関係とは関係なく、受容化が行われているのが一般的だと指摘する。また、ヴェヌテ

ィは抵抗のための異質化方略を推奨し、それが翻訳者の役割であると主張するが、翻訳分析のための特定の方法論を示しているわけではないという批判もあり、その意味でたしかに検証すべき点も多い。しかし、社会文化的なコンテクスト、イデオロギー、さらに権力関係という問題を翻訳方略に結びつけて論じたという意味で、翻訳学にひとつの大きな議論の方向性をもたらしたと言える。ヴェヌティの論考に対する批判や議論については Hermans (1999) も参照。

(17) このような能動主体としての翻訳者に焦点が当てられるようになった背景には、近年の社会学、特にフランスの Bourdieu (1991 [1982]) の理論やラトゥール (2008 [1991]) のアクターネットワーク理論などの影響が大きい。また、翻訳の主体という意味では、人類学からの「文化の翻訳」の主体に関わる問いかけも関係するが、この点については第3章を参照。

(18) 野呂 (2001) は、CDA の研究動向について、便宜上以下の3つに分けている。ひとつ目は、イギリス・オーストラリアを中心とする研究で、批判的言語学、社会記号論および、フェアクラフの社会文化的変化と談話の変化を重視するアプローチである。2つ目は、オランダを中心とする研究で、ヴァン・デイクの社会認知的研究である。最後はオーストリアを中心とする談話歴史法 (Discourse-Historical Method) と呼ばれるアプローチで、ヴァン・デイクの社会認知モデルを基本としながらも、その資料選択や方法論で独自性を持ち、問題となる現象に関し多数かつ多様な資料を集め、複数の専門分野の観点から研究を多層的に行う。

(19) Fairclough (1995, 2001a, 2001b) は、談話には産出物としてのテクスト (Text)、テクストの生成過程と解釈過程 (Interaction)、その過程を条件づける社会的条件 (Context) の3つの相があるとし、分析もこの3つの段階で行う必要があるとする。その3つとは、記述 (Description)、解釈 (Interpretation)、説明 (Explanation) である。各段階での具体的な分析手法は、まず Description でテクストの言語形式、つまり語彙、文法、テクスト構造を分析する。Fairclough (2001a) によれば、社会の不平等や権力関係は談話に影響を及ぼす。それは権力を持つ側が談話において制約を行うためである。具体的には、内容 (Contents)、関係 (Relations)、主体 (Subjects) が権力を持つ者によって決められる。これらが反映したものが語彙、文法、テクスト構造となって現れるのである。次の Interpretation では、テクスト生成・解釈の背景にある談話者の認識や価値観、前提を分析する。そして Explanation では Interpretation で明らかになった認識や価値観の背景にある社会構造とテクストが社会構造に及ぼす影響を分析する。この分析の段階では、とりわけ談話の社会的構成員が共有している知識 member's resource (MR) に基づく分析が重要である。MR はテクストを産出し、解釈する時に利用されるもので、人々の言語知識や価値観、前提を含むものであり、これらが現状の権力関係を維持、再生産する役割を担う時、イデオロギーとして機能すると見なす。

(20) van Dijk (1988, 1993, 1996, 1997) は、社会的に価値のあるリソースや特権にアクセスが可能な政治、メディア、学問、教育、ビジネスの世界のエリートが、つまりヨーロッパと北アメリカの白人層が談話を巧みに使って自らの支配を維持し、正当化し、またその結果として再生産する現実を談話分析や他の学問分野の方法を組み合わせ明らかにする。欧米の白人エリート層が自らの拠って立つ欧米支配を確実なものとするためには、常に支配の対象となる他の集団が必要である。つまり、他の集団あるいは集団の成員に負の特性を持たせ、その特性をステレオタイプ化し、偏見や差別に結び付けていく。それは、具体的には、以下のような形となって談話に現れる。まず、自らの、すなわち欧米の文化や価値は近代的、理性的、人道主義的なものとして肯定的に描かれる。それに対し、「他」の文化は後進的、あるいは原始的なものとして否定的に表現される。そこには、肯定的な自己表現 (positive self-presentation) に対する否定的な他者表現 (negative other-presentation) (van Dijk, 1993,

p. 288)、すなわち肯定的イメージの「私たち (Us)」対否定的イメージの「彼 (女) ら (Them)」という対立構図が観察される (ibid., pp. 248-249)。こうした対立構造は、引用の方法にも見てとれるという。つまり、実際の談話では、Us に属する側の権威ある人の引用は多いが、Them に属する人の引用は少ない。ヴァン・デイクは、分析にはこうした点に現れる力関係に注意することが肝要だとする。

(21) 坪井 (2009) は、CDA の視点に立ち、語用論系翻訳理論 (Baker, 1992) におもに立脚しながらメディアの談話の生成と解釈における権力および民族主義的偏見の再生産に焦点を当てた van Dijk (1988, 1993, 1996, 1997) のアプローチを援用して、ボスニア紛争報道を分析したものである。そこで残された課題のひとつが、CDA に内包する問題であった。CDA が談話における権力性と不平等性に焦点を当てたことは、重要な意味を持つ。しかし、その分析手法においては、テクストという言語的に明示化された側面（言及指示的側面）に焦点化し、コンテクストを動的に捉える視点を欠く傾向にある。その結果、語用におけるもうひとつの側面である社会指標的側面が見過ごされ、コンテクストの多層性や解釈の多様性を考察する上で課題が残る。CDA の課題については、Blommaert (2005) を参照。

(22) Ramet (2005)。序章の注 (19) 参照。

(23) ユーゴ連邦解体を包括的に扱った本格的な研究には、久保 (2003) がある。また旧ユーゴやバルカンの歴史を丁寧に追った柴 (1996c, 1998c, 2001) も、ボスニア紛争背景理解に重要かつ不可欠な文献である。

(24) 例えば、ベーカー (1997 [1995])、Holbrook (1998)、Owen (1995) 等参照。

(25) 12 回シリーズ「メディアの闇：旧ユーゴ紛争から」『朝日新聞』(1995 年 9 月 5 日 -1995 年 9 月 29 日)。

第3章　翻訳学における「等価」理論の展開

1　翻訳学における2つの潮流：言語理論と文化理論

　近年、翻訳学は飛躍的な展開を見せ、急速に多様化・学際化が進んでいる。この多様性・学際性こそが、現代の翻訳学を特徴づけていると言っても過言ではない（マンデイ, 2009 [2008], p. 20）。それは、先に見たように、他の学問領域との接触・交流の進展によって新たな視点、例えば、ポストコロニアル研究やジェンダー研究を含むカルチュラル・スタディーズ的視座、解釈学や脱構築を含む文学＝哲学的視座、さらに社会学・歴史学など、様々な視座が、翻訳学にもたらされた結果でもある。しかし、一方で、こうした多様な視点が翻訳学に普及した結果、言語理論と文化理論との間に様々な緊張や軋轢を生み、いったい翻訳学としての共通の基盤があるのか、あるとすればそれは何かという問題提起ともなって現れている（ibid., pp. 322-323）。[1]

　本章では、翻訳学における言語理論と文化理論のこの緊張関係の背後にある2つの大きな流れを軸に、これまで翻訳学を支えてきた主要な理論、特に「等価」をめぐる理論について歴史的に俯瞰してみることにしよう。その過程で明らかになるように、この2つの動きは対立というより、言語使用の異なる側面に焦点を当てるものであり、両者には通底する共通の基盤が見出せる。その意味でこれからの翻訳学、とりわけ第2章で考察したメディア翻訳の多層的特徴を視野に入れた研究には、両視点が必要であることを示し、両者の溝を埋め、両視点を生かす有効な方法として言語人類学の応用可能性を提示し、第4章につなげることにしたい。

　実践としての翻訳は、歴史的に見ても地理的に見ても西欧以外の様々な地域に広がる普遍的な現象であり、学問としての翻訳学も、現在世界各地に広がりを見せている。しかし、その中心は何と言っても西欧・北米であることも事実

である。それは、多くの他の学術分野同様、この学問が西欧近代の知の延長上に成立した結果と言える。この分野が Translation Studies として知られるようになったのは、1970年代初めに発表されたホームズ（James S. Holmes）の論文 "The Name and Nature of Translation Studies"（2004 [1988]）によってである。Gentzler（2001 [1993], p. 93）は、この論文について、翻訳学という「学問領域の樹立の声明として広く認められている」としている。マンデイ（2009 [2008], p. 9）でも、ホームズがそこで提唱した翻訳学の「全体的な枠組み」について、その重要性を指摘している。Holmes（2004 [1988], p. 181）によると、翻訳学とは「訳出と翻訳という現象に関する複雑な問題」を扱う学問領域であり、その主要な目標は次の2つである。

(1) 我々の経験世界において、訳出行為と翻訳がどのように顕現しているかという現象を記述すること
(2) これらの現象を説明し予測を可能とするための一般的な原理を確立すること

(Holmes, 2004 [1988], p. 184）［日本語訳引用者］

(1) は記述的翻訳研究、(2) は理論的翻訳研究を指している。前者は、翻訳とはいかなる現象なのかを記述研究するものであり、後者は翻訳の現象の原理を研究するものである。ホームズはこの2つを「純粋な研究分野」の目標と位置づけ、応用分野としての翻訳者養成・教育、翻訳支援、翻訳批評と分けて考察した。当時に比べて翻訳学の多様化が進んでいる現在にあっても、ホームズによるこの枠組みは翻訳学の大きな指針となっている。

これから考察しようとする「等価」をめぐる様々な理論も、まず、翻訳学成立以前の長い翻訳実践とそれに関わる言説の歴史的遺産の上に、当時の言語学（意味論、語用論、応用言語学、対照言語学等）との強い結びつきの中で (2) の研究として発展してきたものである。そして、その「等価」理論の発展を土台としながらもそれを批判する形で、(1) の記述的研究が進み、その中から新たに (2) の理論研究が進んでいくという相互作用によって現在の翻訳学が築かれてきたと言える。

Gentzler（2001 [1993], p. 1）が述べるように、「翻訳理論は新しい分野でもあり、新しくない分野でもある」。たしかに、科学的に系統だった翻訳理論と呼べるものは近年のものである。しかし、すでに見たように、翻訳に関する議論は古代にまで遡り、当時より議論の中心は、聖書の翻訳をめぐる「等価」の問題であった。この議論は中世、近代を経て異なる見解を生みながら現代に至っている。ピム（2010 [2010]）は、西欧における 1960 年代以降の翻訳理論の主要「パラダイム（paradigm）」[2]をまとめた研究であるが、上記のように翻訳学が西欧で発展してきた学問分野であることを考えると、この本の扱う理論の変遷は、現在の翻訳学全体の動向を示すものでもある。以下では、ピム（ibid.）を参照しつつ、その論を批判的に検証しながら、翻訳学における理論の展開を振り返ることとする。

　ピムがここで取り上げているのは、等価、目的、記述、不確定性、ローカリゼーション、文化翻訳の 6 つの理論群である。ピム（ibid., p. 7）が指摘するように、翻訳学における理論は、基本的に「等価」という概念に対する反論として発展してきたものである。さらに言えば、「等価」と「不確定性」の概念の間に横たわる根本的対立が基本的な問題となって、それに答える形で生まれた。つまり、先の 6 つの理論群のうち、その議論の中核を担っているのは、等価と不確定性に関する理論ということになる。

　前者は、翻訳学が伝統的に依拠してきた言語学の諸領域、すなわち、構造言語学、対照言語学、機能主義言語学、談話分析、語用論、社会言語学などの枠組みの中で発展したものである。そこでは翻訳対象としての安定した起点テクストと、訳出行為による産出物である安定した目標テクストの存在が前提とされる。一方、後者は、1970 年代以降の知的潮流、特にポスト構造主義、脱構築、そしてこれらの潮流と深い関わりを持つ、近年のポストコロニアル研究等を含むカルチュラル・スタディーズ、人類学、社会学、歴史学など、言語学以外の人間・文化・社会を扱う広範な学問領域からの問題提起が契機となっている。それは、等価を議論するそもそもの前提である翻訳対象としての安定した起点テクストの意味などあるのか、あるいはそのような安定したテクストの存在自体あるのかという問題提起であった。それは、私たちの行う解釈に確定性などあるのかという本質的な問いかけである。

この観点からすると、残る4つの理論群のうち、目的、記述、ローカリゼーションは、「等価」の議論を中心とするアプローチの延長線上に、そして文化翻訳は、「不確定性」の議論を中心とするアプローチの流れに位置すると言える。後述するように、現在の翻訳学での2つの大きな潮流・対立軸、すなわち言語学理論と文化理論の間の緊張関係・乖離には、明らかに等価の議論、言い換えるとこの「等価」と「不確定性」の問題が大きく関わっている。

　繰り返しになるが、翻訳学草創期の50年代から60年代にかけては、翻訳は単語間、テクスト間の等価という言語学的視点から研究が行われていた。学問分野としての翻訳学が確立する70年代を迎えると、トゥーリー（Gideon Toury）に代表される記述的翻訳研究が始まり、「実証的な学問」として翻訳学は急速に発展する。この流れがその後の「記述」アプローチの中心をなす。同時に、スネル＝ホーンビー（Mary Snell-Hornby）の「等価とは言語間におけるシンメトリーという幻想にすぎない」（Snell-Hornby, 1988, p. 22）という批判に代表されるように、等価の概念に対し様々な疑問が呈され、再考が求められるようになる。その結果、ドイツでは第2章でも取り上げたライスのテクスト・タイプに基づく理論や、フェアメーア（Hans J. Vermeer）を中心にスコポス理論が生まれ、「目的」アプローチの土台となる。

　一方、このころ英国やオーストラリア等では、ハリデーの選択体系機能文法を基盤として応用言語学の分野で談話分析が進展し、Baker（1992）やHatim & Mason（1990, 1997）等につながり、その後の翻訳学の発展に寄与することになる。そして90年代から21世紀にかけて、翻訳学は文化的転回と呼ばれる大きな変革期を迎える。その契機が、1970年代以降の知的潮流にのって様々な文化理論が翻訳学にもたらされたことにあったことは繰り返すまでもないだろう。これによって翻訳学の関心は、文化、社会、さらにアイデンティティ、イデオロギー、権力関係などの問題へと大きく転回することになる。こうして、翻訳学ではそれを支える理論的土台としてのそれまでの言語理論は周辺化され、文化理論へとその重心を大きく移すことになったのである[3]。

2　言語理論における「等価」の概念

　序章で言及したようにJakobson（2004 [1959], p. 139）は、翻訳を言語内翻訳、

言語間翻訳、記号間翻訳の3つに分類して考察した。ヤコブソンは、この3つのうち言語間翻訳を「本来の翻訳」と位置づけたが、この論文でもう一点留意すべきは、言語間翻訳における重要な問題、つまり異なる言語における単語間の「意味における等価（equivalence in meaning）」について問題を提起したことである。[4]これによって、以後20年間、言語的意味と等価の問題が翻訳学で中心的な問題となり、等価を定義しようとする数多の試みにつながっていった。

ピム（2010 [2010], p. 11）は、等価の理論とは、起点テクストと目標テクストの間に、形式、機能、その他、何らかのレヴェルにおいて等価、すなわち「同等の価値（equal value）」が成立しうるという考えを前提とする理論だとする。近年の翻訳学では、等価を理論と呼ぶには未熟で単純過ぎると批判する傾向がある。それに対し、ピムは等価の概念の複雑さと存続性を浮き彫りにするために、等価をさらに2つの下位概念に分類し、「自然的等価（natural equivalence）」と「方向的等価（directional equivalence）」に分けて考察する。

自然的等価は、A言語とB言語の2言語間で翻訳行為が行われる以前に、すでに両言語に等しい価値のものが存在することを前提とする。言い換えると、AからB、BからAの両方向で等価が機能するという前提に立つものである。したがって、AとBは1対1で対応する。それに対し方向的等価は、等価を前提とはしているが、両方向の等価関係を前提としない。ここではAからBという方向性が重要であるという。翻訳は翻訳者による積極的な選択、決定の結果であり、AからBへは複数の方法があるのでAとBは1対1で対応する必要はないことになる。つまりBからAに逆方向に翻訳した場合、必ずしももとのAのテクストと同じにならなくてもよい。

自然的等価では、何らかのレヴェルで、「1対1」の等価関係が確立される必要があるため、翻訳者の選択に影響を与える要因は基本的に起点テクストに限定される。それに対し、方向的等価では、「1対多」の等価関係も可能であり、選択要因が起点テクストに制約されず、より広い範囲に適応可能となるため多くの選択肢の可能性が広がる。

自然的等価の理論を共有する研究では、翻訳手順、翻訳方略として複数の分類が行われてきた。[5]一方の方向的等価の理論では、その翻訳方略は、通常「直訳」「意訳」あるいは「逐語訳」「自由訳」で知られる古典的な二項対立的分類

が行われる傾向にある。二項対立的分類は、紀元前1世紀のキケロに始まり、近代においてはシュライアーマハーの分類がその後の翻訳論に大きな影響を及ぼした。ここに属する理論群は、翻訳方略について、基本的に起点テクスト重視か目標テクスト重視かという視点で貫かれている。[(6)]

　ピムの分類に沿って各理論群（注(5)、注(6)参照）を見てみると、そこには従来の翻訳学で重要とされる理論の多くがこのどちらかに含まれている。「1対1」か「1対多」か、あるいは語用論的存在である翻訳者による解釈や選択の自由があるかないか、という等価に関するピムの説明、およびこれら理論群の分類から分かることは、ピムの言う「自然的等価」は、おもに語用論的コンテクストを捨象した意味体系としての言語に関わり、「方向的等価」は、主として翻訳の生起する語用論的コンテクストに関わるものだということである。同時に、後者は語用のうちでも、言及指示的側面に焦点化している点にも留意すべきであろう。

　翻訳学で、等価に取り組むようになった大きな要因としては、当時言語学の中心にあった構造言語学の存在が挙げられる。サピア（Edward Sapir）、ウォーフ（Benjamin Whorf）による言語相対論は、その後、文芸批評等で事後的にソシュール（Ferdinand de Saussure）の言語観と結びつけられていった。この言語相対論の立場に立つならば、ある言語構造を抜け出して完全に翻訳できる言葉はないことになる。すなわち、翻訳不可能論に行き着く。

　しかし、ムーナン（1980 [1963]）が述べるように、翻訳者は実際に存在し、その翻訳は役立つと考えられている。そこで、翻訳の研究者たちは、構造言語学に対抗して言語体系（ラング）のある一面、あるいは言語体系とは異なるレヴェル、すなわち語用（パロール）に焦点を当て、翻訳不可能性を克服しようと試みたと言えるだろう。言い換えると、「当初、等価とは、言語的形式の間にまさにシンメトリーが存在しない場合にどう対処しうるか」（ピム、2010 [2010], p.14）という問題提起であり、それは実践、つまり語用のレヴェルでの翻訳に関わる議論だったと言える。Nida & Taber（1969, p.12）が、翻訳について、「起点言語のメッセージにもっとも近い自然的等価を受容言語で再現すること」と定義しているように、等価とは、もともと「近似値」という意味に近かったと考えられる。

このように等価の理論は、現実に翻訳が翻訳として存在し、意味を持つという事実を前提として、異なる言語体系（言語構造）を持つ文化間での翻訳不可能性を乗り越えようとして発展してきた概念である。それは、まずは言語体系における「意味」のレヴェル、そして次には語用、つまりコンテクストと切り離せない言語使用における言及指示的機能のレヴェルに主として焦点化してきたものと言える。

起点テクスト志向か目標テクスト志向かという歴史的な議論も、当時は語用論という言葉こそなかったが、コンテクストにおける言及指示的意味に注目した議論だったと考えられる。等価は今でも、多くの翻訳者や、クライアント、エンドユーザーの翻訳観に近い。それは翻訳に対する社会的な期待とも幻想とも言えるだろう。言語構造が異なる限り、確かに期待としての「言語間のシンメトリー」は幻想ではあるが、限りない近似という意味での等価への努力は、翻訳が翻訳として存在することの意義を追究する試みであると言える。

しかしながら、等価をめぐる議論は80年代を迎えるころから衰退へと向かい、その後はスコポス理論や記述的翻訳研究の台頭によって取って代わられた観さえある。しかし、これらが等価の議論を消滅させたわけではない。スコポス理論は、等価を特別な場合に限定して論じたし、記述的翻訳研究では、等価はすべての翻訳にあるひとつの特徴であり、あるテクストが翻訳であると見なされるのならそこに等価が存在するという前提に立つ。なぜなら、あるテクストが「翻訳物」であると見なされるためには、それに対応する（その意味で等価性を持つ）起点テクスト、あるいはそれに準ずるとされるものが存在しなければならない。そうでなければ、それは翻訳物とは見なされず、記述的翻訳研究の対象ともならないからである。ここに至ると、等価は議論の必要のない自明のものであり、前提なのである。さらにローカリゼーションの分野では、単純化した形ではあるが、等価の概念が復活している。

このように、等価の基本理念は今日の多くの翻訳研究の根底に今も根強く存在している。ただし注意すべきは、ここまでの議論で明らかなように、これまでの等価議論は、言語体系における意味、あるいは語用の言及指示的側面に焦点化したものであり、語用の社会指標的側面には注意を向けてこなかった点である。

3　文化理論からの解釈の「不確定性」の提起

　それでは、不確定性という視点からの等価に対する根本的な批判とは何であろうか。この問題は、翻訳者は翻訳対象の意味について、絶対的な確信が持てるのかという問いかけから始まる。この背景には、1970年代以降の人文・社会科学分野における知的潮流があることは繰り返し述べたとおりである。本書では紙幅の関係上詳細を取り上げないが、もうひとつの大きな要因にテクノロジーの発展による起点テクストの変化があることも見逃せない。(7)

　ここで言う「不確定性」とは、どのような意味だろうか。それを端的に表しているのが、以下の Quine (1960) の言葉である。

　　ある言語のひとつの文に対する翻訳として、他の言語における文を幾つか提示する時に、そこには無限の箇所で相違が生じ、いかにゆるい意味でも互いに等価関係と言えそうなものは存在しない。(Quine, 1960, p. 27)［日本語訳引用者］

クワインはこれを非決定性原理と呼び、訳語間の非決定性を、あり得ない確定性としての等価と結びつけて論じた。つまり、個々の事例において解釈は無限にあり、どのような解釈にも確定性がないということである。

　しかし、決定的な翻訳は不可能といっても、社会慣行として翻訳はたしかに存在する。そうであるならば、不確定性を受け入れつつ、翻訳の可能性は語れないか。こうした思索が様々な分野で行われたが、以下では、第2章で言及したポストコロニアル翻訳理論をはじめ諸研究に大きな影響を与えた脱構築を中心に不確定性と解釈の問題について概観してみることにしよう。

　解釈学の延長線上に展開していく脱構築は、周知のとおり、デリダ (Jacques Derrida) の思想を基盤とするものであり、ギリシャ時代以来今日までの西洋形而上学をその内部から崩す徹底的な批判作業である。脱構築では、どのような種類のテクストであろうと、そこに安定した意味があるという幻想を覆す。ここではすべてが不確定的、非決定的である。通常人々は、翻訳という行為や現象を、異なる言語体系間で同一の意味を伝達することだと考える。そこでは、まず異なる諸々の言語体系の存在が前提とされ、その異なる体系を超えて同一

の意味やメッセージが転移される可能性を想定している（守中, 1999, p. 50）。ここには、言語体系の如何に関わらず同一の概念というものが存在していることになる。言い換えると、そのシニフィアンがどのようなものであっても、変わらないシニフィエ、デリダの言う「超越論的シニフィエ」が前提とされている（ibid.）。しかし、典型的には詩的テクストにみられるようなシニフィアンの非等価性は、翻訳不可能と映る。その原因は、詩的テクスト自体の持つ多様性にある。つまり、その多様性が様々な翻訳を許容するからである（ibid., pp. 50-51）。

　ベンヤミン（Walter Benjamin）および、そのベンヤミンを解読したデリダが提示しようとしたのは、所与の異なる言語体系を超えた概念の同一性の存在ではない。Benjamin（1992 [1923]）によれば、翻訳の目的は異なる言語相互間の最も深遠な関係を表現することであり、「翻訳者の使命」は「純粋言語」の種を成熟させることである。そして、それによって同一性の再現という通念を脱構築するのである。異なる2つの言語体系は、翻訳という実践によって分節化される。なぜなら、諸言語間に存在する差異や類似は、それ自体では取り出すことはできず、翻訳という出来事が生起した後に初めて認識されるからである（守中, 1999, p. 54）。このようにベンヤミンからデリダへと受け継がれる翻訳の概念は、同一性の再構築という通念の虚構性を暴くものであった。一貫してこの脱構築を翻訳理論に適用してきた翻訳理論家であるアロジョ（Rosemary Arrojo）は、意味は常にコンテクストに依存するとして、伝統的な翻訳理論はすべて等価に基づく本質主義だと批判を繰り広げる（cf. Arrojo, 1998）。

　以上見てきたように、脱構築における不確定性という議論は、解釈の能動性に対する認識であり、それゆえに決定的、確定的な解釈は存在せず、解釈が生起する個々のコンテクストによって起点テクストの意味が変容するという考えである。したがって、等価の実現、同一性の再構築は欺瞞となる。こうした議論は、バーバの「文化翻訳（cultural translation）」の議論へと引き継がれていく。

　一方、この文化翻訳と呼ばれるポストコロニアル批評よりずっと以前から、人類学の分野では後に「文化の翻訳（translation of culture）」と呼ばれるようになる実践が行われていた。この「文化の翻訳」という言葉自体、人類学の伝統の中で作られてきたと言ってよい。人類学では、他の民族集団や社会、つまり

「他者の文化」や「異文化」を、自らの属する集団や国の言葉で「民族誌を書く」ことによって伝えることが人類学者に課された命題だと考えられてきた。初期の人類学者は、これを「翻訳」として認識してはいなかったようだが、Asad（1986）によると、英国の人類学の伝統（社会人類学）では、1950年代から「文化の翻訳」という語が社会人類学の仕事の独自性を表す一般的な言葉となった。そこでは、人類学者は他者なる「異文化」と「自文化」の間の翻訳者と位置づけられた。ここでの意味は、バーバの言うような「文化翻訳」とは異なり、まさに「文化」を「翻訳する」という意味であった。1980年代に入る頃になると、ポストコロニアリズムが人類学にも浸透し、世界的な規模で政治や社会が変動する中で、このような人類学の基本的枠組みそのものが激しく批判されるようになる。これが、人類学において時に「ポストコロニアル転回」と呼ばれる転換期へとつながる。そこで問題となったのは、「文化の翻訳」に潜む政治性、翻訳者と翻訳される側との間の権力関係の非対称性であった。

翻訳理論家のWolf（1997）は、民族誌と通常の言語間翻訳における翻訳という行為との共通性に言及しつつ、その違いを以下のように述べる。すなわち、民族誌家は、まずインフォーマントによる社会的談話から彼が何を「意味しよう」としているのかを解釈し、次にその解釈を「第1世界」の人々に合わせたテクストに仕立て上げるという2つのステップを踏むのに対し、翻訳者は理解しようとする段階ですでに書記テクストに向き合っている（ibid., p. 128）。民族誌家にとっての第2ステップは、実際のところ、通常の言語間翻訳でも行われていることであり、もし第1ステップで、この解釈の対象が固定した書記なり音声なりの談話であれば、このプロセス全体は言語間の翻訳と同じということになる。しかし、民族誌の研究者が通常取り組む対象は、物理的に固定し安定した対象物としての書記言語・音声言語のテクストではない。この点が、一般的な言語間翻訳と異なるわけである。それでも、等価の諸理論群に見たような対応関係が、他者の文化と自国の文化との間に措定できる場合もあるだろうし、一方で根源的な文化の差異のため記述や解釈ができないと見なされる場合もあるだろう。

このように、翻訳という行為を民族誌で言う文化の翻訳という意味で拡大して考えれば、現在のメディア翻訳の状況と通じるものがある。これは、人類学

がもともと新世界についての「報告」、「旅行記」などから展開したものであることを鑑みればまったく不思議なことではない。人類学の実践とは、まさに、近代においてグローバルメディア（第1世界）が様々な出来事について解釈を行い、自らの支配文化での消費という目的に適合させるために分かりやすい言語で記述し、ニュースや記事のテクストという形をとって伝えるという行為と多くの点で共通するものである。

　Asad（1986）は、人類学の対象となってきたような地域社会を含む第3世界の諸言語は、今日では西欧諸言語、とりわけ英語に対し弱い関係にあるため、特に翻訳において強制的な変形によって服従しやすくなっていると指摘する。先に述べたようにVenuti（1992, 1998, 2008 [1995]）は、翻訳をポストコロニアル的視点から考察し、読者に翻訳を意識させず、したがって翻訳者の姿が見えないような翻訳には、反対に翻訳者が深く介入しているという逆説と、「翻訳者の透明性」の欺瞞性を暴いてみせた。これは人類学のポストコロニアル転回で暴かれた人類学者という翻訳者の欺瞞性、そして現地の出来事の翻訳者であるジャーナリストの客観性という欺瞞性と重なるものである。

　最後に、翻訳社会学という学問領域とそこでの翻訳に関する論点に簡単に触れておくことにする。パースの記号論からヤコブソンの翻訳論へと続く流れについては前述したが、翻訳という記号過程においては、意味は常に解釈によって作られるがゆえに、固定したものとして対象化され転移されうるものではない。翻訳をこのように記号のプロセスと捉えるなら、そのプロセスの形跡はあらゆるところに見つかる。すべてのテクストが「間テクスト性（intertextuality）」[9]によって意味を持つように、先行するものとは同一ではないが関連する意味を生み出すことになる。つまり、すべての言語使用は「翻訳」（メタ語用）[10]として捉えることができることになる。この視点からすると、ヤコブソンの思想（記号論）は脱構築だけでなく、文化翻訳の諸理論においてもその土台となるものである。ヤコブソンの洞察は、フランスの哲学者セール（Michel Serres）の『翻訳〈ヘルメスⅢ〉』（1990 [1974]）に具現化し、それはフランスの科学民族誌学派のカロン（Michel Callon）やラトゥール（Bruno Latour）に影響を与え、彼らによってアクターネットワーク理論として知られる学問領域が打ち立てられる。このアクターネットワーク理論の主要概念のひとつが「翻訳」である。

しかし、この理論では言語間の翻訳についての言及はない。

　ラトゥール (2008 [1991], p. 27) によると、「近代」という語は、全く異なる2種類の実践を表している。ひとつ目の実践は、「翻訳／媒介」というプロセスであり、「自然と文化がそこでは混ぜ合わされ、まったく新しいタイプの存在者、ハイブリッドが作りだされる」(ibid.)。2つ目は「純化」というプロセスで、「存在論的に独立した二つの領域、すなわち人間と非人間の領域がそこでは生み出される」(ibid.)。世界は、近代化の過程で、ひたすら「人間」と「非人間」、あるいは「文化」と「自然」という二分法で分断されてきた。これが純化という実践である。しかし、その水面下には、「近代」という規範的概念によって覆い隠された翻訳／媒介という実践がある。この翻訳の実践こそが、ラトゥールの呼ぶネットワークというプロセスである。アクターネットワーク理論とは、近代における人間と非人間を同位のアクター（行為体）として捉え、近代における2つの実践を相互補完的なものとし、一方だけでは成り立たないことを論証しようとしたものである。ここに至ると、「翻訳」とはネットワーク、社会的関係、ハイブリッドが形成されるプロセスを指すことになる。

　以上、非常に簡単にではあるが、解釈の不確定性をめぐり、脱構築、文化の翻訳、翻訳社会学へと続く主要な理論をいくつか見てきた。その中心となっているのは、言語学領域の理論ではなく、20世紀の科学論、哲学、思想、人類学、カルチュラル・スタディーズ、社会学など様々な分野での理論である。たしかに、これらの一連の理論は、それまでの翻訳、なかでも等価に関わる言語理論（文法理論や静態的テクスト論）に再考を迫るものである。これらは、一方で、翻訳を文化的プロセスと捉え、翻訳の実践は文化や社会、歴史というコンテクストの中で考察するべきだとする翻訳学の新たな語用論的展開に結びついている。他方で、前章で考察したバーバの言う「第3の空間」、「異種混淆性」、「文化的差異」、あるいは上記のラトゥールの言う「アクター」、「ハイブリッド」等、近代西欧の二項対立的な枠組みに依拠して文化や言語を実体化しようとする議論を乗り越える契機となっているだけでなく、それまで見過ごされてきた翻訳や翻訳者の「仲介」「媒介」的存在に光を当てるものでもある。

　しかしながら、「翻訳」という言葉が非常に広範な意味で使用され、そもそも安定し固定したテクストがないとされると、翻訳学で伝統的に研究対象とさ

れてきた言語間翻訳とどう重なり、どう議論の接点を見つけるのか混沌としてくる。その結果、既存の言語理論中心の翻訳研究と、新しく台頭してきた文化理論中心の翻訳研究の間に深い溝が生じる事態となっていると言えるだろう。

　言語学に基盤を持つ研究者は、文化理論中心の研究者に対して、言語あるいは言語間の翻訳について無知あるいは無関心であり、翻訳という言葉をメタファー的に使用し、その概念を盗んでいるだけだと批判する。また、翻訳という語の定義から言語間の要素が失われると、主要な言語、特に英語のみの研究が可能になってしまい、他の文化との出会いを促す方向にではなく、他者性を払拭してグローバル文化への同化を促進することになってしまうと非難する（ピム，2010 [2010], pp. 264-269）。彼ら言語理論の研究者には、文化や社会の研究は、社会文化的なコンテクストに依存した固有性に固執するあまり、体系性や理論的な明晰さに欠けると映る。

　しかし、このような議論を展開する既存の翻訳学の理論家側においても、文化理論の基盤となっている他分野の概念や方法論を十分理解できていないという現状もある。その結果、カルチュラル・スタディーズや人類学（とりわけ文化人類学）、社会学、文芸批評等の研究者からすると、言語学の視点からの翻訳研究は体系性や普遍性をあまりに重視するために、文化や社会、歴史的、経験的な多様性や固有性という視点を欠いていると映る。つまり言語理論では静的なテクストの言及指示的意味にのみ注目し、コンテクストや、記号の持つ指標性についての理解が欠けているというのである。翻訳学におけるこの2つの大きな潮流には、「言語」と「文化」をめぐって越え難い溝があるかのようである。

4　言語理論と文化理論をつなぐ新たな可能性を求めて

　ここまで、ピム（2010 [2010]）の翻訳理論に関する論に沿いつつ、それを批判的に検証しながら、等価の概念と解釈の不確定性、言語理論と文化理論の対立について考察を行った。それでは、この対立の根本は一体何であろうか。前者は言語学に基盤を置くことから、その体系性・規則性を志向するのに対し、後者は経験的な多様性・歴史的固有性を志向する。そこに対立の原因があるとすると、これは乗り越えられない乖離なのだろうか。

これまでの議論を踏まえて両者の主張について振り返ってみると、両者が対立するものではなく、単に言語の異なる側面に焦点化していることが見えてくる。文化理論と呼ばれるいずれの思想や学問領域の契機も、言語理論（構造主義）にあったことを考え合わせるとこの点が明らかになるだろう。ここで文化理論と呼ばれているものは、経験的な多様性・歴史的固有性、言い換えると、語用の指標的側面を理解することの重要性を提起しているのであり、この側面の理解を欠き、体系性・規則性、つまり言語体系（ラング）や語用の言及指示的側面にのみ焦点化した議論に対して疑問を投げかけていると言えるだろう。

　ヤコブソンの言う言語間翻訳は、通常、異なる言語体系（ラング）に属する言語間の翻訳であると捉えられている。それを前提に、言語相対論をそのまま受け入れれば、もちろん厳密な論理学的な意味での翻訳は不可能である。しかし、ヤコブソンの言う「言語」を言語体系と捉えるその考え自体、再考が必要である。これについて振り返るために、「言語」と「方言」（言語変種）について少し考えてみたい。この2つの区別、あるいは区分の基準については、非常に難しいものがあり、いろいろ問題点が指摘されるところである。これはまた大きなテーマとなるので詳細は取り上げないが、「言語」と「方言」（言語変種）の境界は非常にあいまいなものである。明確な線が引けないのであるならば、言語間翻訳と言語内翻訳の区分もあいまいであると言える。また、言語構造と言語使用（語用）の区別も明瞭なものではない。しかも、語用が言語記号だけでなく非言語記号を含むコミュニケーションであるなら、言語間翻訳と記号間翻訳の区別も自明なものではない。ゆえに、ヤコブソンの3つの翻訳とは、実は連続体をなしているのである。[11]

　したがって、翻訳は私たちの生活空間で様々な形をとって遍在しているものである。そして、翻訳という実践は、あらゆるコミュニケーション、異なる文化間の理解にとって意味のあるものと考えられてきた。そこで目指しているものは、等価への近似、つまり近似性・類似性のプラグマティックな追求といえる。それが、言語間における実践的な「解釈」であり、「理解」である。私たちは、日常生活において、同じ言語を使用する集団の中にあっても、また異なる言語変種間、言語間、記号間においても、同様の行為を繰り返しながら生活している。ある談話の参加者として、「それは～という意味か」「それは、別の

言葉で言い換えると〜ということか」と解釈し、それをもとに次なる思考や発話が為される。あるいは今、目の前で起きている出来事を解釈しようとして、「今ここで起きていることは、〜である」と解釈し、それをもとに考え、あるいは言語化する。我々の日常生活とはこのような、メタ言語的、メタ記号的、つまり、メタ語用的な記号の解釈過程の連続である。そこでは限りない可能性の選択肢の中から、等価に近いものを求めて解釈が行われる。解釈とはこの「等価」を希求する過程とも言える。さらに、一見、同じ言葉、同じテクストに見えるものであっても、ある時に言い換えたものと、異なる時に言い換えたものとは同じにはならない。また解釈を行う主体によっても異なる。そのテクスト、あるいは出来事を取り巻くコンテクストが異なるからである。

　言語は、基本的に言語構造（ラング）と語用（パロール）からなるが、翻訳学における等価をめぐる初期の議論は、言語構造（言語体系）の意味範疇に焦点化したものであり、その後の議論は語用論の中でも特に英米の意味論的伝統に大きく依拠してきた。つまり、ハリデーの機能主義的言語学やグライス理論、関連性理論などにその基盤をおいて展開してきたものである。ハリデーの機能主義的言語学では、たしかに語用における社会指標の機能も部分的に扱われている。しかし、それはあくまで言及指示的機能から始まり、それに関連して示される社会指標的機能へと進むという形で議論が展開していく。そこで中心的に議論されるのは言及指示的機能である。つまり、これらの分析は、語彙、句、節など、言語構造において「意味」をコード化する要素が、実際に言語が使用されるコンテクストにおいて示している機能や推意などを中心に扱うものである。

　このように、翻訳学ではコンテクストに関わらない文法的意味から、コンテクストに関わる語用論的意味にその焦点はたしかに広がってはいったが、語用論的意味の一方を担う言及指示的意味には注意が向けられても、もう一方の社会指標的意味は概ね見過ごされてきた。その結果、これまで翻訳学での等価議論は、言語体系における意味の等価、あるいは語用の言及指示的側面での等価にとどまり、語用における社会指標的側面が捨象されてしまっていたのである。しかしながら、現実の翻訳行為が起点言語・目標言語体系間の「言語的な」対応関係だけで為されているのではないことは、解釈の不確定性という主張を見

ても明らかである。

 たしかに、例えばポストコロニアル翻訳理論では、それまで翻訳論では背景に押しやられていた語用の社会指標的機能に注目し、翻訳行為における権力やアイデンティティに焦点が据えられた。しかし、語用の2つの側面、つまり言及指示的側面と社会指標的側面の両者の多層的な絡み合いを視野に入れつつ、言語あるいは言語を含む文化以外の様々な要素（政治、経済等）をも包み込んだ議論を展開してはこなかったのである。

 このように、翻訳学における等価をめぐる2つの潮流はある部分では重なりつつも、言語行為の異なる側面を中心に議論を展開してきた。そしてその両者においてともに「等価」という概念は重要な意味を持っているのである。したがって、言語行為として翻訳を検証しようとするなら、言語理論と文化・社会理論双方の視点がともに不可欠であり、この2つを対立として捉えるのではなく、翻訳という行為・現象を考察する上で互いに補う関係であるとする視座が求められるということになる。そのような視座を与えてくれるひとつの可能性が、社会記号論系言語人類学であり、それを本書での理論的枠組みとする所以である。

 シルヴァスティン（Michael Silverstein）に代表される現代社会記号論系言語人類学は、ボアズ（Franz Boas）に端を発する現代人類学（特にその一端を担う言語人類学）と、ヤコブソンによって言語学・文学研究に接合されたパースの記号論との交点に位置する（小山, 2009, p. 45）。言語人類学が、言葉とコミュニケーションを切り口として、社会・文化の全体を探究しようとする学問であり、他方で、記号論が、自然科学の対象とする世界をはじめ、それを取り巻く社会・文化の全体をも含む、言い換えると「宇宙」全体を記述・理解しようとする学問であることから、その交点に展開するこの学問は、「言語やコミュニケーションを通して、『自然』や社会、文化、その全体に迫ろうとする宇宙論的（cosmographic）なアプローチ」（ibid., p. 46）を特徴としている。その意味で社会記号論系言語人類学が射程とする領域は非常に幅広く、その理論もかなり複雑である。そこで、次章では、社会記号論系言語人類学の基本的な特徴と理論、鍵となる概念に絞り、本書後半第Ⅱ部で試みるメディア翻訳の事例分析の理論的基盤を示すことにしたい。

注

(1) Chesterman & Arrojo（2000）参照。
(2) ここでピムは、「パラダイム」という語を、「さまざまな理論群の根底をなす原理の集合」（ピム、2010 [2010], p. 6）を指すものとして使用している。これは、クーン（1971 [1962]）が自然科学に対して唱えた「パラダイム」の概念を拡大解釈して使用するものである。クーンは既存のパラダイムの中で当然とされている命題群を前提として科学の様々な問題が解明されていく時代を「通常科学の時代」と呼んだ。しかし、ある問題を解くためには、その既存のパラダイムでは十分でないと考えられる時を迎える。そこでは、そのパラダイムそのものの正当性が挑戦される。これをクーンは「科学革命」と呼んだ。したがって、ピムが「パラダイム」と呼ぶものは、クーンの言う意味での「パラダイム」ではなく「アプローチ」と呼ぶ方がふさわしいだろう。
(3) しかし、ここで留意すべきことは、文化理論と呼ばれるこうした知的潮流であるポスト構造主義、脱構築、カルチュラル・スタディーズ、人類学等がどれも、言語理論（構造主義）の強い影響を受けている点である。
(4) ヤコブソンがここで言う「等価性」とは、もちろん「相対的等価性」である。ヤコブソンの主要な論点は、文法などこの相対性に関与する変数を分析する必要があるという主張である。
(5) ピムの言う「自然的等価」の理論に属するものとして、翻訳学では以下の理論が挙げられる。ヴィネイとダルベルネ（Jean-Paul Vinay and Jean Darbelnet）による言語的変化の古典的分類法、キャトフォード（John Catford）によるテクスト・ベースにおける様々なレヴェルのシフト、コラー（Werner Koller）による等価関係を示す5つの枠組み、ライスの起点テクストの機能に重点を置いたテクスト・タイプの等価、ベーカー（Mona Baker）による起点テクストの機能による分類で語彙レヴェルから語用論レヴェルまでの5つの等価、ハティムとメイソン（Basil Hatim and Ian Mason）による語用論・記号論的視点からの談話のテクスト構成様式の比較等である。
(6) 「方向的等価」に属する二項対立理論のおもなものは以下のとおりである。ナイダ（Eugene Nida）の「形式的（formal）等価」と「動的（dynamic）等価」、ニューマーク（Peter Newmark）の「意味重視の（semantic）翻訳」と「コミュニケーション重視の（communicative）翻訳」、レヴィー（Jiří Levý）の「反・幻想的（anti-illusionary）翻訳」と「幻想的（illusionary）翻訳」、ハウス（Juliane House）の「顕在化（overt）翻訳」と「潜在化（covert）翻訳」、ノード（Christiane Nord）の「記録としての（documentary）翻訳」と「道具としての（instrumental）翻訳」、トゥーリーの「適切な（adequate）翻訳」と「受容可能な（acceptable）翻訳」、ヴェヌティの「抵抗する（resistant）翻訳」と「流暢な（fluent）翻訳」等である。詳しくは齊藤（2010）を参照。どちらの方略をより好ましいと考えているかは理論家によって異なっており、またこれら二項の中間的なものや二項間の連続性を認めている理論もある。
(7) 印刷術の発明以前は、安定した起点テクストは存在しなかった。起点テクストは口承や書写、修正、書き換えによって常に変化するものであった。翻訳をめぐる二項対立的諸概念においても、近代以前のものは等価という言葉を使用していない。その意味で、「二言語テクスト間の等価」という概念は、近代におけるテクノロジーの発展が前提となっている。しかし、現代においては再びテクノロジーの急激な発展とグローバル化に直面し、起点テクスト自体が常に変化するという状況となっている。そもそも安定した起点テクストがないのに、

何との等価について議論するのかという疑問も提起されている（ピム，2010 [2010]，p. 152）。
(8) 解釈学は、中世から近世にかけて聖書解釈のために発達し、近代においては、ドイツロマン主義の伝統の中にあった19世紀のシュライアーマハーが一般解釈学に発展させたものである。その後、ディルタイ（Wilhelm Dilthey）に継承され、さらに20世紀になって、ハイデッガー（Martin Heidegger）、ガダマー（Hans-Georg Gadamer）、リクール（Paul Ricœur）等の研究を通して一般に広がった。
(9) クリステヴァ（1983 [1969], 1984 [1969]）によって提示された用語・概念であるが、あらゆるテクストは何らかの意味で他のテクストを吸収、変形させた引用のモザイクから構築されている、言い換えると、テクスト間には相互依存の関係があるとする考えである。この概念の直接的契機になったのは、バフチン（1995 [1963]）による「対話」および「ポリフォニー（多声性）」の概念である。バフチンによれば、テクストとは相対立する複数の異質の声が反響しあい、絶えず対話を交し合っている場であるとされる。
(10) 「メタ語用」の概念については、第4章で詳しく取り上げる。
(11) 言語をある抽象的なひとつの言語体系や国家と結びつけて捉える考え、つまり言語＝国家、国語＝国家の標準語と捉え、方言や外国語は国語以外の言語とするような考えは、近代国民国家、近代ナショナリズムに基盤をもつものである。言い換えると、言語間翻訳を異なる言語体系に属する言語間の翻訳とする考え自体、近代ナショナリズムと相関関係にある。
(12) 翻訳学との関連について、Jakobson（2004 [1959], p. 139）は、「いかなる言語学的記号の意味も、その先にある何らかの代替的記号への翻訳である」と述べた。このことは、翻訳が前に存在する意味を表現するのではなく、その意味を解釈によって能動的に創出するものであるということを意味している。これは、言語的記号の意味は、その記号が関わるメタ言語的（メタ意味論的、あるいはメタ語用的）操作（過程）の総体であるというヤコブソンの構造言語学のテーゼとも言えるものである。翻訳の過程とは、まさにこのようなメタ言語的操作の過程である。

第4章　現代社会記号論系言語人類学と出来事モデル

1　現代社会記号論系言語人類学の概要

　言語人類学は、ボアズに端を発するとされる現代北米人類学の4つの下位分野である①生物人類学（形質人類学）、②考古学、③文化人類学、④言語人類学の中のひとつであり、言語学と文化人類学の中間に位置する。つまり、言語人類学は、言語と文化の両方の領域にまたがり、文化人類学の扱う「人間・文化」と「自然・環境」という問題に「言語」を切り口として取り組む学である（小山, 2008, p. 37）。翻訳学の発展の歴史的背景を述べた際論及したように、1970年代以降、言語学内部、あるいは言語学周辺諸領域から、言語を社会や文化との関わりにおいて分析しようとする諸領域が出てくる。そのような諸領域の一方には、ミクロおよびマクロ社会学のアプローチを言語研究に援用し、おもに言語使用と言語使用者の社会的属性（地域性、階級、階層、職業、ジェンダー、人種・民族、年齢等）との関係に焦点を当て探究する社会言語学があり、もう一方には、よりミクロなレヴェルでの言語使用やコミュニケーションに焦点を当てる会話分析、談話分析、CDA、語用論等の学問領域が存在する。[1]これらの諸領域は、「言語」と「文化や社会」を扱う言語人類学と、当然のことながら重なりを持つ（ibid., p. 40）。以下で、現在の言語人類学の特徴についてもう少し詳しく見てみよう。

　現代の言語人類学の中でも、社会記号論を基盤とする現代言語人類学は、パースによって打ち立てられ、ヤコブソンによって言語学や文学研究に導入されることになった「記号論」がその理論の中核をなしている。記号論は、象徴記号（symbols）、類像記号（icons）、指標記号（indexicals）など多様な記号の全体として世界を構想し、言語学からではなく言語とは別個に（つまり、コミュニケーション論的に）世界全体を認識する一般的な枠組み・体系として構築された

ものである。その点で、上記の記号のうち、象徴記号としての言語を軸、中心として文化を構想するソシュールの記号学 (semiology) とは異なる (ibid., p. 33)。ソシュールに端を発する記号学は、言語記号をモデルとする言語中心的な系譜である。それに対し、パースの記号論は人間と宇宙のあらゆる現象を相互の関係において捉え、その関係を動的な指示作用（記号作用）、つまり記号の「過程」として考える学と言える (ibid., p. 41)。

この記号論的世界の中心には、「指す」・「指される」過程（記号作用）という、歴史的・社会文化的な空間で生起する「出来事」があり、すべての現象は、この記号作用によって「存在」している。この記号作用は、記号とその指示対象との関係に関して3つに分類される。その3つとは、**1.** 類似性の原理に基づく指示である類像記号、**2.** 隣接性・連続性に基づく指示である指標記号、**3.** 指示関係が（類似性や連続性などの）経験的な根拠を持たない象徴的なものである象徴記号である。パースにおいては、すべての事象はこの3つの記号の組み合わせによって特徴づけることが可能である。したがって、言語についても「論理言語」だけでなく、言葉、つまり「自然言語」も、象徴記号のみならず類像記号、指標記号を含む人間による世界の認識という領域の中に位置づけられる[(2)] (ibid., p. 158)。

この記号論から考えると、前章で考察を試みた「等価」は類像性の原理に基づくものと説明でき、そして「コンテクスト」あるいは「指標性」は連続性の原理に基づくものであると説明できる。前者は Jakobson (1960) の言う言語構造（ラング）の核としての範列 (paradigm)、後者は語用（パロール）レヴェル、言い換えるとコミュニケーションの進行に従って展開される連辞 (syntagm) に対応する。つまり、前章で顧みた翻訳学の歴史的変遷（視点の変遷）も、記号論に依拠すれば、範列（言語構造の核）の視点から連辞の視点へ、類像性（＝等価性）の視点から指標性（＝社会指標性）の視点へとその焦点を移動してきたと捉えることができる。

このパースの記号論と、ボアズ、サピア、ウォーフ、そして、「ことば（コミュニケーション）の民族誌」のHymes (1964)、「談話分析」のGumperz (1982) 等によって受け継がれてきた「全体性」への希求・志向との接合が、先にも述べたとおり、社会記号論系言語人類学の基底をなすものであり、その特徴を表

している。

　ヤコブソンやハイムズの後を追って、Silverstein (1976a) は、記号論に依拠しコミュニケーションを指標的な「出来事」と捉えて、言語行為を含むコミュニケーションには、何かについて「言われていること（what is said）」（言及指示的機能）だけでなく、コンテクスト依存性がきわめて顕著な「為されていること（what is done）」（社会指標的機能、非言及指示的機能）という２つの側面があり、コミュニケーションの出来事とは、この２つの側面を有する「指標的出来事」であるとして概念化を行った。これが、出来事モデルである。前者は、何かについて何かを言うという言語的に明示化された実践であり、その分人々の意識に上りやすい。一方、後者は、何かを言うことによって出来事の参与者あるいは言語使用者のアイデンティティや権力関係を示すものである。非言及指示的機能とも呼ばれるように、通常言語的に明示されないことが多く、その分人々の意識に上りにくい。

　この出来事モデルにおいては、コミュニケーションは社会的行為・出来事と捉えられ、オリゴ（deictic center, 相互行為の中心、コミュニケーションにとっての「今・ここ」）を基点とし、ミクロ（行為・出来事、参加者、場）から、マクロ（参加者の帰属集団・権力関係などの社会背景、世界観などの信念体系・文化的知識）まで、いわば同心円状に拡がる多層的な社会・文化史的コンテクストの中で生起するテクスト化（[en]textualization）とコンテクスト化（contextualization）の相互過程として捉えられる。コミュニケーションは常に、歴史的、文化的、社会的なコンテクストにおいて生起するものであり、出来事を取り巻く参加者の相互行為の中で社会的に「意味」が「決定」されていくのである。つまり、意味は最初から内包されたものではなく、コミュニケーションの記号作用（指標性）によって、意味が規定されていくとされる。もともとは偶発的で無限の解釈を秘めた「今・ここ」の行為・出来事の意味は、特定のコンテクストを前提的に指し示すこと（コンテクスト化）によって、コミュニケーションの参加者にとって意味をなす、解釈可能な出来事となる（テクスト化）のである。このような無限の解釈を有限化する機能（語用を統制する機能）のことを「メタ語用（metapragmatics）」と呼ぶ。メタ語用については、後ほど詳述するが、「詩的機能」はその代表的なものである（cf. Koyama, 1997; 小山, 2009; Lucy, 1993; Silverstein, 1993）。

　言語行為を含むコミュニケーション行為（相互行為）とは、このようにして、「言われていること」に関わる言及指示的テクスト（denotational text）と、そのコミュニケーションを通して「今・ここ」のすぐ周りのミクロなコンテクストで「為されていること」に関わる相互行為のテクスト（interactional text, 社会指標的テクスト）を同時に、そして複数生成する。このメタ語用的過程、テクスト化の過程こそ、解釈である。一方、ここで生起したテクストは、新たなコンテクストを創出（コンテクスト化）するとともに、後続する出来事によって再テクスト化されていく。こうしてコミュニケーション（相互行為）では、コミュニケーションの進行とともに、オリゴも移動し、その文化、社会、歴史的な意味を変容させながら、最終的な決定性がないまま、再構成されることが繰り返される（小山, 2008, 2009, 2011; Silverstein, 1992）。

　翻訳とは、まさにこのようなコミュニケーション行為・出来事であり、解釈、テクスト化、メタ語用の過程である。翻訳という言語行為は、広範な社会・文化的実践に深く組み込まれており、翻訳者や通訳者によって仲介されるいかなるやりとりも、社会におけるすべてのやりとりを特徴づける不均衡な権力関係が影響する相互作用の動的プロセス、コンテクスト化のプロセスである（Baker, 2006b）。翻訳学では、言語間の分析を基盤としながら、翻訳や通訳をコンテクスト化に関わるコミュニケーション行為であるとして、言語人類学的視点を取り入れて考察しようとする取り組みが Baker（ibid.）等に端緒的に見え始めている。言語人類学の視座は、前章で論じた翻訳学における言語理論と文化理論の大きな溝に橋を架けるひとつの大きな可能性である。

　Silverstein（2003）は、言語人類学の視点から、翻訳という言語行為について以下の点を指摘する。すなわち、西欧のメタ語用論的伝統においては、人間の言語に対する意識（言語イデオロギー）[3]が言語構造や語用の言及指示的機能に向きやすいことを反映し、その研究は言及指示的側面に集中してきた。翻訳理論もその西欧において発展したものであり、そこでは言及指示的機能中心の言語イデオロギーに支配されてきた。しかし、語用には先に述べたとおり、コンテクストに関わる問題、特に社会指標的機能の側面があるのであるから、翻訳実践もこの指標的側面の等価を考慮することが大切だと指摘する。

本書は、こうした言語人類学の知見を実際の言説分析に活かし、語用の言及指示的側面だけでなく社会指標的な側面も視野に入れて、言語行為としてのメディア翻訳の多層的な姿を明らかにすることを目指している。それは、翻訳学で培ってきた言語学的アプローチの成果を言語間翻訳に関して活用しながら、新たな枠組みとして言語人類学の出来事モデルを援用してメディア翻訳の実践全体に迫る試みとなる。

2　コミュニケーションモデル

　近代におけるおもなコミュニケーションモデル、つまり社会文化的な相互行為についての一般的なモデルとしては、1. 情報理論的（サイバネティクス的・機械論的）モデル、2. ヤコブソンによる6機能モデル、そして3. 出来事モデルの3つが挙げられる。各モデルの鍵となる概念は、それぞれ、コード（文法）、メッセージ（あるいはテクスト）、オリゴとコンテクスト化である。出来事モデルの特徴を明確にするために、以下この3つについて概説する。

〈情報理論的（サイバネティクス的・機械論的）モデル〉

　まず、本書の冒頭でも触れた情報理論的モデルについて振り返っておこう。これは、現代社会において最も一般的なコミュニケーションについてのプロトタイプ的モデルと言えるものである。「コミュニケーションとは情報伝達である」という今も広範に流布しているコミュニケーション観を支えているコミュニケーションモデルである（cf. Shannon & Weaver, 1949）。Reddy（1979）によると、人々が言語あるいはコミュニケーションについて語る時、得てして言語は意味を内包する容器と捉えられ、「導管」を通して、意味を盛られた言語が送り手から受け手に送られると想定されている。情報理論的モデルは、この導管メタファーと親和的なコミュニケーション観である。

　このモデルでは、送り手の情報は特定の解釈コード（文法など）に従って記号化され、接触回路（媒体、メディア）を通して受け手に送られる。受け手は送られてきた記号や信号を同一の解釈コードに従って解読し、もとの情報の復元をはかり、それによって情報の伝達が完了する。「導管」というメタファーに象徴されるように、このコミュニケーション観では、メッセージは所与のもの

であり、「送り手」から「受け手」に単に送られるものであり、コミュニケーションに先行してすでに送り手の頭の中に存在すると想定される。情報理論的な文法論によると、コード（言語形式）が意味を内包しているのであり、「メッセージ」は「脱コンテクスト化」された意味の体系のトークン（現れ）に過ぎない。ここでは言語の言及指示的機能のみが重視され、実際のコミュニケーションにおける多様な機能的側面が捨象されてしまう。

　小山（2005）が指摘するように、この導管メタファーに基づくコミュニケーション観、あるいは言語イデオロギーは、17世紀後半以降の近代西欧の主導的な言語思想、すなわちロックに代表されるベーコン主義者たちによって目指された論理的かつ普遍的な単一言語による近代社会や近代国民国家形成という理念と結びついており、言及指示的機能重視の言語イデオロギーに現代の人々も強い影響を受けていることを示すものである。一方、このイデオロギーは、先に考察した翻訳学における「等価」の理論、つまり「何らかの形で等価が保証されるという理論」や、意味の転移、起点テクストから目標テクストへの「導管」などを想定する理論の基盤となっているコミュニケーション観と言える（ピム，2010［2010］, p. 195）。

〈ヤコブソンの6機能モデル〉

　この情報理論的モデルに対し、Jakobson（1960）は、言語やコミュニケーションの果たす役割には言及指示的機能だけではなく様々な機能があるとし、コミュニケーションを構成する要素として6つを挙げた上で、その6つの要素それぞれに焦点をあてる機能を同定しモデル化を行った。すなわち、「メッセージ」、「送り手」、「受け手」、「接触回路」、「解釈コード」、「言及指示対象」の6要素と、それぞれに対応する機能である、「詩的機能（poetic function）」、「表出的機能（emotive function）」、「動能的機能（conative function）」、「交話的機能（phatic function）」、「メタ言語的機能（metalingual function）」、「言及指示的機能（referential function）」である。このモデルは、ヤコブソンの6機能モデルとして広く知られている。想定しているコミュニケーション要素についてはほとんど違いはないが、コミュニケーションの多機能性に注目した点が、情報理論的モデルと大きく異なる。この6つの機能のうち、最後の言及指示的機能以外の

5つはすべて社会指標的機能に該当する。

　このモデルでは、6つの要素のうち特にメッセージを中心に据えるが、メッセージは情報理論的モデルのように所与のものとして想定されず、コミュニケーションを通して構築されていく。このメッセージに対応する機能である詩的機能は、特にこのモデルに特徴的なものである。詩的機能とは、反復作用によりメッセージがメッセージ自身を指し示す機能であり、これによってメッセージは「地」であるコンテクストからフィギュア（図）として浮かび上がり、コンテクストから切り離されてテクストとして生成される（テクスト化・脱コンテクスト化する）。この詩的機能、すなわちテクスト化の過程は、「詩」（韻文）に最も顕著に見られるが、日常的なコミュニケーションにおいても、緩い形で生起し、メッセージが分節可能、解釈可能なテクストとして作られていく（小山, 2008, pp. 207-219）。このヤコブソンのコミュニケーションモデルは、社会言語学、談話分析や語用論など、言語使用を対象とする研究が依拠する理論的枠組みを提供しているという意味でも重要である。このモデルに依拠すれば、メッセージをコミュニケーションの参加者を含むミクロおよびマクロ・レヴェルでのコンテクストとの相互作用として探究することが可能となるからである。[4]

〈言語人類学の出来事モデル〉

　ヤコブソンは、6機能モデルに表されているように、メッセージ（テクスト）については、それを多重に（「同心円」的）に取り巻くコンテクストにおける詩的機能（反復構造）を介したテクスト化の過程の結果と見る。このようなコミュニケーションの機能に関するヤコブソンの理解は、その後、ハイムズ（Dell Hymes）、ガンパーズ（John Gumperz）、シルヴァスティン等によって現代言語人類学の「出来事モデル」に引き継がれ、発展する。すなわち、ヤコブソンのコミュニケーションモデルを継承したハイムズを旗手とする「ことばの民族誌」、「コミュニケーションの民族誌」以降の言語人類学におけるコミュニケーションは、メッセージではなく文字どおり「出来事（event）」を中心に概念化されるようになる。そして、前述のとおり、シルヴァスティンによって、「言われたこと」（言及指示的側面）と「為されたこと」（非言及指示的・社会指標的・相互行為的側面）という2つの側面を持つ「テクスト化」と「コンテクスト化」

の連鎖として概念化されるのである。

　記号論を基盤とするこの出来事モデルにおいては、コミュニケーションは、その根底において指標的な社会的行為・出来事であり、出来事はオリゴを基点とし、ミクロからマクロまで同心円状（多層的）に拡がる社会文化史的な場で生起する「コンテクスト化」と「テクスト化」の相互過程として捉えられる。繰り返しになるが、「今・ここ」の行為・出来事は、もともとは無限の解釈の可能性を秘めている。それが社会文化的に意味を持つ相互行為のテクストとなるのは、特定のコンテクストを前提的に指し示すこと（コンテクスト化）によって、コミュニケーションの参加者にとって解釈可能な出来事となる（テクスト化）からである。そして、そこで生み出された相互行為のテクストは、新たなコンテクストを創出すると同時に、以前において前提としたコンテクストを変容させる。コンテクスト化とテクスト化の過程は、次々と連鎖的に起こり、以前起きた出来事により創出されたテクストは、次に起きる行為・出来事によって先行する（コン）テクストとして前提的に指標されて変容を繰り返すのである（小山, 2008, pp. 219-227; Silverstein, 1992）。

3　語用とメタ語用

　コミュニケーションという出来事がコンテクスト化とテクスト化の過程であるということは、コミュニケーション出来事とは、おもに語用（一階レヴェルでのコミュニケーション）についての語用（二階レヴェルでのコミュニケーション）、つまり「メタ語用」によって生成される過程ということを意味する。「今・ここ」で生起するコミュニケーションにおいて、数多の解釈の中から、意味をなすテクストが浮かび上がってくるのは、その出来事が無数に放つ「指標の矢（indexical arrow）」を「統制（regiment）」する機能が働くからである（Koyama, 1997; Lucy, 1993; Silverstein, 1993）。この機能が「メタ語用」である。

　つまり語用の解釈の枠組みに焦点を当てた機能が、メタ語用論的機能である。これに対し、語や言い回しの「意味」に焦点を当てた機能は、メタ意味論的機能と呼ばれる（Silverstein, 1993）。メタ意味論的機能はコンテクストに関わらない文法的な意味であるのに対し、メタ語用論的機能はコンテクストに関わる言語使用における意味に関係する。これは、Jakobson（1960）が、6機能モデル

におけるコミュニケーション要素のひとつとして同定した「メタ言語（metalanguage）」機能を、シルヴァスティンが「メタ意味論（metasemantics）」的機能と「メタ語用論」的機能に分類したことに基づくものである。前者は、語などの意味を質問したり説明したりする機能である。それに対して、後者は言語使用に関わる機能である。例えばそこで行われている行為が「命令」なのか、「依頼」なのかなどを解釈したり、その行為がその社会で持つ文化的・歴史的意味や適切性、効果を解釈・判断する語用規範的な機能である。したがって、メタ語用とは、語用の一段上のレヴェルであるメタ・レヴェルにおいて、「言われていること」と「為されていること」によって指標されていることを解釈する機能ということになる。同時にそのコミュニケーションにおいて適切な、あるいは効果的な語用行為を行うために人々が持っている知識や規則の体系であると言える（Duranti, 1997; メイ, 2005［2001］）。

　このようなメタ語用的知識や規範は、コミュニケーションを通して構築され、共有されるものである。特に「為されていること」のレヴェルは、言及指示的には明示化されないことが多く、それゆえに語用論的知識や規範が前提となる。しかし、この語用論的前提は、それぞれの社会・文化・言語に固有であるために、例えば翻訳の場合では、起点と目標で社会・文化・言語のすべての面にわたってこの語用論的前提が異なる可能性が大きい。つまり、解釈される意味は、語用共同体（speech community）が異なれば、その社会指標的な意味も異なってくる。翻訳行為のように、起点文化と目標文化が異なる場合、語用における意味のずれは、特に社会指標的な側面において生じやすく、しかも見えにくいことになる。

4　名詞句階層とメタ語用的装置

　以上、現代言語人類学の記号論的基盤と、それに基づくコミュニケーションモデルである出来事モデルについて概観し、その上で、出来事モデルにおける重要な概念であるメタ語用について論じた。第Ⅱ部では、実践としてのメディア翻訳について、この語用の2つの側面をメタ語用の視点から分析していくことになる。そこで、ここでは、実際の分析にあたって参照する重要概念となる「名詞句階層」とメタ語用の諸装置について取り上げ簡単な説明を試みる。

メタ語用の装置とは、語用を統制するメタ語用論的機能を担うもので、先に言及した「詩的機能」の他、本書との関係で言えば「対照ペア」、「モダリティ」、「フレーム」、「フッティング」、「コンテクスト化の合図」、「文化的ステレオタイプ」などが挙げられる。以下、まず、シルヴァスティンによって発見された「名詞句階層」について述べ、続いてこれらのメタ語用的装置について概略を示すことにする。

〈名詞句階層（Noun Phrase Referential Hierarchy）〉
　現代社会記号論系言語人類学の出来事モデルによれば、コミュニケーション出来事は、オリゴを基点とし、社会文化史的な場で生起する「テクスト化」と「コンテクスト化」の相互過程として捉えられることについては繰り返し述べたとおりである。それでは、最も象徴的な、言い換えると、脱コンテクスト化された意味の体系であるラング（言語構造、文法）は、上記のようなコミュニケーションの原則にどのように結びついているのだろうか。Silverstein（1976b）は、名詞句という重要な文法範疇もまた、このコミュニケーションの原則に則り、オリゴを中心とするコミュニケーションの地平（コンテクスト）に基礎づけられていることを実証的に示してみせた。それが、名詞句階層の発見として知られているものである。
　それでは、名詞句階層とは何かについて具体的に見ることにしよう。名詞句範疇は、おもに「言われたこと」（言及指示的意味）の次元に関わる。それは、オリゴからの距離で以下の順序で階層化されている。つまり、オリゴに一番近いところから、おおよそ、ダイクシス（一人称・二人称代名詞、三人称代名詞、指示代名詞など）、固有名詞、親族名詞、人間（位階・地位）名詞、有生（動物）名詞、一般具体名詞、一般抽象名詞の順に、普遍的に階層化されている。そして、これらは包含的に階層化された言語空間を生み出している（小山，2008, pp. 228-242, 2009, pp. 15-25; Silverstein, 1976b）。
　例えば、この階層の両極を取り出して見てみると、一人称代名詞の指示対象はどのような発話出来事においても前提とされているコンテクスト的要素（話者）であるので、その時その時のコンテクスト（例えば、誰が話者であるかなど）に応じて指示対象が変化する。このことは、指示対象がコンテクストに強く依

存することを意味する。一方、抽象名詞は、コンテクストにほとんど依存することなく、その指示対象を外示する（指す）ことができる。言い換えると、先に示した順で、その名詞句が言及する社会言語空間は、指標性が徐々に低くなり、反対に象徴性は徐々に高くなり、抽象名詞においてはその象徴性は最大に達する。

　この階層は、様々な言語にわたり存在することが確認されており、格標示の仕方、あるいは主題（トピック）や動作主にどの程度なりやすいか、受動態の文の主語・主題にどの程度なりやすいかなど、文法に関わる現象に体系的な影響・効果を持つ独立変数であることが知られている。このように、名詞句階層の発見は、「名詞という重要な文法範疇が、普遍的に、そして経験的に確認できるかたちで、まさにオリゴを基点とした『指標性（＝オリゴからの距離）』の大小の原理に基づいて構造化されている」（小山, 2008, p. 229）ことを示すものであり、言語を使って言い表すことのできるものがこのように階層化された世界を構成していることを実証したのである。

　このことは、名詞句という文法範疇もまた、コミュニケーションにとっての「今・ここ」であるオリゴからの距離の度合い、オリゴとの直接的な関連性の程度、言い換えると「指標性」の度合いに基づいた階層構造をなしていることを示している。その構造は包含構造をとりながら、オリゴを起点としてミクロ社会的なもの（直接経験可能なもの）から、「今・ここ」からは遠く離れたマクロ社会的なものへ、そして「今・ここ」からは最も遠く離れた抽象的・象徴的なものへと漸次的に拡がっている。人間のコミュニケーションの地平とは、このようなオリゴを中心に同心円状に拡がる社会言語空間であり、人間はコミュニケーションを通して、経験可能な指標的世界や抽象的な象徴的世界とつながり、そのつながりの中で存在している（ibid., pp. 228-242）。

　ここで、本書の主題であるメディア翻訳との関連で、以下の点を確認しておきたい。文法範疇でも、特に名詞を中心とする語彙は、明示的に言及されるため人々の注意が向きやすいものである。上記で示した名詞句階層の中でも、オリゴに最も近いダイクシス（deixis, 直示詞）は、発話出来事の参与者間の関係を示したり、発話の場所や時間などの関係を特定したりする働きを持つ典型的な言及指示的指標記号である。前述したように、記号論によると指標記号とは、

隣接性（連続性、近接性）の原理に基づくものであり、発話などが生起した場（コンテクスト）において、指示するもの（発話者によって発せられた言葉など）と指示されるものが、何らかの形で隣接している。具体的には、「私」「あなた」「彼」等の人称代名詞、「これ」「それ」「あれ」等の指示代名詞、「ここ」「そこ」「あそこ」等の場所を表す語、「いま」「あの時」等の時を表す語などが挙げられる。

　ダイクシスに見られるような指標性を通して、言語はコンテクスト——そのオリゴ（deictic center）、発話／コミュニケーションが行われている「今・ここ」——に投錨されて（基礎づけられて）いる。このようにダイクシスは、コンテクスト依存性・指標性がきわめて高いため、異なったコミュニケーション空間を架橋する翻訳行為において、その指標性にずれが生じやすいものである。ダイクシスがコンテクストに大きく依存していることは、ある意味で翻訳者も、翻訳の読者や視聴者も認識しやすく、そのため意識的に注意が向けられる。

　それに対し、固有名詞は、そのもの固有の名前であることから、一般的にコンテクストにほとんど依存しているように見えず、その指標性が認識されにくい。例えば、典型的には人名や地名、そのほか組織名、民族名、国家名などの名称は、そのもの固有であるのだからどんなに場所や時代が変わろうと、その名称はあたかもラベルであるかのように同じものを指すと考えられがちである。しかし、固有名詞がコミュニケーションで使用される際、その言及指示対象が何らかの形でコミュニケーションの参加者にとって知られていない場合は、何を指しているかが分からない。

　名詞句階層に示されるように、たしかに固有名詞は、ダイクシスよりはコンテクスト依存性・指標性が低く、よりマクロな社会的特性を持つ。というのも、一人称・二人称等のダイクシスは、その時々の「今・ここ」におけるコミュニケーション出来事の内部で行われ、その使用自体によって言及指示対象が同定されるからである。したがって、それが指しているものは非常に一時的なもの（「今・ここ」で話者の役割にある人、あるいは、近傍にあるものなど）であり、指すものがコミュニケーションの進行とともにめまぐるしく変化する。

　一方の固有名詞もコミュニケーション出来事の内部で、その使用そのものによって言及指示対象が同定されるという点ではダイクシスと同様である。つま

り、固有名の言及指示対象の識別には、コミュニケーション出来事の内部で一
旦命名されることが前提となるのである。しかし、それはダイクシスのように
一時的・一過的なものではなく、一旦命名されればそれ以降、その言及指示対
象に再び言及する度に命名行為を一から繰り返す必要はない。この点において、
固有名詞は、ダイクシスより指標性・状況依存性が低いと言えるのである。こ
のように、固有名詞はダイクシスに次いで、翻訳行為においてずれが生じやす
い。それにも関わらず、一般的にその指標性が認識されにくく、その結果、ず
れが生じても、そのずれに気づきにくいと言える。

　他方、翻訳行為を考察する際、もう一点留意しなくてはならないのが、抽象
名詞の扱いである。上記のように、抽象名詞は指標性が極めて低く、言い換え
ると象徴性がきわめて高く、コンテクスト（コミュニケーションが生起している
場）にほとんど依存しない。このことは脱コンテクスト化の度合いが非常に高
いことを意味する。しかしながら、それはあくまで同じ言語共同体、あるいは
語用共同体内部においてである。特に言語構造が異なる場合、言語相対論を持
ちだすまでもなく、文化や言語体系が異なることによって、意味の切り取り方
も当然異なる。異なる言語構造間では、一見いかに両言語間で対応関係にある
ように見える抽象名詞でも、その言及指示対象においてはずれが生じる。これ
は何を示しているかというと、翻訳実践においてダイクシスや固有名詞に大き
く関わるのは、コンテクストの場（パロール）の相違による相対性であり、抽
象名詞に関わるのは言語構造という象徴体系（ラング）の相違による相対性だ
ということである。以上を踏まえ、第8章では、特に文法範疇における名詞、
その中でも民族名等の固有名詞を中心として、ダイクシス、抽象名詞にも焦点
を当てて翻訳の実践を考察する。

　以上、名詞句階層について少し詳しく取り上げたが、次にその他のメタ語用
装置について、概略を述べることにしよう。

〈対照ペア〉

　言語構造など象徴性の高い体系（象徴記号の体系）は、上記のように、一般的
に包含的な対立関係を示すのに対し、言語構造ではなく語用、言い換えると指
標的な言及指示行為や社会指標行為では、典型的に排他的な対立（二項対立等）

を示す対照ペアが見られる。このことは、対照性という特徴が、語用、つまりコンテクストに大きく依存している（指標性が高い）ことを示している。通常、2つのものが、コミュニケーションの場において、あるいは連辞軸上に並置された時（隣接された時）、その対照性は最も際立つものとなる。つまり、その2つのものが強い対照性を示すのは、その2つがペアあるいはセットとなって現れるようなコンテクストにおいてである。このような対照ペアは、コンテクストから浮かび上がってフィギュール（テクスト）となり、脱コンテクスト化する。その結果、異なるコンテクストでも反復可能なものとなって範疇化（類型化）される。脱コンテクスト化、範疇化が進むと文化的範疇つまり文化的ステレオタイプ、さらに言語構造的範疇へと至る。

対照ペアは指標性だけでなく、類像性にも基づく。このことは、似ていないもの同士ではペア、対照をなしにくいことからも分かる。したがって、対照ペアは、コンテクストにおいてテクスト化を強く生成する主要な指標的かつ類像的要素のひとつであると言える（小山, 2008, pp. 274-276）。第8章における談話分析において、この対照ペアに度々注目するのは、このように対照ペアが、メタ語用の装置として強力にテクスト化（すなわち、脱コンテクスト化）に貢献するからである。

〈詩的機能〉

詩的機能は、ヤコブソンによる6機能モデルの中核をなすとも言える機能である。これは、メッセージそのものに焦点を当てた機能である。詩的機能は、文法構造（ラング）と言語使用（パロール）の関係に関わり、その特徴は「反復」にある。詩的機能の作り出す反復構造とは、言語理論の根幹をなす2つの原理の一方である「範列軸」を構成する類似性・同一性の原理が、もう一方の「連辞軸」を構成する連続性の原理に投射されて現れること、言い換えると、類似したもの、あるいは同一のものが、連辞軸上に反復して生起することによって、記号がコンテクストから切り離されてフィギュール、テクストとなることである。詩的構造は、言語に関しては散文や詩（韻文）に、また言語以外の行為に関しては儀礼において顕著に見られるものだが、ゴッフマン（2002［1967］）によって明らかにされているように日常行為においても緩やかな形で生起してい

る。「反復」を特徴とする詩的構造もまた、上記で見た対照ペア同様、強力なテクスト化に貢献する機能を持つ。

〈モダリティ〉

　次に、取り上げるのはモダリティである。モダリティとは、広義では話者の心的態度を表す概念である。記号論的にはダイクシスと同様に、それが使用されているコンテクストにおいてこれらの語や範疇（指示するもの）と話者など発話の参与者や特定の時・場所・行為・判断など（指示されるもの）が隣接しているという意味で、指標記号である。英語の may や must、日本語の「〜かもしれない」「〜にちがいない」などの話者の認識に関わる態度、あるいは同じく英語の may や must、日本語の「〜してもよい」「〜しなくてはいけない」等の、ある事象の可能性や必要性等の判断に関わる態度について述べるものである。

　モダリティの捉え方は研究領域によって異なるが、ハリデーの選択体系機能言語学では、言語の3つのメタ機能のひとつである対人的機能の観点から捉え、伝達の際に聞き手に対して何のためにどのような態度でのぞむのかという話し手の意図を伝える機能を指す。ハリデーの理論を基盤とする CDA では、モダリティはイデオロギーを表す重要なメタ語用的装置であると考えられている。

〈フレーム〉

　「フレーム」とは、人々が日常生活の中で遭遇するその時々の出来事や相互行為を遂行、ないし解釈するのに使われる社会文化的枠組みを指すものである。この概念は Bateson (2000 [1972]) の「遊びのフレーム」の概念が出発点となっており、その後 Gumperz (1982) や Hymes (1964) の言語人類学や Goffman (1974) のミクロ社会学の領域で研究されてきた。Goffman (ibid., pp. 10-11, p. 21) は、フレームによって経験が組織化 (organization of experience) され、それ自体意味のない出来事の様々な面を意味のあるものとして捉えることができるとしている。フレームは詩的機能同様、メタ語用に関わり、言語人類学の研究プロジェクトを支える重要な概念のひとつとなっている。

〈フッティング〉

　Goffman (1981) は、人々が相互行為の過程で、種々の方法で自分と相手との関係を変化させているとし、この一時的な関係づけをフッティングと呼んだ。これは、参与の枠組みに関わるものである。参与の枠組みとは、相互行為における参与者の役割関係を動態的、かつ多層的に捉えるものである。ゴッフマンは、話し手についてその役割を animator（発声体）、author（作者）、principal（本人）の3つに分類した。animator はメッセージを相互行為の参与者に向けて伝える（発話する、執筆する）役割、author は、メッセージをある言語形式にまとめて表現する（創造する）役割、principal は発せられたメッセージの主体・発信者として責任を持つ役割をそれぞれ担う。一方の聞き手の役割も厳密に分類される。相互行為の参与者は、話し手、聞き手という社会的役割に対するステータス（participant role）を変化させながら、同時にそれぞれの立場で常にフッティングを変化させながら参加している。

　Bell (1991, pp. 36-44) では、報道における言語の産出に関わる参与者の役割について、Goffman (1981) に依拠しながらも、author（作者）をさらに以下の2つ、つまり author（作者）と editor（編集者）に分けて考察する必要性を説いている。ニュースの産出においては、すべての author が同じ役割を果たすわけではないからである。通常、最初にニューステクストを産出するのは、個々のジャーナリストであるが、そこで産出されたテクストは様々なレヴェルの編集者によって修正・変更されていく。したがって、両者の役割を同等に見なすには無理があり、前者を author、後者を editor として考察しようとするのである。メディア翻訳との関連で言えば、そのどちらもが翻訳行為に関わっていると言える。

〈コンテクスト化の合図 (contextualization cues)〉

　Bateson (2000 [1972]) は、コンテクストとは与えられるものではなく、会話の参与者によって喚起されるものだと考えた。ガンパーズは、このベイトソンの概念を応用し、コンテクスト化の合図を提唱した。コンテクスト化の合図とは、「コンテクストの前提をシグナルするのに貢献する言語形式のあらゆる特徴を指す」（ガンパーズ, 2004 [1982], p. 172）。つまり、発話に関し状況的な解

釈を可能にする手掛かりであり、その言語的な特徴には、語彙の選択、文法の選択、レジスター、フッティング、コードスイッチング、パラ言語に現れる現象などがある。もちろん、表情や身振り等の非言語的な特徴がコンテクスト化の合図となる場合も多々ある。これらは、コンテクストにおいてのみその意味を理解できる。したがって、合図の意味は潜在的であり、通常暗黙のうちに理解されるものである。これらの合図によって、人々は無限の可能性の中から解釈（テクスト化）の手掛かりを得るのである。

〈**文化的ステレオタイプ**（cultural stereotype）〉

　最後に、文化的ステレオタイプについて取り上げておきたい。ステレオタイプとは、一般的には、社会に広く行き渡った既存のパターン化されたイメージを指すが、Putnam（1975）の言う「文化的ステレオタイプ」とは、通常哲学では「概念」、また文化人類学では文化的意味範疇と呼ばれているような（語用的出来事や規則性と比較して）、よりマクロで、象徴性がきわめて高く、脱コンテクスト化／任意性の度合いの高い範疇を指している。したがって、特定の社会、文化によってそれが内包する意味は異なることになる。

　広義の文法（意味を形式に従いコード化した体系）は、意味と意味をコード化する形式（狭義の文法）からなるが、意味には言語的・文法的にコード化されている意味（文法的意味論）とは別に、言語的・文法的にコード化されていない意味がある。それが文化的意味範疇である。つまり、同じ言語（文法・語彙）を使っても、その言及指示対象に関わる概念（意味範疇）が異なる場合があることに見られるように、そのような文法的意味論と区別される言及指示的意味の領域が文化的ステレオタイプ（文化的意味範疇）ということになる。

　文化的ステレオタイプは、文法的意味論ほどには象徴性は高くなく、一般に文法的意味論ほど包含的対立関係によって特徴づけられるものではない。先に見た対照ペアのような排他的対立関係によって特徴づけられるものもある。また文法的意味論と異なり、言語構造の一部をなしながらも言及指示的意味だけでなく、社会指標的意味とも結ぶつく傾向を示す。つまり、同じ言葉を異なる意味で使うことで、その言語使用者の社会的な属性を指標する。そこでは、指標性だけでなく類像性にも基づいて喚起された文化的ステレオタイプが、テク

スト化に大きく貢献する。文化的ステレオタイプは、社会的な権威などにより、言説を通して構成、再構成される（小山, 2008, 2009, 2012; Silverstein, 2007）。

以上が、本書後半部のボスニア紛争をめぐる言説分析において、おもに第7章、第8章でメディアの言説と翻訳行為を分析する際に、分析の視点と枠組みとして参照する名詞句階層の概念とメタ語用の諸装置の概略である。

5 言説分析の方法

次章からの後半第Ⅱ部においては、ここまで述べた言語人類学のコミュニケーションモデル（情報理論的モデルに代わる新たな枠組みとしての「出来事モデル」）に依拠して、ボスニア紛争報道に関わる翻訳実践を分析・考察することになる。第1章で考察したように、メディア翻訳とは、ある言語のテクスト（起点テクスト、ST）から、別の言語のテクスト（目標テクスト、TT）への翻訳プロセスだけでなく、そのSTが生成するプロセス、すなわち、ある出来事から報道記事やニュースへというプロセスにも、「解釈」（広い意味での「翻訳」）が関わっており、その意味でメディア翻訳はこの2つのプロセスを踏む一連の記号過程として位置づけられる。

ここでは、狭義の翻訳である言語間翻訳が、いわば、最終的な分析の対象であるが、メディア翻訳の全体像に近づくためにはそもそものST生成過程の分析も必須であると考える。したがって、本書では、日本におけるST（欧米主要メディアのテクスト）からTT（日本のメディアよる日本語翻訳テクスト）という記号過程と、その前提となるST（欧米主要メディアのテクスト）がボスニア紛争という出来事をめぐって生成されるという記号過程、これら両者について分析する必要がある。前者は、英語から日本語へ「どう翻訳されるのか」に関わり、後者はそもそも日本語へ「何が翻訳される」のかに関わる。そしてその「何」が欧米主要メディアのテクストであるならば、そのテクストとはいかなる解釈（翻訳、テクスト化）の結果であったのかに関わるものである。

もちろん、現実のコミュニケーションは動的なものであり、それぞれの過程にコンテクスト化とテクスト化のいくつもの連続した行為が行われているのは言うまでもない。しかし、このすべての過程を追うのは、資料的制限により困難である。そのため、便宜上、上記2つの過程としてメディア翻訳の実践を類

型化して考察する。言語使用には言及指示的機能と社会指標的機能の2つの側面があるのであるから、分析も言われていること（報道されている内容）と為されていること（報道あるいは報道翻訳という語りの出来事）の両方を射程に含む。後者は「言われていること」を取り巻く「コンテクスト」（社会）の次元に直接的、内在的に関わるものである。それは、どのような社会的なコンテクストに、解釈する主体としてのジャーナリストや翻訳者（あるいは編集者）、あるいは視聴者が存在し、どのような報道によってどのような社会指標的機能を果たしているのかが問われる局面である。

つまり、本書では、起点テクスト（英語テクスト）の生成と、起点テクストを主要な参照項のひとつとした目標テクスト（日本語テクスト）の生成という二段階の（記号間）翻訳を、この2つの軸――言及指示と社会指標という軸――で分析することになる。特に、「何が言われているか」と絡み合いながら、そこで「何が為されているのか」という社会指標的側面を中心にメタ語用の分析装置を援用し分析していく。

だが、談話分析に先だって、まずは起点テクストと目標テクストの生成に関わる、上記2つの出来事を取り巻くコンテクストについて検証する必要があることは贅言を要さないだろう。そこで、まず、第5章でボスニア紛争の経緯と歴史的背景について、次に第6章でボスニア紛争を取り巻く国際社会について考察する。その検証結果を踏まえ、第7章において、第8章の談話分析における起点テクスト、すなわち世界に流通し日本のメディア翻訳でもそのほとんどが翻訳の起点としている欧米、特に英米の主要メディアの言説について、現地における複数の言説との比較を通して考察する。具体的には、ボスニア紛争初期に出版された欧米主要メディアおよび旧ユーゴ内のメディアの新聞・雑誌のテクストを中心に、ドキュメンタリーや民族誌も参照する。その上で2つ目のプロセス、つまり起点テクストを主要な参照項のひとつとする目標テクストの生成について第8章で分析を行う。

注

(1) 1970年代以降現在まで、言語と社会・文化を扱う学問領域では、ミクロとマクロの区分

(1) の再考や統合が課題となっている。
(2) パースは、言語の中でも、指示詞や一人称・二人称代名詞、ムード、時制などが、その指示の行われているコンテクストを明示的に指標するという機能を有する重要な要素であることを見抜いていた（小山, 2008, p. 33）。パースの洞察は、Jakobson (1957)、そして Silverstein (1976a) の「転換子（shifters）」論文に継承される。
(3) 言語イデオロギーについては、小山 (2011)、Silverstein (1979) を参照。
(4) ヤコブソンの6機能のうち、会話分析は交話的機能に、オースティン (J. L. Austin) からサール (John Searle) へと継承される発話行為論は、表出的機能および動能的機能に、ハリデーの選択体系機能言語学系の談話分析は詩的機能（テクストの内的構造）およびメタ言語機能（テクストの一貫性・結束性を生み出す機能）、ガンパーズの「コンテクスト化の合図」に関する研究やゴッフマン (Erving Goffman) のフレーム分析はメタ言語機能（メタ語用論的機能）に主として焦点を当てている（小山, 2008, p. 217）。
(5) 言語には、言語構造（意味のコードであるラング）と、語用（パロール）という2つの側面があり、それぞれ「意味論的」側面、「語用論的」側面と呼ばれる。メタ言語機能にもこの2つの下位範疇が存在することになる（小山, 2008, p. 213）。メタ語用論的機能は、Bateson (2000 [1972]) の言う「メタ・コミュニケーション」に対応する。メタ・コミュニケーションとは、コミュニケーションにおける言語的メッセージの解釈の枠組みを示すメッセージをコミュニケートするものである。
(6) 言語使用のレヴェルにおける共通性に基づく共同体を語用共同体と呼ぶ。それに対し、言語構造における共通性に基づく共同体を言語共同体 (linguistic community) と呼ぶ。語用共同体と言語共同体は相関関係にあるが、それぞれ異なる次元に属している。
(7) 例えば、「姉」と「妹」、「夏」と「冬」、「善」と「悪」など、対照的なものは、似たものである（類像性が高い）。「夏」と「冬」などは、「季節」という範疇に属していることに注意されたい。他方、「姉」と「夏」は、通常のコンテクストではあまり似ていないので、対照をなしにくい。

第Ⅱ部　メディアの表象と翻訳：ボスニア紛争報道の言説分析

第5章　ボスニア紛争の経緯と歴史的背景

　旧ユーゴスラヴィア社会主義連邦共和国（Socijalistička Federativna Republika Jugoslavija, 以下旧ユーゴ）は、労働者自主管理と非同盟外交を軸に独自の社会主義を打ち立て、東西冷戦時代には多民族共存のモデルとして、国際社会から一定の評価を受けていた存在であった。その民族と文化の複合性については、しばしば7つの国境、6つの共和国、5つの民族、4つの言語、3つの宗教、2つの文字、1つの国家と表現されてきた。(1) 6つの共和国、すなわち、北からスロヴェニア、クロアチア、ボスニア・ヘルツェゴヴィナ（以下ボスニア）、セルビア、モンテネグロ、マケドニアの各共和国を合わせても、総面積は日本の3分の2ほどの小さな連邦国家であり、本書が中心的に扱うボスニアも、九州をひと回り大きくした程度の小さな共和国であった。そこでは種々の問題を抱えながらも、何世紀にもわたり多民族・多文化・多言語が共存してきた。

　ところが、1991年初夏から95年末までに、民族間で繰り広げられた激しい紛争の過程で、ユーゴ連邦は解体・消滅するに至る。国家解体の過程で、旧ユーゴ全体の死者は20万人を超え、350万人の難民・避難民を出した（柴, 1998c, p. 373）。一連の紛争の中でも最も凄惨を窮めたボスニア紛争は、第2次世界大戦後のヨーロッパで起きた最悪の流血惨事であった。ボスニア共和国は、多民族国家旧ユーゴ連邦の縮図と言われてきた。91年におけるボスニアの民族構成は、ムスリム人42.7％、セルビア人31.3％、クロアチア人17.3％（月村, 2006, p. 40）で絶対的な多数派民族が存在せず、それゆえに旧ユーゴ連邦の多民族共生の崩壊はボスニアの崩壊を意味し、また逆に後者の崩壊は前者の崩壊を意味していたからである。

　ボスニア紛争は約3年半に及んだが、1995年夏、クロアチア・ボスニア両軍の軍事作戦の成功と、北大西洋条約機構（NATO）による空爆が直接的契機

となって、同年11月ようやく米国のデイトンで和平が実現した。旧ユーゴ紛争に関して国際世論、特にその世論をリードした欧米主要メディアでは、国際社会の対応、とりわけ国際組織・機構としての欧州安全保障協力会議（CSCE）/欧州安全保障協力機構（OSCE）、EC/EU、国連、そしてNATOの度重なる失策に対する非難が相次いだ。同時にこれらの西側報道は、この紛争の原因について、何世代にも及ぶ民族・宗教対立や憎悪が原因であると繰り返してきた。では、実際ボスニア紛争とはいかなる歴史的・文化的・社会的出来事だったのだろうか。紛争のすべての要因・背景をここで取り上げることはできないし、また筆者にはその能力もないが、本章および次章においては第2章4で取り上げた文献におもに依拠し、第7章および第8章での言説分析に関わる重要な事柄はできるだけ記述するよう心がけた。紛争に関するメディアの言説については、本章では最小限にとどめ、第7章で検証することにしたい。

1 ユーゴスラヴィア解体とボスニア紛争

　冷戦の終焉と東欧民主化の流れの中で、1990年、旧ユーゴ連邦を構成する6つの共和国においても、第2次世界大戦後初の複数政党制の下で、スロヴェニアから順次、自由選挙が実施された。その選挙では、「連邦」か「国家連合」かの選択が最大の争点であった。選挙の結果、旧ユーゴ共産主義者同盟（以下、旧ユーゴ共産党）系政党が勝利したのは、セルビアとモンテネグロのみであった。前者ではスロボダン・ミロシェヴィッチ（Slobodan Milošević）率いるセルビア社会党（セルビア共産党の後身）が、他の民族主義政党を抑えて圧勝した。その他の共和国では共産党は下野し、民族主義政党が強い支持を得て、単独あるいは連立政府を樹立した。ただし、政党名こそ異なるがセルビア、モンテネグロだけでなくスロヴェニア、マケドニアでも、各共和国の共産党の元指導者が勝利している。またクロアチアとボスニアでは、かつての反体制派のフラニョ・トゥジマン（Franjo Tudman）とアリヤ・イゼトベゴヴィッチ（Alija Izetbegović）がそれぞれ勝利している。ここで、特に注意すべき点は、そのいずれもが民族主義を前面に打ち出していたことである。

　90年末から翌年91年6月にかけて、これらの共和国の代表者間で、ユーゴ連邦の今後の政治形態について話し合いが続けられた。北部先進地域のスロヴ

ェニアとクロアチアは、将来の民族国家としての分離独立を念頭に緩やかな国家連合を主張した。それに対しセルビアとモンテネグロは、連邦政府の権限を強化して連邦制維持・強化を図るべきだと主張し、真っ向から対立した。連邦解体の危機が迫る中で、残る2つの共和国であるボスニアとマケドニアは、この危機を回避するために「主権国家による共同体」という構想を提案する（柴, 1995, p. 359）。しかし、事態は進展せず91年6月末、スロヴェニア議会およびクロアチア議会は、それぞれ「民族自決（samoopredeljenje/samoopredjeljenje）」を掲げ、共和国の独立を宣言することになる。

このスロヴェニア、クロアチアの独立宣言を機に、旧ユーゴ連邦は大規模な武力衝突・内戦へと突入した。両共和国の独立宣言の背景には、経済的要因が大きく作用していたことはすでに周知の事実であるが、そこに民族問題や歴史認識、さらに国際社会の動向や欧米外交が絡み、紛争は複雑な展開を見せた。1991年11月にはマケドニア共和国、翌92年3月にはボスニア共和国が独立を宣言した。これによって、戦火はボスニアの地まで広がり、民族が入り乱れた壮絶な紛争となった。

この間、91年12月にドイツが単独で、スロヴェニアとクロアチアの独立を承認すると、92年1月には、それまで独立承認に反対していた他のEC諸国も、ドイツの主張に押される形で独立を承認した。92年4月6日にECが、翌日7日には、アメリカがボスニア共和国の独立を承認した。[3] 6つの共和国のうち残った2つのセルビア共和国とモンテネグロ共和国は、同じ4月に自称旧ユーゴ連邦後継国として、ユーゴスラヴィア連邦共和国（Savezna Republika Jugoslavija, 以下新ユーゴ）を結成した。ここに旧ユーゴ連邦は解体して5カ国に分裂することになる。[4] ボスニア紛争では、92年3月の紛争開始からボスニアの主要3民族のムスリム人[5]（Muslimani）、セルビア人（Srbi）、クロアチア人（Hrvati）の間で3つ巴の戦闘が展開した。以下で、その経緯をもう少し詳しく見てみよう。

ユーゴ紛争[6]は時間的経緯と紛争地域に従って、おおよそ以下のように3つに区分できる。すなわち、①スロヴェニア紛争（91年6月から7月まで）、②クロアチア紛争（第1次：91年春から92年1月まで。第2次：95年5月から8月まで）、③ボスニア紛争[7]（92年春から95年11月まで）である。前述したように、この時期、社会主義体制の下で連邦制をとっていた多民族国家のソ連とチェコ・スロ

ヴァキアも、それぞれ91年12月、92年末に解体を迎えていた。ユーゴ解体の過程で大規模な武力衝突に至った背景を考える上で参考となるのは、こうした他の社会主義多民族連邦国家と旧ユーゴ連邦との相違点である。

　なかでも重要な相違は、連邦制の形態であった。ソ連やチェコ・スロヴァキアの場合、連邦中央が大きな権限を有しており、東欧民主化に伴う体制転換において前者ではバルト三国やウクライナ等、後者ではスロヴァキアの連邦中央に対する反発が解体への契機となっていた。それに対し、旧ユーゴでは1974年憲法により、地方分権が一層進みきわめて緩い連邦制がとられていた。連邦の権限は最小限に抑えられ、6つの各共和国とセルビア共和国内にある2つの各自治州（ヴォイヴォディナ自治州およびコソヴォ自治州）は、同じ立場でひとつの経済単位となっており、経済主権を保持し、その結果連邦という統一市場はすでに消滅していた。その意味では、もはや国家連合に近く、連邦制の求心力は失われていた（柴, 1995, pp. 349-350）。

　また、チェコ・スロヴァキアの場合は武力衝突を伴わずに分離が実現したが、その背景にはチェコ人とスロヴァキア人が住み分けできていたことがあった。それに対し、旧ユーゴの場合は、連邦全体で36％を占めるセルビア人がセルビア共和国外にも多く居住していた。これが「セルビア人問題」である。旧ユーゴ紛争のおもなものは、基本的にこの「セルビア人問題」が重要な要因となっている。彼らが、連邦解体によってそれぞれの共和国で絶対的少数者となることに抗ったことが、直接的に紛争につながったからである（ibid., pp. 359-361）。

　上記の3つの主要な紛争のうち、スロヴェニア紛争は、10日間戦争と呼ばれるように、ECの仲介によって短期間に停戦が実現した。それにはスロヴェニアが他の共和国と異なり、総人口の88％をスロヴェニア人が単独で占め、独立に反対する少数民族の動きがほとんどなかったこと、つまり「セルビア人問題」がなかったことが大きく影響していた（ibid.）。その意味ではスロヴァキアと似た状況にあったと言えるが、旧ユーゴの場合は他に民族構成の複雑な5つの共和国があり、スロヴェニアの独立は必然的に連邦全体に大きな波紋を投げかける結果となった。

　クロアチアでは上述した90年の選挙によって、クロアチア民族主義を掲げるトゥジマン政権が誕生し、クロアチア共和国憲法の改正を行った。その結果、

従来の憲法では、クロアチアはクロアチア人とセルビア人の国家とされていたのが、その規定からセルビア人が削除された。セルビア人は、クロアチア総人口の12%、約60万人を占め、クライナ地方を主たる居住地域としていたが、クロアチア政府が民族自決を掲げ連邦から離脱・独立を主張したのに対抗し、少数派となったセルビア人は自らもセルビア人の民族自決を掲げクロアチアからの離脱、ユーゴ連邦残留を主張した。クロアチア軍とセルビア人勢力の武力衝突が激しくなるのに加え、クロアチア内に駐留していたユーゴ連邦人民軍 (Jugoslovenska Narodna Armija, JNA) がセルビア人保護を名目に介入した結果、紛争が一挙に本格化することになった (柴, 1998c, p. 374)。

クロアチア、セルビア双方のメディアでは、連日プロパガンダ合戦が繰り広げられた。クロアチアとセルビアのメディアでは、互いに過去の記憶、とりわけ両者間で大量の殺戮を伴った第2次世界大戦期の記憶が呼び起こされ、新たに作り直され、連日相手を攻撃するための番組が流された (ibid.)。91年11月に国連の仲介により停戦合意が成立したが、クロアチア国内のセルビア人勢力は、91年12月クライナ・セルビア人共和国創設を宣言して、その後もクロアチア政府と対立が続くことになる。翌年クライナ・セルビア人共和国に国連保護軍 (UNPROFOR) 14,000人が配備され、停戦監視、平和維持の任に当たることになったが、両者の対立は3年間膠着状態が続いた。結局95年8月に、クロアチア軍による攻撃、いわゆる「嵐作戦」でクライナ・セルビア人共和国およびボスニア西部のセルビア人支配地区が陥落し20万人に及ぶセルビア人難民・避難民が発生した。これは旧ユーゴ紛争で一度に発生した難民・避難民の数としては最大規模だった (長, 2009, p. 361)。これをもってクロアチア紛争は一旦終結した。

92年3月に始まるボスニア紛争は、スロヴェニアおよびクロアチアの独立と紛争に連動する形で始まり、展開した。ボスニアでは90年11月のボスニア議会選挙で、ムスリム人、セルビア人、クロアチア人各民族を代表する民主行動党 (SDA)、ボスニア・セルビア民主党 (SDS)、ボスニア・クロアチア民主同盟 (HDZ) の3民族政党が議席の8割以上を占める結果となり、これら3つによる連立政権が誕生していた。91年のスロヴェニアとクロアチア両共和国の旧ユーゴ連邦からの離脱は、旧ユーゴの縮図とも言える民族混住地帯である

ボスニアの民族的共存と調和に大きな影響を及ぼした。

　両共和国が連邦から離脱すれば、連邦に残留した4つの共和国の全人口にセルビア人の占める割合が一層大きくなり、ほぼ半数になる。ムスリム人とクロアチア人にとってこれは避けなければならなかった。その結果、彼らは連邦残留ではなく連邦離脱・独立支持へと向かうことになる。一方、セルビア人はボスニアが独立すれば、クロアチア内のセルビア人同様、多数派から少数派に転落する。それを避けるためには連邦残留・独立反対を掲げることになる。このようにボスニアの地では、セルビア人問題が最も顕著な形で表れた。

　こうしてボスニアの連立政権では、3民族政党がそれぞれ異なる将来を描くことになる。すなわち、イゼトベゴヴィッチ率いる民主行動党は単一のボスニアの独立を目指し、カラジッチ率いるボスニア・セルビア民主党は旧ユーゴ連邦に残留しセルビア本国との統合を目指した。クロアチア共和国の下部組織のクロアチア民主同盟は、まず連邦から独立した後、本国クロアチアと統合したいと期待していた（月村, 2006, p. 71）。結果として、連立政権はボスニアの主権をめぐって紛糾することになる。91年10月14日、ボスニア議会では、民主行動党が、事実上ボスニアの独立宣言を意味する覚書を提出し、セルビア民主党や他の野党が反対する中、民主行動党とクロアチア民主同盟によって強行採決された。こうして連立政権は崩壊するに至った（佐原, 2008, pp. 176-177）。

　これを機に、多数派の民主行動党とボスニア・クロアチア民主同盟は、ECによる独立承認の前提とされる国民投票の実施に邁進していくことになる。これに反発するボスニア内のセルビア人は、各地で自治区を設立し、クロアチアのクライナ・セルビア人共和国に連動しながら、92年1月9日民族自決に基づき「ボスニア・ヘルツェゴヴィナ・セルビア人共和国（Republika srpskog naroda Bosne i Hercegovine）」[10]を結成し、自らはユーゴ連邦に留まることを宣言する。続く2月28日には、共和国憲法を採択する。セルビア人が投票をボイコットする中、翌日2月29日から3月1日にかけ、ボスニア政府は共和国の独立の賛否を問う国民投票を強行した。その結果圧倒的多数で独立が支持され、ボスニアは独立を宣言することになる。

　国民投票後の3月中旬には、独立賛成派のムスリム人、クロアチア人と反対派のセルビア人の間で散発的に戦闘が開始され、さらに4月初めにEC・アメ

リカがボスニアの独立を承認するに至り、戦闘が激化・本格化した。暫く沈静化すると再度激化するというように、明確な開始がなく各勢力の目的もはっきりしないまま、なし崩し的に進行していった (ibid., p. 186)。ムスリム人とクロアチア人も一枚岩ではなく、おもにボスニア南西部で衝突した。各民族は自らの地域を確保・維持するために他の民族を追い出し、飛び地となった場所では外部の味方との連絡のために他の勢力の地域を奪い取り、また逆に、自らの支配地域に敵方の飛び地があればこれを攻略するという陣取り合戦の様相を呈していった (ibid., p. 188)。これがいわゆる「民族浄化 (etničko čisćjenje)」と呼ばれるようになる現象である。

ボスニア紛争による死者は、一般に20万人とされているが、約7万とも約27万とも言われ未だ詳細は明らかではない (ibid., p. 192)。難民・避難民の数も情報によってまちまちだが、佐原 (ibid., p. 193) は、200万以上であったことはほぼ間違いないとしている。紛争前のボスニアの人口は約440万であったことを考えると、この死亡者数はたしかに深刻である。しかし、それ以上に、難民・避難民の割合が大きいことがこの紛争の特徴である。これについて佐原 (ibid.) は、ボスニア紛争を戦った3勢力が、「敵の殲滅よりも、土地を奪うことに主眼をおいていた」結果であるとし、「作戦行動はできるだけ多くの土地から敵を追出すことに向けられ、そのための特殊な戦略行動が繰り広げられた」と述べ、この現象こそ「民族浄化」であるとしている。

この民族浄化を含む人道的犯罪は、紛争初期段階から規模の差はあれ、3民族すべてによって行われたことは数々の研究で明らかにされている (cf. 月村, 2006; 佐原, 2008) が、内戦激化とともにセルビア人を侵略的で残虐な民族とし、紛争の原因はセルビア共和国とその指導者ミロシェヴィッチ大統領およびセルビア人にあるとする「セルビア悪玉論」が作り上げられていくことになる。

佐原 (ibid., p. 196) によると、民族浄化という語は、第2次世界大戦中、ナチスの傀儡国家「クロアチア独立国(11) (Nezavisna država Hrvatska)」を率いるファシスト集団ウスタシャ (Ustaša/Ustaše) が、セルビア人に対して行ったジェノサイドを自ら婉曲的に表現したことが始まりとされる。近年においてこの語が復活し、具体的に使用されたのは1986年である (佐原, 2002, p. 25)。80年代後半になり旧ユーゴ連邦内で民族主義が台頭し始める中で、様々な情報操作に

よって第2次世界大戦中の虐殺の記憶が呼び起こされ、「集団的記憶」に作り変えられていった。まずそれはセルビア民族主義者による「ジェノサイド犠牲者キャンペーン」として始まった。その中で、セルビアの聖地コソヴォにおいてアルバニア人がセルビア人を追い出して、民族的に純粋な空間を作ろうとしているというコンテクストで使われた。ところが、クロアチア紛争を経てボスニア紛争では、意味が180度転換し、反対にセルビア人による他民族、とりわけムスリム人に対する残虐行為を指すようになった。その背景には、後述するようにアメリカのPR会社による反セルビア・キャンペーンや欧米メディアの報道が大きく関わっていた。

当初は、EC（EU）と国連が中心となって仲介に当たったが、政治的解決は困難をきわめ、戦闘状況は泥沼化した。94年になるとそれまで紛争には距離をおいていたアメリカが本格的に介入を開始し、紛争開始後まもなく敵対的な関係に陥り激しい戦闘を繰り広げていたムスリム人とクロアチア人の関係の修復につとめ、武器の援助などを行った。その一方で、ボスニアのセルビア人勢力を支援しているとして国際的に非難されていたセルビア共和国のミロシェヴィッチ政権に圧力をかけて、セルビア人共和国（スルプスカ共和国）への経済制裁を行わせた。劣勢になりつつあったセルビア人勢力は95年7月、スレブレニツァを攻撃し7,000人とも言われるムスリム人男性の虐殺を行った。95年8月から9月にかけ、アメリカを中心とするNATOによる大規模な空爆がセルビア人勢力に対して実施され、秋にはムスリム人・クロアチア人連合が総攻撃をかける過程で、セルビア人勢力支配地域は陥落していった。その年の11月にアメリカのオハイオ州デイトンおいて、ついに各勢力間でボスニア和平の最終的な合意に漕ぎ着け、こうして3年半に及んだ紛争に終止符が打たれた。

ボスニアは、旧ユーゴの縮図であったと先に述べた。20世紀のボスニアは、多民族連邦国家旧ユーゴの歴史そのものだったと言っても過言ではない。その意味で、このボスニア紛争の背景を理解するために、旧ユーゴが多民族国家として成立した歴史的背景を振り返ってみる必要があるだろう。

2　近代国家の誕生と紛争の歴史的背景

国家としてのユーゴスラヴィアは2度生まれ、2度死んだと言われている。

第2のユーゴスラヴィアは、第2次世界大戦後、1945年11月に建国された社会主義に基づく連邦国家であり、上述のように1992年に解体した。第1のユーゴスラヴィアは、この第2のユーゴスラヴィアの前身のユーゴスラヴィア王国（Kraljevina Jugoslavija）である。この王国は、第1次世界大戦の結果として、1918年建国された南スラヴ人の国家「セルビア人・クロアチア人・スロヴェニア人王国（Kraljevina Srba, Hrvata i Slovenaca）」が、1929年その名称を「南スラヴ人の国家」を意味するユーゴスラヴィア（Jugoslavija）に変更したもので、1941年に枢軸軍によって分割・占領されて消滅した。この王国は、その名称が表すように、南スラヴ統一主義にその淵源を持つものであった。南スラヴ統一主義とは、南スラヴ人に属するセルビア人、クロアチア人、スロヴェニア人たちが自らの統一国家建設をめざそうとする思想や運動である。

　スラヴ人が南下してバルカン半島に移住したのは、6世紀から7世紀にかけての頃と言われ、この地でスラヴ民族は中世国家を築いた。このバルカン地域は、アジアとヨーロッパの境界地域、言い換えるとアジア起源のオスマン・トルコ帝国内のヨーロッパ部分であり、同時にヨーロッパの中のアジアであった（月村, 2006, p.13）。この境界の形成は、西暦395年のローマ帝国の分裂にまで遡る。この地域はまさにビザンチン帝国と西ローマ帝国の2大キリスト教帝国の狭間に位置していた。特に現在のボスニアからクロアチアにかけての地域がその分水嶺にあたる。この地域より西側はローマ・カトリックを、東側は東方正教を受け入れた。その後、西ローマ帝国は476年に滅亡し、複数の大国が覇を競い合った。一方、ビザンチン帝国も中世に入ると衰退していき、1453年オスマン・トルコ帝国によって滅ぼされた。こうしてこの地は2つのキリスト教文明とさらにイスラム文明という3つの文明が重なり合う地となった。

　少し遡るが、オスマン・トルコは1389年に、コソヴォ・ポリェの戦いで、セルビア王国（Kraljevina Srbija）を中心とするバルカン諸国連合軍を破った。それによって、この地域を500年近く支配することになる。オスマン帝国はさらに北上を続けたが、1683年第2次ウィーン包囲で失敗し、急速に国力を失いヨーロッパから撤退を始める。

　一方、現在のボスニアとほぼ同じ領域では、中世初期にボスナ川水源付近に中心を置く領邦が次第に有力となり、13世紀にはその版図がボスニアと呼ば

れるようになる（ドーニャ・ファイン, 1995 [1994], p. 22）。中世を通しボスニアは独立国であったが、1463年オスマン帝国によって征服された。オスマン帝国の支配下でボスニアのスラヴ人の一部がイスラム教徒に改宗した。この人々の末裔がムスリム人と呼ばれる人々である。その後、オスマン帝国が衰退の兆しを示し、ヨーロッパから撤退を始めると、バルカン地域の統治が問題となった。これが近代ヨーロッパの国際政治の大きな争点となる。いわゆる「東方問題」であり、帝政ロシア、ハプスブルク帝国、オスマン帝国の3者が、この地を巡って争うことになる。

　現代におけるユーゴ紛争のおもな舞台となったクロアチアとボスニアは、ハプスブルク帝国とオスマン帝国の境界に位置していた。当時、クロアチアでは文政クロアチアと軍政国境地帯があったが、後者はオスマン帝国の支配から逃れるために移動してきたセルビア人に、ハプスブルク帝国が自治権等の特権を与え屯田兵として定住を促した地域である（月村, 2006, p. 14）。この地域が、クロアチア紛争で問題となったクライナ・セルビア人共和国と重なる領域である。一方のボスニアは、東方問題の重大な係争地であった。この頃、オーストリア・ハンガリー帝国はバルカンでの帝国主義支配の強化を図り、1878年に軍事占領し、1908年ボスニアを併合した。これに大きく反発したのがセルビア王国である。

　19世紀に入り、オスマン・トルコに対する蜂起を繰り返していたセルビアとモンテネグロは、両者ともすでに独立を果たしていた。ボスニアを民族的同胞と位置づけるセルビア王国は、ボスニア併合を敵対行為と認識した。この時セルビアの背後には、友好関係にあるロシア帝国があったが、ロシア帝国もハプスブルク帝国同様、バルカンへの進出を目論んでいた（ibid.）。同じ頃、オーストリア・ハンガリー帝国の支配下にあったスロヴェニア人とクロアチア人の間では、知識人を中心に南スラヴ人諸民族を統一した国家を作ろうという機運が高まっており、急速に近代国家の形式を整えつつあったセルビアへの期待が高まった（佐原, 2008, p. 15）。

　このような状況の下で、ハプスブルク帝国からのボスニアの解放を目指す若者の組織「青年ボスニア」のメンバーが1914年、ボスニアのサラエヴォでオーストリアの皇位継承者を暗殺する。オーストリアはセルビアに対し宣戦布告

し、第1次世界大戦が勃発した。ヨーロッパの大国とバルカンの小国との戦いの勝負は予め決まっているようなものだったが、大方の予測に反し4年以上も続く世界大戦となった。周知のとおり、この大戦によってハプスブルク帝国とオスマン帝国は敗退し、この間ロシア帝国はロシア革命により崩壊した。こうして、バルカン地域はその帰属先をアジアからヨーロッパに明確に移すことになった(17)（月村, 2006, p. 15）。

　第1次世界大戦でのハプスブルク帝国とオスマン帝国の敗退に伴い、この帝国領内にいた南スラヴ諸民族、スロヴェニア人、クロアチア人、セルビア人がこの戦争の戦勝国となったセルビア王国との併合を希望し、1918年、セルビア人・クロアチア人・スロヴェニア人王国が樹立される。建国が彼らの思想・運動だけで実現したわけではなく、彼らの置かれた国際的・歴史的環境が大きく作用していたことは上記の経緯を見ても明らかだろう。当時、米国大統領ウィルソンの唱える平和14か条に含まれる「民族自決主義」が南スラヴ統一主義に大きな影響を与えたことはもちろんであったが、それ以上に新たなバルカンや中・東欧諸国の再建あるいは建国に影響を及ぼしたのは、ヨーロッパ列強間の国際関係とロシア帝国の崩壊によって登場したソ連邦の存在であった。戦勝国のイギリスとフランスは敗戦国ドイツの復活もさることながら、ソ連の社会主義イデオロギーが西欧に及ぶことを危惧した。それゆえに、バルカンおよび中・東欧諸国をソ連邦に対する「防壁」と見なしその建国を支えたのである。

　国名が「セルビア人・クロアチア人・スロヴェニア人王国」であったために、多民族国家として建国されたと理解されることが多いが、セルビア人・クロアチア人・スロヴェニア人は「三つの名を持つ一つの民族」と規定されており、あくまでも近代国家の成立に不可欠な単一民族の自決権によって建国された国家であった（佐原, 2008, p. 20）。月村（2006, p. 16）は、「この国名こそが既に新国家の求心力の欠如を明確に示して」いるとする。その意味は、以下に示す歴史的経緯のとおりである。この王国は、中央集権国家を目指すセルビア人と連邦制を主張するクロアチア人の間で対立し、しばしばその存続が危機にさらされた。国家建設の過程を見ても明らかなように、新国家では旧セルビア王国が政治の主導権を握っていたが、一方で経済に関しては北部クロアチアが力を持っていた(18)。北部と南部の経済格差に民族問題が絡み、不安定な政治情勢が続いた。

1929年、国王アレクサンダル1世は突然憲法を停止し、国王独裁を敷く。国王は非効率的だった行政機構を刷新するとともに、従来の民族的・地域的な忠誠心に代えて新国家の枠組みに合う統合理念を示すため、国名を「ユーゴスラヴィア王国」（以下、ユーゴ王国）と変更する。その根拠となったのが、1918年の建国宣言にあった「三つの名を持つ一つの民族」という理念であった。国王は法制度や税制の統一だけでなく共通語の制定や教科書の統一も行った。このような過程を経て、ユーゴ王国は近代国家の道をさらに歩むことになる。こうしてベオグラードやザグレブなど大都市では、ユーゴスラヴィア主義、ユーゴスラヴィア文化、ユーゴスラヴィア知識人、と呼ぶべきものが育っていった。[19]しかしながら、国家全体に共通の国民意識を作り出すことは難しかった。同時に名称変更は、それぞれの民族にとって歴史的名称を否定するものであり、反発を引き起こすことにもなった。それだけでなく、セルビア以外の民族にとっては、ユーゴスラヴィア主義は、セルビアを中心とする中央集権化、大セルビア主義として解釈された（佐原, 2008, pp. 23-26）。

　1930年代に入り世界大恐慌の影響で経済危機が訪れると国民の不満が噴出するようになる。恐慌により疲弊した西欧列強、特にフランスとイギリスのバルカンや中・東欧への関心が薄くなったこともユーゴ王国にとっては負に働いた。1934年国王が外遊中のフランスでクロアチア人とマケドニア人の極右勢力に暗殺されると、体制は一気に崩れていった。一方で国際環境もこの頃、一変していく。

　1938年、ドイツはオーストリアを併合し、39年にポーランド領に侵攻し第2次世界大戦が始まった。ドイツはユーゴ王国にも三国同盟への加盟を迫り、1941年3月、ユーゴ王国はハンガリー、ルーマニアに続き、ブルガリアとともに同盟に加盟した。しかし、伝統的にフランス・イギリスに親近感を持ち、反ドイツの意識が強いセルビアでは、三国同盟に反対する軍人がクーデターを決行した。これによってドイツはユーゴ王国への侵攻を始め、同時にイタリア、ハンガリー、ブルガリアも侵攻し、あっという間にユーゴ王国はこれら4カ国に分割・占領され、国王も亡命を余儀なくされた。[20]しかし、反ドイツの伝統の強いセルビアでは占領直後からドイツへの反乱が頻発した。これに手を焼いたドイツは、「1対100レート」と呼ばれる徹底的な見せしめ措置を行い、多数[21]

のセルビア人の虐殺を行った。

　ナチスの残虐行為は、ユーゴ全土へと広がっていった。なかでも、クロアチアとボスニアで民族的暴力が吹き荒れた。ドイツはもともと分離傾向の強かったクロアチアにボスニアの全土を与え、ここに中世クロアチア王国と大体同じ領域を含む傀儡国家「クロアチア独立国」を創設した。クロアチア独立国は極右集団ウスタシャとその指導者パヴェリッチにより支配された。パヴェリッチはヒトラー同様の人種政策を行い、「純粋なクロアチア人」の国家を建設するため、領内のユダヤ人、ロマ人、セルビア人を「劣等な人種である」として大量に虐殺した。[22] ヤセノヴァッツ強制収容所はクロアチア共和国の「アウシュヴィッツ」と呼ばれ、そこでの犠牲者は50万人を超えるとも言われる[23]（山崎, 1995, p. 16）。第2次大戦期に多くのセルビア人がクロアチア独立国で捕えられ強制収容所に送られ殺害された。[24]

　ウスタシャによる人種政策は、クロアチア独立国に組み込まれていたボスニアにも当然ながら影響を与えた。当時のボスニアにおける最大の民族はセルビア人であったが、それに対してクロアチア人は少数派であった。そこで、ウスタシャは第2の集団であるムスリム人を利用した。ムスリム人は20世紀に入り、徐々にクロアチア人でもなくセルビア人でもないボスニア固有の集団であるという意識を成熟させつつあった。ウスタシャはこのムスリム人をイスラム化したクロアチア人であると主張し、自らの政策に組み込んだ（佐原, 2008, p. 44）。ウスタシャの弾圧を恐れたムスリム人たちは、ある者はウスタシャに協力してセルビア人の追放と虐殺に加担し、ある者は協力を拒否して抵抗運動に身を投じた。

　ちょうどこのころ、国内では2つの抵抗運動が起こっていた。それまで非合法化されていた共産党の指導者チトー（Josip Broz Tito）率いる人民解放戦線とユーゴ王国軍の将校ミハイロヴィッチ率いるチェトニク（Četnik/Četnici）である。チェトニクはセルビア民族主義を標榜し「大セルビア」的傾向が強く、おもにボスニアでウスタシャに対する報復としてクロアチア人やムスリム人を虐殺し、共産主義者も殺戮したため人々の支持を得られず内部崩壊していった。チトー率いる人民解放戦線は、「イデオロギーや民族や宗教や言語の違いを超えて、愛国的な立場からユーゴ解放のために敵と戦う必要性を訴え」（柴, 2001,

p. 129)、民族を超え多くの農民の支持を取り付け、その支持をさらに知識人にまで拡大した。こうした動きが、やがて解放闘争の勝利につながる。

解放戦争期の死者は170万人とされる（ibid., p. 133)。これは、当時の人口の10％に当たる。その大半はナチスによるものではなく、同じ南スラヴ人同士によるものであった（ibid.)。このときウスタシャの尖兵としてセルビア人殺害にボスニアのムスリムが使われたことが、1990年代のボスニア紛争で集団的記憶として蘇ることになる。

第2次世界大戦後のユーゴは、社会主義体制の下で、民族の平等に基づいた連邦共和国として再出発する。第2のユーゴスラヴィアの誕生である。チトーは民族間の融和を進めるために、大戦中の民族間殺戮の調査を禁止した。こうして大戦中の民族間の殺戮という忌まわしい記憶は少しずつ薄れていった。しかし一方で、ソ連との関係が悪化し、1948年、ユーゴ共産党はコミンフォルムから追放され、国家の存続に危機が訪れる。存続の模索の中から、ユーゴはソ連東欧ブロックから離れて、独自といわれる自主路線を歩み始めることになる。対外的には、東西どちらの陣営にも属さない非同盟外交を展開し、新興のアジア・アフリカ諸国から多くの支持を獲得した。

1953年スターリンが死去すると、ソ連との関係改善が行われた。この改善によって旧ユーゴは経済的にも、軍事的にも大きな利益を得た。一方で1950年代には西側との経済関係が拡大し、大量の資金がユーゴ国内に流入し国際収支は赤字基調が続くことになる。とりわけアメリカは、ソ連をにらみつつ、ユーゴに積極的に信用供与を行った。ユーゴはこのように冷戦下、非同盟外交を軸に東側とも西側とも概ね良好な関係を維持したのである。その結果、ユーゴは社会主義国でありながら、他の東欧諸国にない経済発展を遂げる一方、多額の借金を抱えることになった。

国内的にはソ連型の社会主義ではなく、ボトムアップで意思決定を行う労働者自主管理の体制を固めた。自主管理という分権化は、各共和国の経済主権の保障や連邦を構成する共和国およびセルビア共和国内2自治州の憲法上の平等にまで浸透していった。しかし、分権化と連邦制は、中央と地方、また各地域間の対立が民族問題に結び付けられる危険を常に伴っていた。

民族解放闘争の中で、民族、宗教を超え共通の敵と戦ったパルチザン運動を

通し、ユーゴ国民としての一体感が芽生えるとともに、戦後作られたユーゴ憲法は、民族差別と民族・宗教に基づく不寛容の扇動を禁じており、チトー体制のもとで「ユーゴスラヴィア人」という概念が作られていった。[29]戦後の急速な経済発展により農村から都市へ人口が移動し、都市は多民族的な空間となるとともに、そこでは民族間の結婚も進んだ。佐原（2008, p. 74）によると、ユーゴ解体前の80年代、このような結婚の当事者あるいは子どもはユーゴ全体の人口2,000万のうち300万人を占めていた。

しかし民族問題は抜本的には解決されなかった。南北間の経済格差による不満は、豊かな北も貧しい南も、その不満の原因を民族問題に帰すことが多く、それぞれ一層の分権化を求める結果になっていた。1968年、セルビアのコソヴォではアルバニア人の暴動が起こり、71年、クロアチアでは知識人を中心に民族主義運動が高まりを見せた。チトーはそのたびに、連邦の分権化を推進することで危機を打開した。その結果、連邦政府に対する共和国の権限が著しく強くなっていた。74年の新憲法では、連邦政府は経済主権さえも有していなかった。

80年、ユーゴ統合の象徴チトーが死去し、オイルショック以後の世界的な経済危機の中で、ユーゴは多額の累積債務を抱え、深刻な政治的、経済危機に陥ることになる。[30]このような危機に直面し、改革のために必要最低限の権限を連邦政府に持たせようとするセルビア共和国と、そこにセルビア中心の集権化の危険を見て一層分権化を進めようとする経済先進共和国のスロヴェニアとクロアチアとの対立が深まっていった。国家を指導する立場のユーゴ共産党も各共和国の多数派民族の利益を代弁するようになり、1990年1月ついに6つの共和国の党に解体してしまった。

ソ連のゴルバチョフのペレストロイカとグラスノスチは冷戦構造崩壊のきっかけとなったが、ユーゴにも大きな影響を及ぼすことになった。ユーゴでは他の社会主義国に比べ言論の自由がかなりあったが、それでも公然とした体制批判は許されていなかった。それが自由になるとともに、それまでタブー視されていた民族主義的言動も可能になった。そして、ソ連が国際的相互依存を主眼とする新思考外交を打ち出したことは、冷戦構造を前提として非同盟外交を推進してきたユーゴにとって大きな打撃となった。非同盟は「冷戦」と「ソ連」

の存在を前提としたアンチテーゼだったのであり、この2つが崩壊してしまったことで非同盟外交はその存在理由を失ったのである（定形, 2002, p. 44）。こうした中で、前述の1990年の自由選挙を迎えることになったのである。

3　ボスニアにおける民族意識の形成

ここまで、ボスニア紛争勃発へと至る1990年のユーゴ共産党の分裂と、続く自由選挙を迎えるまでの旧ユーゴ諸民族およびそれら民族による南スラヴ統一運動として建国された近代国家としてのユーゴスラヴィアの辿った歴史を振り返った。たしかに、第1次大戦後のヴェルサイユ体制の下で生まれた新国家は、当初より民族の問題を抱え込んでおり、特にセルビア人とクロアチア人間の軋轢が問題となった。しかし、民族間の追放、殺戮が行われたのは、基本的には第2次世界大戦中のドイツ占領下においてであった。戦後、この問題は共産党の下で封印され、民族主義的言動は厳しく取り締まりの対象となった。歴史的経緯を見ても、民族問題の表面化は、経済的な不満が大きな引き金となっていたことは明らかである。

ボスニア紛争は、ボスニアに住む3つ民族集団、ムスリム人、セルビア人、クロアチア人の間で繰り広げられ、それぞれの集団がイスラム教、東方正教、ローマ・カトリックと宗教的な帰属を異にしていたため、西側メディアでは何世紀にもわたる民族間・宗教間の対立・憎悪の結果であると主張されてきたが、上記のように経済的要因が連邦崩壊の直接的な契機であったことは見過ごされがちである。しかし同時に「民族」という問題がそこで大きな役割を果たしたことも、またこれが民族主義を掲げる政治指導者たちによって利用されたことも事実であった。

ボスニアに住む3つの民族集団は、話す言葉や外見に違いはない。紛争の過程で3つの言語（ボスニア語、セルビア語、クロアチア語）に分裂してしまったが、以前はセルビア・クロアチア語と呼ばれていた旧ユーゴ共通語のボスニア方言を話し、共存する中で共通の歴史・文化・社会・経済圏を形成してきた。民族[31]紛争と呼べるようなものは近代に至るまでほとんどなく、彼らはともにボスニアに住む人々を指すボスニア人（Bosanac ボサナッツ）であった。ボサナッツとは、ムスリム人、セルビア人、クロアチア人、その他の諸民族すべてを含む概

念である。彼らの唯一の違いは、宗教的帰属とも言えるだろうが、それも結婚や改宗によって明確な境界が引けない場合も多々あった。もちろん宗教意識や民族習慣の違いはないことはないが、宗教的帰属が異なると言っても、戦後50年の旧ユーゴ時代において世俗主義が浸透した結果、深く宗教に帰依した人は稀であり、この帰属によって通常の生活様式が大きく異なることはなかった。それではボスニア紛争で噴出した民族意識はどこに起因するものなのか。以下で、その民族意識の形成の歴史を辿ってみたい。

ボスニアにおける民族意識は、19世紀以降、徐々に芽生えていったものである。オスマン帝国支配下にあったボスニアでは長く宗教的帰属に基づく集団意識が支配的であった。オスマン帝国領内では小作制が支配的だったが、土着のスラヴ系封建領主たちはイスラム教を受け入れ都市部エリート層を形成し、一方農村部ではもともとのキリスト教徒たちが小作人層として存在していたため、宗教的帰属が社会的階層と重なった。そこでは民族的な名称が集団を指すことは一般的ではなかった。

それが19世紀になると、「セルビア人」「クロアチア人」という語が、民族的な集団名として用いられるようになる。それは、ボスニア領域外のセルビアやクロアチアからもたらされた民族思想の影響の結果である（ドーニャ・ファイン, 1995 [1994], p. 17）。それによって、ボスニアの東方正教徒の間にはセルビア民族主義が、そしてカトリック教徒の間にはクロアチア民族主義が浸透していくことになった。同時にこの時期、ボスニアでは農業問題が深刻化し、イスラム教徒の地主層に対するキリスト教徒の小作人の反乱がしばしば宗教戦争の色を帯びるようになり、彼らの間に徐々に民族主義が広がっていった。

一方のエリート層イスラム教徒の間では、オスマン帝国支配集団の「トルコ人」という集団意識が強化されることになった。ところが、1878年ボスニアがオーストリア・ハンガリー帝国に占領されることで、彼らは新たな集団意識の模索を迫られることになる。一方、農民層の反乱を警戒するオーストリア政府も、イスラム教徒を優遇し、そこにボスニア固有のアイデンティティとしてボスニア人（Bošnjak, ボシュニャク）意識を育もうとした。しかし、イスラム教徒の人々の集団意識は、あくまでも宗教に基盤をおいていたため、ムスリム（musliman, ムスリマン）という集団名を維持しようとした（佐原, 2008, p. 14）。こ

のようにして、ボスニアの主要3民族は、19世紀後半にそれぞれ集団意識を形成したが、それは以上に見たようにボスニア固有の地理的歴史的発展によってではなく、外部的な要因で形成されたものであり、民族的な違いというよりは宗教的な帰属の違いによるものであった。それは20世紀に入っても基本的には変わらなかった。

　旧ユーゴにおけるセルビア・クロアチア語では、musliman(i)/Musliman(i)（以下括弧内は複数形）は宗教的帰属としてのイスラム教徒＝ムスリムと民族としてのムスリム人という2つの意味を含んでいた。通常、後者は大文字で始まる Musliman(i) と表記される。これはユーゴ社会主義時代の1967年に公的に認められもので、ひとつの民族のカテゴリーを表す概念であることは前述したとおりである。連邦解体、ボスニア紛争が始まると、ユーゴ連邦で形成された「ムスリム人」という民族概念は放棄され、1993年11月ボスニア人会議でBošnjak (Bošnjaci) という名称が公式の民族名称として採用されるに至る。柴（1998b, p. 275）は、この背景に「ムスリムがこの概念に民族的帰属のより所を強く求めているからに他ならない」としている。また、佐原（2008, p. 10）は、戦争を有利に進めるために、民族名称を変更することによってボスニア固有の民族であり、ボスニアという国家の担い手であることを強調し、セルビア人とクロアチア人をボスニアに対する侵略者と決めつける必要があったからだとしている。加えて、ムスリム人が紛争中、後ろ盾として最も頼んだのが米国であったことも重要な要因であった（佐原, 2002, p. 28）。すなわち、アメリカにおける反イスラム傾向の中で「ムスリム」という名称自体がイスラム原理主義と疑われるため、宗教性を除いた世俗の民族であることを明確にする必要があった（ibid.）。

　この公式民族名の変更とともに、セルビア・クロアチア語ボスニア変種は、ボスニア語として文法書と辞書の編纂が行われることになる。体系的なボスニアの歴史書も出版された。このようにして、ボスニアもまた、近代における民族自決に基づく国民国家建設へと邁進していった。問題は民族自決と国民国家の建設は、とりわけ民族が混住する地域においては自己の領域からの他者の排除を意味することである。ユーゴ、そしてユーゴの縮図であったボスニアにおける独立、国民国家の建設は必然的に他者の排除を生んだ。この点を考えれば、

民族浄化と呼ばれる現象も民族自決という考えが内包する矛盾そのものが顕現したものだったと言える (cf. Hayden, 1996; 佐原, 2005)。

　以上、ボスニアの地で3つの民族の民族意識がどのように育まれてきたかを見てきた。このような宗教的帰属の違いによる集団意識が生まれてくるのは、比較的新しく近代以降のことである。さらに3者間の対立も外部的要因によるところが大きく、また殺戮を伴う事態もこうした要因による、ある限られた時期にのみ見られるものである。3民族は言語を同じくしており、互いの宗教的帰属やそれによる何らかの生活習慣の違いも受け入れつつ、ともに暮らしてきた。宗教的帰属の違いはたしかにあるが、現代における熾烈な民族間紛争を引き起こした直接の原因とは言えないことは明らかである。

　それよりもこうした民族意識を政治戦略に利用して人々を紛争へ動員していった政治指導者たちや、これらの指導者の配下に入ったマス・メディアの与えた影響が大きかった。次章で述べるように、特にセルビアとクロアチアのマス・メディアは民族主義プロパガンダを展開し、ボスニアのセルビア人とクロアチア人に大きな影響を与えた。彼らの繰り広げる民族主義的キャンペーンは、過去の集団的記憶を喚起するだけでなく、その記憶を新たな歴史の解釈によって、作り変えていった。本章の最後に、このように民族主義を扇動し、政治化させ、政治的実権を握った3人の政治指導者について簡単に触れておくことにする。

4　ボスニア紛争と政治指導者

　ここでは、ボスニア紛争について最も影響力の大きかったセルビア共和国大統領のミロシェヴィッチ、クロアチア大統領トゥジマン、そしてボスニア大統領イゼトベゴヴィッチの3人について、主として月村 (2006) に依拠しながら、民族に対するそれぞれの考えと対応を概観する。この3人は、アメリカの国務次官補ホルブルックのもとで進められた95年秋のデイトン和平合意の当事者でもある。[32]

　ミロシェヴィッチ[33]が政界に入ったのは1984年である。彼の後見役となったのは、ユーゴ連邦首相、連邦幹部会議長を務めたセルビア政界の重要人物スタンボリッチである。86年には、セルビア幹部会議長に転出したスタンボリッ

チの後を受け、ミロシェヴィッチはセルビア共産党のトップに立つ（ibid., p. 24）。月村（ibid.）によれば、この頃のミロシェヴィッチはスタンボリッチの方針に忠実に従うとともに、民族主義には距離を置くだけでなくそれを有害とさえ考えていた。それは、「覚書」事件に対する彼の厳しい批判に表れている。覚書とは、1986年9月に公表されたセルビア科学芸術アカデミーが表した極秘文書である。覚書は、旧ユーゴ連邦の直面する政治的経済的苦境の原因が、1974年憲法による過度の分権化にあり、連邦にあってはセルビア人が一貫して不当に扱われてきたとし、特にコソヴォでは多数派のアルバニア人が少数派のセルビア人を迫害・差別しセルビア人の大量脱出につながっているのに政府は傍観しているというものだった。

ミロシェヴィッチにとって大きな転機となったのはその直後である。1987年4月、コソヴォではアルバニア人による迫害に抗議したセルビア人の集会に、ミロシェヴィッチが派遣されていた。集会場の外に押し寄せたセルビア人をアルバニア人警官が警棒で制止し、それに抗議した人々にミロシェヴィッチが述べた言葉は、[34]「コソヴォにおけるセルビア人が被っているとされた苦境を身を呈して止めるという意味で宣伝され」（佐原, 2008, p. 155）、ミロシェヴィッチはセルビア人の「守護神」（月村, 2006, p. 24）となった。

その後、ミロシェヴィッチはセルビア民族主義を利用して絶大な人気を得て、自身の体制作りを進めスタンボリッチを追い落としセルビアでの地盤を固めた。このセルビア民族主義から大セルビア主義と呼ばれるセルビア人統一国家構想も生まれてくる。しかしミロシェヴィッチにとって民族主義は、信条というより権力掌握のための手段であった可能性が高い。というのも、国際社会からの批判が高まり、経済制裁でセルビア国内の経済が深刻化すると、クロアチアのクライナやボスニアにおけるセルビア人の利害は切り捨て、セルビアの国益を優先させたからである。セルビアへの経済制裁を解除するために、1994年にはボスニアのセルビア人共和国（スルプスカ共和国）と断交もしている。

ミロシェヴィッチは、デイトン合意に重要な役を演じるも、ボスニア紛争当初より西側メディアからボスニアにおける「民族浄化」への関与を追及、非難されていた。1990年12月と92年12月にセルビア大統領に選出後、97年新ユーゴ連邦大統領に選出された。しかし、2000年の大統領選で落選し、ミロシ

ェヴィッチ体制は終わりを告げた (ibid., p. 25)。2000 年、オランダのハーグ旧ユーゴ国際刑事裁判所 (International Criminal Tribunal for the former Yugoslavia, 以下ICTY) に引き渡され、2006年公判期間中に死亡した。

ミロシェヴィッチに対し、クロアチアのトゥジマン大統領のクロアチア民族主義は一貫し、自らが民族主義者であることも隠さなかった。トゥジマンは、ユーゴ連邦人民軍を退役した後、ザグレブ大学助教授として歴史学を教えていた。トゥジマンは、旧ユーゴ連邦においても、クロアチア民族主義の立場から、第2次世界大戦中のクロアチア独立国を支配していたウスタシャの不名誉な歴史を塗り替えることに心血を注いだ。特に、前述したヤセノヴァッツ収容所での犠牲者数を、それまでの政府公式見解の 10 分の 1 の 35,000 人と主張した。また、旧ユーゴ存立の基盤である南スラヴ統一主義をも厳しく批判したため、旧ユーゴ連邦では公職から追放、投獄された (ibid., p. 26)。クロアチア民主同盟の党首となってからもその姿勢は変わらず、クロアチア内のセルビア人に対する攻撃やクロアチア人保護のためのボスニア紛争への介入に対し国際的批判があっても動じることはなかった。大統領職に就いたまま 99 年 6 月に死去した。

3 人目のボスニア大統領イゼトベゴヴィッチ(36)は、サラエヴォ大学を卒業後、法律家となって生計を立てながらイスラム教徒としての政治活動を行っていた。1970 年には、『イスラム宣言』などの著書を著し海外でも翻訳出版された (ibid., p. 28)。この本で彼が主張したのは、旧ユーゴ連邦で 1963 年ムスリム人が民族として認められたことが、イスラム教徒の世俗化につながり、イスラム教徒を堕落させたというものである (ibid.)。この著作によってイゼトベゴヴィッチは、83 年から 88 年までの 5 年間投獄された。釈放後、ボスニアのムスリム人政党民主行動党の創立メンバーとなり、党内で他の民族との融和を主張する穏健派と対立した。

前述したように、90 年 11 月のボスニア議会選挙で民主行動党が第 1 党になり、彼もボスニア幹部会会員となり、12 月にボスニア幹部会議長（大統領）になる。彼のイスラムへの信念は一貫しており、ボスニアの分割に反対し、ムスリム人主導の統一ボスニアを主張し続けた。月村 (ibid., p. 29) は、このようなイゼトベゴヴィッチの姿勢が、ボスニア紛争を長期化させ、犠牲者や被害を増

大させた面があると指摘する。2000年秋に政界を退き、1年後亡くなった。

このように民族主義指導者といっても、3者、特にミロシェヴィッチと後の2人ではその信念において大きく異なる⁽³⁷⁾。しかしいずれも、民族主義を背景として政治的支持基盤を獲得し維持した。第7章で見るように、彼らは一様にマス・メディアを掌握し、特にセルビアとクロアチアでは主要メディアも彼らに追随する形で民族主義的プロパガンダを繰り返した。こうして燃え上がった民族主義をその後、彼らがどの程度まで制御できたかは疑問であるが、自らの政治基盤を維持するためにも民族主義を主張し続けることは必須であった。

95年アメリカ主導によるデイトンでのボスニア和平交渉において、この3人は各民族を代表してテーブルについた。和平交渉におけるこの顔ぶれを見るだけでも、国際社会におけるこの問題の複雑さを感じさせる。というのも、すでにこの時点で国際社会が独立を承認しているボスニアの国家主権を尊重するのであれば、ボスニア内の紛争当事者が代表となるべきところである。さらにイゼトベゴヴィッチ大統領はボスニア共和国の大統領なのであるが、デイトンではボスニア共和国の代表なのか、ムスリム人の代表なのかも明瞭ではなかった。

紛争中1993年に設立されたICTYにより、民族浄化への関与を問われミロシェヴィッチ大統領はその後、起訴されることになる。同様の罪に関し、イゼトベゴヴィッチも調査が始められたがその前に死亡、トゥジマン大統領は調査の必要性が叫ばれながらも調査開始前に死亡した。一方この和平合意成立の大きな要因に、イゼトベゴヴィッチがそれまでの一貫した主張である統一ボスニアをあきらめムスリム人とクロアチア人から成るボスニア連邦とセルビア人共和国（スルプスカ共和国）によるボスニア分割を認めたことが挙げられるが、これらのことすべては、国際関係においてもはや国家主権を前提とする近代国民国家システムが機能しないことを物語っているのである (ibid., p. 257)。

以上のように、ボスニア紛争の大きな要因には、経済情勢の悪化、ユーゴ諸民族が辿った複雑な歴史、その中で育まれた民族意識、また民族意識の覚醒そのものが常に内的要因よりは外的要因に影響を受けたこと、そしてそれを利用した民族主義的な政治家による扇動と第7章で詳述するような彼らに支配されたメディアによるプロパガンダがあった⁽³⁸⁾。

しかし、ボスニア紛争を複雑にしたのはそれだけではない。というのも、ユーゴ紛争は、ポスト冷戦時代の国際政治の中で生起した出来事だからである。つまり、この紛争で、近代国民国家の成立要件や国境の意味が問い直されることになったのである。ユーゴ解体が始まった頃、ベルリンの壁崩壊時の熱狂に象徴されるように、冷戦終結と東西ドイツの統一は世界、とりわけ西欧に、ヨーロッパの統合、平和な世界の構築という夢が間近であるという期待を抱かせた。ユーゴ紛争はそのヨーロッパの将来に暗い影を落とした。

重要なのは、この紛争がその後の国際関係の変容とグローバル化に大きな影響を与えた点である。すなわち、近代ヨーロッパの原則、つまり近代国民国家システムにおける国家主権の形式的平等、内政不干渉、国境不可侵というそれまで普遍とされていた原則が崩れていくのである（ibid., p. 4）。それ以前にも各地に内戦は起こっていたが、戦争とは国家間戦争を意味し、内戦と国家間戦争には明確な一線が引かれていた。[39]ドイツを除く国際社会は、ユーゴについても当初、内政不干渉、国境線維持を前提として積極的な介入を行わなかった。ところが、紛争の激化、拡大とともに国際社会は新たな対応を迫られるようになる。[40]

以上、本章ではボスニア紛争という出来事を取り巻くコンテクストとして、おもに旧ユーゴの視点からボスニア紛争の経緯とその歴史的・文化的背景と原因を探った。次章では、本章の最後に示唆したように、ボスニア紛争をめぐるコンテクストを考察する上で、もう一方で欠かせない国際社会との関連について考察する。

注

(1) 7つの国境とは、オーストリア、ハンガリー、ルーマニア、ブルガリア、ギリシャ、アルバニア、イタリアとの国境、6つの共和国とは、本文のとおりである。このうちセルビアには、ヴォイヴォディナとコソヴォの2つの自治州が含まれていた。5つの民族とは、人口の規模の順に、セルビア人、クロアチア人、スロヴェニア人、マケドニア人、モンテネグロ人を指していたが、その後第3位の規模の民族として「ムスリム人」が加えられて6つの民族（narod）となった。これら6民族はすべて南スラヴ人に属する。セルビア・クロアチア語で「南スラヴ人の国」を意味する「ユーゴスラヴィア」が国名となっていた所以である。それ以外に、アルバニア人やハンガリー人、ユダヤ人などの少数民族（narodnost）がいた。「民族」か「少数民族」かの区別は、旧ユーゴ連邦内に民族的中心を有するか否かであった

(柴, 1998a, p. 72)。さらに、旧ユーゴ連邦には、どの主要民族、少数民族にも属さない「ユーゴスラヴィア人（Jugosloven (i)）」（以下括弧内は複数形）という区分があった。4つの言語とは、セルビア語、クロアチア語、スロヴェニア語、マケドニア語であり、すべてスラヴ系言語であるが、このうちセルビア語とクロアチア語は互いによく似ており、旧ユーゴ時代にはセルビア・クロアチア語として単一の言語とされ、旧ユーゴ連邦の共通語とされた。また、3つの宗教とは、ローマ・カトリック、東方正教、イスラム教である。2つの文字とはラテン文字とキリル文字である。そして、1つの国家とは、もちろんユーゴスラヴィア社会主義連邦共和国のことである。

(2) 第2次世界大戦後、チトー率いる旧ユーゴ共産党は、諸民族の「友愛と統一（bratstvo i jedinstvo）」を掲げ、その統治時代においては民族主義的、分離主義的言動は厳しい取り締まりの対象であった。80年代後半、各共和国で民族主義・分離主義が広がる中でも、セルビアではセルビア共産党を率いるイヴァン・スタンボリッチを中心とする穏健派が支配しており、党は民族主義には断固反対の立場を堅持していた。ナンバー2のミロシェヴィッチは、そのスタンボリッチの忠実な部下だった。ところが、1987年4月24日のコソヴォでの集会を機に、それまでの党の政策を真っ向から否定して民族主義へと一気に傾斜し、9月のセルビア共産党中央委員会でスタンボリッチを失脚させ、権力を掌握した。セルビア社会党は、共産党の後身といっても、その民族政策は異なるものであった。

(3) この際、アメリカはスロヴェニアとクロアチアの独立も同時承認した。

(4) その後、新ユーゴ連邦は、2003年2月に解体し、セルビアとモンテネグロの2共和国からなる緩やかな国家連合となったが、2006年6月、モンテネグロが独立すると、セルビアもこれを承認して自らも独立を宣言した。ここにおいて、旧ユーゴを構成していた6共和国すべてが独立し、それぞれひとつの国家となった。さらに、2008年2月、セルビア共和国の自治州であったコソヴォが独立宣言を行った。もちろんセルビア共和国は認めていない。コソヴォの独立承認に対しては、国際社会でも未だにその態度が分かれている。アメリカをはじめ、EU主要国のイギリス、フランス、ドイツ、また日本は承認しているが、国内に民族問題を抱える他のヨーロッパ諸国や、中国、ロシアなどは、承認については慎重な態度である。注(7)も参照。

(5) セルビア・クロアチア語で宗教的な帰属を表すイスラム教徒は、musliman (i) であるが、大文字で始まる Musliman (i) とは、旧ユーゴにおいては単にイスラム教徒を意味するのではなく、1963年に正式に民族として認められ、1971年の国勢調査から採用された民族的帰属を表す区分である（月村, 2001, p. 261）。本書では、宗教的帰属を表す「イスラム教徒」と区別して、このような民族集団を指すものとして「ムスリム人」という語を使用する。

　しかし、千田（2002, p. 26）が指摘するように、この呼び方については、中近東の研究者から「ムスリム」というのはアラビア語で「神に帰依した人」を意味し、イスラム教徒であるのだから、そこに「人」をつけるというのはおかしいという意見もある。一方、「イスラム教徒」勢力という表記についても、宗教で民族を規定するのはおかしいという意見があるという（ibid.）。

　旧ユーゴにおける民族集団としてのムスリム人は、もともとはその多くがセルビア人かクロアチア人であるが、500年近いオスマン・トルコの支配下にあってイスラム教徒に改宗したため、東方正教とカトリックをそれぞれ信奉するセルビア人とクロアチア人とは異なるアイデンティティを持つようになった。つまり、「ムスリム人」とは「セルビア・クロアチア語を話すイスラム教徒のグループ」を指す概念である（ibid., pp. 26-27）。旧ユーゴにおけるイスラム教徒には、ボスニアのムスリム人の他、コソヴォにいるアルバニア人の大半、トルコ人、マケドニアでマケドニア語を話すイスラム教徒も含まれる。筆者自身がどのような用語を使用するかということ自体、筆者自身の立ち位置、視点、社会指標性に関わる問題であ

(6) 日本のバルカンおよび中・東欧研究者や民族問題の専門家の間では、ユーゴ解体過程で起きた一連の紛争を「ユーゴ内戦」「スロヴェニア内戦」「クロアチア内戦」「ボスニア内戦」というように「内戦」とする解釈が主である（e.g. 佐原, 2008; 柴, 1995; 月村, 2006; 山内, 1992）。連邦を構成していた6つのうち4つの共和国は、紛争の過程でEC（EU）加盟国、米国、さらに国連加盟国が国家承認する中で独立国となり、そうなるとこの紛争を「ユーゴ内戦」と呼べるのかどうかという問題が起きてくる。つまり、独立を果たした共和国にとっては、内戦ではなくユーゴ連邦軍による侵略戦争ということになる。クロアチア紛争におけるクロアチア政府はもちろんのこと、ボスニア紛争でもムスリム人を中心とするボスニア政府は、セルビアを中心とする新ユーゴあるいは連邦軍による侵略と捉えている。それに対し、セルビア共和国政府側はボスニアの紛争はボスニア内のセルビア人と他の民族間の戦い、つまり内戦なのでセルビア本国のセルビア人が侵略をしているのではないという立場である（千田, 1999, p. 2）。したがって、「内戦」という用語を使うか「侵略戦争」あるいは「戦争」という語を使うかは、民族集団を表す固有名詞同様、言語使用者の微妙な立場を表すことにもなる。この点は、翻訳とも絡む問題であり第8章で再び取り上げる。本書では、なるべくまぎらわしさと誤解を避けるために「紛争」の用語を用いる。

(7) ユーゴ紛争を5つに分け、上記3つにコソヴォ紛争（87年から現在）、マケドニア紛争（2001年から現在）も含める場合もある。これら2つの紛争もユーゴ紛争・解体に重要な要因となり現在もこの地域の不安定要因となっていることから無視できないものである。しかし、本書のテーマとの関連性の点からここでは以下の説明にとどめ、詳しくは取り上げない。
　この2つにおいては、当初国連平和維持軍の予防展開によって本格的な紛争は抑えられていた。しかし、コソヴォでは98年以降、武力によるコソヴォ独立を志向するコソヴォ解放軍の勢力が強まり、セルビアの治安部隊が出動し軍事衝突に至った。99年3月NATOが「人道的介入」の名のもとで、セルビア・モンテネグロに激しい空爆を実施し78日間続いたが、6月に和平が成立した。しかし、その後も圧倒的多数のアルバニア系住民と少数派のセルビア系住民の間で衝突が続いた。2008年コソヴォ自治州が独立を宣言し、これを米国やEU諸国の大半が承認、セルビア、ロシアが反発し問題がくすぶっている。またマケドニアでは2001年以降、マケドニア人と少数派のアルバニア人の間で武力衝突が勃発し、同じ年に和平合意がなされたものの不安定な状況が続いている（千田, 2002, pp. 54-58; 長, 2009, pp. 74-77）。

(8) ボイナ・クライナ（軍政国境地帯）と呼ばれた地域で、この地にはセルビア人が多く住むが、それはオーストリア・ハンガリー帝国時代に、オスマン・トルコ帝国の攻撃に備え、トルコ支配を逃れてきたセルビア人に土地と自治を与えて屯田兵とし、この地に配属した歴史的経緯の結果である。第2次世界大戦中、ウスタシャ（Ustaša）のテロの猛威が振った場所である。

(9) ボスニアには民族政党の結成を禁ずる法律規定があった。しかし、1990年6月ボスニア憲法裁判所がその規定を違憲とする判決を下し、民族政党の結成に拍車がかかった。90年5月に結成された民主行動党は、ムスリム人の政党で党首はボスニア幹部会議長およびボスニア共和国大統領のイゼトベゴヴィッチである。ボスニア・セルビア民主党は、90年6月にまずクロアチア・セルビア民主党の支部として結成されたが、クロアチアの独立に伴って支部から昇格した。党首は精神科医で詩人のカラジッチである。一方、クロアチア民主同盟は、同年8月クロアチアのクロアチア民主同盟の支部として結成され、ボスニア・セルビア民主党の場合とは異なり最後までクロアチアの指導下にあった（月村, 2006, pp. 40-41）。セルビア共和国のミロシェヴィッチ大統領は、自らは否定していたが、事実上ボスニア・セルビ

民主党の支援をし、一方のクロアチア共和国のトゥジマン大統領は、公然とクロアチア民主同盟を支援し影響力を行使していた。

(10) 後の「スルプスカ共和国（Republika Srpska）」。この名称は、同年8月12日に採択されたもの。Republika srpskog naroda と Republika Srpska の日本語表記に関しては、当初研究書でも統一されていなかったが、どちらも「セルビア人共和国」と表記される場合が多かった。前者の Republika srpskog naroda は、「セルビア人（民）」の「共和国」を表し、後者 Republika Srpska の Srpska は「セルビアの」「セルビア人の」を表す形容詞である。ボスニア紛争当時においては、「セルビア人共和国」以外、「セルビア民族共和国」、「セルビア共和国」、あるいは「スルプスカ共和国」としているものもあった。しばしば「ボスニア・ヘルツェゴヴィナ」あるいは「ボスニア」を語の前につけたり、注や説明をつけたりし、誤解を避ける工夫をしている。これは、旧ユーゴ連邦、後に新ユーゴ連邦の一員であり、そしてその後単一国家として独立した「セルビア共和国（Republika Srbija）」と区別するためである。本書では基本的に、「セルビア人共和国（スルプスカ共和国）」とし、必要に応じ注などを施すことにする。上記のように「セルビア人共和国（スルプスカ共和国）」、「セルビア民族共和国」、「セルビア共和国」、「スルプスカ共和国」等の訳語は、言及指示的側面においては同じ機能を果たしている。しかし、この固有名詞がコンテクストに深く根差すものであること、また、Republika Srbija が無標の表現であるのに対し、Republika Srpska は語の組み合わせとしては普通の用法ではなく有標であることを考え合わせると、この名詞の指標性の高さが窺われる。固有名詞の翻訳については、第8章で詳しく考察する。

(11) ドイツによって独立を承認されたこの国家は、ボスニア全域を含み、11世紀のクロアチア王国とほとんど同じ版図であった。ユーゴ連邦から独立を果たしたクロアチアでは、クロアチア独立国は、クロアチア人が保持してきた国家性（državnost）の夢の実現であったとして、単なる傀儡国家ではなかったという見解が支配的となっている（柴, 1998a, p. 61）。クロアチア独立国とウスタシャについては、次の項でさらに詳しく取り上げる。

(12) セルビア人にとってコソヴォは、神聖なるセルビア正教の発祥の地であり、中世セルビア王国の中心であった。1389年、コソヴォ・ポリェの戦いでオスマン・トルコ軍に敗れ、500年の支配下に入る屈辱の地でもある。近代および現代におけるセルビア民族主義は、神聖なるコソヴォとその地でのセルビア人の犠牲に関連づけられた集団的記憶を前提とし展開した（Sofos, 1999, p. 165）。

(13) 「第2次世界大戦以降のヨーロッパでの最悪の虐殺」と言われるスレブレニツァでの殺戮がいかに起ったのかについては、長（2009）に詳しい。

(14) この文脈においてムスリム人は、中世まではその多くはセルビア人あるいはクロアチア人であったわけである。注(5)参照。ただし、ここで留意すべき点は、この時代は近代における「セルビア人」あるいは「クロアチア人」というような民族意識もなかったと考えられることである。その意味で、こうした民族を表す固有名は、近代というコンテクストに深く根ざすものである。ボスニア紛争期には、セルビア政府およびクロアチア政府、両主要メディアは、ムスリム人をトルコに屈した『裏切り者』と呼び、しばしば侮蔑を込めて「トルコ人（Turčin/Turci）」とも表現した。

(15) 注(8)参照。

(16) この戦争でハプスブルク政府は、帝国内のセルビア人に対し処刑を含む徹底的弾圧を行った。セルビアとの国境地域ではセルビア人の追放・強制収容を行い10万人以上が住処を追われた。またクロアチア人やムスリムから編成された部隊によってもセルビア人の大量虐殺が行われた。これはボスニア史上初の民族浄化であったという（佐原, 2008, pp. 16-17）。

(17) この時期に学術分野としてのバルカン学（東南欧研究）が成立する。つまり、近代帝国主義の時代、バルカン学がオリエント学の一環として成立したことは、西欧がその後バルカ

(18) 中央政府はセルビアの首都ベオグラードに置かれ、旧セルビア王国の官僚機構を基本的に受け継いでいた。しかしセルビアは第1次大戦中壊滅的な被害を受け、人口も4分の3となり経済も疲弊していた。それに対し北部旧ハプスブルク帝国領では戦争の被害はほとんどなく、中欧への農産物の輸出等で潤いクロアチアの中心都市ザグレブには潤沢な資金が集まった。クロアチアはセルビア主導の保護関税政策や通貨政策と衝突し、統一市場形成にも抵抗を示した（佐原, 2008, p. 21）。
(19) ユーゴスラヴィア主義（ユーゴスラヴィズム）については、その芽生えから現代における意味まで、柴・小沢（1997）に詳しい。
(20) セルビアはドイツの直接占領下に、スロヴェニアはドイツとイタリアの間で南北に折半、モンテネグロはイタリアの支配下、マケドニア西部とコソヴォはイタリア占領下のアルバニアに組み込まれた。
(21) ドイツ兵1人の死に対し100人のセルビア人を殺し、負傷に対しては50人を殺すというもの。この措置として、セルビア人にとって最大の悲劇とされているのは、1941年10月のクラグエヴァツで起きたものである。授業中の高校生300名と教師を含む2,300名が処刑された（佐原, 2008, pp. 33-34）。
(22) セルビア人の使うキリル文字は禁止され、セルビア人は正教徒を意味するセルビア・クロアチア語の「Pravoslavac（プラヴォスラヴァッツ）」という語の頭文字Pを記した腕章をつけなければならなかった（柴, 1996c, pp. 85-86）。これはナチス下のユダヤ人への待遇を彷彿とさせる。
(23) 旧ユーゴ崩壊の過程では、メディアは頻繁に歴史的出来事を取り上げた。1990年にクロアチア大統領に就任したトゥジマンは、第2次世界大戦中のホロコーストの惨劇を否定はしなかったが、ヤセノヴァッツ収容所の犠牲者を最大35,000人としてクロアチア政府側の公式見解の10分の1とし、その犠牲者数は右派共産主義者によって不当に増やされたと主張した（月村, 2006, p. 26）。これに対し、セルビアのテレビが反撃。これまでの公式の歴史はクロアチア人によるセルビア人に対する虐殺を隠蔽してきたとする番組を製作し、第2次世界大戦の犠牲者の共同墓地が掘り起こされる現場をカメラに収めた。このようにメディアによって古い記憶が呼び覚まされ、クロアチアのナショナリズムに対する憎しみとその復活に対する恐怖が蘇った。その一方、クロアチアのテレビも、戦時中のセルビア人の行為を悪魔的とし、クロアチア人こそ共産主義の真の犠牲者だと主張した（モーリス-スズキ, 2004 [2005], p. 278）。
(24) いろいろ説があるが、ナチス・ドイツの高官によるとクロアチア独立国で殺害されたセルビア人の数は、75万人とされる（柴, 1996c, p. 87）。
(25) チトーとユーゴ共産党は、ソ連の力ではなく自らの抵抗運動によって解放闘争に勝利したという自負があり、ソ連とは水平的な国家関係を志向した。これが、ソ連との対立を招いたと言われている。ソ連は、自らの社会主義傘下に入った東欧圏に対し、自国中心の垂直的関係を求めていたからである。
(26) エジプトのナセルとインドのネルーと協力して、東西両陣営に平和を呼びかけていくという積極的平和共存を目指した。
(27) 55年には国交が正常化。ハンガリー動乱やチェコ・スロヴァキア事件でソ連との関係が一時緊張することもあったが、基本的に良好な関係が続くことになる。
(28) 自治州であっても警察権と司法権を有していた。
(29) 社会主義体制下で作られた民族概念で、1981年の国勢調査で、全体の5.44％。地域差が大きい。基本的には都市部、混住地域、高学歴層、世俗化が進んでいる地域に多いとされる（柴・小沢, 1997, p. 11）。

(30) 1948年から85年までは年平均5.4%の経済成長を遂げていたユーゴであったが、81年から85年には0.6%に落ち込み、求職者は100万人を超えるようになり、対外債務残高が約190億ドルに達するとともにインフレ率が急速に上昇していった。実質給与も減少し、89年にはインフレ率は年率2,665%にまでなっていた（千田, 1999, p. 12）。
(31) 旧ユーゴ紛争過程でのセルビア・クロアチア語の分裂については、序章注(15)、Bugarski（2004）、齋藤（2004）を参照。
(32) ボスニアのセルビア人を代表するはずのセルビア人共和国（スルプスカ共和国）大統領カラジッチはその強硬な姿勢ゆえに、またNATO空爆による共和国の弱体化ゆえに、すでにこの頃までには交渉の主要なアクターからはずされていた。
(33) 1941年に生まれ。1964年にベオグラード大学を卒業後、セルビアのエネルギー会社テクノガスに入社し、幹部を経て73年社長に就任した。その後、旧ユーゴ連邦最大のベオグラード銀行に移り78年、頭取となった（月村, 2006, p. 23）。
(34) セルビア・クロアチア語で "Nesme niko da vas bije. Nesme niko da dira." BBCのドキュメンタリーでは "You will not be beaten again!" と翻訳された。このBBCの番組は、ICTY（旧ユーゴ国際刑事裁判所）で被告の犯罪の証拠として、ミロシェヴィッチの裁判をはじめ検察側によって度々提出された。第8章参照。
(35) 1922年クロアチア生まれ。第2次世界大戦中ユーゴ共産党パルチザン部隊に参画し、戦後は旧ユーゴ連邦国防省を経て、ユーゴ連邦人民軍の最年少将軍となった（月村, 2006, p. 26）。
(36) 1925年ボスニア生まれ。第2次大戦直後イスラム教の宗教活動ゆえに投獄されている（ibid., pp. 27-28）。
(37) ミロシェヴィッチを月村（2006, p. 246）は「民族的企業家」と呼び、旧ユーゴ問題担当事務総長特別代表を務めた明石（2007, p. 47）は「機会主義的民族主義者」と呼んでいる。また両者ともに、トゥジマンとイゼトベゴヴィッチの民族主義に対する信念については重なるものがあるとし、彼らを前者は「民族的活動家」（月村, 2006, p.246）、後者は「政治的民族主義者」（明石, 2007, p.59）と呼んでいる。
(38) その他の重要な国内的要因としては、3つの勢力に対しそれぞれボスニア外部から民族主義的な私兵集団が入りこんでいたこと、旧ユーゴにおいては連邦軍補完の目的で全人民防衛体制が導入されており、どの民族も通常の武器を大量に保持したことなどが挙げられる（柴, 1996b, p. 8）。
(39) ユーゴ紛争が始まった同じ頃、1991年、中東では湾岸戦争に世界の注目が集まっていたが、湾岸戦争そのものは、ユーゴ紛争とは異なり冷戦時代までの国際関係のパラダイム、言い換えると近代国民国家システムの中で捉えることができた。
(40) ボスニア紛争と同じ頃、アフリカではルワンダで紛争が勃発した。犠牲者数や総人口に占めるその割合を考慮すると、ルワンダでの紛争はボスニア紛争以上に深刻な状況であった。しかし、国際社会の注目はもっぱらボスニアに集中した。その背景には、ボスニア紛争が周辺とはいえヨーロッパで起きた出来事であったという事情がある。ボスニア紛争は、第2次世界大戦後長い期間紛争に無縁であったヨーロッパにおける本格的で大規模な軍事衝突であった。

第6章　ボスニア紛争と国際社会

　ボスニア紛争を取り巻くコンテクストについて、よりグローバルな視点から論じるのが本章である。当時の国際社会、特にこの問題に深く関与したヨーロッパとアメリカとの関係から、ボスニア紛争とはいかなる出来事であったのかを考察した上で、本書が最終的な分析対象とするメディア翻訳という言語行為の生起する場としての日本社会の反応について、以下で概観することにしよう。

　ベルリンの壁が崩壊した時、国際社会は世界新秩序の構築とヨーロッパ統合への期待に沸いた。しかし、その後、国際統合・地域統合への模索が進展する一方で、世界各地では、相次いで民族紛争・地域紛争が噴出した。その結果、国民統合が崩れ国家の分裂に至った地域、さらに限りない細分化へと向かった地域もある。そのようなひとつの典型例が、旧ユーゴ連邦の紛争でもあり、ボスニア紛争でもあった。

　1991年から92年にかけては、ソ連、チェコ・スロヴァキア、ユーゴの3つの連邦国家が解体した。これら一連の連邦解体は、「国民統合および国際統合の観点から連邦制そのものを再検討する」（中井, 2002, p. 59）必要性に迫られていることを意味するだけでなく、ユーゴ紛争にとりわけ如実に現れたように「内政不干渉を定めた十八世紀以来の主権のコンセプトと、二十世紀になって浮上した国際システムの新しい原則であるウッドロウ・ウィルソン流の民族自決の考え方を、いかに調和させるべきか」（山内, 1992, p. 16）という古くも新しい難問を再浮上させた。言い換えると、これら一連の紛争によって、国際社会は、国民国家、民族自決、内政不干渉など、現代の社会がその基盤と価値を置く西欧「近代」という根本理念への再考を迫られることになったのである。

1　西欧諸国の対応

　旧ユーゴ国内で民族主義が急速に台頭し始め、民族主義政党が各共和国で政権をとるようになった 80 年代後半から 90 年代初頭にあっても、旧ユーゴの人々も、地理的に近接する西欧各国も、それが流血を伴う国家解体や暴力の止め処ない拡大につながるとは考えていなかった。91 年夏、スロヴェニアとクロアチアで独立が宣言され、紛争が始まった時でさえ、EC や欧米外相たちは、EC の存在、あるいは欧米諸国の存在自体が、旧ユーゴの政治家に影響力を行使できると想定し、ヨーロッパの安全は NATO の同盟関係、全欧州安全保障協力会議（CSCE; 95 年に全欧州安全保障協力機構 = OSCE に改称）の紛争解決の枠組みがある限り保障されるものと考えていた（Woodward, 1997, p. 215）。

　しかし、スロヴェニアとクロアチアの独立宣言を受け、欧米諸国の間ではその対応をめぐって、意見が大きく 2 つに分かれることになる。ひとつは、ドイツ、オーストリア、デンマーク、ハンガリー、イタリアなどの国々の考えで、これらは独立の早期承認を進めようとする立場であり、もうひとつは、アメリカ、フランス、イギリスなど独立承認とその帰結としてのユーゴ解体が結果的に地域の不安定化を招き、戦争を引き起こすとして独立承認に反対する立場である。国際社会では、旧ユーゴのような多民族国家における民族自決権をどのように定義するかについての明確な定義がなされないまま、以下に見るように、CSCE の規範であった武力による国境変更を認めないとする基準に依拠しながらも、その武力行使が防衛的なものなのか侵略的なものであるのかの区別を設けることによって、民族自決権の表明としての分離の意思に道を開いていった（ibid., p. 221）。

　ヨーロッパの国連と言われる CSCE は、東西冷戦中にヨーロッパで設立された機関である。CSCE は、ヨーロッパの安全保障と緊張緩和を目的に、全ヨーロッパ諸国とアメリカ、カナダが参加する包括的な組織であったが、80 年代後半の冷戦終結時までには形骸化した機関となっていた。それが、冷戦の終結により、冷戦後の新しいヨーロッパを担う重要な役割を担うことになった。アメリカにとっても、CSCE は EC の独走を阻む上で有効と見なされた（千田, 1999, p. 17）。

　90 年 11 月、CSCE 首脳会議は、東西冷戦終結後の「欧州新秩序」の確立を

目指し、「パリ憲章」を採択し、紛争防止のメカニズム構想を提唱した。これで、「冷戦後」に向け順調なスタートを切ったと思われていた。旧ユーゴで連邦からの共和国の分離・独立問題が浮上し始めた 91 年 6 月、CSCE はユーゴ統一を支持する決議を採択し、パリ憲章に基づいて、紛争防止と早期解決のための「緊急メカニズム」の設置で合意した。緊急メカニズムは、直後のスロヴェニア紛争に早速発動された。

ところが、CSCE のメカニズムは、態勢や組織が十分確立されておらず、結果としてユーゴ紛争当初は紛争防止にも解決にも、効果的な成果をあげることはできなかった (ibid., pp. 18-22)。こうした状況で、CSCE に代わって EC がユーゴ問題の調停に乗り出すことになるのである。しかし、その後の旧ユーゴ紛争の激化を見ても明らかなように、問題解決に積極的に動き出した EC もまたその対策に困窮するのである。

Woodward (1997, pp. 215-216) は、EC の失敗が何よりも紛争の真の原因を理解できなかったことにあると指摘する。紛争の始まりとほとんど同時に欧米では 2 つの異なる見方が現れた。ひとつは、この紛争を「内戦」と捉えるもので、紛争はバルカン、特にボスニアの諸民族の歴史と気質に根ざし、一旦帝国支配や独裁という箍がはずれれば、民族紛争や領土をめぐる戦争になるのは避けられないとする見方である。もうひとつは、この紛争を自らが失った土地を回復しようとするセルビア共和国による拡張主義的侵略戦争と捉えるもので、セルビア共和国の指導者たちが近隣共和国内のセルビア人居住地域を併合しようとする「大セルビア主義」にその紛争の原因を求める見方である。

いずれにしても、紛争の原因をバルカンの歴史と民族性に帰すものであった。つまり、旧ユーゴの人々は自分たち西欧とは異なり、彼らによる暴力的な残虐行為はバルカンの特徴であるとするものである。欧米首脳たちは、この紛争をヨーロッパ再編という大変動の時期に噴出した現代的な問題の一部とは考えず、バルカンの後進性・非近代性によるものと捉えた。そうでなければ、現代におけるこの残虐行為を理解できないというわけである。言い換えると、このような恐ろしいことができるのは、「彼ら」が「我々」欧米諸民族とは異なる民族であるからであり、非文明的な野蛮性ゆえであるとすれば、一応この紛争の原因が納得できる (ibid., p. 216)。それはユーゴ紛争へのその後の欧米諸国の消極的

な態度を正当化するものともなった。こうした欧米諸国の態度自体、民族主義、あるいは自民族中心主義に深く根ざすものであることは言うまでもない。

　旧ユーゴ紛争が、ユーゴ諸民族の辿った歴史に起因することはある面で事実であるが、その歴史、とりわけ近代においてこの地が帝国主義や列強の角逐する中で辿った歴史を考え合わせると、この問題の原因をバルカンにのみ帰すことはできず、その背景に西欧近代の問題があることは明らかであろう。さらに、ECの市場統合という問題自体が、ユーゴを含むバルカンや中・東欧諸国の民族問題の遠因となっていた（千田, 1999, p. 20）。しかし、このことをECはじめ欧米諸国が十分理解していたとは言い難い。

　この時期のECは、「マーストリヒト条約」調印のための首脳会議を91年12月に控えていた。周知のとおり、マーストリヒト条約は、EUへの発展的移行を決める基本文書で、EC加盟諸国の経済関係の緊密化、共通の外交政策を含む新たな政治同盟の確立を目指すものであった。それだけに、ユーゴ問題の解決にはEC、そしてヨーロッパの将来がかかっていた。

　一方、中東では90年8月、イラクがクウェートに侵攻し、91年1月から2月にかけ湾岸戦争が勃発していた。アメリカがこの戦争を主導したことに対し、西欧諸国には強い反発があった（ibid., p. 21）。ユーゴ紛争の問題解決に対し、ECが当初積極的に関わろうとした背景には、ECすなわち、将来のEUが地域内の紛争解決能力を持つことを内外に示したいという意図があったと考えられるのである。しかしながら、上述のようにECはユーゴ問題に内包する西欧近代の問題を認識しておらず、このことは紛争解決の遅れにもつながった。

　EC諸国は、市場統合とマーストリヒト条約調印を控えていたことで、EC内の団結を優先せざるを得ない状況に陥る。それが、EC諸国のユーゴ問題における急な方向転換に現れる。ECは当初、スロヴェニアとクロアチアの分離・独立承認には反対で、「統一ユーゴ支持」を表明していたにも関わらず、92年1月に独立承認へと方針を急転換させるのである。その背景に、ドイツの強引な政策とドイツによるEC諸国への強力な働きかけがあったことは周知の事実である。ECによる両国の承認と、続く4月のボスニアの独立承認が時期尚早であったこと、これによって3年以上にわたる紛争のきっかけを作り出すことになったことは、元国連旧ユーゴ担当事務総長特別代表の明石康氏や元

旧ユーゴ和平会議共同議長のキャリントン卿をはじめ多くの人の支持する見解となっている。しかしドイツ政府は今も公式には自国の政策が正しかったという立場である（ibid., p. 24）。その根拠となっているのが、以下に述べる「民族自決権」である。

前述のように、89年の東欧革命以後、ソ連、チェコ・スロヴァキア、旧ユーゴで、分離傾向を強める各共和国は、一様に第1次世界大戦期の「民族自決」に基づく国民国家の形成を目指した。これに対し国際社会も民族自決を正義として積極的に支援するとともに、民族自決を阻もうとする勢力は、不正義として非難される傾向が見られた。スロヴェニアとクロアチア両政府はこうした国際世論を背景として、ユーゴスラヴィアという国家自体が歴史的に「人工的な」国家であるとの主張を行い、欧米諸国、とりわけドイツの独立支持を取り付けるために、政府レヴェルで様々な積極的な外交努力を行った。

両国とも一刻も早いヨーロッパへの参入を目指していた。ヴァチカンも、その国民の多くがカトリックであるこの2つの共和国独立のために盛んにロビー活動を行った（Woodward, 1997, p. 217）。ドイツではプロテスタントが主流であるが、南の地方ではスロヴェニアやクロアチアと同じカトリックが信奉されている。また、経済的にも緊密な関係を有していた。

特にクロアチアは、第2次世界大戦中、ナチスが占領しそこにナチスの傀儡政府が樹立されたことから深い関わりがあり、戦後もクロアチアから多くの移民が西ドイツには移住していた。クロアチア移民組織のロビー活動や、南部バイエルン地方を中心としたカトリック教会および上記ヴァチカンの活動も大きな影響力を持った（千田, 1999, pp. 25-26）。テレビや新聞各紙はクロアチア支援の立場からニュースや記事を流した。なかでも、ドイツの有力新聞 *Frankfurter Allgemeine Zeitung* を出している Jorg Reismmuler は、クロアチアの民族主義に共感を示し、反ミロシェヴィッチ、反セルビア民族主義のキャンペーンを繰り広げ、ユーゴ紛争へのドイツの世論形成に主要な役割を果たした（Woodward, 1997, p. 217）。その背景には、当時、ドイツ統一によって民族自決に沸くドイツ国内の一般的な世論の傾向があり、その世論を背景に、こうしたメディアの論調は、ドイツの統一同様、クロアチアとスロヴェニアの分離独立も民族自決権の行使であり、反対に独立を阻もうとするユーゴ連邦と連邦人民軍は

「侵略者」であり、その中心にあるセルビア共和国こそ侵略の責任者であるという立場を鮮明にするものだった。

一方、オーストリアもスロヴェニア独立支持を明確にしていた。オーストリアは、ユーゴが人工国家であるとの主張に賛同し、スロヴェニアの分離を認めないことは戦争を招くと主張した。そこには、オーストリア自体の国益の反映が見て取れる。オーストリアは旧ユーゴの中でスロヴェニアとのみ国境を接するとともに、近代の歴史においてスロヴェニアはオーストリア・ハンガリー帝国内にあり宗教・文化においても共通項があった。前述のように、オーストリアは、かつてセルビア王国とは敵対関係にもあり、もしスロヴェニアの独立が果たされれば、その脅威である旧ユーゴ連邦軍から地理的に距離を置くことができ、安全が確保できると考えた（ibid., p. 221）。一方、当初は明確な態度をとっていなかったハンガリー、イタリアも、それぞれ両国の独立を支持することになる。見逃されがちであるが、ドイツをはじめ、これら諸国が第2次世界大戦中、ユーゴを占領した枢軸軍側であったことは、セルビアや旧ユーゴ連邦軍に大きな疑念を引き起こした。それは戦争の記憶、それに対する不安と恐怖を引き起こし、ミロシェヴィッチをセルビアの守護神とする人々に根拠を与え、周囲の敵対的な環境に立ち向かうために武器をとるという行動を促す背景、要因のひとつとなった。

ドイツの強硬姿勢に対しては、フランス、イギリス、アメリカ、オランダなど欧米各国から批判が高まった。なかでもイギリスは早急の独立承認は、旧ユーゴの複雑な民族対立を悪化させるだけだと主張してドイツに反対した。しかし、ドイツが単独で独立を承認すると、共通の政策や団結を標語とするEC各国も承認へと急速に傾いていったのである。

ユーゴ連邦の解体が現実のものとなりつつある時、前述のように、ボスニアでは92年2月から3月にかけ、セルビア人の多数がボイコット中、連邦からの独立を問う国民投票が強行された。その意味で、この国民投票の有効性は当初から疑問視されていたが、この投票結果を根拠にボスニアも独立を宣言する。92年4月、ECはボスニアの独立を認めた。一方のセルビア人勢力は、セルビア人共和国（スルプスカ共和国）を樹立し、ボスニアからの独立とセルビアとの合併へと動き、大規模な武力行使を開始することになった経緯は先に述べたと

おりである。

　ここで大きな問題となるのが、旧ユーゴ連邦人民軍（以下、連邦軍）の位置づけである。これは西欧諸国の政策だけでなくメディアの報道とも関わるので、ここで少し詳しく触れておく。前章のとおり、旧ユーゴでは74年憲法下でのきわめて緩い連邦制にあって、それぞれの共和国の自律性が非常に高かった。連邦軍は、外交とともに連邦をつなぐ唯一のものであり、チトーのスローガンである「友愛と統一」の象徴でもあった。したがって連邦軍は、各共和国の民族主義からは距離をおき、独立・分離反対、連邦維持の立場であり、当初ミロシェヴィッチやトゥジマンの政策・主張とも度々対立していた。

　スロヴェニア議会が独立宣言を行うと、スロヴェニア政府は直ちに国境の検問所を占拠した。それに対し、連邦側も国境検問所奪還のために連邦軍を出動させた[5]。スロヴェニアが連邦の憲法を一方的に破棄し、独立宣言を行った限りにおいては、連邦政府による連邦軍の出動は当然のことだった言える。ところが、スロヴェニア政府は、連邦軍に対して激しい攻撃を開始することになる。スロヴェニア政府は、戦争になれば独立を支援するというドイツの約束を取り付けていた（佐原, 2008, pp. 143-144）。

　この時の国際報道によって、一般的には連邦軍がスロヴェニアを攻撃したと捉えられることになったが、元駐ユーゴ米国大使 Zimmermann（1995, p. 12）が述べるように、実際にはスロヴェニア側が攻撃を仕掛けたものである。連邦軍は思わぬ攻撃によって慌て、連邦首脳部に全面攻撃許可を求めた。しかし、スロヴェニアの独立はかえって自らの望む大セルビアの実現に利すると考えていたセルビア共和国大統領ミロシェヴィッチの画策によって、連邦幹部会議長ヨヴィッチはそれを却下し、反対にスロヴェニアの独立承認と軍の撤退を議会に要求したのである。このようにこの時点では、連邦軍は連邦を擁護し、民族主義は危険だとしてミロシェヴィッチの大セルビア主義にも警告を発していた（佐原, 2008, pp. 144-145）。この紛争は、メディアによって、強大な連邦軍に対する弱小のスロヴェニア軍の果敢な勝利として、また連邦軍＝セルビア政府・ミロシェヴィッチ大統領の道具として描かれることになるが、上記のように当時の実態はそれとは異なっていたのである。

　ここで問題をさらに複雑にしているのは、その後、クロアチア紛争を通して

連邦軍がその性格を変えていったことである。スロヴェニア紛争が沈静化すると、クロアチア政府がクロアチア内の連邦軍解体に着手したことから、クロアチア側と連邦軍の間で戦闘が激化する。連邦軍の将軍や将校に占めるセルビア人の比率はもともと高かったが、クロアチア紛争を通し、その大半がセルビア人とモンテネグロ人になっていた（柴, 1995, p. 363）。こうして連邦軍はクロアチアでの基盤を弱体化させた。さらに、連邦軍がクロアチア内セルビア人の保護を名目に介入したことで、旧ユーゴ統一の象徴としての連邦軍の存在と名目が大いに揺らぐことになる。そこにボスニア紛争が勃発することになるのである。

ボスニアは、第2次世界大戦期のパルチザン闘争の主要な舞台であり、この地方には戦後多くの軍事施設が建設された。そのため旧ユーゴ連邦軍の半数近くに当たる9万人がボスニアの地に駐留していた（ibid.）。ボスニアの独立宣言後、92年4月、間もなくセルビア人共和国軍(6)（スルプスカ共和国軍［Vojska Republike Srpske］、VRS）として編成されることになるセルビア人勢力と、ムスリム人を中心とするボスニア・ヘルツェゴヴィナ共和国軍(7)（Armija Republike Bosne i Hercegovine, ARBiH）との間で戦闘が始まる。

一方4月末には、新ユーゴ創設によって旧ユーゴ解体が決まると、ボスニアに駐留していた連邦軍の撤退が問題になった。ボスニア紛争にこの連邦軍が介入したとして、ECをはじめとする国際社会が非難、撤退を求めた。連邦を引き継いだ形の新ユーゴは92年5月、連邦軍の撤退を決めたが、ボスニア出身の約75,000人がボスニアにとどまり、連邦軍が残していった重火器と一緒に、セルビア人勢力、すなわちセルビア人共和国軍（スルプスカ共和国軍）に合流した(8)（ibid.）。

5月末、国連安全保障理事会で、当時のガリ事務総長は、新ユーゴのミロシェヴィッチ大統領がボスニアのムラディッチ将軍にどの程度影響力を行使できるか疑わしいと報告していたが、欧米メディアでは、ミロシェヴィッチは「大セルビア」を標榜し、ミロシェヴィッチ政権がボスニアのセルビア人勢力に軍事的支援を与え、影響力を行使しているとの見方が大勢を占めていった（ibid.）。そして、ミロシェヴィッチ＝セルビア人勢力＝侵略者という構図が作り上げられ、セルビア人を侵略的で残虐的な民族とし、紛争の元凶はセルビアおよびセ

ルビア人にあるとする「セルビア人悪玉論」が作られていくことになる（ibid., p. 364）。

　92年5月27日、ボスニアの首都サラエヴォでパンを求める市民の行列に迫撃砲が撃ち込まれる事件が報道されると、5月30日ボスニアにおけるセルビア人勢力を支援しているとして、国連は新ユーゴに対して制裁を決議することになるのである。この時の生々しい死傷者の映像もメディアを通して世界に流れた。その後のECと国連は、基本的にこの「セルビア悪玉論」に依拠して、和平交渉やUNPROFORの派遣を行っていくことになる（ibid.）。

　デイトン合意まで、3つの和平案が提示された。ひとつは1992年3月にEC議長国のポルトガルにより提示されたもので、ボスニアを3民族のカントン（州）から成る連邦国家とする案である。これは統一ボスニアにこだわるイゼトベゴヴィッチの署名撤回によって実現しなかった（ibid.）。第2の和平案は、ECと国連による和平会議の共同議長が提案したヴァンス＝オーウェン案で、紛争前の民族分布に基づいて、10の州から成る連邦国家を形成するというものである。これは、紛争によって領土を拡大していたセルビア人勢力の強い反対で実現しなかった（ibid., pp. 364-365）。第3の和平案は、これも和平会議の共同議長が提案したオーウェン＝シュトルテンベルク案で、3民族の実効支配地域に基づき国家連合を作るというものである。これに対してはムスリム人勢力が受け入れなかった。こうして結局どれも実行に移すことはできなかった。

　EC（EU）と国連による和平会議の失敗が続く中で、国際世論では軍事力の行使による解決への気運が高まっていった。94年2月サラエヴォの青空市場に迫撃砲が打ち込まれ60人以上が死亡するという事件が起きた。事件発生当時、証拠が何もないにも関わらず、メディアはサラエヴォを包囲しているセルビア人勢力の仕業であるとして報道し、セルビア悪玉論が再度噴き出す。こうした姿勢は各国外交でも主流であり、ついに国連安保理で空爆決議が採択され、米軍を中心とするNATOによる空爆が決定する。ロシアの調停で一旦空爆は回避されるが、この頃からアメリカとロシアがボスニア問題に積極的に関与するようになる（ibid., p. 365）。94年3月米国主導による新たな和平案が提示された。ボスニアを2分割する案である。まずムスリム人とクロアチア人による連邦国家を作り、その後クロアチア共和国と国家連合を作るというものだった。

こうしてまずボスニア連邦が既成事実化した。EUと国連に代わり、5月には米ロ英仏独から成る連絡調整グループが、その後の和平交渉を進めていくことになる (ibid., p. 366)。

2　ヨーロッパの中のバルカンと中・東欧諸国(10)

　以上見てきたように、旧ユーゴ紛争は、冷戦後の新秩序構築を模索する欧米諸国にとって無視しえないものだった。特にヨーロッパ統合を目指すEC (EU) 諸国の立場からは、ヨーロッパの安定にとって重要な問題であった。では、旧ユーゴやそれが位置していた旧東欧あるいはその一部と考えられていたバルカン(11)は、ヨーロッパにおいてどのように位置づけられ、また、噴出する民族問題とどのように関わっていたのだろうか。

　「バルカン」は山を意味するトルコ語である。今もブルガリアの山脈名として残っているが、それは「東欧」という語同様、地理的概念にとどまらず、歴史的、政治的、あるいは文化的概念でもある。バルカン史研究という学問分野も、バルカン諸国が国際的な独立を果たしたベルリン条約 (1878年) 以降に西欧において成立したものであることから、その出発点よりキリスト教徒の視点に立ち、オスマン・トルコ支配からのバルカン諸民族解放運動としての近代国家の成立を探求するものであった。

　20世紀に入ると、言語学や民族学を含んだバルカン学が成立するが、その根本的な視点は変わっていない(12) (カステラン, 2000 [1994], pp. 250-251)。バルカン史研究者のひとりTodrova (1997) が指摘しているとおり、近代においてバルカンという地域は、ヨーロッパの「他者」として発見され作られてきた。この意味で、ヨーロッパに対するオリエントでもある。地理的にはヨーロッパに位置しながら、ヨーロッパ的な価値観を共有しない異質の地域である。その背景には、500年近くに及ぶオスマン・トルコ帝国の支配の歴史が大きく影響していることは言うまでもない。政治、経済、文化そして旧ユーゴで言えばスロヴェニアとクロアチア以外は、宗教の点でも異質な存在であった。そのため、ヨーロッパの価値基準からは、「他者」として否定的、後進的イメージを付与されることになる。特にオスマン・トルコからの独立を果たしたバルカン諸国が「近代化」をはかるために軍事力を強化し、互いに抗争・対立したバルカン戦

争から第1次大戦にかけ、戦争と暴力の地域というイメージが固定し、その対立・抗争の状況は「バルカン化」と形容されるようになる。

一方「東欧」という概念は、冷戦期には西側資本主義国に対する東側社会主義国を指し、政治的な用語であった。しかし、冷戦が終結してもこの語が消滅することにはならなかった。なぜなら「東欧」という概念もまた「バルカン」同様、冷戦期の政治的概念にとどまらず、また地理的概念にもとどまらないきわめて歴史的用語であったからである。Wolff（1994, p. 4）によれば、「東欧」とは18世紀啓蒙主義の時代に、啓蒙思想家によって西欧の相互補完的存在として発明されたものである。それは洗練された文明である西欧の影であり、後進性を、また時には野蛮性を意味するものであった。同じ大陸の中のどこまでが西欧なのか、どこからが東欧なのかは、時代とともにその境界を少しずつ変えて行くことになるが、明確な境界があったわけではなかった。[13]

サイード（1993 [1978], p. 18）が、「ヨーロッパ（つまり西洋）がみずからを、オリエントと対照を成すイメージ、観念、人格、経験を有するものとして」規定するためにオリエントが構築されたと述べたように、オリエントは西洋人にとって地理的に隣接しているだけでなく「ヨーロッパ人の心のもっとも奥深いところから繰り返したち現われる他者イメージ」（ibid.）であった。東欧という概念は、オリエントという概念同様、西欧によって規定されてきたが、「ヨーロッパではないヨーロッパ」というヨーロッパの「内」と「外」のちょうど辺境地域にあり、またヨーロッパとオリエントをつなぐものでもあったと言える。[14]

冷戦終結後、東欧は中欧とバルカンに分けて考えられることが多くなっている。羽場（1998）は、用語としての「東欧」「中欧」「バルカン」のイメージについて以下のように述べている。

> 「東欧」の用語がきわめて政治的で、若干軽蔑的響きを持ち、ソ連・ロシアと結びついている「誰も求めない用語」であるのに対して、「中欧」の用語は、文化的香りを持ち、また「東欧」の用語に比べて政治的にも経済的にもより進んでいるという「イメージ」があり、「誰もがここに入ろうとする」概念である。
>
> これに対し、「バルカン」は否定的・後発的イメージを帯び、地域名と

いうより紛争と対立、大国の介入を意識させる用語となっており、自国を「バルカン」と積極的に規定する国は多くはない。(p. 28)

　冷戦の終結と社会主義体制の崩壊によって、国際環境は急激に変化し、バルカン諸国の国際政治上の意味も大きく変わった。冷戦期には、独自の社会主義路線、すなわち労働者自主管理社会主義と非同盟政策を推し進める旧ユーゴの存在は西側諸国にとっても大きな意味を持っていた。しかし冷戦の終結とともに、この地域の国際政治上の意味は相対的に低くなり、旧ユーゴに対する関心も小さくなっていった。一方、資本主義経済導入、自由化、民主化の過程で、東欧・旧ソ連地域では民族紛争が噴出してくる。91年秋から92年にかけてはバルト三国が独立、ソ連邦解体、CISの再編が続き、チェコ・スロヴァキアでも歴史的な民族対立が再燃し93年1月にはチェコとスロヴァキアに分裂した。
　羽場 (1994, p. 4) によれば、この民族問題の噴出は、社会主義の崩壊によってもたらされたというより、「むしろそれに続くより大きな枠組みへの『統合』の問題と並行して」生じたものであり、ここには「ヨーロッパ回帰」「ヨーロッパはひとつ」という2つの側面がある。「東欧」がそうであるように、「東欧」を発見した「ヨーロッパ」も当然のことながら、地理的概念にとどまらず、きわめて政治的、歴史的概念である。それは、近代に形成された資本主義、民主主義、議会政治を包括する近代世界システムを意味するものであり、ここにはさらにローマ・カトリックという宗教概念も加わる (ibid., p. 5)。すなわち「ヨーロッパはひとつ」という場合、それは多様なヨーロッパの復活を意味するのではなく、これまで「ヨーロッパ」から排除されてきた東欧に対して、近代社会システムとしてのヨーロッパの理念を導入しようとする試みであったと言える (ibid.)。
　言い換えれば、市場化、民主化を果たせた国民国家こそ、EC (EU) やNATOへの参加資格がある。「ヨーロッパ回帰」は、西欧モデルの東欧への導入であり、どれだけ西欧モデルに近づいたか、「いわば『ヨーロッパ度』というランク、序列がつけられていく」(岩田, 1999, p. 115)。それは旧東欧諸国にとって「どこまでがヨーロッパか」という問題を引き起こし、この「ヨーロッパ回帰」のための戦いが民族問題として現れている。いわば、だれもがヨーロッ

パに入ろうとする境界線上で死闘を演じている（羽場, 1994, pp. 5-6）。

羽場（ibid.）は、この東欧の民族問題の再燃に大きな役割を果たしたものとして、ドイツ統一を挙げる。東ドイツが豊かな西ドイツのマルク経済圏に吸収されたことは、東欧の人々に経済発展と豊かさへの願望を促した。さらにドイツ統一によって、国境変更が可能であるという認識も生じさせた。旧東欧諸国はヨーロッパへ自らが組み込まれることによって経済発展と豊かさを手にしたいと希求した。冷戦期以来、この西の豊かさはメディアを通して東に喧伝されていた。この西の豊かさを手にするには、資本主義、市場経済、国民国家、近代市民社会であることが条件となり、その要請が東欧の多民族国家を崩し、民族問題を引き起こしたのである。

旧ユーゴでは、相対的に豊かな経済的先進地域であり、カトリック圏に属していたスロヴェニアとクロアチアが、セルビアやボスニアを切り捨てる形で、この「ヨーロッパ回帰」に名乗りをあげ独立宣言を行った（ibid., p. 184）。これをEC諸国が承認したことでユーゴ紛争が国際化した。ヨーロッパの支援を受けなければこの独立はありえなかったわけだが、なぜこれが可能であったかといえば、両者、特にスロヴェニアは旧ユーゴの中で最もヨーロッパ的なところであり、ヨーロッパの「内」に入れることができたからだと言える。Zimmermann（1995, pp. 12-13）は、スロヴェニアの独立が結局は、他のユーゴ地域での戦争を引き起こしたのであり、スロヴェニアの独立がなかったらその後のユーゴ紛争はなかったかもしれないと指摘する。

一方、旧ユーゴのその他の地域は、ヨーロッパの自己像とは相容れず、だからこそヨーロッパではない野蛮な非近代と捉えられた。文明化されたヨーロッパではないから、あらゆる暴力が可能であり、そうした野蛮な民族や国家は武力でもってしか制圧することができない対象と考えられた。三谷（2008）は、旧ユーゴの人々によるこの語の用法を分析し、彼ら自身もまたこの語を洗練された文明的なヨーロッパに対する粗野で乱暴なバルカンという否定的な意味で使用しているとし、西欧で作られたバルカンのイメージが反映した結果だろうと述べている（pp. 145-147）。

3 アメリカ外交の展開

 このように、ヨーロッパ諸国の対応は基本的に、近代西欧がバルカン、あるいは東欧に対して作り上げてきた「他者」としてのイメージを基盤としながら、冷戦後の政治というコンテクストの中で生起したものであったが、その紛争への関与や調停は解決にはつながらなかった。そこに積極的に介入することになるのがアメリカである。アメリカは、ヨーロッパの視点を共有しながらも、同時に同国が当時置かれていた固有の状況でこの地、この紛争を見ていた。

 EC 諸国は、ユーゴ解体がヨーロッパの現状を破壊しかねないとして、当初ユーゴ連邦維持を支持し解体に反対であった。その中でドイツは民族自決に基づく独立承認とセルビア制裁を主張し、EC 諸国の足並みはそろわなかった。調停不調が続く中で、発言力を増すドイツに引っ張られるようにして、民族自決権の行使として独立を承認する方向に向かっていったことはすでに見てきたとおりである。その一方で、ソ連の解体とともに、周知のように、国際社会や国連でのアメリカの発言力と役割が増大していた。しかし、旧ユーゴ問題に限って言えば、アメリカは当初積極的ではなく、その政策は一貫していなかった。

 この時期のアメリカの政権は、ブッシュ大統領（1989 年－1993 年）とクリントン大統領（1993 年－2001 年）の 2 代に跨る。ブッシュ政権が発足するのは 1989 年であるが、ブッシュ政権で 92 年まで在旧ユーゴ米国大使を務めたジマーマンによると、ユーゴについては、当初政権内では以下を確認していた。まず、冷戦期のようにユーゴにはもはや地政学的重要性がないこと、次にユーゴがその時点で経済的、政治的な開放性という面でポーランドやハンガリーにさえも遅れをとっていること、3 つ目に米国にとって人権擁護が政策の重要要素であるが、セルビア共和国内コソヴォでのアルバニア人に対する人権侵害はその点から問題があること、最後にユーゴの統合を維持することである（Zimmermann, 1995, p. 2）。したがって、ユーゴ連邦維持を基本的に支持するが、「ユーゴ問題には一歩距離をおいた立場に立ち、介入も外交的な抗議のレベルにとどめるようにしていた」（五十嵐, 1996, p. 40）。

 しかし、91 年夏スロヴェニア共和国内の国境通過地点の支配をめぐり連邦軍が出動し、戦闘状態に入ると、ブッシュ政府はユーゴ情勢を深く憂慮するようになる。スロヴェニアとクロアチアをはじめ各国首脳に働きかけ、紛争はヘ

ルシンキ合意に基づいて解決されるべきであり、武力によって国境線を変更しないよう説得に当たった。特に両国に対しては、一方的な独立宣言は武力抗争につながる危険があると警告を発した。しかし、当時国務長官だったベーカー（1997 [1995], pp. 600-601）も述べるように、米政府はこの紛争はヨーロッパで起きたのだから、アメリカではなくヨーロッパが先頭に立って解決すべきであると捉えていた。したがって、紛争解決のためにアメリカ軍をユーゴに派遣することなど考えていなかった。それに、湾岸危機と異なりユーゴ紛争によってアメリカの国益が危機に晒される、つまり「イラクのようにエネルギー供給というアメリカにとっての死活問題を左右する」(ibid., p. 602) わけでもなかった。

92年に入ると、ブッシュ政権は、ベーカー長官が「集団的関与」と呼んだ冷戦後の新たな時代をにらんだアメリカ主導の諸外国協力体制を推進していくことを打ち出す。その背景には、世界における外交課題の多様化とアメリカの国力の限界があった（関場, 1992, p. 27）。その意味で、ユーゴ紛争解決にECが意欲を見せていることをアメリカは歓迎した。ブッシュも国防省も、紛争に軍事的に巻き込まれるのを避けていた（五十嵐, 1996, p. 45）。

1991年秋、スロヴェニアとクロアチアの国際承認問題が浮上したときには、アメリカはユーゴ連邦崩壊につながるとして、両国の承認を控えるようドイツの説得に当たった。12月ドイツが独立を承認するとEC諸国もしぶしぶ承認に踏み切ったが、それでもアメリカはEC諸国と協調せず、しばらく承認を見送った。しかし92年3月、ボスニアが独立を宣言すると、アメリカは一転してボスニア独立を承認するようにECに働きかけるようになる。その背景だが、ベーカーによれば、西側が足並みをそろえてボスニアを承認することでセルビアとクロアチア両国による武力行使を阻止できると期待したからであるという（ベーカー, 1997 [1995], p. 608）。こうして、ECとアメリカは協調しながら、4月6日、ECがボスニアを、翌日アメリカがスロヴェニア、クロアチア、ボスニアを同時承認したのである。しかし、承認はボスニア紛争の阻止ではなく、反対に拡大・激化を招く結果になる。

それでは、当時のアメリカの国内事情はどうであっただろう。アメリカはこの年、大統領選挙を迎えていた。大統領選での最大の焦点は、外交問題ではなく当初は国内問題であった。「国民の気分を測る精密な温度計」といわれる全

米ネット ABC、CBS、NBC 等のニュースは 1980 年代には外交から国内問題へとシフトを始め、海外ニュースを控えるようになっていた。ハルバースタム（2003 [2001]、pp. 284-285）は、これをアメリカの「内向き志向」の反映・証拠であるとする。世論は海外軍事介入へもきわめて消極的であった。こうしたことがアメリカ政府の基本的なボスニア政策にも反映していた。

ところが、ここに従来の「東西軍事対決」ではなく「人道上の問題」が持ち上がる。それがボスニアにおける「民族浄化」と「強制収容所」の報道である。この報道を機に、民主党の対立候補クリントンは、ブッシュ大統領のボスニア政策を徹底的に批判するようになる。ブッシュ大統領は、軍事介入を避けながらも、世論も考慮することを迫られる。では、この「人道上」に関わる報道とはどのようなものだったのだろうか。

当時アメリカのテレビでは、ハルバースタムの言う内向き傾向が続いていたが、「血が流されると、視聴率が上がる」（ibid.）と言われるように、大統領選のさなかアメリカ主要メディアが流すサラエヴォの戦闘の映像やニュース、記事がアメリカの世論を動かし、大統領選挙を控えたブッシュ政権にも少なからず影響を与えることになった。アメリカ政府同様、メディアも世論も、それまでは旧ユーゴ紛争やボスニアに関心があるとは言えない状況であった。このアメリカ主要メディアと世論を動かした大きな影の存在が、アメリカ大手 PR 企業のルーダー・フィン社である。

PR とは Public Relations の略だが、PR 企業の仕事はいろいろな手段を駆使して人々に訴えかけ、顧客を支持する世論を作り上げることである。アメリカの PR 企業は、CM や新聞広告だけでなく、メディアや政界の重要人物、あるいは政治に影響力を持つ圧力団体にも働きかけ、顧客の利益を図ることを業務とする。通常 PR 企業が顧客とするのは内外の民間企業であるが、ボスニア政府に請われてボスニア紛争を手掛けることになるルーダー・フィン社の幹部ハーフの得意分野は、外国政府であり、その国家の国益のために PR 活動をすることであった。同社が国際社会からの独立承認間もないボスニア政府と契約を結ぶのが 92 年 5 月である[17]。そのメディア対策については次章で述べるが、ルーダー・フィンが反セルビア・キャンペーンとして採用した "ethnic cleansing" の効力は、それが呼び起こすナチスのホロコーストのイメージを伴い、

ボスニア紛争はアメリカで「人道」問題として大きくクローズアップされることになる。

そこに、さらにナチスとセルビアの類推に効果をもたらす事件が起きた。それが1992年8月初頭に報道された「強制収容所」の記事である。これは、8月2日付のニューヨークタブロイド紙 *Newsday* に掲載されたロイ・ガットマンによる記事で、ボスニアにセルビア人がムスリム人を収容している強制収容所があるというものだった。さらに、その真偽を確かめに取材に出かけたイギリスのテレビニュース製作会社ITNが、近くの収容所で偶然撮った写真に有刺鉄線越しにやせ細った男が写ったものが混じっていることを見つける。この写真が8月6日のITNのニュースで放映されると、強制収容所の証拠映像として瞬く間に全世界に広がった。アメリカの放送局、新聞、雑誌がこの映像を購入し、メディアで流すとアメリカの世論は激しいセルビア批判へと動き[18]、メディアの論調はこれで決まったと言われている。

この年の大統領選では、共和党ブッシュの対立候補の民主党クリントンが勝利した。選挙戦でブッシュ政権のボスニア政策を批判して政治的争点にしたのはクリントンだった。クリントンはミロシェヴィッチについて、人道的犯罪を犯しているとして、空爆という軍事介入の必要性を訴えた。しかし、一時の強い関心は国民の中で徐々に薄れていき、クリントン政権のボスニア政策に対する支持率は、基本的に低迷が続いた。その原因のひとつには、ボスニア紛争が国益に決定的に関わるという意見が少なかったことが挙げられ（五十嵐, 1996, pp. 39-40）、その結果外交では難しい舵取りが続いた。

93年1月の大統領就任から94年半ばまでは、交渉を通じた和平を目指したが実を結ばなかった。しかし、この間にアメリカはボスニア軍強化を支援し、ムスリム人とクロアチア人の連邦を成立させ、この連邦とクロアチアに国家連合を結成させた。さらに、ミロシェヴィッチに圧力をかけ、セルビア共和国にボスニアのセルビア人共和国（スルプスカ共和国）との関係を絶たせた。こうして迎えたのが1995年であった。スレブレニツァでの大量虐殺に対する国際的な非難、クロアチア内での「嵐作戦」、そしてNATOによるセルビア人勢力への空爆と続き、ボスニア内のセルビア人勢力は力を失い、ついに和平合意を受け入れることになったのである。

アメリカ政府の外交には、西欧諸国同様自らの国益が働いていたことは言を俟たない。同時に、政治とメディアに大きな影響力を行使するPR会社と、そのメディアによって作られる世論の動向にも影響を受けていたことは間違いない。そこでのキーワードは「人道」であろう。それは明確な敵のいなくなった冷戦後、アメリカ国民を動かす大きな力となる。しかし、そのような世論の形成が真の意味の紛争理解に基づくものとは言いがたかったことは、上記の経緯からも明らかだろう。

4　日本社会の反応

　2001年12月東京大学で「ナショナリズムから共生の政治文化へ、ユーゴ内戦の経験から」と題するシンポジウムが開かれた。このシンポジウムは、この分野の研究者だけでなく、ジャーナリストやNGOも参加するアカデミズムの垣根を超えた議論の場となった。佐原（2002）はこのシンポジウムの成果をまとめたものだが、その序文で「ボスニア内戦」を含む「ユーゴ内戦」は「EU統合に湧く西欧の楽観主義に水を指した［原文のまま］だけでなく、国民国家、宗教と市民社会、国際介入と『正義』、など、20世紀文明の根本に関わる理念への反省を呼び起こした」とし、その意味で「『世界史的な』出来事であり」日本の人々にも大きなインパクトを与えていると述べている（pp. i-ii）。さらに、日本政府がボスニアやコソヴォ復興に多額の援助を行っていることを挙げ、日本の納税者にとっても利害を持つ出来事であったことを指摘している（ibid.）。このようにボスニア紛争は、日本の人々にとって決して無関係の出来事ではなく、政府レヴェルから民間レヴェル、そしてアカデミズムのレヴェルにおいても相互に関係を持つ出来事であった。実際ユーゴに危機が迫り紛争の勃発に至る時期において、専門家や研究者からはこの問題について様々な議論がなされている。[19]

　一方、政府レヴェルではどうであっただろうか。1991年9月号『外交フォーラム』で当時の在ユーゴ大使館参事官であった大羽が現地報告を行っている。それによると、その数カ月前までは、ユーゴ外務省の次官補が「ここはヨーロッパだ。内戦などになるわけがない」と言っていたのが、すでに「毎日のニュースは戦争クロニクル」の状況となり、テレビでは連日破壊された家屋や死体

が放映され、いつセルビアとクロアチア間で全面戦争になってもおかしくなかった（大羽, 1991, p. 58）。大羽は、ユーゴを構成する6つの共和国が、すべてスロヴェニアのように基本的に単一民族から構成されていればよいが、そうでないことがユーゴ問題の難しいところだと指摘し、セルビア側がクロアチアに対し、独立するならセルビア人居住地域をユーゴ連邦に残して独立しろとする主張に理解を示す。なぜなら、第2次大戦中のクロアチア独立国でのウスタシャによるセルビア人の大量殺戮の記憶が、今日のクロアチア内のセルビア人の武装の理由となっていたからである。

しかし、互いの境界をどこで引くのかということになると、クロアチア側もセルビア側もともにその根拠に異なる歴史的出来事を引っ張り出す。このような状況での線引きには暴力・流血が必ず伴う。それでも、敢えて独立しようとしたスロヴェニアとクロアチアの意図について、大羽は、両民族が戦前のユーゴ王国にも戦後のユーゴ連邦にも、アイデンティティを見出せなかった結果であるとする。加えて両者の西洋志向、つまり、自分たちはトルコに500年も支配されていたセルビア人とは異なり、ヨーロッパ人なのだという感情でヨーロッパ統合への動きに触発されたのではないかと見る（ibid., p. 59）。そして、以下のように結論づけている。ユーゴ自身はもう自力で這い上がることはできないが、「せまいところで多民族が折り合って生きる方法をみつけること」は世界全体の課題であり、私たち（日本人）にとっても「対岸の火事ではない」（ibid., p. 61）。

翌年92年6月にユーゴ勤務を終えて帰国した大羽は、同年『外交フォーラム』8月号で「ふたたび火薬庫となるか ユーゴ情勢」と題して緊急レポートを行った。すでにこの年の春にボスニア紛争が始まっていたが、ここに来てようやく西欧諸国も真剣に取り組み始めたとしながらも、EC諸国が1年前のようにユーゴ問題調停に対して自信を持っていないと述べている（大羽, 1992, p. 69）。クロアチア独立に際し、セルビアが頑なに主張を譲らなかったため、セルビアは国際的な同情を失っただけでなく、ユーゴ連邦軍を味方につけ問題地域を武力で占拠しようとした結果、国際世論から非難され孤立することになったのだと指摘する（ibid., p. 70）。その結果、ボスニア紛争でも「悪いのはセルビア人」ということになってしまったのだという（ibid.）。ボスニアでもクロア

チア同様、ボスニアのセルビア人がボスニアから離脱してセルビア本国と一緒になると主張したためである。それはボスニア分割につながる。国境線の不変更というCSCEの原則に則ってボスニアの独立を承認したアメリカもECもこの分割を認めるわけにはいかない。そこで、前述したようなボスニアの一体性を保ちながら民族別カントン化を行うという和平案が浮上することになるのだが、それによってまた境界線をどこで引くのかという問題が先鋭化し、各民族の陣取り合戦と剥き出しの暴力が前面に出てくることになる。

　分割を策してボスニアのセルビア人を背後から操っているとされるセルビア共和国とその指導者ミロシェヴィッチに対して国際社会の非難が集中するが、大羽はミロシェヴィッチの誤りや傲慢さを認めた上で、なおかつセルビア人の置かれた状況には理解を示す。なぜなら、「バルカンがかつて火薬庫といわれ、今また火薬庫化しつつあるといわれるのは、つまるところ、民族間の政治的境界線と実際の民族分布がくい違っているから」であり、セルビアはその「最たるもの」だからである（ibid., p. 71）。このような状況が存在する限り、誰が指導者であってもセルビアは「バルカンの問題児、欧州の新秩序形成過程の攪乱要因とみなされ、国際的指弾を受けることになり易い」（ibid., pp. 69-71）。

　これを政府レヴェルで考えた場合、ユーゴ紛争、とりわけボスニア紛争に対しては、日本と利害関係がほとんどないため、全体的に関心が高かったとは言えない。逆に言えば、その分西側諸国の政策に直接巻き込まれることもなかったと言える。それは、日本政府がこれら独立諸国との外交関係樹立について慎重であったことにも窺える。92年5月スロヴェニア、クロアチア、ボスニアが国連加盟を承認されたが、日本が外交関係を樹立するのはスロヴェニアとは同じ年の10月、クロアチアとは翌93年3月、ボスニアとは96年2月である。一方で、国連の主要メンバーとして、国連主催の旧ユーゴ和平会議、国連保護軍、国連難民高等弁務官事務所などを通じた人道支援に多額の資金を供出した。こうした日本政府のボスニア紛争への関わりについて、一般の人々はほとんど知らなかったというのが実状だろう。

　日本は91年初頭に勃発した湾岸戦争によって、それまでの活動の枠を超えた積極的な国際協力を求められるようになった。そのために政府は、92年6月には国際平和協力法（PKO協力法）を成立させ、国際援助活動への自衛隊の

参加を可能とする国際緊急援助隊法改正法を施行した。これによってペルシャ湾での掃海活動を最初として、自衛隊の海外での活動が行われ始めた。92年当時の日本での政治や外交における論調を『外交フォーラム』や『世界』、『正論』、『中央公論』等の各オピニオン誌から追ってみると、湾岸戦争と日本の貢献論議、それに関連したPKO法案および自衛隊の役割範囲、冷戦後の新たな枠組みの中での日米安保の再定義とそれに伴う日米ガイドラインの見直し、さらに戦後50年を間近に控えアジアにおける戦争責任や戦後処理、また経済的にはバブル経済破綻後の問題に追われていたことが分かる。PKOと国際貢献に関する論議はあっても、積極的に世界の平和や地域紛争の解決に関わるという視点からではなく、日米安保条約や憲法の枠組みでの論議であり、この時期の日本の外交姿勢は基本的に内向きであった。

このことは、日本社会の地域紛争への関心の低さの反映でもある。94年8月『外交フォーラム』上で行われた「座談会：地域紛争に鈍感な日本人」では、有識者から日本のメディアにはこうした問題に関して奥に踏み込んでいく視点が欠如していることや、日本社会が地域紛争を対岸の火事と見ていることが指摘されている。さらに「地域紛争の根っこにある問題は、本当は日本の中にもある。たとえば外国人労働者問題、在日韓国・朝鮮人問題、アイヌ問題なども、本当は全部根っこで通じている」（石井・鈴木・山内, 1994, p. 10）として、日本社会の中に地域紛争を自らの問題として考える座標軸の必要性が提起されている。

ユーゴ紛争は、テレビや新聞でも頻繁に取り上げられるようになった。しかし、それまでほとんど関心がなかった地域だけに、記事やニュースは断片的で、そこから紛争の全体像をつかむことは難しかったと言えるだろう。特にテレビのニュースは全体的に一貫性がなく、ある時はセンセーショナルに伝えたかと思うと、またしばらくはそのニュースが途切れてしまうという状況だった。柴（1996c）は、当時の状況について以下のように述べる。

　　ユーゴ内戦に対するわが国の報道は当初、記事の数だけは多くなったのだが、経済関係の乏しいどこか遠くの国の惨事といった、一歩引いたとらえ方を感じさせる。バルカン地域というヨーロッパの「危険地帯」で、また生じた紛争といった紋切り型のとらえ方も多かった。結局、複雑な民族や

宗教そして歴史を十分把握しきれずに、よくわからない地域の、所詮よそ事という突き放しがなされてきたと思う。(p. 202)

渡辺（1992, p. 196）によると、全般的に日本のテレビは、欧州の問題について長い間専門家の育成を怠ってきたという。そのため東欧革命の際も、東欧の社会主義諸国の歴史や社会状況を知らない記者がやみくもに投入され、出来事の表面をなぞるだけのリポートや解説が行われ、東欧研究者からは視聴者軽視だとの批判が起きた。それに対し、日本の新聞は、重要拠点に特派員を配置し、欧州での取材経験を持つ記者や編集委員が記事を提供したという（ibid., pp. 196-197）。しかしその新聞でさえ、当時、旧ユーゴに常駐する日本の新聞記者はいなかった。その結果、事実関係を検証することができず、欧米の政策による情報操作や欧米の国際通信社の発信する情報に全面的に頼らざるを得なかった。その典型がアメリカ主導のもとで形成された「セルビア悪玉論」であった（柴, 1996c, p. 203）。

この一方的な報道に軌道修正がされるのは、94年1月に、明石康国連事務総長特別代表が、旧ユーゴ問題の担当に当たり、国連の中立性を主張し、それまでの「セルビア悪玉論」にとらわれずボスニアの3民族と等距離で交渉し始めてからである。この頃から、セルビア人勢力や新ユーゴの報道も少しずつ取り入れられるようになる（ibid.）。翌年の95年9月27日の朝日新聞朝刊の記事には、以下のように、明石代表に対するインタビューが引用されている。

　　今回の戦争は優れてメディア戦争といえると思います。［中略］セルビア人勢力による残虐行為は紛れもない事実です。しかし、そればかりが強調されすぎたために、他の勢力の残虐行為は見過ごされてしまった。そこに、善玉、悪玉、という単純化したイメージができてしまった。［中略］ボスニアの街モスタルの破壊はすさまじかった。ここではクロアチア人がモスレム人に対して残虐行為に及びました。しかし、これもほとんど［メディアによって］取り上げられませんでした。（江木, 1995. 9. 27）［挿入引用者］

オスマン・トルコから独立したバルカン諸国は、「近代化」のために相互に

軍事力の強化を競った。その結果、ヨーロッパ列強の介入を招き、バルカン諸民族が対立、抗争する「バルカン化」と呼ばれる状況を生じさせ、この地は「ヨーロッパの火薬庫」と呼ばれるようになる。そして対立、野蛮、非近代などの負のイメージが定着することになる。

前述したようにここで忘れてはならないのは、それが西欧近代の視点から作り上げられたものであり、その西欧近代の目がまたバルカンの人々の自己像を規定している点である。いわば、「バルカン」とは「近代化」の産物であり、バルカン諸民族が自らの近代性を証明するためには、常に「我々」を西欧の側に同一化し、「他者」をどこかに見つけざるをえないよう運命づけられていたとも言えるだろう。現代におけるボスニア紛争もまた、この近代化の孕む問題の延長線上にある。一方の西欧においては、バルカンとは常にヨーロッパの中のオリエントであり、他者であり続けている。ボスニア紛争における欧米諸国の言説もそれが前提となっている。

ボスニア紛争に関しては日本も、欧米政府やメディアの論調に大きく影響を受け、対立、抗争、後進性などのステレオタイプ化されたイメージにとらわれてきた。しかし、バルカン諸国と同じ頃国民国家として近代化を遂げた日本の姿、そしてドイツやイタリアなどの中欧や南欧諸国の姿は、バルカン諸国の姿と重ならないだろうか。もちろん近代化を迎えるまでに、それぞれは異なる歴史を辿ってきた。しかし日本も、その近代化の過程で「西洋」と「東洋」、「文明」と「野蛮」という二項対立の中で自らを前者に組み込むために、東洋の中に「他者」「異文化」を求め植民地支配に乗り出し、非西洋でありながら自らを東洋における西洋の鏡像とする錯綜した思いにとらわれてきたのである（Tanaka, 1993）。そしてグローバル社会と言われる現在にあっても、国際社会はこの近代化の枠組みの中にあり、日本もまた欧米を中心とする「我々」と「他者」の構造の中にすっぽりと組み込まれており、「我々」と「他者」の間を行き来する存在である。

小森（2006, p. 107）が指摘するように、「オリエンタリズムの言説を、日本人に対し日本語で吐けば吐くほど、その言説は、吐いている本人に向かうものになってしまう」状況の中に、現代の日本の姿があるとも言える。[20]欧米による他者と他者をめぐる出来事の解釈とは、まさにこのような状況の連続線上にあり、

「翻訳」という行為もここに生起しているのである。

　冷戦後の枠組みの中で、日本もまた新たな国際社会での役割を模索すべき転換点にいた。その中で、中・東欧あるいはバルカンでの民族問題は、欧米先進国や日本が歴史的に抱えている問題、つまり「近代」の「国民国家」が内包する問題でもあり、新たな世界の構築を模索する上で、日本自らの問題として真剣に議論するべきものだったと言える。しかし、地理的にも遠く、経済上も政治上も利害関係がなく、情報もないバルカンという地は、一部の知識人を除いては、一般の人々の関心対象とはならなかったばかりか、日本社会自らの視点で検証することなく、欧米の視点に追随しがちであった。それは日本が未だ近代西欧のイデオロギーや価値観の中に自らを位置づけ、世界を解釈する危険性を常に伴っていることを示している。

　ボスニア紛争という混沌とした出来事に対して、自らその渦中にあった旧ユーゴ社会、その解決に直接・間接的に関わった欧米社会、そしてほとんど直接的な関係のなかった日本社会の対応は、当然のことながら、ボスニア紛争という出来事をそれぞれがどう解釈したかにその基盤を置くものである。この点について、本章の最後に、言語人類学の視点から簡単に整理し、次章につなげることにしたい。

　現代社会記号論系言語人類学の出来事モデルを、ここでもう一度確認しておこう。このモデルでは、出来事・行為としてのコミュニケーションは、常に社会文化史的コンテクストにおいて生起する。その中心は、コミュニケーションにとっての「今・ここ」（オリゴ）にある。「今・ここ」で生起する出来事は、それ自体偶発的で、限りない解釈の可能性を秘めている。しかし、出来事を取り巻くコミュニケーションの参加者は、数多の解釈可能性の中から、実際には有限の解釈を行っている。そこに、無限の解釈可能性を有限化するメタ語用的枠組みが働くからである。換言すると、「今・ここ」の出来事は、出来事を取り巻くミクロ・マクロのコンテクストを前提的に指標する（コンテクスト化する）ことによって、社会文化的に意味をなすテクストとなる（テクスト化する）のである。コンテクスト化とテクスト化は連鎖を成し、コンテクスト化の結果創出されたテクストは、次に生起する出来事によってコンテクストとして指標され、社会文化史的な意味を変容させていく。この出来事モデルに従えば、コミュニ

ケーションの数だけオリゴが存在し、オリゴの数だけ解釈も存在することになる。

　ボスニア紛争をこの出来事モデルに当てはめてみよう。ボスニア紛争という出来事を取り巻くミクロ社会文化史的コンテクストには、この紛争、そしてそれに関わる様々なコミュニケーションの参与者が位置する。ここには、第5章と第6章で考察した、旧ユーゴ社会、西欧社会、そしてアメリカ社会、日本社会とその成員が位置し、一般に、この順で出来事から地理的・心理的に遠くなる。言い換えると、指標性が低くなり、反対に象徴性が高まる（脱コンテクスト化される）。同時に、それぞれの社会の成員は、自分自身の置かれた地理的・時間的位置から、ボスニア紛争自体の「今・ここ」で起こったことを、自身の「今・ここ」において解釈する主体となる。

　どの解釈の主体にとっても、理論的には、この出来事をめぐる解釈の可能性は無限である。彼らそれぞれの周りには、それらの主体を含み込むように参加者の帰属する集団や権力関係等に関わる社会的背景があり、さらにその周りをマクロ社会文化史的コンテクストとしての象徴記号（信念体系、イデオロギー、価値観、文化的知識など）が取り巻いている。言うなれば、ボスニア紛争の解釈という出来事をめぐって、解釈する主体の位置ごとに、幾つもの同心円状の社会言語的空間が幾重にも重なって広がっている状況である。その中で、各社会集団の一員としての参与者は、それぞれの「今・ここ」において、ミクロ・マクロの社会文化史的なコンテクストを前提とするコンテクスト化とテクスト化の相互過程を通して解釈を行っている。

　旧ユーゴ社会、西欧諸国、アメリカ、そして日本社会の対応から見えてくるものは、権力関係やアイデンティティの関わる相互行為という、指標性の高いよりミクロ・レヴェルにおいては、それぞれが個々に異なるコンテクストを指標しながらも、マクロ・レヴェルにおいては一様に近代西欧という価値観・イデオロギーを指標することを示していることである。言い換えると、この出来事に関与し、かつ主体として影響力を行使した参与者を取り巻くマクロ・コンテクストには、「近代市民社会」、「民族自決」、「国民国家」、「資本主義」、「自由市場経済」を是とする近代西欧イデオロギーが、様々な解釈（テクスト化）の前提、背景にあるということである。このことは、次章以降で言説分析の対

象とするメディア翻訳の起点テクストとなる欧米主要メディアのテクストもまた、このようなコンテクストの中で生起していることを示唆するものである。この点を念頭に置きながら、第7章では、欧米主要メディアの言説がいかなる社会文化史的コンテクストの中で生起したテクストであったのかを検証し、第8章のメディア翻訳の言説分析の前提を示すことにしたい。

注

(1) この点に関して、ウンバッハ（1996 [1996], pp. 26-27）は、ユーゴの民族紛争は実際にはドイツやECの承認の前から始まっており、ドイツ外交との直接的な因果関係はないと反論している。

(2) ウンバッハ（ibid., pp. 27-28）はドイツの独立承認政策の背景として、以下の点も指摘する。すなわち、両国独立承認の主張は、ドイツ憲法の禁止する域外武力行使を避けるためのすり替え政策の面があったという点である。そして、「ボスニアの民族間緊張の急速な高揚を止めるには、武力行使しかなかった」のに、この時点で武力行使に踏み切る意思がないフランス、イギリス、アメリカもまた、異なる立場から「すり替え」政策を取っていたと指摘する（ibid., p. 28）。

(3) イタリアでは1991年以降、急速に旧ユーゴからの難民が増大していた。

(4) マケドニアの独立は、ギリシャの反対で承認されなかった。

(5) 連邦軍側は軽武装の2個大隊で総勢2,000人余りであり、それは戦争を想定したものではなく儀礼的な性格を持つものであることは明らかだった（佐原, 2008, p. 143）。

(6) 1992年5月12日創設。注（8）参照。

(7) 1992年4月15日創設。郷土防衛隊、警察部隊、準軍事組織、犯罪者組織などからなる雑多な部隊から構成されていた（長, 2009, p. 83）。ムスリム人が主流で、数の上では他の2つの民族組織を圧倒していた。しかし、兵器や装備が不足し、ほとんどの兵士は訓練を受けていなかった。ボスニアにおけるセルビア人にとっての連邦軍、クロアチア人にとってのクロアチア本国の軍や警察のような支援が期待できないため、犯罪者の協力は他の2つの民族勢力以上に不可欠であった（ibid.）。

(8) この軍の指揮官が、ムラディッチ（Ratko Mladić）将軍である。1995年7月、国連の安全地帯に指定されていたボスニア東部スレブレニツァで起きた旧ユーゴ紛争中最大規模の集団虐殺の指揮をとった。ICTY規定により起訴されたが、15年にわたり逃亡を続けた。詳しくは、長（2009）を参照。2011年5月26日、セルビア国内で拘束され、ICTY（オランダ・ハーグ）に移送された。

(9) 安全保障理事会決議757。詳しい制裁内容については、横田（2000, pp. 515-520）参照。

(10) 一般的に、「冷戦体制が崩壊して東西の壁が崩れることにより、旧東欧は、中欧（東中欧）とバルカン（南東欧）に分裂したとされる」（羽場, 1998, p. 13）。地理的には、前者は新しい中欧概念、すなわち、ハプスブルク帝国の継承地域を含むキリスト教の国々で多民族共存領域を指し、ハンガリー、チェコ、スロヴァキア、ポーランド、時にスロヴェニア、クロアチアを含む。後者は、通常長期にわたってオスマン・トルコ帝国の支配下に置かれ、東方正教会、イスラム文化圏に属する領域を指す。現在、バルカン諸国は「ヨーロッパ」の一員となるためのステップとして「中欧の一員」になることを目指している（ibid.）。

(11) 現在の地図では、バルカンはおおよそ北からルーマニア、クロアチア、セルビア、モンテネグロ、ボスニア、ブルガリア、アルバニア、マケドニア、ギリシャとトルコのヨーロッパ部分にあたる。面積で言えば日本の約2倍、総人口では1999年の統計に基づくと日本の約半分である（柴, 2001, p. 6）。旧ユーゴの構成メンバーであった2共和国、スロヴェニアとクロアチアは、カトリック文化圏に属することから、冷戦後は中欧に含めることが多くなってきている。
(12) 最近のバルカン史研究の動向については、柴（2006）を参照。
(13) Wolff（1994, pp. 6-7）によると、18世紀後半、フランスの外交官としてロシアに駐在したSégurは、「ヨーロッパではなくかつヨーロッパ」であるこの空間をフランス語で "l'orient de l'Europe"（the east of Europe）と表現したが、その後、第1次世界大戦頃まで、l'Europe orientale（Eastern Europe）やl'Oriental européen（the European Orient）という語が交互に使用されていた。
(14) このような「東欧」に関する考えは、ヘーゲルやマルクス、エンゲルスにも受け継がれた。ヘーゲルにとって「世界史」は「東」から「西」へと進み、「アジア」ははじまりであったがすでに発展を止めた「歴史」なき世界である。世界史の発展の原理において、現在その発展の中にあるヨーロッパこそがその歴史を発展させることができる。近代的な産業の発展と、続く社会主義革命を歴史の原理とするマルクス、エンゲルスにとって、「東」のスラヴ諸民族は世界の発展に背く粗野な民族であった（高橋, 2006）。
(15) バルカン半島には、他にも社会主義国でありながらソ連とは一線を画した自主外交路線を進めるルーマニア、鎖国政策をとるアルバニア、ソ連との友好関係を維持するブルガリア、EC加盟国のギリシャ、さらにNATOの一大軍事基地のトルコがあった。この意味でバルカン半島は東西両陣営の接点として重要な意味を持っていた。
(16) 旧ユーゴの民族の立場から、この「東欧」概念と自らの民族の苦悩を描いたものに、ドラクリッチ（1998 [1996]）や第7章で取り上げるウグレシィチ（1997 [1998]）がある。
(17) ルーダー・フィン社は、すでにクロアチア紛争時の91年からクロアチア政府と契約を結び、反セルビア・キャンペーンを世界に向けて展開していた。
(18) 『ニューヨーク・タイムズ』の記者は、「ヨーロッパの人だと一目でわかる顔をした人が残虐行為を受ける絵柄に、人々はショックを受けたのです」と語ったという（高木, 2005, p. 223）。
(19) 91年から95年までに、『国際問題』、『外交フォーラム』、『世界』等に多くの論考が寄せられた。
(20) 「翻訳」という視点からこの問題を扱ったものとしては、小森（1997）、酒井（1997）、酒井・西谷（1999）、輿那覇（2009）等を参照。

第7章　紛争をめぐる解釈とメディア言説

　それでは、圧倒的な影響力を持って、世界、とりわけ第1世界に流れた欧米主要メディアの言説とは、いかなるコンテクストに基礎づけられた解釈（翻訳、テクスト化）だったと言えるのだろうか。この章では、日本におけるメディア翻訳において、主たる起点テクストとなったイギリスとアメリカのメディア言説に焦点を当てて論じることにしたい。その際、現地における他のいくつかの言説との対照を試みたが、それは現代世界というコンテクストの中で、英米メディア言説がどのように位置づけられるかを少しでも明瞭に示すためである。

　ボスニア紛争に関して生起したテクストは、もちろん英米主要メディアによるものばかりではない。また現地の言説に関しても、ここで取り上げるものはそのほんの一部に過ぎない。全体を網羅することは到底不可能だが、少なくとも複数のテクストを提示してみることで、出来事をめぐる解釈の複数性、相互行為性、そして欧米主要メディアの特徴をある程度浮かびあがらせることができるのではないか。互いに対照可能なように、いくつかの例を除き、おもにボスニア紛争初期のメディア言説に絞って取り上げる。この時期は、紛争が勃発し最も激しい戦闘が繰り広げられ、欧米メディアのボスニア紛争に関する論調が形成され、固定した時期である。

1　旧ユーゴスラヴィアのメディアと紛争

　旧ユーゴ時代におけるメディアは、共産党の管理下にはあったが、その出版物の種類の多さ、質の高さ、内容の多様性でも、また報道機関として受ける制約の少なさの点でも、他の社会主義諸国の追随を許さないものがあった（Thompson, 1999, p. 7）。例えば、セルビア拠点の旧ユーゴ最大の全国紙 *Политика*（ポリティカ）は、ヨーロッパでも屈指の日刊紙であり、当時の東欧

諸国の中でも最大の特派員ネットワークを有していた。社会主義国でありながら、ほとんど無検閲で出版され、共産党の干渉を受けつけない出版姿勢を貫いていた (Glenny, 1993 [1992], p. 44)。

旧ユーゴ全国レヴェルの報道メディアとしては、通信社 Tanjug（タンユグ）、共産党の機関紙 Борба/Borba（ボルバ、以下便宜上、Борба）、テレビ局の Jutel（ユテル）があった。タンユグは、国際報道市場では第8位を占める地位にあり、報道の質においても高い評価を得ていた。その他、各共和国を拠点とする日刊紙や週刊誌、テレビ局・ラジオ局が種々存在した。連邦法でメディアを含む私有企業の創立が許されるようになる1989年までは、9つのテレビ局、202のラジオ局、27の日刊紙、17の主要ニュース雑誌、その他数百の地方紙や様々な分野の機関誌があった。出版メディアの約70%が、セルビア・クロアチア語で書かれていた (Thompson, 1999, p. 9)。

1980年代頃までは、メディアは、旧ユーゴの人々の日常生活や他の様々な文化活動同様、多文化環境を特徴としていた。ニュースをはじめ、娯楽番組などのテレビ放送も国内の他の地域と連携しており、夕方の人気テレビニュース番組 Dnevnik（ドゥネーヴニク）は、各共和国の首都を中心に現地リポーターやジャーナリストによって製作されており、互いに情報を共有し合う構成だった (Milošević, 1997, p. 108)。

日常的な多文化環境に変化が訪れるのが、74年の憲法改正後である。前章でも触れたように、経済的な不満の高まりは、豊かな共和国でも貧しい共和国でも民族主義に結びつきやすかった。共和国に一層の権利の委譲が行われると、各共和国のテレビや日刊紙、週刊誌は徐々にその伝統的な多文化的編成を放棄していった (ibid.)。

東欧民主化の流れにのり、複数政党制の下での自由選挙を控えた80年代後半には、言論の自由が大幅に保障されるようになる。共産党支配下で抑えられていた民族主義的言動も自由となり、各共和国、なかでもセルビアとクロアチアでは、政治指導者たちが民族主義を政治的に利用し、主要メディアを使って排外主義的扇動を繰り広げるようになる。とはいえ、旧ユーゴでは第2次世界大戦後、何度かの緊張はあったものの、人々の中には時間をかけて育まれてきた多文化環境が存在していた。また、独立系メディアでは、民族主義や分離主

義に公然と反対するものや、連邦維持を主張するものも存在した。そのため、民族主義的な政治指導者にとっては、この環境を崩すにはそれなりの時間と方法が必要であった（ibid., p. 109）。

　セルビア共和国大統領のミロシェヴィッチとクロアチア大統領のトゥジマンは、その民族主義的路線を明確にする中で、各共和国に拠点を置くメディア、とりわけテレビの掌握を最重要課題に位置づけ、メディアに圧力をかけ、主要メディアを使って情報操作と民族主義的扇動を行うようになる。「各当局にとって」メディアは「国民を戦争に動員し、国際世論に訴える重要な武器」（千田, 1993, pp. 226-227）であった。

　セルビア共和国の自治州コソヴォでは、80年代、アルバニア人の急速な人口増加、および74年憲法による大幅な分権化によって、アルバニア人の分離・独立を含む権利拡大要求がエスカレートし、少数派セルビア人のコソヴォからの流出が相次いでいた。コソヴォで起きたある事件をきっかけにセルビアのメディアは、アルバニア人がコソヴォのセルビア人に対し、ジェノサイドを計画しているというキャンペーンを繰り広げるようになる。翌年には知識人が中心となり、コソヴォでアルバニア人がセルビア人のジェノサイドを進め、"etnički čisto"（民族的に純粋な）状況を作り出そうとしているとして、コソヴォにおけるセルビア人の処遇を改善する嘆願書をユーゴ連邦議会とセルビア議会に提出した。ここで、"etničko čišćenje" という用語が再びユーゴの歴史に登場してくることになる（佐原, 2008, pp. 153-154）。同年9月、セルビア科学芸術アカデミーの覚書の一部が公表される。

　ミロシェヴィッチは、この時点ではまだ、ユーゴ連邦およびユーゴ共産党の基本方針である諸民族の「友愛と統一」という姿勢を堅持していた。それが、コソヴォ・ポリェの集会での出来事を契機に、民族主義を利用し権力を掌握する道へと邁進することになる。その手段に使われたのが、主要な放送局と新聞、出版社である。ミロシェヴィッチが的を絞ったのは、旧ユーゴ全土においてもセルビアにおいても影響力の最も大きかった *Политика* および *Политика* グループと(3)、RTB(4)(5)(Radio-Televizija Beograd ベオグラード放送、後に RTS: Radio-Televizija Srbije セルビア放送) である。

　この時期に推進された反アルバニア・キャンペーンは、セルビア全体の歴史

修正主義と連動する形で展開した。歴史修正主義の流れの中で、第2次世界大戦中のクロアチア人とムスリム人のセルビア人に対する残虐行為、ウスタシャ[6]およびカトリック教会による反ユダヤ主義・反セルビア主義がことさら強調され、チェトニク[7]はナチスに対する正義の解放者として描かれた（ibid., pp. 155-156）。この歴史観では、セルビア人は歴史を通し一方的に犠牲者とされる。その主張というのは、今、ウスタシャやナチス（ドイツ）、ナチス協力者（ムスリム人）が再び自分たちをジェノサイドの標的にしており、したがって、セルビア人へのジェノサイドを予防するためには、自らが自らを守らなくてはならないというものであった。

このようにミロシェヴィッチは、メディアを通して人々の不安と恐怖を煽り、迫り来る危機に向けて人々の結集を呼びかけた。セルビアの主要メディアは、隣国クロアチアやボスニアのセルビア人にも大きな影響力を持っていた。クロアチア紛争およびボスニア紛争でのセルビア人の残虐行為も、このジェノサイドに対する恐怖とそれに対する自衛が動機づけとなっている。セルビアのメディアでは、500年にわたるトルコ支配による受難と、彼らの主張する現在の苦しみ、すなわち、コソヴォのアルバニア人の暴虐、クロアチアのファシズム、ドイツをはじめとする反セルビア的メディアやヴァチカンから受ける痛苦を重ね合わせて描いた（Milošević, 1997, p. 111）。

一方、クロアチアでもトゥジマンが、主要な放送局と出版社を短期間で手中に収め、厳しい検閲と政治統制を行い、政府に都合の良いイデオロギーを宣伝した。その中心となったのは、クロアチアの放送局RTZ（Radio-Televizija Zagreb ザグレブ放送、後にHRT: Hrvatska Radio-Televizija クロアチア放送）、日刊紙 *Vjesnik*（ヴィエスニク）[8]および *Vjesnik* グループ[9]である。クロアチアでは、セルビア以上にテレビの影響力が強かった。

クロアチアでも、第2次世界大戦下でのウスタシャによる虐殺に対して、セルビアとはまた異なる歴史修正主義が広まっていた。それは第2次世界大戦下でのクロアチア独立国の価値づけと関わるものだった。歴史修正主義は、一方でクロアチア国内のトゥジマン政権の下で、他方で国外のクロアチア人亡命者の間で活発な展開を見せた。後者はウスタシャを愛国者とまで呼び賛美した。トゥジマン自身は、西側諸国の反応に配慮してウスタシャ賛美を控えながらも、

第 2 次世界大戦時のクロアチア独立国は大セルビア主義に対する自衛であったとし、クロアチア独立国でのジェノサイドを否定した（佐原, 2008, p. 162）。

こうして、クロアチアでは、ウスタシャとナチスとの関係のために、クロアチア人が不当な汚名を着せられてきたとして、ユーゴ共産党を批判する番組が繰り返し流された。トゥジマン統制下のメディアでは、ウスタシャによるジェノサイドの否定だけでなく、第 2 次世界大戦中のチェトニクこそファシストの手先であり、クロアチア人とムスリム人を民族浄化しようとしていたという主張にまでなった（ibid., p. 163）。

セルビアとクロアチアのテレビ番組の応酬はエスカレートし、互いの指導者を悪の権化として描くようになっていった。セルビアのメディアでは、トゥジマンはジェノサイド、ファシスト、ウスタシャ指導者パヴェリッチの後継者として描かれ、一方クロアチアのメディアではミロシェヴィッチはスターリン主義者、ボルシェヴィキとして描かれた。セルビアでは、クロアチア人すべてがまるで「ウスタシャ」であるかの如く、反対にクロアチアではセルビア人のすべてが「チェトニク」であるかの如く描写された（Milošević, 1997, p. 111）が、自らの民族については「共通して『被害者』『自分たちの権利を守っているだけ』と、天使・聖人のごとく」（千田, 1993, p. 227）描かれた。こうした言語使用が、他の民族を「他者化」し、「他者」としての民族を歴史的なステレオタイプやイメージに結び付け固定化することによって、「自己」としての民族の歴史的正当性を作り上げていくことになる。(10)

旧ユーゴの人々が辿った歴史は、たしかに複雑である。それぞれの民族意識の芽生えに宗教が絡んでいたことも事実である。しかし、第 2 次世界大戦後は宗教の世俗化が進むとともに、多文化共存、融合が日常化していた状況を考えた時、人々の経済的な不満が民族主義に結びつきやすかったにしても、なぜ同じスラヴ人で、ほとんど同じ言語を話し、同じような価値観でともに暮らしてきた人々がここまで憎み合うことになるのかと普通の人々は不思議に思うだろう。

柴（1996c, p. 177）は、これを「近親憎悪」という言葉で表現している。これをコミュニケーションの視点から、別の言葉に当てはめて考えると、Bateson（2000 [1972]）がダブル・バインド理論と関連づけて展開した「分裂生成（schismogenesis)」のプロセスと重なる。この分裂生成プロセスは、対称的（symmetric）分裂生成と相補的（complimentary）分裂生成の2つより成るが、後者が共同体内の対立を調整する作用として働いているのに対し、前者はそれが過剰となることによって互いに相反するメッセージを受け取り合い、メタ・コミュニケーションを阻害する。その結果、ダブル・バインドを引き起こし、その帰結として共同体が崩壊していく。旧ユーゴでのメディアを介した相手の他者化は、このようなメタ・コミュニケーションの阻害を如実に示していると言えるだろう。

　91年夏にクロアチア紛争が始まると、こうした分裂プロセスは一層深刻になる。クロアチアのテレビは、連邦軍の攻撃によって廃墟と化したかつての中世都市ヴコバルやドゥブロヴニクの映像を繰り返し放映した。しかし、クロアチア人によって火を放たれたセルビア人の村の映像を流すことはなかった (Milošević, 1997, p. 112)。さらに、クロアチアのメディアでは繰り返し、クロアチア人こそ犠牲者であると主張され、クロアチア人は世界、なかでも欧米諸国でクロアチアの肯定的なイメージを作り上げることに従事しなくてはならないと宣伝された（ウグレシィチ, 1997 [1998], p. 102）。

　一方、セルビアのテレビでは、クロアチアで第2次世界大戦中のセルビア人犠牲者の共同墓地が掘り起こされている映像を流し、クロアチアのファシズムの復活として喧伝され、セルビア人は故国を守らなければならないと主張された（Milošević, 1997, p. 112)。こうしたメディアのレトリックは、翌年春ボスニア紛争の勃発とともに、ムスリム人も巻き込んでいった。それは、ボスニアの人々に対して行われたセルビア人によるジェノサイドを覆い隠した。またクロアチア紛争、そしてそれと連動するように起きたボスニア紛争を「内戦」と定義し、その内戦の標的がセルビア人であるとしたのである (ibid., p. 113)。

　どちらの共和国でも、自らを犠牲者とする歴史修正主義が闊歩し、政府に批判的な知識人やジャーナリストは、民族の敵・裏切り者とレッテルを貼られ、ジャーナリストは職を失った。両者で異なるのは、欧米諸国に対する反応だけだっただろう。セルビアでは、自分たちは犠牲者なのに、なぜ欧米諸国は自分たちを悪者扱いするのかと訝り、一方のクロアチアでは、自分たちは犠牲者なのだから、クロアチア独立は民族自決に基づく正しい選択であり、欧米諸国が

それを支持するのは当然だというものである。

　ウグレシィチ (1997 [1998])(12)は、新たなクロアチアの体制には、「忘却のテロル」と「想起のテロル」という2つのパラレルな過程があるとする。これらは、新しい国家、新しい真実が構築される時に機能する。忘却のテロルというのは、「『ユーゴスラヴィアの』アイデンティティとその再生のあらゆる可能性を抹消しなくてはならない」とするもので、想起のテロルは、「国民的アイデンティティの（中断されていたとされる）連続性を再生しなくてはならない」［挿入原文］とするものである (ibid., p. 112)。そして以下のように述べる。

> 　想起のテロルは、当然にも境界づけと差異の定義の戦略でもある。**われわれはかれら**（セルビア人）とは違っている。**われわれはかれら**とは別の歴史、宗教、伝統、言語をもっている。一種の戦争状態のなかで、この論理構成（これはクロアチアの集団的な思考に深く浸透している）は大いに利用される。**われわれはかれら**とは違っている。というのもわれわれは、われわれの歴史が証明しているようにより善なるものだからである。**かれら**は昔から破壊ばかりしてきたが、**われわれ**は昔から構築してきた。**われわれ**はヨーロッパ的なカトリック文化であり、**かれら**はもっぱらセルビア正教会の、文明を知らない野蛮人でしかない。こういった調子で延々とつづく。(ibid., p. 113)［傍点・太字原文］

上記引用に見る「ユーゴスラヴィア」という概念の否定、多民族共存の歴史の否定、他民族の他者化は、クロアチアにおける民族主義だけでなく、セルビアの民族主義とも重なる。例えば、セルビア人のムスリム人に対する民族主義的主張では、われわれ（セルビア人）はかれら（ムスリム人）とは違う。われわれはヨーロッパの一部であり文明を知らない野蛮人（ムスリム人）からヨーロッパを守る十字軍であるという主張になる。Thompson (1999, p. 89)では、セルビアのテレビで、クロアチア人に対する「ウスタシャ」に代え、ムスリム人に対しては、「ムジャヒディン」、「ジハード戦士」、「イスラム過激派」、「イスラム原理主義者」などの言葉が使用されていた様子が示されている。

　このように、旧ユーゴ内各共和国のメディアは、80年代後半から急速にそ

の多民族性・多文化性を放棄し、特にセルビアとクロアチアでの主要メディアは民族主義的な政権の統制下におかれ、その宣伝塔となっていった。

　それでは、冒頭に述べた全国レヴェルの報道メディア、タンユグ通信社、日刊紙 *Борба*、連邦テレビ局ユテルはどうなっただろう。タンユグは91年の終わりごろまでには、親ミロシェヴィッチ派のスタッフによって占められようになり、以前は高く評価されていたその情報の信頼性は大きく損なわれていた。*Борба* は共産党機関紙として出版部数こそ多かったが、もともと読者は多くなかった。その意味で *Политика* のような影響力もなかったが、91年の紛争勃発時は、分離主義を批判し統一ユーゴの支持を表明し、いずれかの共和国や民族に偏らない姿勢を貫こうとした。こうした姿勢のため、クロアチアやセルビアの超民族主義集団の標的とされた。その後も *Борба* は中立性を守り、どの勢力からも同じ距離を保とうとした結果、セルビアをはじめそれぞれの民族が現実に引き起こしている様々な侵略行為や残虐行為の実態に踏み込んで報道することができなくなってしまった。

　ユテルは90年秋に、民主主義へのスピーディーな移行と、高い質のジャーナリズムの確立を目指して登場した連邦レヴェルのテレビ局だったが、共和国レヴェルのテレビ局に阻まれて、目的とした活動は行えず、加えて *Борба* 同様、連邦維持と中立の立場を貫こうとして同じ問題を抱え込むことになり、組織として短命に終わった。[13]

　複数政党制と自由選挙は、民主化への一歩であるはずだったが、その前提となるメディアの自由化・民主化は、各共和国で民族主義政党が政権を握り、その基盤を確固としていく過程でその進展が阻まれ、各々政党の統制下におかれたメディアはその独立性を失わざるを得なかった。また連邦レヴェルのメディア機関は、急速にその存在意義を失い、各民族主義の攻撃に晒されることになった。

　しかし、こうした中でも各共和国には、政府の民族主義政策に批判的な独立系メディアが存在していたことは注目すべきことである。代表的なものとしてセルビアでは、週刊報道雑誌 *Vreme*（ヴレーメ）[14]、TV StudioB[15]、Radio B-92[16]、クロアチアでは週刊報道雑誌 *Danas*（ダナス）が挙げられる。*Vreme* は当初より紛争の背景としての連邦軍の混乱状況を明確に指摘するとともに、ミロシェ

ヴィッチの不正な行為や民族主義を痛烈に批判していた。また多民族の共存という視点から、クロアチアの分離主義に対しては厳しい態度を貫いていたが、クロアチア紛争の間も、クロアチアに対してセルビアの他のメディアで使用されていたようなステレオタイプ的用語、例えば「ウスタシャ」などは使用しなかった（Thompson, 1999, p. 105）。92年5月、セルビアに対する国際的な圧力が強まる中で実施された経済制裁によって、これらの独立系メディアは財政的に大打撃を受けることになる。ミロシェヴィッチ政権の弱体化を図る欧米の対応が、反対にそれを強化するという皮肉な結果となった。

一方、クロアチアの*Danas*は、セルビアの民族主義に対して他のクロアチアのメディア以上に強い批判を行っていたが、一方で共産主義から民主主義への移行期にあって、多元主義の重要性も認識していた。しかしこうした*Danas*の方針は、トゥジマン政権から反クロアチア、ユーゴ統一主義者のレッテルを貼られ、クロアチア紛争が始まるとクロアチアTVからはその宣伝を拒否、*Vjesnik*グループからも出版物の印刷や販売を拒否されて、ボスニア紛争が始まってまもなく92年半ば、倒産に追いやられた（ibid., pp. 184-185）。

それでは、ボスニアでのメディアの状況はどうであったろうか。ボスニアは、旧ユーゴの6つの共和国で、ただひとつ圧倒的多数民族の存在しない共和国であり、概念だけでなく実質的にも多民族環境にあった。多くの政府機関や組織、また共和国レヴェルの放送メディアであるRTVSA（Radio-Televizija Sarajevoサラエヴォ放送、後にRTVBiH: Radio-Televizija Bosne i Hercegovineボスニア・ヘルツェゴヴィナ放送）や主要日刊紙*Oslobodenje*（オスロボジェーニェ）[17]、および*Oslobodenje*グループも多民族で構成されていた。

ボスニアでの旧ユーゴ時代におけるメディアに対する共産党の統制は、他の共和国と比べて強かった。それはその多民族構成のためである。共産党の掲げる諸民族の「友愛と統一」を維持していけるかどうかに、ボスニアの命運がかかっており、民族主義的な言動はボスニアを崩壊しかねなかったからである。80年代後半にはボスニアのメディアは共産党の統制から独立し、*Oslobodenje*およびRTVSAもボスニア共和国の将来をめぐって様々な見方や考え方の自由な議論の場となっていた。同時に、政治的多元性と旧ユーゴ連邦政府の進める民主改革と経済改革を支持する立場を堅持していた（Kurspahic, 2003, p. 92）。

しかし、すでに見てきたように、90年の選挙後成立した連立政権を構成する3つの民族政党は、旧ユーゴ連邦との関連でボスニア共和国の将来について、各々異なる構想を描いていた。ボスニア政府最大与党のSDA（民主行動党、ムスリム系）は、統一ボスニアを主張しボスニア分割に断固反対であった。ボスニア分割反対という点では、旧共産党系政治家、旧ユーゴ連邦軍、ボスニアの多くの知識人も同じ立場にあった。しかし連立与党のSDS（セルビア民主党）やHDZ（クロアチア民主同盟）は異なる考えであった。特にSDSは、ボスニアが旧ユーゴ連邦から独立するなら、自らもボスニアから離脱するとして、分離主義・民族主義を強硬に主張した。

対立が激化する中、多民族構成の機関の多くはSDS、またHDZの攻撃の対象となっていった。そして各民族政党は、自らの主張する支配領域内でそれぞれの行政機関や軍、放送局や新聞等のメディアを配置することになる。セルビアやクロアチアでは、主要メディアが中央政府の統制下に置かれたのに対し、ボスニアでは3つの主要民族ごとの組織に分裂、再編成されることになるのである。

ボスニアの首都サラエヴォでは、紛争下でもメディアは、他の地域と比べて活発であった。日刊紙 *Oslobodenje*、隔週出版の新聞 *Večernje Novine*（ヴェチェールニェ ノヴィネ）の2紙および、独立系報道雑誌 *Dani*（ダーニ）が戦時下でも出版を続けた（Thompson, 1999, p. 216）。しかし、それ以外のメディアは紛争が始まると閉鎖を余儀なくされた。サラエヴォ以外の地域でもメディアは、それぞれの民族集団の支配下で混沌とした状況に追い込まれた（ibid., p. 217）。

ボスニアでのメディア戦争は、クロアチアとセルビアとは異なり、言語による応酬にとどまらず実際の武力行使を伴い、紛争と同時進行で進んだ。異なる民族集団のメディアが互いの武力行使の標的となるだけでなく、民族主義や分離主義に反対するメディアも、言葉による中傷だけでなく襲撃を受けた。これらの組織では紛争中多くの命も奪われ、戦火を避けて多くのジャーナリストが国外や他の共和国へ去った。

その中で、首都サラエヴォを拠点とする2つの報道機関が、戦争中も報道を続けることになる。ひとつはRTVSA（サラエヴォ放送）であり、もうひとつはサラエヴォの日刊紙 *Oslobodenje* である。両者ともに、ボスニアの多様性と一

体性の維持を主張し続けた。両者の違いは、紛争初期に RTVSA ではその中心的な人々がサラエヴォを去ってしまったのに対し、*Oslobodenje* では主要な編集者や編集長がサラエヴォで活動を続けたことである（Kurspahic, 2003, p. 100）。前者の RTVSA では、こうした経緯のため、その後 SDA 主導のボスニア最高議会がその主要なポストを任命することになる。92 年 5 月、名称を RTVBiH（ボスニア・ヘルツェゴヴィナ放送）と変更し、民族的憎悪の流布の自粛と多民族国家ボスニアの維持を基本方針とするが、SDA との結びつきが強くなる中で、SDA 主導のボスニア政府を無批判に支持していく結果となる（ibid.）。

一方 *Oslobodenje* は、紛争初期にセルビア人勢力の砲弾で建物が破壊されたが、地下の核シェルターで出版活動を続けることになる。ボスニア紛争で「サラエヴォを攻撃するセルビア人」対「サラエヴォを守るムスリム人」というステレオタイプ化された国際報道で、サラエヴォ住民＝ムスリム人という理解がなされることが多い。しかし、サラエヴォはボスニアの中でも完全な民族混住地域であった[18]。こうしたサラエヴォの住民は、それぞれの民族の出自ではなく、自らを Sarajlija（サライリヤ）と呼んでいた。それはボスニアの住民が、民族の出自ではなく、自らを Bosanac（ボサナッツ）と呼んでいたのと呼応する。それゆえ、これらのメディアは、ボスニア共和国としての存続に自らの存在意義と目的を重ね、反民族主義の立場から統一ボスニアを支持した。その結果、SDA の民族主義的主張には反対しながら、統一ボスニアを主張するボスニア政府を支持することになる。

これらのメディアでは、クロアチア紛争の際も民族に関わる言葉は慎重に使用され、民族的偏見を帯びた語の使用は回避されていた。92 年 4 月に首都サラエヴォで紛争が始まった時も同様であった。その背景には、上記のようにボスニア政府もボスニア軍もムスリム人主導ではあったが、なおも 3 つの民族から成り立っていたことにある。他方で、セルビア人勢力やクロアチア人勢力は、ボスニア政府を率いるムスリム人政治指導者がイスラム国家建設を策謀しているとのプロパガンダを繰り返し、ボスニア政府を支持するセルビア人やクロアチア人を民族の裏切り者であるとして攻撃していた。だからこそ、サラエヴォの主要メディアではボスニアのすべてのセルビア人、あるいはすべてのクロアチア人が民族主義者であるかのような言葉の使用に慎重だった（Thompson,

1999, pp. 221-222)。

　しかしながら、一方で、ボスニア政府を主導するムスリム人指導者の間でも、強硬派と穏健派の間では軋轢、確執が続いていた。ボスニア政府の最終目標が、政府の言葉どおり主要3民族および他の少数民族が真に平等の多民族国家なのか、あるいはムスリム人主導の下での多民族国家なのかについても明確ではなかった。いずれにしても、ボスニアが民族別に分離してしまうことは、ボスニアの歴史と社会の崩壊を意味するという点で、ボスニア政府もメディアも多民族国家統一ボスニアを維持することの重要性の認識で一致していたと言えるだろう。

　後に、これらのメディアは、当時多くのボスニア人（ボサナッツ）がセルビア人武装勢力を指して呼んでいた「チェトニク」を使うようになるが、それはボスニア統一を支持するセルビア人と区別するためである。つまり、サラエヴォやトゥズラに住むセルビア人は「セルビア人」であるが、これらの町を攻撃している人々（セルビア人）は「チェトニク」ということである（ibid., p. 222）。この点は、クロアチアの主要メディアに見られたセルビア人はすべて「チェトニク」という用法と異なる点である。

　サラエヴォのメディアに関しては、大きく2つの問題がある。ひとつはその影響力の問題であり、もうひとつはボスニア政府に対する立場の問題である。第1点目についてであるが、もともとボスニアでは共和国レヴェルの主要メディアの視聴者・読者はサラエヴォなど都市部に限られていた。加えて、紛争によってこれらのメディアの活動がきわめて困難になったため、そのボスニア全土への影響力は限られたものとならざるを得なかった。ボスニア政府の支配下にあったサラエヴォ、トゥズラ等の都市でも外部との情報が分断されていたが、[19]これらの地域では衛星回線の電話やファックス、衛星受信機、発電機があったことや、外国人ジャーナリスト、UNPROFORが存在していたことによって国外とのつながりを辛うじて保つことができた。しかし、その他の地域と国外はもちろん、同じ国内のすぐ近くであっても互いに情報を伝え合うことは困難を窮めた（ibid., pp. 214-215）。第2点目は、ボスニアの民族的分離に反対し多民族国家統一ボスニアを支持する姿勢は、ボスニア政府支持となって現れるが、SDAとムスリム人主導のボスニア政府の建前に隠された民族主義と明確な一

線を画することが難しくなってしまったことである。

　以上のように、セルビア、クロアチア両共和国では民族主義的政権下で、主要メディアも歴史修正主義の立場から民族主義的言説を生産・再生産していった。他の民族、とりわけ敵対する民族を他者化する言語の使用によって紛争の土壌を作り出し、戦争に人々を動員していった。一方、圧倒的多数派民族のいないボスニアでは、メディアも3つの主要民族別に分裂した。セルビア人勢力およびクロアチア人勢力領域では、それぞれセルビア、クロアチア共和国の主要メディアの影響が強い民族主義的言説が広く流布した。SDA主導のボスニア政府は、旧ユーゴ連邦からの離脱を決めるも、ボスニア共和国からの一切の離脱や領土の分割を認めない統一ボスニアの維持を主張する。しかし、SDAがもともとムスリムの統一国家を構想する民族主義政党である限りにおいて、ボスニア政府のその民族主義的傾向も明確であった。メディアは民族主義に反対しながらボスニア政府を支持するというジレンマを抱えざるを得なかった。

2　ボスニア紛争をめぐる言説

　ユーゴ紛争において、セルビアとクロアチアの主要メディアによる言説、具体的には、紛争の原因を民族間の歴史的反日・対立に帰し、一方の民族を侵略者とし自らの民族を犠牲者とする言説は、皮肉にも後述のように欧米メディアの解釈と軌を一にする。そうであるなら、そのような言説が旧ユーゴというローカルな地域での紛争の唯一の解釈だったのか。ここでは、この点についてセルビア、クロアチアの主要メディアとは異なる言説を幾つか具体的例を挙げながら、前者の解釈が唯一のものではなく、紛争をめぐってはその他の解釈も存在していたことを確認したい。

　取り上げるのは、まずセルビアおよびクロアチアの反政府系メディアの *Борба*（ボルバ）、*Vreme*（ヴレーメ）、*Danas*（ダナス）の記事である。このうち *Vreme* については、海外読者向け記事配信のために自らが設立した Vreme News Digest Agency（NDA）による記事を参照する[20]。次に、ボスニアの *Oslobodenje*（オスロボジェーニェ）の記事および同新聞編集者 Dizdarević による *A War Journal*（1994）からの抜粋、さらに、オーストラリア亡命ムスリム人監督 Cambis によるドキュメンタリー映画 *Exile in Sarajevo*（1997）、最後に

クロアチア人の人類学者 Maček によるサラエヴォの民族誌（2001, 2009）を取り上げる。

もちろんこれらがボスニア紛争をめぐる解釈のすべてを代表するものでもないし、これが正しい解釈であるというものでもない。ここで示そうとするのは、異なる解釈があったという一点であり、どのように異なっていたかである。この点をより明瞭にするために、まず、ボスニア紛争勃発時のセルビアとクロアチアの主要メディアの動向の概略をもう一度確認することから始めたい。

2.1 セルビア、クロアチアの主要メディアの動向

ボスニアでは 92 年春（2月29日および3月1日）の国民投票後、地方都市で戦闘が散発的に始まった。最初の頃は、その大部分がクロアチア人とセルビア人の民兵間の小さな衝突であった。クロアチア共和国内の戦争がひとまず終結すると、クロアチアはボスニアに武装勢力を移動していたが、こうした勢力がセルビア人民兵や連邦軍と衝突した。3月中旬ごろのポサヴィナではクロアチア勢力側が優勢で、セルビア人の村を焼き払い、住民を虐殺した。3月後半になると、南西部クロアチア人の多く住む地域で戦闘が始まった。4月に入り、ボスニア東部ドリナ川沿岸地方がおもな戦場となり、SDA の下部非合法軍事組織である愛国同盟とセルビア人民兵の戦闘が始まった。4月の戦闘ではセルビア勢力が優勢であり、ここにセルビア共和国のシェシェリやアルカン率いる私兵も入り込み東部ビエーリナ、ズヴォルニク、フォチャ、ヴィシェグラードなどの町が次々に攻略され、その間多くのムスリム系住民が殺されたり追い出されたりした。その後はムスリム人側が盛り返し一進一退を続けていたが、6月末には一旦沈静化に向かっていった（佐原, 2008, pp. 186-190）。

この間、Политика（ポリティカ）の報道では、前節で示したように、セルビア人は一方的に追い出される側、被害者であり、セルビア人による強奪や殺戮についての言及はなかった。一方、4月6日には、サラエヴォでは、チトーの「友愛と統一」を掲げ、ボスニア統一と平和を求める大規模な市民のデモが行われた。これは、カラジッチ率いるセルビア人勢力とイゼトベヴィッチ率いるボスニア政府、この両者の民族主義的姿勢に対して反対の声明を出す展開となり、セルビア狙撃兵による市民の発砲で死傷者が出た。これに対し Политика

は7日サラエヴォでのデモと発砲事件について報道するが、すでにセルビア人が逮捕されているにも関わらず、セルビア人武装勢力による攻撃については報道しなかった。[21]

RTS（セルビア放送）では、92年の紛争勃発前からボスニアの報道に多くの時間が割かれた。RTSにおけるボスニア報道では、ボスニアのセルビア人の行動はもっぱらムスリム人とクロアチア人から故郷を守る自衛として描かれた。ここではムスリム人は戦争によってセルビア人のイスラム国家への従属を、クロアチア人は反セルビアのファシストでありボスニアのクロアチア共和国への統合を目論んでいるとされた（Thompson, 1999, p. 89）。既述したように、独立承認後のボスニア政府は、ムスリム人主導ではあったが以前同様集団指導制を取っており、セルビア人、クロアチア人もいた。しかし、RTSは、これらのセルビア人をセルビア人とは認めず、ボスニア政府についてもそれをムスリム・クロアチア政府と呼んだ。ボスニア共和国軍についても同様で、これは民族混成部隊であったが、RTSはこれをムスリム勢力として報道した。ボスニア大統領イゼトベゴヴィッチは、ボスニア大統領ではなく、ムスリム人指導者と呼ばれた（ibid.）。ここでも*Политика*同様、セルビア人は自らは攻撃をせず、敵の攻撃やジェノサイドから生まれ故郷を守る人々として描かれた。92年4月以降、サラエヴォがセルビア人勢力によって包囲され、日常的に爆撃を受けていた時でも、テレビは2箇月以上もムスリム人当局が攻撃しているとの報道を続けた。RTSがセルビア人勢力によるサラエヴォ包囲攻撃を報道したのは、ようやく5月31日である。それは、数日前の27日のサラエヴォでの一般市民に対する砲撃事件を受け、国連の対セルビア共和国経済制裁決定報道を迫られた際であった。それでも上記事件は、ムスリム人の自作自演と報道されている[22]（ibid., 90）。RTSのボスニア紛争に関するこのような姿勢は、紛争終結まで大枠で変わらなかった。

クロアチアにおける主要メディアによるボスニア紛争報道も、基本的にセルビアと同じであった。もちろん、ここでは被害者はクロアチア人となる。HRT（クロアチア放送）では、ボスニアでのクロアチア人勢力は何世紀にもわたる自らの生地を守っているだけだという主張を繰り返した。これはRTSがセルビアで繰り広げたプロパガンダ、すなわちセルビア人勢力は何世紀にもわ

たる自らの生地を守っているだけだという主張とその根本において同じである。当初はセルビア人勢力を、そしてクロアチアがムスリム人との同盟関係を解消する93年春以降は、ムスリム人勢力を領土拡張を図る侵略者、集団虐殺の実行者と描くようになる。ここでもセルビアのメディア同様、ボスニアにおけるクロアチア人による残虐行為や殺戮は報道されなかった。

　主要日刊紙 *Vjesnik*（ヴィエスニク）の報道も同様であった。ボスニアにおけるクロアチア人武装勢力の過激な民族主義や、それを支援するクロアチア政府に対する批判的な報道はなく、クロアチア武装勢力はボスニアでほとんど活動していないとする政府の主張を流すだけだった。[23]このようにセルビアでもクロアチアでも主要メディアは、ボスニアの紛争について、それまでの民族主義的な解釈の枠組みから報道を続けた。

2.2　セルビア、クロアチアの独立系メディア

　これに対しセルビアの *Борба*（ボルバ）と *Vreme*（ヴレーメ）は *Политика* やRTSとは全く異なる報道を行った。ともに国民投票後のボスニアの状況について、ボスニア内の各民族主義政党を非難するとともに、セルビア政府、クロアチア政府、連邦軍、セルビアとクロアチアの民族主義集団について厳しい批判を展開した。[24]その後の記事の幾つかを以下に挙げてみたい。まず4月6日のサラエヴォのデモと砲撃事件について *Борба* は7日の新聞で7ページを割いて報道したが、その第1面で「内戦（грађански рат）の渦中にあるボスニア・ヘルツェゴヴィナ：サラエヴォでの流血事件（Крвопролиће у Сарајеву）」と題して大きく取り上げている。[25]その日の第3面の「ボスニアは死なず（Bosna umrla nije）」には、以下のようにある。

〈抜粋1〉*Борба*（1992. 4.6）の記事[26]
„Ovde je naš život, narode", „Bosna umrla nije", „Mi smo Valter", „Nema čekanja, dolje vlada", „Nezavisna, suverena Bosna", „Sarajevo je okruženo, odbranimo ga", „Ne damo Bosnu", „Hoćemo vladu nacionalnog spasa", „Dolje lideri, grobari naroda" — ovo je samo deo sadržaja poruka izrečenih za govornicom na balkonu Skupštine BiH i zapisanih na transparentima među desetinama hiljada građana na platou ispred parlamenta. . . . Nije primećena nijedna fotografija nekog od nacionalnih

lidera BiH.［太字原文］［「人々よ、ここにこそ我々の暮らしがある」、「ボスニアは死なず」、「我々こそヴァルテル」、「待ったなし、政府を倒せ」、「独立主権国家ボスニア」、「サラエヴォは包囲されている。サラエヴォを守ろう」、「ボスニアは手渡さない」、「我々は救国政府を望む」、「人々の墓を掘る指導者達を倒せ」—これらはボスニアの議事堂バルコニー演壇で繰り広げられた声明や議事堂前に集まった何万という市民がかかげたポスターの一部に過ぎない。［中略］その中に、ボスニアの民族主義指導者の写真は一枚もなかった。］［日本語訳引用者］

サラエヴォの市民が、ボスニアの統一を掲げ、ボスニア政府の退陣を求めるとともに民族主義指導者たちへの不支持を鮮明にしている姿が鮮やかに描かれている。同日のセルビア、クロアチアの各政府系メディアの *Политика* も *Vjesnik* もサラエヴォの事件を報道しているが、民族主義に反対し統一ボスニアを支持する市民の姿は描いていない。一方 *Борба* は、サラエヴォを攻撃したのはセルビア人勢力であるとして、SDA とその指導者カラジッチの責任を追及する記事も出している。

4月13日 *Vreme* の記事では、4月6日のボスニアの独立承認とそれを受けてのサラエヴォ包囲と併行するように戦争が始まったとし、ザグレブ（トゥジマン）とベオグラード（ミロシェヴィッチ）の間で描かれたバルカンの地図にボスニアの場所はないと皮肉を込めて述べている。そして5月18日の記事では、紛争によって都市が次々に壊されていく状況を以下のように報道している。

〈抜粋2〉 *Vreme*（1992.5.18）の記事
The cities are being destroyed by scum, Mafias of every nationality which someone is paying. They are primitive, with no respect for the achievements of civilization, monuments, buildings; all they are interested in is more space.

記事は、領土獲得に血道を上げる各民族の指導者たちの下で、歴史的な建造物を破壊していく犯罪組織の野蛮な行為を糾弾する。さらに、サラエヴォ包囲について、同日以下のように述べている。

〈抜粋3〉 *Vreme*（1992.5.18）の記事

To Sarajevo and Bosnia Yugoslavia was not only a country, but a way of life. For this reason it was easier for all the others to come up with the idea of tearing it apart and creating nation states, in this way proving that they had been enslaved and deprived of their rights in Yugoslavia. Bosnia doesn't see it this way; proof like this seems false and contrary to its model of survival, and in Sarajevo at the moment, under the rain of gunfire, the heroic defense of a way of life is going on. For this reason, no-one will say that those up on the hills are Serbs, because his wife, his best friend or the neighbor who shares his cellar and soup of nettles, is a Serb.

ここでは、サラエヴォとボスニアにとって、ユーゴスラヴィアという多民族連邦国家の存在が有していた意味の重要性が指摘されている。多民族共存は彼らにとって生活のあり方そのものだった。だからこそ、ボスニアやサラエヴォの人々は、丘の上の人々（サラエヴォを攻撃するセルビア人武装勢力）をセルビア人とは呼ばない。なぜならサラエヴォでともに生きる家族や友人もまたセルビア人だからである。ここでは、ボスニア紛争においては、民族主義者が主張する民族間対立が問題なのではなく、民族主義と多文化・多民族の共生・共存を実現してきたサラエヴォ、ボスニアそしてユーゴスラヴィアという理念との対立が問題であると捉えている。したがって、サラエヴォの問題は、この地だけの問題ではない。記事の最後には、以下のようにある。

〈抜粋4〉 *Vreme*（1992. 5.18）の記事[33]
However, it isn't only their lives that are in question but the fate of the new European dream of harmonious differences, a dream whose capital city is Sarajevo. It is here, in this place that is being showered with heavy arms, hatred and intolerance, products also of Europe, that with bare endurance the new Europe is being defended.

サラエヴォの問題は、新しいヨーロッパのあり方にとっても重要なのである。それから約10日後の5月27日、サラエヴォのVase Miskina通りで起きた市民への砲撃事件については、6月1日の記事で以下のように述べられている。

〈抜粋5〉 *Vreme*（1992. 6.1）の記事[34]

> The street illustrates perfectly the way Sarajevo citizens feel about their aggressors: as soon as the bombing stops, the place fills with people. They put their best clothes on, go out for a walk and have a drink — if there is any — in one of the remaining cafes. It is hard for an outsider to understand this kind of behavior amidst the chaos of war, but those who remained in the town and those who fled — and, especially, those who have been shelling it from the hills — know perfectly well what it is all about. It is to do with spite: going for a stroll on the corso in the Vase Miskina street is a clear message to the attackers that Sarajevo will never be theirs, even if they raze it to the ground and then conquer it.

　これは、戦時中のサラエヴォの様子をよく表している箇所である。実際、砲撃が止むとこのように通りに繰り出してくるサラエヴォ住民の姿は、日本のテレビや新聞でも目にした光景である。このような行為はサラエヴォの人々にとっては丘の人々、つまりサラエヴォを包囲するセルビア人勢力に対する強いメッセージなのである。ここでも、サラエヴォでの紛争が民族間のものではなく、セルビア人武装勢力という侵略者とサラエヴォ住民の間のものであることを示している。

　以上のように、紛争当初より、同じセルビア共和国内のメディアであっても *Борба* や *Vreme* は、政府系の *Политика* や RTS とは異なる枠組みでボスニア紛争やサラエヴォ包囲を解釈していたことが分かる。そこでは、民族主義に反対するサラエヴォの人々の姿とともに、紛争が民族の違いによってではなく、民族主義者による扇動と侵略行為によってもたらされたものであり、したがって紛争は民族間の対立ではなく、民族主義と多文化・多民族共存との対立として捉えられている。

　だからこそ、セルビアであろうとクロアチアであろうと民族主義を厳しく批判する。*Vreme* は度々西側メディアをも批判するが、それは西側メディアがセルビアの民族主義のみに焦点化し、旧ユーゴ紛争を「抑圧民族」対「被抑圧民族」の問題であると矮小化して解釈しているからである。

　その批判は、92年8月初めボスニアに強制収容所があるとするニュースが世界に衝撃を与えた直後の8月10日の記事[35]にも現れている。強制収容所に関する数ある噂など現地では全く新しいものではなく、スロヴェニア紛争のころからあったし、強制収容所と呼べるかどうか分からないが3民族すべてがあら

ゆる施設を収容所として使っているのは皆知っていることではないかとして、今ここで西側メディアは何を騒ぎ立てているのか、それもセルビア人だけが収容所を持っているとかいないとか騒ぎ立てているのかと問う。当然のことながら、*Vreme* はセルビア民族主義者やセルビア政府から敵対視されることになる。しかし、*Vreme* が活動し続けたことは、民族主義者による戦争へのメディアの抵抗とメディアの独立維持のために重要な意味を持っただけでなく、欧米諸国に対し、欧米主要メディアとは異なる報道を提供した点でも意味を持つものであった。

同じ春、クロアチアの独立系週刊誌 *Danas* では、民族主義的傾向を一層強めるクロアチア民主同盟の要人 Vladimir Šeks へのインタビュー記事「ウスタシャはクロアチアを傷つけるだけ（Ustaše Štete Hrvatskoj）」を載せ、そこで以下のように Šeks に質問している。

〈抜粋 6〉 *Danas*（1992. 4.7）の記事[36]
Što mislite o militantnoj, ustaškoj ikonografiji koja ima sve veću prođu i, drugo, o povezivanju HDZ-a s HNO, čiji je osnivač jedan od utemeljivača ustaštva Branko Jelić. . . . Odakle štetna, čak samoubilačka potreba Hrvata da se gruraju među gubitnike rata, kada to nisu bili i kada je jasno da je svijet i danas strukturiran po mjeri bivše antifašističke koalicije? [今ますます人々の間で人気を集めている好戦的なウスタシャの象徴図像についてどう思いますか。それから、ウスタシャ創設の一員であった Branko Jelić が今その創設者に名を連ねている HNO とクロアチア民主同盟が連携関係にあることについてどう思いますか。［中略］自らを戦争の敗者の中に押し込むような、クロアチアを傷つけるだけでなく自殺行為を行う必要性はどこからきているのですか。あの時クロアチアは敗者ではなかったし、今日にあっても世界は反ファシスト連合の枠で出来上がっているというのに][37][38]［日本語訳引用者］

このようにウスタシャの人気を利用し、民族主義を煽り立てる政権与党の態度を追及している。ほとんど民族主義一色となったクロアチアのメディアの中で、公然と政府の民族主義的態度を非難する *Danas* の存在自体、注目に値するだろう。一方で *Danas* はボスニア東部で激しさを増す紛争におけるセルビア人勢力をチェトニクと呼び、彼らによる民族排斥を "velikosrpska akcija etničkog čišćenja"［民族浄化の大セルビア主義的行動］と呼んでセルビア民族

2 ボスニア紛争をめぐる言説　171

主義に対しても激しい批判を行っている。⁽³⁹⁾前述したように、*Danas* はその反政府的言論により政府の圧力を受け、間もなく廃刊に追い込まれてしまった。

2.3 ボスニアのメディア

　ここではボスニアの首都サラエヴォで *Oslobođenje*（オスロボジェーニェ）の記事⁽⁴⁰⁾を見てみることにしたい。*Oslobođenje* では早い段階から、ボスニア各地での戦闘の状況を伝えていた。以下は、4月7日の東部の戦闘を伝える記事である。記事の冒頭では、以下のように述べる。すなわち農村部にあって恐らく人々は自らの民族の政党に投票したであろうが、まさか戦争になり自分の家を追い出されることに投票したわけではなかっただろうと。そして、現在のこのような状況を招いた原因が、共産党の数々の問題や自由の抑圧にあったのではなく、何よりも農村部に本当の意味の市民が育たなかったことにあるとして、以下のように続けている。

〈抜粋1〉 *Oslobođenje*（1992. 4.2）の記事⁽⁴¹⁾
Svakom razumnom i emancipovanom čovjeku govor o Bosni i Hercegovini kao republici građana zvuči kao nešto samorazumljivo i prirodno. Ali to je, na žalost, želja manjine. Moguće je da u tu manjinu spada i Alija Izetbegović. Nesporazum je u tome što takav model, po prirodi stvari, nije imanentan nijednoj nacionalnoj stranci, pa ni stranci demokratske akcije. Da bi Herceg — Bosna postala građanska država, potrebne su joj jake građanske stranke. A da bi takve stranke postojale, nužan je odgovarajući broj građana. Tek svaki peti birač u ovoj republici glasao je za nenacionalne političke partije. Nije slučajno što su uska gradska jezgra bila jedina mjesta na kojima su one pobijedile. Prevladala je primitivna ruralna i poluurbana svijest, koje sugerišu kako je pripadnost naciji kvalitet sam po sebi, dok je sve ostalo manje važno. [良識があって自由な考えのできる人にとっては、ボスニア・ヘルツェゴヴィナを市民の共和国だと語ることは、自明であり自然なことに聞こえるだろう。しかし、残念ながら、これは多くの人の望んでいることではない。この少数の人にアリヤ・イゼトベゴヴィッチも入るかもしれない。誤解のもとは、このようなモデルが、どのような民族政党にも、そしてSDAにも内在していない点にある。⁽⁴²⁾ヘルツェゴヴィナ・ボスニアが市民国家となるためには、複数の強固な市民政党の存在が必須である。そして、そのような政党が存在するためには、それに相応する市民の数が必要だ。この共和国ではたった5人にひとりの有権者しか、民族主義政党以外の党に投票しなかった。民族主義政党以外の党が勝利したのが、狭い都市の中心部だけだったのは偶然ではない。粗野な田舎的、半都会的

な意識が優勢であった。それは、民族への帰属それ自体に価値があり、その他のことはすべてそれから比べたら重要ではないという考えを示している。〕［日本語訳引用者］

さらに同じ日の4月7日、*Oslobodenje* 編集長である Kurspahić の論説では、前日6日のサラエヴォの事件について以下のようにある。

〈抜粋2〉*Oslobodenje*（1992. 4.7）の記事[43]
U noći između nedelje i ponedeljka teškom artiljerijom su napadnuti svi narodi i svi ljudi ovoga grada i Bosne i Hercegovine u isti mah i jednakom bezobzirnošću: soliterski i Srbi, i Muslimani, i Hrvati, i Jevreji.
　Zato ova šestoaprilska bitka za Sarajevo nije nipošto i nikako bitka između Srba i Muslimana, Hrvata i Srba, ili bilo kog 'naroda' protiv 'naroda', . . . nego je to sumanuti napad na sve što je zajednički čivog [*sic*][44] na ovim prostorima . . . .〔月曜から火曜にかけての夜中、同時に同じ高層住宅に住むセルビア人、ムスリム人、クロアチア人、ユダヤ人のだれかれ全く構わず、この町とボスニア・ヘルツェゴヴィナのすべての民族、すべての人々に対して重火器による容赦のない攻撃が行われた。
　したがって、この4月6日に起きたサラエヴォでの戦闘は、セルビア人とムスリム人の間の戦闘でもなければ、クロアチア人とセルビア人の間の戦闘でもない。いずれかの「民族」による他の「民族」に対する戦闘でもない。［中略］そうではなくて、この場所での共同の暮らしすべてに対する愚かな攻撃なのである。〕［日本語訳引用者］[45]

Kurspahić はこのように述べ、民族の共生・共存に対する攻撃がこの戦闘の原因であるとしている。
　ここで、もうひとつの例として、当時の *Oslobodenje* の有能な編集者 Dizdarević（1994 [1993]）の *Sarajevo: A War Journal* からコラムを取り上げよう。ここには、セルビア人武装勢力によってサラエヴォが包囲された1992年4月から94年5月までのコラムがおさめられているが、そのほとんどは92年に執筆されたものであり、英語に翻訳されて出版された。そこには、包囲下にあるサラエヴォの人々（サライリヤ [Sarajlija/Sarajlije]、英語で Sarajevan(s)）の日常生活が描かれている。ここでも *Vreme* で観察されたように、Sarajevans

を構成する存在として、ムスリム人、セルビア人、クロアチア人が描かれるが、紛争は町を包囲する丘の上のセルビア人に対するこのSarajevansとの戦いとして描かれる。*Vreme*と異なるのは、セルビア人武装勢力をチェトニク(Četnik/Četnici, 英語でChetnik(s))と呼んでいる点である。紛争の進展とともにSarajevans内部の関係が切り離されていく苦悩も描かれる。以下は、1993年6月25日のコラムであるが、この著の冒頭で英語への翻訳にあたりアメリカ読者に向けて書かれたものである。92年以来のコラムの真髄が描かれている。

〈抜粋3〉*Sarajevo: A War Journal*のコラム[(46)]

Nevertheless, the war in Bosnia-Herzegovina is not a war between nationalities. Despite the siege, Sarajevo is still the home of more than eighty thousand Serbs and thirty thousand Croats who do not want to leave their city, their homes, and their friends. More than forty percent of the city's marriages are mixed. Before the war, no one in Sarajevo made much of ethnic or religious allegiances. *That* is why the aggressors wish to destroy this city: it reveals the fascist nature of the claim that there is no longer a place for mixed communities in Bosnia-Herzegovina. Unfortunately, the world of international politics has, through a combination of indifference on the one hand and organized support for the nationalists on the other, reinforced the siege of Sarajevo and the genocide perpetrated here.［斜体原文］

ここでは、ボスニアの紛争が民族間の紛争ではないこと、サラエヴォが今もなお（ムスリム人だけでなく）セルビア人とクロアチア人がともに住み、家庭を築いている町であること、しかし、それゆえにまた、侵略者がこの町を破壊しようとするのだと述べられる。つまり、民族や宗教に関わりなくともに生きることを選ぶ人々と、そのような生き方を否定する人々の間の紛争だということである。さらに、国際社会がボスニアに無関心なだけでなく、民族主義者の支援を行っていることが、サラエヴォ包囲とジェノサイドを強化する結果となっていると捉えている。

　以上、*Oslobodenje*の編集者や記者による記事や論説をいくつか取り上げた。ここで観察されるのは、ボスニア中心部のメディアでは、明らかにセルビアやクロアチアの政府系メディアとは異なる言説があったことである。それは、各

共和国の独立系メディア同様、民族主義に反対・抗議するだけでなく、この対立・紛争を「民族」対「民族」、あるいは「民族主義」対「民族主義」という枠組みではなく、「多民族共存」対「民族主義」、「都市」対「農村」、「近代的市民社会」対「前近代的農村社会」という枠組みで捉えるものである。

　市民という成熟した意識が農村部に育たなかったことが、この地に偏狭な民族主義を蘇らせてしまったのであり、それがこうした民族主義政党を蔓延らせることになったと捉える。民族主義者にとっては多文化性・多民族性こそ敵なのである。後述するように、ボスニア紛争を民族間の紛争、つまりセルビア人対クロアチア人、セルビア人対ムスリム人との対立と捉え、ムスリム人側に立ちながら前者を侵略者として糾弾するという西側メディアの言説は、明らかに *Oslobodenje* の言説とは異なるだけでなく、セルビア、クロアチア、ボスニアの民族主義的指導者やその支配下の主要メディア言説と本質において同じという点で、西側メディアの拠って立つ基盤もまた問題化される必要があるのである。

2.4　ドキュメンタリー映画

　ここで取り上げるのは、1997年製作のドキュメンタリー映画 *Exile in Sarajevo* である[47]。これは、オーストラリア在住タヒア・カンビス（Tahir Cambis）監督によるドキュメンタリー映画である。1992年および95年の戦火のサラエヴォがその舞台となっており、当時のサラエヴォ住民の日常が描かれている点が興味深い。カンビス自身ムスリム系ボスニア人であり、サラエヴォはカンビスの母の故郷である。ここでは近代都市がその多民族・多文化性ゆえに破壊されている姿と、それに立ち向かうサラエヴォの人々の姿が描かれる。音響担当のサラエヴォ在住ボスニア系ムスリム人のアルマが、タヒアとともにナレーションを務める。抜粋1はキャプション、それ以外はナレーション箇所からの抜粋である[48]。

　アルマはサラエヴォの多文化性、多民族性について触れ、サラエヴォではセルビア人もともに暮らす存在であり、彼らは丘の上のセルビア人と同じではないと述べる。そして、戦火の中にあって民族間の憎悪など関係なしに、サラエヴォで歌い踊る子どもたちの存在こそ光だと語る。

〈抜粋 1〉
Sarajevo's population is made up of 40 nations; including 60,000 anti-fascist Serbs.

〈抜粋 2〉
200 hundred Deutsche marks are paid to Serbian snipers for every child shot here. But I'll show Tahir our biggest weapon against the plan to separate us; our children. These young Serbs, Croats, and Moslems ignore the myth of ethnic hatred and bounty on their heads, and go on dancing as they always have.

しかし、西側メディアはこの事実を理解しない。彼らにとってサラエヴォはムスリム人の要塞であり、そこはムスリム人とセルビア人の憎悪がうずまく地である。西側メディアにとっては、単に好奇心の対象でしかない。西側メディアのジャーナリストたちがカメラに捉え全世界に流す1コマの映像で、人々はボスニアを理解する。民族間・宗教間の憎悪としか理解できない西欧はボスニアを野蛮と見るが、サラエヴォの人々にとってはそのような理解しかできない西欧が野蛮と映る。つまり民族対民族という構図でしか理解できない西欧は、様々な文化や民族共同体の一員として生きる Sarajevan をもまた理解できない。アルマ、そしてタヒアは、以下のように語る。

〈抜粋 3〉
People with cameras circle like cockroaches here. Very often they film us like animals in zoo.

〈抜粋 4〉
This is the city of light in darkening Europe. I look at Dragana Ilić, a gifted singer. Her name is pure Serb, but what she really is, is a Sarajevan. She and her colleagues sing in celebration for God and life. They are Moslem, Catholic, Orthodox. They sing for those who have died and those who will die soon. And they sing in defiance not only of mad men in the hills but in defiance of the West of Europe. Many Sarajevans consider the West real barbarians. As this concert is broadcast to 59 countries, the media continues to refer to this city as the Moslem strong home. Perhaps the broadcasters know their audience too well. For how in one-minute grabs do you explain Bosnia?

ここでも、ボスニア紛争の原因を民族間の歴史的対立や憎悪にではなく、民族主義集団と多文化・多民族の共存する共同体との対立と捉えている。諸民族が共存してきた歴史、そして今も共存している事実から、前者のような解釈をする民族主義者と西側メディアを批判する。この解釈の背景にあるのは、西欧近代の歴史観や価値観への疑問である。そして西欧近代のイデオロギーにおいては野蛮・非文明・非近代であるサラエヴォやボスニアの共同体は、ここにおいてその地位を逆転させるのである。

ここに、現代の世界にあって既成の支配的言説、換言すると、西欧中心の言説に挑戦する対抗言説が窺える。つまり、西欧近代の前提である「文明」対「野蛮」というフレームを使い、相手を批判するというレトリックである。Bhabha（1984）は、植民者と被植民者間の両価的な関係を模倣（mimicry）という用語で表したが、模倣の持つ服従だけではなく嘲笑という側面ゆえに、それは支配的言説の権威に対する脅威となり権威を揺るがす（p. 88）。つまり、欧米の支配的言説である「近代」対「非近代」、「文明」対「非文明」・「野蛮」といったステレオタイプを逆手に取って、その言説の虚構性を暴いているのである。

2.5 ボスニアの民族誌

最後に、ボスニアの民族誌の描く当時の人々の日常を少し詳しく取り上げたい。当時の人々の声を記述した民族誌からは、既述のメディア言説とはまた少し視点の異なるミクロなレヴェルでのコンテクストが浮かびあがってくる。そこには、「民族主義」対「多文化共生主義」と単純に言い切れない、複雑で錯綜した普通の人々の思いが描かれている。ここでは、そのひとつの例を取り上げて考察する。Maček（2001, 2009）は、戦時下の1992年から96年までの期間、セルビア人武装勢力による包囲下にあったサラエヴォの人々の日常的経験を民族誌としてまとめたものである。インフォーマントは、すべてサラエヴォの普通の住民である[49]。

クロアチア出身のMaček（マチェック）は、旧ユーゴで紛争の勃発した91年当時、スウェーデンのウプサラ大学で文化人類学を学ぶ学生であった。彼女は

祖国での戦争の勃発をメディアを通して知る。91 年 10 月、彼女はザグレブに一時帰国し、戦時体制に入った祖国を目の当たりにする。ボスニアのサラエヴォ、セルビアのベオグラード、クロアチアのザグレブ等、旧ユーゴの都市部で育った他の多くの若い世代同様、マチェックも民族の出自であるクロアチア人としてではなく、ユーゴスラヴィアに一体感を持つユーゴスラヴィア人として育った。そのマチェックにとって、民族主義が台頭していく祖国の光景はなかなか理解できないものだった。スウェーデンに戻ってしばらくすると、ボスニアで紛争が始まり、多くの難民がスウェーデンにやってきた。そこで通訳の仕事をしながら、彼女は自問し、そして決断する。

> How could it be that these people, who had always been the least nationalistic of all Yugoslavs, had to suffer because of nationalist ideologies their leaders were promoting? Slovenes had always been Slovene patriots, Croats had a history of nationalistic movements, and Serbs took particular pride in their defense of the nation against both German fascists and Turks, but Bosnians? They were the most anti-nationalistic people of all. . . . I wanted to write about Bosnians and explain that they were not nationalists as the media had portrayed them, that Yugoslavia was not a boiling pot whose lid had suddenly been lifted, allowing people whose mutual hatreds had been suppressed to show their true nature. (Maček, 2009, p. x)

マチェックはこうしてサラエヴォに向かった。マチェックが民族誌の手法を用いて明らかにしようとしたのは、紛争の原因や背景ではなく、その場で生きる人々に何が起きたのかであった。その調査の成果が Maček (2001) であるが、これは 1992 年から 96 年のサラエヴォ包囲下の人々との聞き語りを通して、現実の戦争の体験が人々の戦争に対する認識にどのような影響と変化をもたらすかを考察したものである (ibid., p. 107)。

　戦争に巻き込まれた人々の混乱した状況を分析するのに、マチェックは、'Civilian', 'Soldier', 'Deserter' の 3 つのモードを設定した。これらは、戦争に対する人々の倫理的な姿勢や捉え方を表すものであり、Maček (ibid.) によると、同じひとりの人物が、同時に 3 つの倫理的な価値観を持つために、往々にして彼らの感情やそれを表す言葉には混乱が生じる。

'Civilian' モードと 'Deserter' モードは、私的な空間で生起し、通常そこには政治的な力はほとんど関与しない。それに対し、'Soldier' モードは、公的な空間で、政治的な力が関与する政治的な談話や制度において生起するものである。以下に、マチェックの主要なインフォーマントとなるXの語りを抜粋し、これらの3つのモードについて考察する。

〈抜粋1〉'Civilian' モード
X: Suddenly you couldn't go to Grbavica, then they put out some containers and ramps so that you couldn't pass through to Koševsko Brdo, in the middle of the day, suddenly.... There were some things going on, but when I think of it, I had no idea. I couldn't even imagine this sort of war happening.... I continued going to my firm, but you didn't really know whether to go or not. Trams were not working, and some people came while others didn't. You came to work, but you didn't have anything to do. Total chaos. (p. 199) 〔省略記号原文、原文内文末脚注省略引用者〕

ボスニアの他の地域の人々同様、サラエヴォの人々は、スロヴェニアやクロアチアで紛争が勃発した時も、ボスニアで紛争が起るとは考えていなかった。戦争とは、他の人に起ることであり、自分たちに起ることではなかった。

それが突然、サラエヴォの日常生活に入ってきて、サラエヴォの中心地 Grbavica（グルバヴィッツァ）がセルビア人勢力によって占拠され、Xの家の近くの丘 Koševsko Brdo（コシェヴスコ・ヴルド）につながる道は遮断されてしまう。サラエヴォ市民は、その状況が理解できないまま、それを一次的なものとして通常の生活を続けながら、92年4月6日、ボスニア政府の民族主義的政策に反対する大規模なデモを組織する。しかし、実際に戦闘が開始されるまで、あるいは戦闘が開始されてもしばらくは、戦争は現実でのものではなく、あるはずのないものだった。

戦闘が始まってXは、祖国防衛のための民族混成部隊の召集に応じる。この時点においても、Xは戦争が現在進行中であること、その戦争で対立しているのが異なる民族集団であること、そしてXが属している民族集団がムスリム人、すなわちボスニア政府側であることに気づいていない。この状況が 'Civilian' モードである。

'Soldier' モードに入った時、それがいかに無邪気すぎたことかに気づく（ibid., p. 202）ことになる。つまり、'Civilian' モードとは、戦争がまだ現実のものとして受け入れられず、平和時の心の延長線上にある状況である。そのうち、サラエヴォ包囲という臨戦体制下で、生命の危険から自らを守らなければならない状況になると、サラエヴォの人々は紛争前の「友愛と統一」という従来の市民的団結から、徐々に身近な人々との団結へとその範囲を狭めていく。そしてセルビア人武装勢力による町の攻撃と破壊という事実を受け入れる過程で、X 自らはムスリム人側に立つことを選択する。

〈抜粋 2〉'Soldier' モード
X: Then the state managed to establish itself, and an army was formed ... they took us to a location, the first encounter, with a real front. You came and saw bloody uniforms, thrown around. The people you met were retelling the stories, how someone was wounded, how someone got killed. ... Only then did you understand the situation and what was going on. And you saw yourself in a situation of real danger. Danger to life. ... But you didn't have any other choice. My decision to join was not in the first place because of national feelings. I told you that it was difficult and risky to leave the town, so what next. Your own decision became simply imposed on you, the decision to defend yourself, and nothing else. (p. 207) ［省略記号原文］

X は戦争の中で、自らを守るためには集団の中に自らを置かなければならないことに気づく。そして 'Civilian' モードであった時の「私」と、漠然とした「我々」という感覚が、'Soldier' モードではっきりとした「我々」の集団という感覚となっていく。特に前線において敵と対峙し、「我々」の領土が生と自由を意味し、「彼ら」（セルビア人）の領土がモラルの崩壊と死を意味する時、前線はまさに民族の分離を象徴する。この中で、X は自らの立ち位置をムスリム人側に置くようになる（ibid., pp. 208-209）。

ところが、戦闘に参与する過程で、X には 'Deserter' モードが前面に立ち現われてくる。'Deserter' モードとは、平和と戦争の間に明確な違いがなくなる状況で、戦争のような暴力的な環境も、人生の一部であることに気づく状況である（ibid., p. 211）。'Soldier' モードでは、「敵」と「他者」が明確であったが、

'Deserter' モードでは、善と悪の概念も曖昧なものとなり、セルビア人とムスリム人という単純な分け方の虚構性、そして、すべてのセルビア人に罪があると決めつけることの不毛さにも気づき始める。そして「敵」もまた、自分と同じ境遇にあるかもしれないことを理解しだす（ibid., p. 214）。以下から、その様子が読み取れる。

〈抜粋3〉'Deserter' モード
X: A Serb neighbour left, but he left later on in the war. . . . When an anti-tank shell hit [flew through] my apartment, this Serb neighbour was the first one to come and help, to clean it up. He, and another neighbour who left with his family. Two fine people. Not because they helped me, I thought the same also earlier. The Serb neighbour was a man who knew how to fix many things, he was an electrical engineer. He had tools, so when I needed something I went to him, and if I didn't know how to do it he would show me. And he was always ready to help. (pp. 214-215) [挿入原文]

サラエヴォでは紛争中、町を去ったセルビア人、ムスリム人もいれば、残ったセルビア人、ムスリム人もいた。町を去る者は、たいてい近所の人に何も告げずに姿を消した。それは暗黙の了解ではあったが、残された者はその理由を考える。彼らがセルビア人であれば、やはりセルビア人だったからか。彼らがムスリム人であれば、同胞を見捨てたのかと。しかし、人々が戦闘を避け、防衛軍に加わらない道を選んだことには、それぞれ理由があったことにXは徐々に気づく。

'Soldier' モードでは、「我々」というアイデンティティは、セルビア人から自らを守る「我々ムスリム人」であった。しかし、'Deserter' モードにおいて、セルビア人の行った選択の背後にある理由に対する理解と、ムスリム民族主義に対する失望感を経て、この「我々ムスリム人」という意識が、「我々中産階級のサラエヴォ住民」あるいは「我々武器を持つことを望まない者」というアイデンティティに変わる。政治レヴェルでは「他者」とされていた存在が、再び個人レヴェルにおいて「我々の一部」となる（ibid., p. 218）のである。

Xはサラエヴォ市民であったが、上記の記述に見られるように、戦争を通してムスリム人となっていく。その中で、新たな「我々」と「彼ら」が作られて

いく。しかし、戦争が日常の生活となる中で、「我々」と「彼ら」の間の境界が政治的に作られたものであることを認識する時、その境界は曖昧となり、人々は戦争を理解する新たな枠組みを見いだす。Ｘがセルビア人であってもムスリム人であっても、同様の混乱に陥っただろう。

　マチェックは、３つのモードのうち 'Civilian' と 'Soldier' モードは、あらゆるところに観察できるが、'Deserter' モードは戦争を体験した人に特徴的であるとし、だからこそ戦争の体験そのものが３つ目の倫理モードを生起させ、戦争に対する理解のあり様を左右すると指摘する。そして、サラエヴォでは、それぞれのコンテクストによって、これらの倫理モードが混在し、公的なコンテクストであればあるほど、'Soldier' モードが強く現れたとする (ibid., p. 219)。つまり各個人の戦争体験という個々のミクロ・レヴェルでの具体的状況（コンテクスト）が、「今・ここ」で生じている戦争に対する解釈を可能にしながら、同時にその解釈はその時々で錯綜するとともに、時間の流れに従って変化し、解釈の前提をも変化させていくということである。

　ここで、Ｘの語りをもう一度、振り返ってみたい。Ｘの語りには、以下のように２つの対照ペアが読み取れる。まず 'Civilian' と 'Soldier'、すなわち「日常」と「非日常」の対照である。それは、「平和」と「暴力」という対照性を示すものでもある。しかし、時間の経過とともに、対立していた「日常」と「非日常」の状態から、両者が弁証法的に統合された融合の状態、いわば変容した日常へと変化する。ここには２つ目のペア、つまり「対立」と「統合」という対照性が見られる。

　ここから浮かび上がってくるものは、個々の人々の「日常的・身体的」な体験というミクロなレヴェルでの出来事の「指標的解釈」が、「非日常」という体験の中で「象徴的（集団的、排他的、二項対立的）解釈」となり、再び日常と非日常が融合する中で「指標的解釈」へと再変容していく動的プロセスである。いわば、儀礼的変容過程と言ってよいであろう。ここでは、個人においては、「民族」「我々」「彼ら」の概念が最初から明確に存在していたわけではなく、実際の戦争という体験を通して抽象的・象徴的にこれらの概念が作られていったことが示唆されている。

　こうした見方は、旧ユーゴの紛争を人類学の立場から記述する様々な研究に

共通するものである (cf. Halpern & Kideckel, 2000)。また、旧ユーゴ内の視点から紛争を描いた多くの映画の主題ともなっている。例えば、*Vukovar: Poste Restante*(1994)[54]、*Lepa Sela Lepo Gore*(1996)[55]、*Ničija Zemlja*(2001)[56]などである。いずれも、それまで通常の生活においては民族を意識しなかった人々が、クロアチア紛争、ボスニア紛争を通して民族の一員となり、「我々」と「他者」を作り上げていく姿が描かれている。しかし、この「我々」と「他者」の間に明確な境界があるわけでなく、人々がこの境界線の間を行ったり来たりしながら「我々」の中に「他者」を、反対に「他者」の中に「我々」を見いだしながら混乱する状況が描かれている (cf. Mutić, 2009)。これらの映画は、実際の体験が基盤となってはいるが、フィクションであることから本書では詳しく取り上げない。しかし、これらの映画の主題は民族誌同様、メディアが伝えない普通の人々の紛争の解釈を物語るものである。

　それはメディアの伝えるような二項対立的で、抽象的な地理的ステレオタイプである「西洋」対「東洋」、あるいは「文明」対「野蛮」というフレームを基盤とする民族同士の争い、ある民族集団による他の民族集団に対する侵略行為、民族主義に対抗する多文化主義といった解釈に、紛争の原因を還元できないことを示すものである。そして、民族という概念が、紛争を通して政治的プロパガンダだけでなく、過去の歴史や日常の経験を通して作られていくものであり、なおかつ固定したものではなく、常に変容していく対象であることを物語る。

　以上のように、旧ユーゴというローカルな場において生起した言説をメディアを中心に追いながら、複数のテクストの存在を確認した。最初に述べたように、これらのテクストは、ボスニア紛争をめぐる言説を網羅するものでも、代表するものでもない。また、どれかが唯一の「事実」「現実」あるいは「正しい解釈」というものでもない。ここで重要なのは、解釈の複数性である。つまり、ボスニア紛争という出来事については、出来事を取り巻く個々異なる人々によって異なる解釈の枠組みがあり、どのようなコンテクストを前提的に指標するかによって、異なる解釈（テクスト）が生じていた点である。

　同時に、その解釈が出来事からの地理的・心理的距離の遠近に従って、ある一定のパターンを示している点も重要である。単純な区分けはできないが、個

人の具体的な経験というミクロなレヴェルに焦点化した場合と、歴史・地理・政治など、抽象的なマクロなレヴェルに焦点化した場合では、そのテクストのパターンも異なっている。

　前者の例は、民族誌の記述に見られたものである。ここでは、人類学のイーミックな語りに典型的に見られるような指標的な世界である日常が、象徴的・神話的な非日常の体験を通して再び統合・変容していく姿が観察される。一方、後者の場合は、メディアの語りに典型的であり、出来事を抽象的・象徴的なマクロなレヴェルである歴史的・文化的イデオロギーや地政学的ステレオタイプ、つまり近代ヨーロッパという価値や「西洋」対「東洋」という枠組みで解釈するものである。しかしながら、同じ抽象的な枠組みであっても、ボスニアのメディアは、出来事により近く位置し、民族誌に近い指標的レヴェルでの現実的体験が、テクストをセルビアやクロアチアのメディア言説と異なるものにしていると言えるのではないか。

　このように一定のパターンが観察されるボスニア紛争の解釈であるが、そこには解釈の複数性と多様性が見られる。そうであれば、世界においてもボスニア紛争の解釈は、多数あったはずである。しかし、本書が中心に扱う欧米主要メディアの言説は、以下に見るように基本的にある共通したひとつの解釈の枠組みから成っている。そして、そのように画一化した言説が世界に流布し、言語間翻訳を通して世界の様々な地域に伝えられた。それでは、欧米主要メディアに観察されるパターンとは、いかなる解釈の枠組みであったのだろうか。その背景には何があったのだろうか。

3　欧米メディアの言説・メタ言説

　まず具体的な例を幾つか挙げてみよう。以下はボスニア紛争初期における欧米主要メディアの論調を表す典型例である。

〈抜粋1〉 *Time*（1992. 5. 11）の記事[57]
　Once again Serbs feel themselves victimized by an uncaring world. Mihailo Markovic, vice president of the Socialist Party of Serbia, asks, "How can the world accept the reunification of Germany and want to disintegrate the unity of Serbs?" The answer is that Yugoslavia's disintegration is internally driven; international

onlookers are merely going along for the ride. Centuries of simmering ethnic hatreds are now so fully aroused that each embattled group is convinced that its opponents — many of whom were friendly neighbors up until a few months ago — are guilty of unbounded perfidy.

〈抜粋2〉 *Newsweek*（1992. 6. 22）の記事[58]
And there is a real risk of another Beirut: the United States goes in as a peacekeeper but comes to be regarded as a partisan — and a target.... The one consistent principle that seems to animate Bush is standing up to a bully — be it Panamanian dictator Manuel Noriega or Iraqi President Sadam Hussein. With his dark references to "ethnic cleansing" and his "Greater Serbia" swagger, Milosevic fills the role.

〈抜粋3〉 *The New York Times*（1992. 6. 24）の記事[59]
A one-sided war is shattering this once-lovely city in the heart of Europe . . . Suburbanites are slowly starved out of their basements . . . A community where Muslim Slavs, Croats and Serbs once lived side by side is subjected to "ethnic cleansing" reminiscent of the Nazis. . . Many thousands of civilians die. Where, as the Serbian gunmen step up the slaughter, is the rest of the world? Still wringing its hands on the sidelines.［省略記号・太字原文］

〈抜粋4〉 *The Independent*（1992. 8. 9）の記事[60]
THE WAR in what used to be Yugoslavia is exceptionally savage and bitter; the hatreds are ancient and intense, and propaganda and lies abound. However, the pattern of atrocities inside and outside the camps is now becoming sufficiently clear, with enough similarities between accounts, to produce a credible overall picture. First, there are attacks on Muslim and Croat villages and towns. The defenders, unable to withstand tank and artillery fire, are overrun. Survivors who fail to flee are often killed — word of their fate sending fresh waves of refugees ahead of the advancing Serbs — or they are imprisoned in one of the 94 camps the Bosnian authorities say the Serbs have established.［大文字原文］

これらのテクストには、以下のような明らかな共通点がある。つまり、ボスニア紛争の本質を民族間の歴史的憎悪と反目に見出す点、そしてこれらの民族の中でも悪は、侵略者であり、"ethnic cleansing"の行使者のセルビア人であるとする点である。

このようなボスニア紛争に対する欧米メディアの言説に関しては、これまで

研究者、ジャーナリスト、欧米諸国の指導者や外交・軍事関係者から多くの論及がなされてきた。これらは、メディア言説に関するメタ言説に位置づけられるものだが、以下にそのメタ言説の例をいくつか提示することにする。

　Udovički & Ridgeway（1997）は、91 年から 95 年までのユーゴ紛争について、旧ユーゴ内の視点からその歴史的な背景を探る論稿をまとめたものである。寄稿したのはおもに旧ユーゴ内の歴史家、ジャーナリスト、外交官である。編者はその前書きで以下のように述べている。

　　〈抜粋 5〉
　　The understanding of the war among the Western public was shaped by the pronouncements of Western politicians and the writing of Western journalists — of whom far too many stubbornly stuck their claim that at the root of the war lay ancient Balkan hatreds. With this kind of interpretation, the term *Balkanization* was reintroduced into the vernacular, implying incessant feuding and fragmentation.（p. ix）［斜体原文］

ここで指摘されているバルカン特有の歴史に根ざす民族間の憎悪が紛争を引き起こしたとする主張は、当時の欧米外交、メディアの主要な論点あるいは常識であった。紛争の原因をめぐるこのような解釈を前提として、限りない反目と細分化の象徴としての「バルカン化」という用語がメディアによって盛んに用いられ、再び国際社会の注目を集めることになる。そしてこうした言説がその後の欧米諸国の紛争に対する見方や対応を規定してくことになる。

　Knightley（2000）は、旧ユーゴ紛争に関する欧米メディアの報道について、以下のように述べる。

　　〈抜粋 6〉
　　Western media called this fighting "ethnic cleansing", and painted it in black-and-white terms with simple "goodies and baddies."（p. 501）

Knightley は、戦時におけるニュースは、戦闘に関するニュースと戦争の正当化の 2 つに分けられるとし、ワシントンの Center for Media and Public Affairs 所長 S. Robert Lichter の言葉を引用して、以下のように指摘する。自分達が攻撃されているわけではない時に「戦争を売り込む」ためには、相手の指導者を悪魔化して描くか、戦争をするだけの「人道的な」理由を示す必要がある。湾岸戦争において、ブッシュ大統領がサダム・フセインを悪魔化したように、ユーゴ紛争においてメディアは、ミロシェヴィッチを悪魔化して描いた (ibid., p. 502)。

一方、米国退役空軍大将の Boyd (1995, p. 23) は、アメリカ政府の "this is a war of good versus evil, of aggressor against aggrieved" という単純化した認識は、バルカンの歴史への無知、無関心、理解力の欠如が原因であり、その結果民族主義的な勢力の指導層(クロアチア・トゥジマン政権、ボスニアのイゼトベゴヴィッチ政権)の政治的正当性を支持する結果となっていると批判した上で、欧米メディアの報道について以下のように述べている。

〈抜粋 7〉
As of this writing this Croatian operation appears to differ from Serbian actions around the U.N. safe areas of Srebrenica and Zepa only in the degree of Western hand-writing and CNN footage the latter have elicited. Ethnic cleansing evokes condemnation only when it is committed by Serbs, not against them. (p. 23)

さらに、当時アメリカ国務省担当者であったジョージ・ケニーも、1995 年 9 月 20 日の朝日新聞のインタビュー(五十嵐, 1995)で以下のように答えている。[61]

〈抜粋 8〉
こうした[米国政府の 3 民族に対する対応で]不公平が起きたのは、西側諸国とりわけ米国が紛争初期に「悪者探し」に終始したためだ。[中略]その結果、事態はセルビア人勢力による「侵略」とみなされ、「内戦」という本質が見落とされた。[中略]ドイツがクロアチアを承認し、我々が強引にボスニア承認を進めたのが、各民族の主導権争いを招いた。いったん「国家」と認められると、政府の正当性が有利に働く。
　また、セルビア人勢力の後ろには、なお共産主義のにおいを残す「米国の敵」ミロセビッチ(新ユーゴ内のセルビア共和国大統領)がいて、ボスニア政府軍を圧倒していた。西側のメディアや民間援助機関は「弱者」であるボスニア政府側に同情した。「多民族による民主主義」の国を「全体主義国家」が侵略したとの構図で理

解したのだ。[中略]一九九二年のセルビア人勢力による「民族根絶やし」「大量虐殺」という報道の洪水は、米国の世論を決定的にした。[挿入引用者]

　こうした指摘は、当時ユーゴ紛争に関わった多くの外交・軍事関係者からも提起されている。第6章で引用した明石康旧ユーゴ問題担当国連事務総長特別代表のメディアに対する認識とも重なるものである。

　このように、当時のメディアの言説は、旧ユーゴの民族紛争が旧ユーゴを構成していた南スラヴ諸民族間の歴史的憎悪によるものとしながら、この紛争の責任はセルビア人（ボスニア内セルビア人勢力＝連邦軍＝ミロシェヴィッチ＝全セルビア人）による他民族に対する「民族浄化」であり、したがってこの紛争はボスニアの内戦ではなく、セルビア共和国によるボスニア共和国に対する侵略戦争であり、侵略に立ち向かう善であるムスリム人・クロアチア人と侵略者セルビア人との戦いであるというものであった。しかし、欧米メディアの諸言説に共通するのはそれだけではない。実は、悪とは、欧米がセルビア人という他者に見る野蛮、非近代、後進性であり、善は野蛮、非近代、後進性を持ちながらもその野蛮な侵略に立ち向かうムスリム人を救うべき文明、近代の自己としての西欧である。以下の Newsweek の記事は、この点を明確に示す一例だろう。

〈抜粋9〉 Newsweek（1992. 6. 15）の記事[(62)]
If today's ethnic warfare in the former Yugoslavia had broken out in, say, 1983, Washington and its Western European allies would be urgently discussing plans to send in troops. The fear that the Kremlin would take advantage of the chaos to snare the country back into the Soviet orbit would have wonderfully concentrated the minds of NATO planners. But now, instead of plunging in, the West's main response has been to avoid any direct involvement in the bloodshed in southeastern Europe. For warring, newly proclaimed republics everywhere, the lesson is clear: don't expect anyone to rescue you. . . . Today Europe is less a geographical than a political concept. To belong, you not only have to be located on the continent, you have to meet certain standards of democracy, economic development and political stability. With a long line of nations from Eastern Europe and the former Soviet Union waiting for admittance, the Yugoslav crisis shows that those who do not sort out their problems will be denied entry. . . . The new Europe will belong to those who triumph over all those inequities and avoid

letting |their| internal conflicts spin out of control. |They| may get modest help if |they| demonstrate |they| are serious about dealing with |their| problems, or suffer sanctions if |they| do not, but the West will not save troubled countries from |themselves|.［下線等引用者］

　上記は、冷戦後の新しいヨーロッパに仲間入りしたい者は、ヨーロッパ大陸にあるだけではその資格は不十分であり、民主化や経済の発展、政治的安定性など一定の基準を満たすことが必要だというものである。明らかに、ここでいうヨーロッパとは西欧であり、西欧の価値基準に照らしてふさわしくないものは、ヨーロッパに入れないというのである。

　ここには第7章で見たヨーロッパの中・東欧、バルカン観、言い換えると自民族中心主義が色濃く反映している。このテクストでは自らを「文明」のヨーロッパの位置におき、"You" と "They" であるヨーロッパ大陸にありながら、ヨーロッパとは未だ認められない東欧、旧ソ連諸国、バルカン諸国に警告を発している。注意すべき点は、このテクストで使用されている代名詞が、すべて単数ではなく複数となっており、人々一般を指していることである。つまり、実際には「今・ここ」に生起している出来事に関わる代名詞が、抽象的な一般レヴェルにとどまっていることが、この言説の抽象的・象徴的特徴を示していることである。

　〈抜粋 10〉*Newsweek*（1992. 8. 24）の記事[63]
　Americans wonder: Does our possession of the military capacity to strike at evil (such as Serbia's) confer a duty to do so? Does |our| failure to act make |us| complicit in evil? Those are serious questions, but so are these: Bombing Serbian mortars might make Americans feel good, but is catharsis a suitable reason for military action? Would limited military intervention reform Serbian behavior? The Balkans are not a promising laboratory for a therapeutic foreign policy. Must |we| intervene to "teach" other would-be aggressors that aggression does not pay? Desert Storm was, in part, such a tutelary policy. Serbia evidently was not paying attention.［下線等引用者］

　ここでは、アメリカ（Us）は善であり、他者（Them）であるセルビア（やイラ

ク）は悪である。アメリカはボスニアを救うだけでなく、こうした悪を正す立場にある。では救うべき対象のボスニアはどうかと言えば、彼らの状況は悲惨で同情すべきである。しかし、彼らもやはり他者であり、バルカンはアメリカには理解できない負の歴史を背負う存在である。

このように、欧米は、近代国家として経済発展を成し遂げ、民主的で政治的に安定し、理性的な判断を下せる善の存在であり、悪を倒し弱者を助ける存在として肯定的に描かれるのに対し、「他者」を象徴する、東欧やバルカンは、前者の近代国家と呼べるヨーロッパの水準に達していないばかりか、理性では理解できない非近代的な存在として否定的に表現される。ここには抽象的レヴェルでの「我々（Us）」対「彼ら（Them）」、「善」と「悪」、「文明」と「野蛮」という対照性が見て取れる。

同じ他者であっても、それぞれその扱いには差がある。欧米の基準で抑圧されていると考えられる対象は救うべきであり、抑圧する側と考えられる対象には教育が必要である。それが無理なら軍事的介入しか方法はない。彼らの方に責任があるからである。だからこそ、アメリカが軍事行使をしても正当化される十分な理由があるのである。英米の主要メディアは、軍事介入に対する英米両政府の消極的態度に常に批判的であり、軍事介入の必要性を訴え続けることになるが、その根拠がここにある。

では一体、このような欧米メディアの解釈、言説は、どのような歴史・社会・文化的コンテクストに位置づけられるのだろうか。紛争の原因を民族間の歴史的憎悪とする考えは、第6章で考察したような旧ユーゴ諸民族の歴史という視点から、この地のすべてを解釈するものである。それは、近代において成立したバルカン学に象徴されるように、常に近代西欧という視点・枠組みにおいてこの地を理解するものである。

欧米にとっては、旧ユーゴ連邦とそれを構成するバルカン諸国家・諸民族は、ヨーロッパの中のオリエント、あるいはヨーロッパの辺境でしかなかった。スロヴェニアやクロアチア以外の諸民族、すなわちオスマン・トルコによる長きにわたる支配の下にあった諸民族は特にそうである。クロアチア民族主義とセルビア民族主義に対する欧米社会・メディアの対応の大きな違いは、その点にひとつの要因があるだろう。

この問題は、国家についての要件とも関係する。旧ユーゴで連邦国家からの独立という問題が浮上した時、欧米は近代西欧という文脈において、欧米がその基盤とする近代国民国家、民族自決の原理でこの問題を解釈しようとした。それが、旧ユーゴ連邦からのクロアチア人、スロヴェニア人の民族自決の権利に正当性を与えることになった。しかし、セルビア人の民族自決権は尊重されなかった。

また多民族国家ユーゴからの民族自決の行使による離脱が認められるならば、多民族国家ボスニアのユーゴ連邦からの離脱は、「多民族」の民族自決の行使なのだろうか。さらに多民族国家ボスニアからのセルビア人の離脱は民族自決の行使ではないのだろうか。そこに欧米が一貫した答えを見出せなかったのには、すでに民族が混在し共存してきた国家や共同体の存立を「国民国家」や「民族自決」という近代の枠組みでは規定できない問題、まさに冷戦後の世界における今日的な問題があった。

しかし、欧米はそれを、従来の近代と非近代、善と悪、という枠組みで解釈することによって、セルビア人という悪を潰せば問題は解決すると捉えた。つまり、欧米メディアの解釈は、現代の世界での民族紛争が、いかにこのような近代ヨーロッパのイデオロギーと権力関係というコンテクストで生起しているかを如実に表すものである。以下では、こうしたイデオロギーと権力関係を前提としながら、紛争の経緯とともに、言説自体が変容していく姿を追いながら、その他のコンテクスト的要因について考えてみたい。

スロヴェニア、クロアチア、ボスニアと続く一連の紛争に関わった各民族指導者は、いずれも旧ユーゴ内の主要メディアを掌握し、自らの民族主義的主張と紛争への動員を行った。スロヴェニア紛争では、スロヴェニア側が独立宣言とともに国境を封鎖したが、そこに動員された連邦軍に対し、これを「侵略」として国民に対して抵抗・決起を呼びかけた。この時連邦軍の兵士2,000人のうち1,500人が捕虜となり約50名が殺害された。それに対しスロヴェニア側の死亡者は12名だった（波津, 2002, pp. 120-121）。しかし、この時にスロヴェニア側の情報戦略によって、連邦軍戦車に空気銃や猟銃で立ち向かうスロヴェニア人の姿が西側メディアによって全世界に発信された（岩田, 1994, p. 88）。日本のニュースでもこの映像は度々流され、スロヴェニアを攻撃する連邦軍という

文脈で報道された。

　Burns（1996, p. 93）は、この時から西側メディアは非人道的とされる陰惨な映像を西側の視聴者に向けて次から次へと流しながら、その背景や理由について何の適切な説明も行わないばかりか、そうした残虐行為がどこに帰すものなのか検証もされないようになったと指摘している。スロヴェニア紛争では、西側のコメンテーターの中に、スロヴェニア側に連邦軍を攻撃する権利があるのかどうか疑問を呈した者はいなかった。この時点においては、連邦軍はスロヴェニアもその一員である連邦国家の軍隊であり、ユーゴ連邦は国連創設のメンバーであり国際的に承認された国家であったにも関わらずである（ibid.）。このような西側メディアのスロヴェニアに対する、また続くクロアチア紛争でのクロアチアに対する同情、共感、反対にセルビアや連邦軍に対する反感、憎悪の背景には、明らかに第7章で論じた西側から見たヨーロッパ度の基準が関わっていると言えるだろう。この点に関しては、さらに以下の点も考慮すべきであろう。

　東西冷戦時代には、明らかな悪と善があった。共産主義という悪と民主主義という正義という暗黙の了解である。ハルバースタム（2003 [2001], p. 230）が指摘するように、当時であればアメリカの海外特派員は、紛争については東西冷戦の枠組みで報道をすればよく、もし第3世界で起きた紛争で、どちらが悪か正義かわからない時は「この戦いは『東西対立』の延長線上にある」と報道（テクスト化）すれば読者は納得した。しかし、ユーゴ紛争が起った時、メディアでは従来慣れ親しんだ「東西対立」という明確な枠組み（メタ語用的フレーム）は見つからなかった。Hammond（2004）は以下のように述べる。

〈抜粋11〉
The debate about the Balkans was also a debate about the West's self-image, and revealed more about how Western elites were attempting to reinvent themselves for the post-Cold War era than about events on the ground. (p. 180)

　ポスト冷戦時代にあって、西欧は新たな「自己」の構築に新たな「他者」を必要としていた。当初西側メディアはユーゴ紛争を東欧における一連の共産主義

の敗北というコンテクストの延長として捉えようとした。つまり冷戦時の枠組みである善と悪の枠組みの中で捉えようとしたのである。ユーゴ連邦、連邦軍は今なお、力を持つ共産主義の遺産であり、ミロシェヴィッチは共産主義者の生き残りである。

このようにして、ボスニア紛争が始まるまでに、すでに西欧民主主義の後継としての善であるスロヴェニアとクロアチア、共産主義の生き残りとしての悪であるユーゴ連邦、連邦軍、ミロシェヴィッチという解釈の枠組みができあがっていた。しかし、冷戦終結後イデオロギーの影響力が低下する中で、このような説明がもはや十分機能しえないことは明らかであった。そこに再び現れてくるのが、ヨーロッパと非ヨーロッパ、近代と非近代、文明と野蛮というオリエンタリズムの対立構図であり、Huntington (1993) による文明の衝突の議論であった。

これらの立場に立てば、対立の原因は冷戦以前の歴史に深く根ざすものとなる。何世紀にもわたる民族間の憎悪という解釈はここから生まれてくることになる。欧米にとって文明の衝突するバルカンは、民族間の抗争と憎悪が渦巻く地であり、ゆえに西洋文明には理解できない野蛮が巣くう地である。しかしながら、実は、トゥジマン大統領、ミロシェヴィッチ大統領も同じことを言っているのである。前者は言う。クロアチア人は野蛮なセルビア人とは違う。属する文明が違う。後者も言う。セルビア人は野蛮なムスリム人とは違う。属する文明が違う。これら民族主義的指導者と欧米は、この点で同じ基盤に立っている。

しかし、バルカン諸民族、なかでもとりわけ野蛮なセルビア人のイメージは、欧米社会において以下の展開によってあっという間に出来上がってしまうことになる。ボスニア紛争が始まった時、当事者である3つの民族のうちムスリム人勢力は当初、兵力で圧倒的にセルビア人勢力に劣っていた。西側メディアの二重基準による報道がスロヴェニアやクロアチア紛争の行方を左右したのを目の当たりにして、ムスリム人勢力は西側およびイスラム諸国の同情と介入を呼び込むために国際メディアへの対応を重視した。アメリカPR会社ルーダー・フィン社との契約もその一環である。そのPRに使用されたのが"ethnic cleansing"であったことは前述のとおりである。

NHK ディレクターの高木（2005）は、"ethnic cleansing" という語を 1992 年 8 月スペインにおいて *Newsweek* 誌の表紙で初めて目にした時の衝撃と、この語の持つ異様な力に言及し、「民族浄化」という語がなければボスニア紛争の結末は全く異なるものになっていただろうと述べ、*The Washington Post* 編集者アル・ホーンの以下の言葉を引用して、この用語がボスニア紛争で果たした役割の重要性を指摘している。

〈抜粋 12〉
「"民族浄化" はあっという間に、あらゆるメディアが使いまくる言葉になってしまったんです。言葉の持つイメージが一人歩きしてしまい、具体的な事実があろうがなかろうが濫用されて、誰も止められなくなっていました」（p. 111）

ルーダー・フィン社のハーフは、ボスニア外相シライジッチと会談し、すぐに契約、PR 活動を開始した。ハーフはナショナルプレスクラブ（NPC）でのシライジッチの会見を準備した。その時、ハーフが目にしたものは、集まった記者のほとんどが、ボスニアの基礎知識さえ持っていないという事実であった（高木, 2005, p. 60）。ハルバースタム（2003 [2001], p. 286）は、この時期のアメリカのメディア、特にテレビについてその内向き傾向を指摘しながら、それがベルリンの壁崩壊と冷戦終結がもたらした意外な帰結だと述べる。つまり、他国から攻撃されることを心配する必要がなくなり、海外への関心が薄れてしまった結果である。

ハーフは、メディアと政界に向けたニュース配信システムを作り、サラエヴォから送られてくる情報ばかりでなく、米有力新聞やテレビネットワークの報道で有利と見たものを編集し掲載するという戦術をとった。情報の拡大再生産を狙ったものである。さらに、メディアの中で重要な顧客に集中的に働きかけた。ハーフがメディアの中で味方とすべきジャーナリストとして作ったリストの中には、12 の報道機関のジャーナリスト名が挙げられている。なかでも、ハーフが最も高く評価していたのは、*Newsweek* のマーガレット・ワーナー記者だった（高木, 2005, p. 77）。*Newsweek* には 1992 年 6 月以降、ワーナー記者の署名入り記事が頻繁に掲載されるようになる。*The New York Times* のジャ

ーナリスト、バーバラ・クロセットは、高木のインタビューに答え、「なじみのない地域の取材で手持ちの情報が少ないとき、情報源としてさまざまなものを利用するのは当然です。バルカン半島には、当時情報収集ネットワークが不足していました。そういう時はPR企業であっても利用するのです」と答えている (ibid., p. 80)。

一方、この頃放送を開始したCNNではクリスティアン・アマンプールがバルカン半島の取材で脚光を浴びることになる。アメリカ主要メディアにおけるこれらのジャーナリストのその後の昇進や今日の重要なポストの背景に、彼らのボスニア紛争報道への高い評価があることも注目すべき点であろう。

当初サラエヴォの悲惨な映像は人々の関心を引きはしたが、そのうちにそれにも慣れてしまう。ハーフはアメリカ人の関心をボスニアにつなぎとめるキャッチコピーを求めていた。それが "ethnic cleansing" であった。その頃彼は、セルビア人が占領した地域で、ムスリム人を家から、あるいは村や町から追放しているという情報を得ていた。この「追い出す」という行為は、第2次世界大戦のナチスのユダヤ人迫害を連想させるものであった。しかし、ハーフは「ホロコースト」という言葉を避けた。なぜなら、以前クロアチア政府のためのPR活動でセルビア人非難のために一度「ホロコースト」という語を使った際、アメリカのユダヤ人社会がこれに反発したからである (ibid., p. 116)。ナチスがユダヤ人に行ったホロコーストはボスニアの悲劇とは比較にならない。それはホロコーストの犠牲者を冒瀆するものととられる危険性があったのである (ibid., p. 117)。

そこでホロコーストと言わずに、ホロコーストを類推させる言葉が必要だった。それが、"etničko čišćenje" だったのである。この言葉のもとになったセルビア・クロアチア語の "etničko čišćenje" を英語に訳す際には "ethnic cleansing" と "ethnic purifying" の2つがあったが、前者の方が「より "chilling (心をぞっとさせる)" な響きを持っている」(ibid., p. 120) としてこの訳語が採用された。このハーフの戦略に従って、その後シライジッチ外相とハーフが "ethnic cleansing" という語をあらゆる機会を捉え使用するようになると、メディアの間で一気に広まった。ハーフは、NHKの高木に以下のように語ったという。

〈抜粋13〉
「"民族浄化"というこの一つの言葉で、人々はボスニア・ヘルツェゴビナで何が起きていたかを理解することができるのです。『セルビア人がどこどこの村にやってきて、銃を突きつけ、三十分以内に家を出て行けとモスレム人に命令し、彼らをトラックに乗せて……』と延々説明するかわりに、一言 "ethnic cleansing（民族浄化）"と言えば全部伝わるんですよ」（p. 119）

つまり、個々の人々の個々の場所での経験は、そのコンテクストに根差した指標的な出来事であったはずのものだが、"ethnic cleansing"、あるいは「民族浄化」という象徴的な言葉となることによって脱コンテクスト化されるとともに、ナチスやホロコーストとの類推、すなわち、"ethnic cleansing" ＝ホロコースト、セルビア人＝ナチス、ミロシェヴィッチ＝ヒトラーという強固な詩的構造によるテクスト化によって再コンテクスト化されることになるのである。そこには、バルカン＝暴力（野蛮・非近代）という類推が働いたこともちろんであろう。そして、この言葉が国務省のブリーフィングで使われたことにより、メディアにおけるジャーゴン（儀礼的定型句）となるのである。[67]

木下（2005）の調査によると、"ethnic cleansing" の語を含む記事は、1992年米 The New York Times と The Washington Post で各225本、129本あり、そのほとんどが7月以降に集中している。92年5月頃までは、この語を使っている場合でも、記事の調子は比較的客観的、冷静であったが、7月以降の記事の急増と比例して、記事の調子が感情的になったと指摘する（pp. 246-248）。例えば、先に引用した92年6月24日の The New York Times の記事もそのひとつの例である。一方イギリスのメディアでは "ethnic" という語は1990年代前半ボスニア紛争報道において頻繁に使用されるようになっていたが、"ethnic cleansing" という熟語で使用されるのは、やはり1992年夏ごろからであり、8月以降は急増する。新たな用語として当初はクオーテーションマーク付きだったが、1年ほどするとクオーテーションマークなしで使われるようになったという（Banks & Murray, 1999, p. 155）。

前章で述べたように、その夏8月に、米国タブロイド紙のジャーナリスト、ロイ・ガットマンによる強制収容所の記事が報道され、続いて英国ITNクル

ーによる強制収容所と思しき写真が全世界に駆け巡った。欧米メディアは一斉にセルビア非難を高め、すでに出来上がっていた「善」対「悪」の構図が決定的なものとなる。"ethnic cleansing" という語については、"cleansing" が何を指すかも問題だが、特に、ボスニア紛争では、"ethnic" という語が紛争や暴力というコンテクストの中で使われるようになる一方で、何を基準に "ethnic" を定義するかの議論は不十分なまま、あいまいな形で使い続けられることになった（ibid., pp. 153-156）。

　こうして米英メディアは、徹底的に反セルビアの姿勢をとり、ムスリム人主導のボスニア政府を支持するとともに、ボスニア政府の要求する軍事介入を支持して、その主張の先頭に立つことになる。欧米メディアがそこまで反セルビア、ムスリム人擁護の立場に立つにいたった背景にはもうひとつ大きな要因がある。それは、西側ジャーナリストのほとんどが、首都サラエヴォでボスニア政府の支配するホリデー・インホテルで取材を続けていたことである。当時、ボスニアで現地取材をしたジャーナリストは多くはない。取材するにはあまりに危険だったからである。[68]

　ホリデー・インはセルビア人勢力に囲まれ、狙撃してくるのはセルビア人であった。92年6月に、日本の報道機関の記者として初めて内戦勃発後のサラエヴォに入った読売新聞の波津は、たまたまセルビア人支配地域で取材した。当然ながらそこでは狙撃してくるのはムスリム人だった（波津, 2002, p. 142）。波津は、「記者たちの視点、つまりどの場所で仕事をしているか」（ibid.）がジャーナリストたちの個人的な感情、ひいては報道に影響すると指摘する。

　サラエヴォは典型的な民族混住地域であり、セルビア人地区もあったが西側ジャーナリストがセルビア人地区を訪れたり取材したりすることはなかった。したがって、サラエヴォから全世界に発信される報道は、セルビア人がムスリム人を一方的に攻撃するものであり、そこではムスリム人が包囲されているサラエヴォがボスニアの象徴となる（ibid., p. 143）。

　こうした西側メディアの姿勢と視点は、例えば以下のような報道となって現れている。報道は、先にも触れたが、ボスニア紛争が勃発してから2箇月ほど経った92年5月27日にサラエヴォで起きた事件に関するものである。パンを買う市民の行列で爆発が起き20人が死亡し、300名以上が負傷した。ボスニ

ア政府が直ちにセルビア人勢力による攻撃であると非難すると、西側メディアもボスニア政府の発表をもとに一斉に報道した。衝撃的だったのは現場を映し出すテレビの映像や新聞に掲載された写真だった。写真はロイターが配信したものだが、そのキャプションでもセルビア人側によるものとされている。

　波津（ibid., p. 125）が指摘するように、この事件の調査は行われておらず、セルビア人勢力による攻撃という証拠もなかったが、メディアはセルビア人に違いないという予断とボスニア政府の一方的な発表に基づき、検証もなしに報道を行った。これは、記者のローカルな視点、証言がジャーナリズムの客観主義的レジスターを通して一般化、抽象化され、それが先に述べた象徴的構図と結びついて「現実」となった典型的事例である。

　この事件はボスニア共和国だけでなく新ユーゴ連邦（セルビアとモンテネグロ）に大きな影響を与えた。というのもこの事件を受けて、国連安全保障理事会では、新ユーゴ制裁を決め安保理決議 757 を採択することになったからである。[69] 同じような事件は、紛争終結までさらに2回起きている。[70] その時も同様の展開となり、欧米メディアは一斉にセルビア人勢力側による攻撃として報道し、軍事行動をためらう西側諸国に、セルビア人に対する断固たる行動を訴える展開となった。

　これらの欧米主要メディア言説が、ミクロな指標的レヴェルでは、欧米主要メディアのジャーナリストの立つ位置、そしてよりマクロなレヴェルでは、彼らが帰属する欧米のジャーナリスト集団や組織、国家、欧米社会、そしてさらにコミュニケーション出来事から遠く離れた象徴的なレヴェルでは、西欧近代というイデオロギーや歴史観が取り巻くコンテクストを指標するものであることは以上からも明らかであろう。

　そこでは、前節の現地メディアや普通の人々の言説が示した多様性は見られず、多くのことを語りながらも基本的にはあるパターンを示していた。そして彼らの言説は、現代の世界で、他のジャーナリストによって前提とされ、参照され、引用されて、次から次へと新たなテクストを生んでいる。現代世界の情報源として圧倒的な力を持つ欧米主要メディアの言説が、前提、参照、引用され続けていくことが現代のメディアの姿なのである。旧ユーゴ紛争報道について、ロシア語の同時通訳者であった米原（2004）は以下のように述べている。

〈抜粋14〉
各勢力とも優劣つけがたい残虐非道を発揮した。ロシア語が理解できる私には、西側一般に流される情報とは異なるロシア経由の報道に接する機会がある。だから、「強制収容所」も「集団レイプ」も各勢力においてあったことを知っている。(p. 253)

それにも関わらず、セルビア人勢力だけが残虐行為の主体とされ世界中のニュースとなって広がった背景に、米原 (ibid., p. 254) は現代の国際世論形成が圧倒的に東方正教よりもカトリック・プロテスタントに有利に働いていることとの関連があると見る。全くの仮定であるが、例えば冷戦に勝利したのがソ連であったならば、あるいは少なくとも冷戦時代と同程度にソ連が権力を保持できていたら、そしてその分ソ連のジャーナリストの解釈が世界の情報に影響力を持てたならば、異なる「事実」が世界を駆け巡ったかもしれない。

4 日本のメディア言説

ボスニア紛争報道について岩田 (1999) は、欧米社会および日本社会が示した認識と行動に大きな疑問を投げかける。すなわち、自らは近代的な市民社会であり、政治も経済もマス・メディアも正常に動いているとする欧米や日本社会が、ボスニア紛争、コソヴォ紛争、続くNATOによる空爆を含む旧ユーゴ多民族戦争で、単純な善玉・悪玉論でもって、あるいは旧ユーゴには「人権を無視し、民族浄化を実施する、半世紀あまり昔のナチス・ドイツのような国がある」から叩き潰すしかないという考えでもって武力行使をしたことを、情報覇権主義、市民帝国主義と捉える (岩田, ibid., pp. i-ii)。岩田は西欧市民社会がより多面的、開放的であったならば、戦争の悲劇はもっと軽かったはずだと考える (ibid.)。

周知のように、アメリカの言語学者チョムスキー (1994 [1992], 2002 [1999], 2003 [2002]) は、ヴェトナム戦争以来アメリカの外交政策、そして国家権力と依存関係で動く主要メディアを厳しく批判し続けてきた。旧ユーゴ紛争、特にコソヴォ紛争については、アメリカの政策を植民地主義の一方的な力の政治だと非難する。アメリカにとって「文明国」の代表は、アメリカとその盟友の欧

米諸国（準欧米の日本やトルコを含む）であり、植民地主義・新植民地主義的な世界支配の継承者、つまり北の第1世界であるのに対し、平和と秩序を乱す悪者は、南の第3世界、発展途上国である。「文明国」は「非文明国」の「野蛮」を許すわけにはいかず、正義と自由を守るためには武力にも訴えることができる。そのような大義名分の下、自らの暴力を正当化するアメリカと同盟国の欺瞞を批判する。

両者が指摘するように、日本は基本的に欧米、特にアメリカと同じ視点で旧ユーゴ紛争を捉えてきた。日本では紛争が始まった時、たしかにニュースや記事は増えた。しかしそれまでほとんど報道の対象とならなかったため、それと比較して報道が相対的に増えたということであり、いくつか大きな事件が起きて欧米メディアが取り上げると、日本のメディアも取り上げるという状況であった。

第7章で考察したように、少なくとも新聞はテレビよりもこの問題に深く関わろうとした姿勢が見える。しかし旧ユーゴには他のバルカン諸国同様、日本の支局はもちろんなかったし、常駐する記者もいなかった。紛争が始まると、各新聞社は西欧諸国にあるパリ、ローマ、ウィーンなどの支局を拠点に取材を展開し、旧ユーゴ内の主要都市に特派員を送るという体制でのぞんだ。しかし、その記事は断片的で、往々にして欧米通信社や現地メディアの伝える情報をつないでまとめるものであり、実際現地で何が起こっているのかを読者が理解するのは難しかった。

主要日刊紙で時たま見かける現地の写真は、ロイター、AFP、APなどのものであった。その中で、主要全国紙の外報部記者として現地取材した内容をルポルタージュとしてまとめた毎日新聞の伊藤（1996）や共同通信社の今井・三浦（1993）、あるいはフリージャーナリストによるルポルタージュである千田（1993）、吉岡（1993）、水口（1996）などは現地の生々しい紛争の様子を伝えるものであり、テレビや新聞では知ることのできない様々な情報を提供するものだった。

しかし、彼ら自身から次のような指摘もある。毎日新聞社の伊藤（2002）が紛争取材の難しさについて述べている箇所を、少し長くなるが以下に引用する。

〈抜粋1〉
ボスニア内戦では、セルビア人勢力の強制収容所における反人道的行為がクローズアップされた。ナチス・ドイツのホロコースト（ユダヤ人大量虐殺）を連想させるこの言葉が、国際社会の反セルビア感情醸成に一役かったことは否定できない。強制収容所で何が行われているか、メディアが情報過疎に陥っていた紛争初期の段階では、難民収容所で一人歩きしている情報や、誇張の入り込んだ難民の証言によって、セルビア人勢力の悪逆非道ぶりが印象づけられたケースがいくつかあった。自らの反省を込めて言えば、難民の一人が「証言した」という事実に寄りかかり、確認作業が不完全なままの情報が「事実」として報じられたことがいかに多かったか。それによって「セルビア人勢力＝悪者」「イスラム教徒＝被害者」の図式が、国際社会に定着したとも言える。(p. 94) [中略] 国際世論の流れに乗って記事を発信するのが楽なことは、日本における様々な事件の報道を見ても分かる。いったん悪者のイメージが出来上がると、その面ばかりの報道が続き、その人物のほかの面を伝える報道は無視されるか、極端に扱いが悪くなる。悪者を「弁護」する記事を書くことは、恐ろしく勇気のいる作業となる。[中略] セルビア人がイスラム教徒を強制収容所に送り込んで虐待しているとの報道は、セルビア悪玉論を定着させた。「民族浄化」の一言で、全てが理解できたような錯覚に陥っていた。それに乗って記事を書いていれば、ある意味で楽であった。今、自戒を込めて振り返れば、セルビア人側の論理を取材したジャーナリストで、セルビア住民、クロアチア住民、イスラム教徒住民の歴史的な対立の心のひだにまでに踏み込んで報じたものは、私も含め、ほとんどいなかったといって良い。(71)(p. 100)

一方、読売新聞の波津（2002）は以下のように述べる。

〈抜粋2〉
現実には、メディアは西側諸国の政治的意図の検討や、現地反セルビア人勢力の発表、宣伝の事実に基づく検証を怠り、逆に戦争を善悪二元論に還元して、ユーゴ連邦・セルビア共和国、そしてセルビア人勢力に対する西側の制裁、軍事行動を準備あるいは正当化する役割を果たしてしまった。(p. 105)

波津は欧米メディア、特に英米メディアを取り上げてこのように指摘しているが、日本もまたこうした英米メディアの報道に依拠し、その枠組みの中で報道を続けていた限りにおいて同様の役割を果たしていたと言えるだろう。

いずれにしても、日本のメディアによるボスニア紛争という出来事の理解は、基本的に欧米メディアのテクストを前提とするものであり、欧米と同様に近代に価値づけられたテクストであったとまずは言えるであろう。

5　考察

　以上、次章第 8 章の談話分析の対象となる欧米主要メディアの言説について、同じくボスニア紛争の解釈（テクスト・言説）に関わった現地メディアやその他による言説との対照を試みながら検証してきた。この紛争をめぐっては、欧米主要メディアだけでなく、旧ユーゴ内のセルビアとクロアチアの政府系メディア、各反政府独立系メディア、そしてボスニア内の新聞やドキュメンタリー、民族誌のテクストなど、ミクロな個別的・指標的レヴェルでは、それぞれに異なる解釈が少なくとも複数生まれていることが確認できた。同時に、これらのテクストが、マクロなレヴェル、すなわち紛争を取り巻くコンテクストの最も外側に位置する抽象的・象徴的レヴェルで、近代という西欧の価値やイデオロギーを前提とするものであることも観察された。

　このことは、以下のように言い換えられるだろう。紛争を取り巻く最も近いコンテクストには、これらの出来事を解釈する様々な言語使用者（それぞれの国や地域のジャーナリストやサラエヴォ市民など）がおり、それを取り巻くようにしてこれらの言語使用者の帰属する社会集団があるわけだが、その周りを西欧近代イデオロギーがすっぽりと覆っている。上記の参与者の視点、焦点は、ボスニア紛争という「今・ここ」の出来事と彼らとの地政学的な距離の大小に概ね比例して、マクロなレヴェルからミクロなレヴェルへと向かい、紛争に対する解釈もそれに従ってマクロからミクロへと焦点化されていく。

　民族誌の言説には、最も「今・ここ」に近いミクロなレヴェルの指標性、同時に非日常を通して現前するマクロなレヴェルとの関係性が顕現している。現地ボスニアにおけるメディア言説では、「今・ここ」の体験に根ざしながらも、西欧近代イデオロギーという支配的言説への対抗言説を通して出来事が解釈されている。一方、政府系メディアの言説では、西欧近代イデオロギーの枠組みから、自らの民族が置かれた歴史が解釈し直された。欧米主要メディアの言説では、出来事を実際「取材」したと言いつつ、ミクロのレヴェルではセルビア人勢力に囲まれたサラエヴォの特定のホテルという場でのジャーナリストの身体的（指標的）体験・視点と絡み合う形で、自らの属する欧米社会、西欧の価値を前提として解釈がなされていた。つまり、この出来事をめぐっては、最も

象徴的なレヴェルにおいては、いずれもが西欧近代という価値を指標しながらも、指標的なレヴェルにおいては、それぞれの言語使用者たちのイデオロギーや権力関係を指標する社会指標的テクストを複数生み出していたと言える。

まとめてみると、「今・ここ」のボスニア紛争を取り巻く実際のコミュニケーションの場においては、ミクロなレヴェルでは様々な言及指示的テクスト（言われたこと）が生起すると同時に、複数の社会指標的テクスト、言い換えると相互行為のテクスト（為されたこと）が生起し、その両者が絡み合いながら新たなコンテクストを創出していた。そこには、言語使用者の数だけの解釈があり、使用者によって一定のパターンがあるものの、その解釈の数だけ、「テクスト」「事実」があったと言える。このことは、異なる言語使用者が、それぞれの場で起っていることの意味を、ミクロからマクロまでのコンテクストを指標することによって解釈していることを意味している。その解釈には、ここに要約したような形で、言語使用者の置かれている様々なレヴェルでのコンテクストが反映されているのである。

このように、メディアの表象とは、出来事を解釈するメディア主体もまたその一部である様々な記号からなるコンテクストにおいて生起する相互行為のテクストであり、欧米メディアの表象とは、そのような形で生起する複数の相互行為のひとつに過ぎない。しかしながら、現在の世界の権力構造にあって、複数あるこれらの解釈から、欧米主要メディアの言説だけが、世界を駆け巡っているのがグローバル社会の現状なのである。

欧米主要メディアによる解釈、すなわち、紛争の原因をバルカン諸民族の歴史的憎悪とし、旧ユーゴ諸民族のうちセルビア民族を唯一の侵略者とする解釈は、近代ヨーロッパの規範がその前提にあるわけだが、この主張はUdovički (1997, p. 6) も指摘するように、セルビア民族主義やクロアチア民族主義をはじめとする旧ユーゴ内の民族主義者たちの主張を反映するものでもある。セルビア民族主義やクロアチア民族主義も、近代ヨーロッパの規範から、自らの民族自決の正当性を主張しているのであるから、当然の結果とも言える。欧米メディアや政治は、旧ユーゴにおける民族主義を厳しく非難しながら、その拠って立つ根拠を彼らと同じところにおくという構造となっているわけである。

民族間の憎悪が紛争の根本原因であるなら、欧米メディアの「セルビア悪玉

論」に象徴されるような、ある民族だけが一方的に残虐行為を行うという主張には無理がある。民族主義者にとって自分達は無実であり歴史の犠牲者で、非があるのはすべて他の民族、とりわけ敵対する民族である。さらに「我々」はヨーロッパであり、「彼ら」は「我々」より野蛮な民族なのである。欧米メディアの「セルビア悪玉論」が依拠している理屈もこれと根本は同じということになる。

こうした見方はともに、何世紀にも及ぶ民族という実体の存在を前提としており、その民族同士の憎しみは、バルカンという地に特徴的なもの、言うなれば風土病のようなものであり、その憎しみの原因は他の民族の暴虐にあると、どれも主張している。そして、その主張における民族とは歴史的にも政治的にも均質な集団が想定されている。その意味で、欧米主要メディアの解釈は、セルビアとクロアチアの主要メディアによる民族主義のプロパガンダと同じ大きな体系の中にすっぽりと包まれている。ボスニア紛争をめぐって現地では異なる言説もあり、そこでは近代西欧の国民国家や民族自決といった原則に対する批判や疑問も提起されたわけだが、欧米主要メディアもそして日本のメディアもこのような声にほとんど耳を傾けることはなかった。

Paterson & Preston (1996, pp.1-8) が指摘するように、メディアが政治的決定に直接影響力を行使するわけではない。しかし、メディアの報道が視聴者に与える影響や世論形成に大きな力を持つことを考え合わせると、特に、「民主主義」国家の政府や国際機関の政策や戦略に何らかの影響を持つことも事実であろう。前章で考察したように、欧米メディアがおかれているのは、世界の権力構造の中で圧倒的力を持つ欧米社会であり、そこでは欧米を基準とした近代の概念、国民国家、西欧民主主義こそが価値を持つ。

欧米の視点から価値づけられてきた東欧やバルカンは、同じヨーロッパであってもヨーロッパの中の辺境、オリエントであり、東西冷戦下においては、民主主義の敵である共産主義国であった。ベルリンの壁の崩壊によるドイツ統一と東西冷戦の終結は、西欧近代の民族自決の体現であり、民主主義の共産主義に対する勝利であった。これが一連の旧ユーゴ紛争が始まった時の欧米ジャーナリズムの基本的な認識であった。スロヴェニアとクロアチアの独立は、近代国民国家建設のための民族自決の原則に叶うものであり、それを阻もうとする

旧ユーゴ連邦と連邦軍は抑圧者となる。

このような欧米メディアの見解に対し、先に見たように、現地では異なる枠組みでこの紛争を解釈していたメディアや人々もあった。そこでは紛争は、「民族主義集団」と「多文化・多民族の共存する共同体」、あるいは「ナショナリズム」対「コスモポリタニズム」との対立とも捉えられていた。そして、「自己」としての「民族」、「他者」としての「民族」は既存のものではなく、紛争を通して形作られていくものであり、また「自己」も「他者」も固定したものではなかった。

欧米主要メディアは、こうした声にほとんど気づかなかった。あるいは、気づこうとしなかった。それは何よりも、彼らが必然的に近代西欧のイデオロギーというコンテクストの中に埋没した存在であったからと言えないだろうか。こうして、欧米主要メディアの言説が世界の「事実」となり、出来事をめぐる経験的な多様性は捨象され、脱コンテクスト化されて流布する結果となる。それが、次章で詳しく考察するメディア翻訳という出来事が生起するコンテクストの前提となっているのである。

注

(1) 民族と言語の平等を基本とし、その反映として、新聞紙名だけでなく記事についても、キリル文字とラテン文字が交互に使用された。
(2) 6つの共和国、2つの自治州、イタリア系少数民族系の計9つ。
(3) 1980年代後半で、1日の発行部数は30万部。セルビアの新聞購読者の内70%が *Политика*（ポリティカ）を買っていた。一般民衆の多くがテレビを最大の情報源とする中で、新聞、特に *Политика* は知識人層、高学歴の読者が多く、その意味でミロシェヴィッチ政権がこうした層の協力・支持を得ることは政策実行にとって重要だった。ボスニア紛争開始後の経済制裁によって国民の生活が逼迫する中で多くの市民は新聞を買うことができなくなり、1993年8月には27,000部にまで落ち込んだ（Thompson, 1999, p. 61）。
(4) 日刊紙 *Политика*、*Политика Експрес*（ポリティカ エクスプレス）、週刊誌 *НИН*（ニン）など20の出版物にラジオとテレビ局を持っており、バルカン諸国では最大のメディア組織であった（ibid., p. 64）。
(5) 最も重要な番組は夕方のニュース *Dnevnik2*（ドゥネーヴニク2）である。セルビアだけでなく、クロアチアおよびボスニアのセルビア人支配地域のテレビ局からも見ることができた。1991年秋の時点で、コソヴォ自治州を除くセルビア共和国内で約350万人が視聴していた（ibid., pp. 76-77）。
(6) ウスタシャについては、第5章2を参照。
(7) チェトニクについては、第5章2を参照。

(8) 1980年代後半で、発行部数は約91,000部 (ibid., p. 171)。
(9) 日刊紙 *Vjesnik*（ヴィエスニク）と *Večernji List*（ヴェチェールニ リスト）を含む18の新聞・週刊誌を発行し、クロアチアの出版メディアの約80％を占めていた (ibid., p. 170)。
(10) クロアチア反体制作家のウグレシィチ（1997 [1998]）は、当時の状況について以下のように述べている。

> 戦争がなおも続いているいま、クロアチア内のセルビア系の新聞も（たとえあったとしてもどっちみち誰も買わないだろう）、セルビア内のクロアチア系の新聞も（たとえあったとしてもどっちみち誰も信用しないだろう）ともに見あたらない。そして、たがいに殺しあうほど敵視しあっているテレビ番組は、ただ衛星アンテナによってだけ相互に受信可能なだけである。もっとも、これはまったく必要のないものだ。というのも、その番組は相手にぶつけるための卵と違わないからである。(p. 100)

(11) 前者は、社会や共同体で競争や対立関係にあるような相互作用であり、後者は、支配と服従のような関係も含む相補う関係を指している。
(12) この著書に収録されているのは1991年から96年にかけて書かれ、そのつどヨーロッパの新聞や雑誌に発表されたエッセイである。その一部をまとめ95年にドイツ語とオランダ語で出版された。ウグレシィチは、旧ユーゴ紛争中のクロアチアのトゥジマン体制下では、ドラクリッチらとともにクロアチア5人の魔女として激しく攻撃され、本書をセルビア・クロアチア語で出版できなかった。本書は98年に出版された英語版の原稿からの日本語訳である。
(13) こうした一連の状況は、Thompson (1999) を参照。
(14) 発行部数は平均して月25,000部であり、そのうちの5,000部はアメリカと西欧向け。*Vreme*（ヴレーメ）は、ボスニア（サラエヴォ）の *Oslobodjenje*（オスロボジェーニェ）とともに西側からの寄付金を最も受けたメディアだった (Thompson, 1999, p. 105)。
(15) 1970年ラジオ局として *Борба*（ボルバ）紙によって設立。72年に独立企業となった。その偏らない論調と編集姿勢は、西側からも評価されていた (ibid., p. 97)。
(16) 1989年創立。広告、寄付、国際メディアからの基金を得て運営していた。報道雑誌 *Vreme*（ヴレーメ）とともに、セルビアの報道としてベオグラード駐在の外国人ジャーナリストによって最も多く引用された。B-92はセルビア首都ベオグラードにおける反戦活動の拠点でもあった。平和活動グループと協力しながら、サラエヴォへの食糧・医薬品などの援助も行っていた (ibid., p. 102)。
(17) 1943年創立。1980年代後半には民主主義的なメディア企業として確立していた。ボスニア紛争前までは、ボスニアで80,000部、他の共和国で10,000部販売。*Oslobodjenje* グループは、セルビアの *Политика* グループ、クロアチアの *Vjesnik* グループに相当するメディアである (ibid., p. 241)。
(18) 柴 (1996a, p. 75) によると、旧ユーゴ連邦における最後の1991年国勢調査で、サラエヴォの人口は526,000人で、その構成はムスリム人49.3％、セルビア人29.9％、クロアチア人6.6％、ユーゴスラヴィア人10.7％だった。「戦後の社会主義体制下で形成された統合的な民族概念」(ibid) であるユーゴスラヴィア人の比率が高いことがサラエヴォ、またボスニア (6％) の顕著な特徴だった。サラエヴォの中心部にあってはユーゴスラヴィア人の比率は、16.4％であったという。旧ユーゴ全体3％に比べて、非常に高い比率である。
(19) TVサラエヴォは11の送信機で放送を行っていたが、92年3月末までにそのうち5つ以上が連邦軍とセルビア人勢力側に掌握された。ボスニアが独立を承認された4月6日には、セルビア放送がボスニアの半分を掌中に収めていた (Thompson, 1999, p. 214)。こうした状

況がさらに情報の分断に拍車をかけた。
(20) *Vreme* のオリジナルの記事をもとに編集され英語で出版されたものである。現在 1991年から 1997 年までの記事が Web 上で公開されている。
(21) Ђурић, М. (1992, April 7). Сукоби, зебња али и жеља sa миром. *Политика*.
(22) ベオグラードの政治学研究所が当時行った調査によると、1992 年の 7 月時点で誰がサラエヴォを攻撃していると思うかという質問を 1,380 人にしたところ、約 40%がムスリム人・クロアチア人勢力と答え、セルビア人勢力と答えたものは 20%だったという (Thompson, 1999, p. 108)。
(23) セルビアと同じく、ほとんどのクロアチア市民は 1993 年 5 月になるまで、ボスニアでクロアチア人勢力が犯罪を犯していることを公には知らされていなかった (ibid., p. 176)。
(24) 例えば Nincic, R (1992, March 9). Sketches of hell. *Vreme News Digest*.
(25) Босна и херцегобина у бртлогу грађанског рата: Крвопролиће у Сарајеву. (1992, April 7). *Борба*.
(26) Lideri potrošili poverenje. (1992, April 7). *Борба*.
(27) 第 2 次世界大戦中にサラエヴォで活躍したパルチザンのリーダー Vladimir Perić Valter を指すと思われる。1941 年のナチス・ドイツの侵攻によって、サラエヴォを含むボスニアはウスタシャ率いるクロアチア独立国の支配下に入った。1945 年のまさに 4 月 6 日、サラエヴォがナチスによる占領から解放されたその日、ヴァルテルは戦闘の中で命を落とした。それ以降、ヴァルテルは、サラエヴォの象徴的存在となった。
(28) Srpski teroristi napali Sarajevo. (1992, April 7). *Борба*.
(29) Vasic, M., Isakovic, Z., Sutalo, M., Camo, M., & Topic, T. (1992, April 13). War against Bosnia. *Vreme News Digest*.
(30) これは 2 者間のボスニア分割案を指す。
(31) Stefanovic, N. Lj. (1992, May 18). The destruction of cities: We Built them — We can Demolish them. *Vreme News Digest*.
(32) Cerovic, S. (1992, May 18). Fikret Abdic, the last hope: The cellars of Sarajevo. *Vreme News Digest*.
(33) Cerovic, S. (1992, May 18). Fikret Abdic, the last hope: The cellars of Sarajevo. *Vreme News Digest*.
(34) Vasic, M., Cabaravdic, Z., Camo, M., & Janjic, D. (1992, June 1). The Bosnian thunder: The killing of Sarajevo. *Vreme News Digest*.
(35) Ciric, A. (1992, August 10). Return to the past: To each his own camp. *Vreme News Digest*.
(36) Čulić, M. (1992, April 7). Ustaše štete Hrvatskoj. *Danas*.
(37) ウスタシャの紋章、赤白のチェックの盾形紋シャホヴニッツァを指していると思われる。
(38) 第 2 次大戦中、クロアチアのパルチザンが他のユーゴ諸民族とともに闘いとった解放によって、ユーゴ連邦の一員としてクロアチアは勝者、反ファシスト連合の側として戦後歩んできたことを指していると考えられる。
(39) Ničota, M. (1992, May 19). Nikom se ne žuri. *Danas*.
(40) *Борба* 同様 *Oslobođenje* も記事は、頁ごとにラテン文字とキリル文字が交互に使用されている。本稿ではラテン文字に統一して記載した。
(41) Berić, G. (1992, April 2). Divlji istok. *Oslobođenje*.
(42) 使用文字の配慮同様、ヘルツェゴヴィナに配慮する形でボスニア・ヘルツェゴヴィナ、ヘルツェゴヴィナ・ボスニアの両方の語順を採用していると考えられる。
(43) Kurspahić, K. (1992, April 7). 6. april 92. *Oslobođenje*.

(44) čivogとあるが、管見ではセルビア・クロアチア語（ボスニア語）にこのような語彙はなく、前後関係から考えても životの印字ミスと考えられる。
(45) 前後関係から、čivogは životの誤りではないかと考えられる。čivogを životとして訳出。
(46) Dizdarević (1994 [1993], pp. 6-7).
(47) 1998年国際エミー賞ベストドキュメンタリー獲得。
(48) 映画台本は入手できなかったため、ナレーション箇所は筆者自身の聞き取りによる書き起こしである。英語として不自然と思われる箇所があるが、話し手の母語ではない点を考慮しながら、なるべく聞き取ったままを表記した。また、抜粋1は、映画では句読点無しの大文字で表示されるが、読みやすさに配慮して本文のとおりとした。なお、抜粋箇所は、1992年ではなく、1995年の状況下のものである。
(49) Maček (2009, p. 30) は、その理由について "because their [ordinary citizens'] experiences and knowledge of the war were not represented in either the media accounts or experts' analyses of the conflict" ［挿入引用者］と述べている。
(50) サラエヴォの40代の男性で、家族は妻と10代の娘と息子の4人であった。戦争初期にボスニア軍に加わった。マチェックは、1995年春にこの男性と知り合った。Xは戦争体験とそこでの自らの選択において、'Civilian' から 'Soldier' へ、そして 'Soldier' から 'Deserter' へと変化していく。
(51) 英訳はマチェック自身による。抜粋文中の固有名詞 Grbavicaと Koševsko Brdo には、原著者による文末注がつけられている。
(52) 注(51)参照。
(53) 第4章参照。
(54) 邦題『ブコバルに手紙は届かない』Boro Drašković 監督。アメリカ・イタリア・新ユーゴ合作。
(55) 邦題『ボスニア：ボスニアを東京まで拡大せよ』Srđan Dragojević 監督。新ユーゴ製作。
(56) 邦題『ノー・マンズ・ランド』Danis Tanović 監督。フランス・イタリア・ベルギー・イギリス・スロヴェニア合作。
(57) Smolowe, J., Angelo, B., Graff, J. L., & Mader, W. (1992, May 11). Why do they keep on killing? *Time*.
(58) Warner, M. G. (1992, June 22). Bosnia. Will America step in?: The Pentagon thinks it may have to take charge. *Newsweek*.
(59) The World watches murder. (1992, June 24). *The New York Times*.
(60) Cockburn, P. (1992, August. 9). The Bosnia crisis: Sight that shook the world. *The Independent*.
(61) ケニーは以下のような意見を公表したため、BBCや他の主要メディアからコメントを求められることが減った。

> Where, one might ask, are the bodies? ... How many people died? ... 250,000 is a number the press has used for sometime. ... Friends in the U.S. intelligence community tell me their best guess for confirmed dead runs to tens of thousands. ... The number 250,000 probably evolved out of sloppy reporting of Bosnian government claims, a demonstration of the herd instinct at work among journalists. (Brock, 2006 [2005], p. 30)

(62) Nagorski, A. (1992, June 15). The lessons of Yugoslavia: Warring republics must solve their own problems. *Newsweek*.

(63) Will, G. F. (1992, August 24). Bedeviled by ethnicity: The itch to fix the world, and the perils of 'self-determination'. *Newsweek*.
(64) NPC は全米の有力ジャーナリストによって運営される百年近い歴史を持つ互助組織で、記者会見には有力紙やテレビネットワークの記者が出席する。
(65) その中には ABC と CNN、*The Washington Post*、*The New York Times*、*The Wall Street Journal*、*International Herald Tribune*、*Financial Times*、雑誌では *Newsweek* があった（高木, 2005, pp. 75-76）。
(66) 詩的構造については、第 4 章参照。
(67) メディアでは、通常このような一時のみのはやりことばを buzzword と呼ぶ。"ethnic cleansing" が単なる buzzword に終わらず、短期間で英語の辞書にも載る正式な語彙となったのは、国務省（儀礼の中心）のブリーフィングで使用されたためだと言われている。
(68) 92 年末にサラエヴォ入りした共同通信の今井・三浦（1993, pp. 38-39）によると、ホテルには西側ジャーナリストが 70 名位滞在し、フリー以外のテレビ局や通信社に属している者は大抵 2、3 箇月単位で交代要員を送っていた。
(69) 新ユーゴは、食料と医薬品を除く全面禁輸、海外資産凍結、航空機乗り入れ禁止、スポーツの交流禁止等きわめて厳しい制裁を受けることになり、すでに経済疲弊によって困窮化していた国民生活は大きな打撃を受けることになった。安保理決議 757 については、横田（2000）参照。
(70) サラエヴォのマルカレ青空市場で 94 年 2 月 5 日および 95 年 8 月 28 日、同じように爆撃によって多数の市民が犠牲となった。
(71) 伊藤（2002）は以下のようにも述べている。2001 年の米国によるアフガニスタン攻撃にあたり、90 年代後半からの米政府による執拗な「タリバン悪玉論」が再び米メディアを通して喧伝された時、「日本のメディアの中には、旧ユーゴ紛争の報道において、欧米メディアによる『セルビア悪玉論』に余りにも影響されすぎたという反省があった」（p. 103）ために、毎日新聞社をはじめ日本のメディアは、単純な「タリバン悪玉論」から距離を置こうと努めた。

第8章　メディア翻訳の言説分析

　ボスニア紛争の解釈におけるミクロ・レヴェルでの社会文化的多様性が、マクロなレヴェルでは近代西欧イデオロギーによって背景化し、埋没してしまう結果となったことは、コンテクスト化された指標的レヴェルでの等価がいかに困難であるか、同時に脱コンテクスト化された象徴レヴェルでの等価は、近代というイデオロギーの共有によって全体的にはそれなりに達成しやすいということを物語るものでもある (cf. Blommaert, 2010)。日本におけるボスニア紛争をめぐるメディア翻訳もまた、まさにこのような社会文化史的コンテクストで生起した語用実践である。

　日本の国際報道における言説は、主として前章で浮き彫りとなった欧米主要メディアの言説（テクスト）と、そこで新たに創出されるコンテクストを前提とするものである。本章では、そのような日本におけるメディア翻訳の実践について起点テクストと目標テクストが比較参照可能なメディアに求めて、分析を試みる。

1　分析の視点とデータ

　ここでは、ボスニア紛争初期1992年の出来事を中心的に扱ったメディア・テクストで、起点・目標テクストの両方が現在入手可能なものとして、1. 報道週刊誌 *Newsweek* の記事、2. 外交・国際専門誌 *Foreign Affairs* の論稿、3. ルポルタージュ *The Fall of Yugoslavia*、4. BBCテレビドキュメンタリ *The Death of Yugoslavia* と各々の日本語訳を取り上げて考察を試みる。[1]

　パースの記号論に基づく現代言語人類学の出来事モデルにおいては、言語行為を含むコミュニケーションは、何かについて「言われていること（what is said）」（言及指示的機能）だけでなく、コンテクスト依存性がきわめて高い「為

されていること（what is done）」（社会指標的機能）という2つの側面をもつ指標的な出来事として捉えられることを再度確認しておこう。ここでは、コミュニケーション出来事は、オリゴ（deictic center, 相互行為の中心、コミュニケーションにとっての「今・ここ」）を基点とし、ミクロ（行為・出来事、参加者、場）から、マクロ（参加者の帰属集団・権力関係などの社会背景、世界観などの信念体系・文化的知識）まで、同心円状に拡がる多層的な社会・文化史的コンテクストで生起するテクスト化とコンテクスト化の相互過程として理解される。

　言語行為を含むコミュニケーション行為（相互行為）では、このようにして、「言われていること」に関わる言及指示的テクストと、そのコミュニケーションを通して「今・ここ」のすぐ周りのミクロなコンテクストで「為されていること」に関わる相互行為のテクストを同時に、そして複数生成する。ここで生起したテクストは、新たなコンテクストを創出するとともに、以前において前提としたコンテクストを変容させる。このようにテクスト化とコンテクスト化の過程は、次々と連鎖的に起こり、以前起きた出来事により創出されたテクストは、次に起きる行為・出来事によって先行する（コン）テクストとして前提的に指標され、変容を繰り返すのである（小山, 2008, 2009, 2011; Silverstein, 1992）。

　個々のコミュニケーションにおいて、無限に広がる解釈可能性を有限化できるのは、「言われていること」と「為されていること」によって指標されていることを解釈する枠組み（知識や規範）、つまり語用の一段上のレヴェルであるメタ・レヴェルの語用（メタ語用）の知識や規範を人々が持っているからである。メタ語用は、通常明示的に示される言及指示内容の解釈のみならず、非明示的に指標される社会指標的内容の解釈・理解を可能にしコミュニケーションを成立させている。

　しかし、メタ語用の規範は、語用共同体や言語共同体によって異なるものである。また「言われていること」については言語的に明示化されていることが多く、人々の意識に上りやすいが、「為されていること」は明示化されないため、人々の意識に上りにくい。その結果、翻訳行為のように、起点文化と目標文化が異なる場合、語用における意味のずれは、特に社会指標的な側面において生じやすい。しかも、見えにくく意識化されにくいのである。

　翻訳学における従来の等価議論でも、翻訳の実践における言及指示的側面で

のずれ（シフト）に焦点を当て考察されることが多かった。しかしながら、そこで同時に生じている社会指標的な側面におけるシフトには、十分注意が向けられず、結果として、翻訳実践の社会行為性が見過ごされてきたことは第3章で述べたとおりである。

本章では、翻訳行為において、言語的に明示化されやすい言及指示的側面でのシフトを手掛かりにしながら、社会指標的側面におけるシフトと両側面の相互性を探っていく。その際、分析の具体的枠組みを与えてくれるのが、第4章で述べた名詞句階層とメタ語用の諸装置である。

名詞句階層は、おもに語用の言及指示的機能に関わる文法範疇である名詞句もまた、コミュニケーションにとっての「今・ここ」であるオリゴからの距離の度合い、オリゴとの直接的関連性の度合い、「指標性」の度合いに基づいた階層構造をなしているとするものである。ここには、語用の両側面の絡み合いが具現している。以下の分析でも、特に名詞に焦点を当てるのはそのためである。なかでも、指標性が最も高い（象徴性が最も低い）ダイクシス、反対に象徴性が最も高い（指標性が最も低い）抽象名詞だけでなく、民族名等の固有名詞を重点的に取り上げたのは、固有名詞がダイクシスに次いで指標性の高い、つまりコンテクスト依存度の高い名詞だからである。こうした名詞を中心に据えながら、詩的機能、対照ペア、モダリティ、文化的ステレオタイプ、フレーム、フッティング等の諸概念装置を援用して、メディア翻訳の実践の両側面を考察する。

2 各テクストを取り巻くコンテクスト

ここで取り上げる4つの種類のテクストは、同じ報道というジャンルに属し、1992年にボスニアで起きた出来事について言及するものである。いずれも、英米主要メディアよる英語のテクストである。しかし、同じ報道というジャンルかつ英米主要メディアといっても、当然のことながらそれぞれ異なる特徴を有している。大きな違いのある以下の4点について確認しておこう。

まず、出来事と報道、そして翻訳までの時間の差である。これは、報道としての即時性に関わるものである。次に、翻訳に携わる人々のバックグラウンドと所属、3番目に最終的な翻訳物に対する翻訳者の権限、言い換えると編集者

や番組プロデューサーの権限との関係、4番目に出版か放送か、文字記号だけか音声記号や映像も伴うか、あるいは言語記号のみか非言語記号もあるかという点での異なりである。

　即時性の点では、ここに述べる順番、つまり報道週刊誌、報道月刊誌（外交・国際専門誌）、ルポルタージュ、テレビドキュメンタリーの順で低くなる。*Newsweek*は週刊誌であり、そこでは新聞やニュースに次いで報道の新しさが求められる。翻訳においても英語版と日本語版の時間差は、通常3日であった。それに対し、*Foreign Affairs*は当時、年5回の発行で、英語版と日本語版の時間差も通常2箇月程度あった。ルポルタージュの*The Fall of Yugoslavia*については、初版が1992年、今回取り上げる第2刷は1993年に出版されたもので、その翻訳『ユーゴスラヴィアの崩壊』の出版は1994年である。最後のBBCのドキュメンタリー・シリーズ（全6回）*The Death of Yugoslavia*では、様々な時と場所の映像やインタビューが組み合わされているが、今回対象とする第4回放送分は、おもに1992年の出来事について当時の映像、それを回想する映像、また新たに行った当事者へのインタビューが1995年におけるナレーションとともに編集されている。その日本語版であるNHK番組は1996年秋に放送されたものである。

　翻訳者については、基本的にルポルタージュ以外は、メディア翻訳に携わるメディア機関内、あるいはそれに準ずる形で仕事を請け負う者である。それに対しルポルタージュは、出版翻訳専門の翻訳者、あるいはその分野の研究者となっている。翻訳者名が明記されているのもルポルタージュのみである。その点で、翻訳者の独立性は他の3つより高いと言える。

　翻訳対象となるテクストの記号は、最初の3つについては、おもに言語記号の文字であり、一部非言語記号としての写真や図などがある。それに対しドキュメンタリー番組は、言語記号は文字のみでなく音声記号もあり、また映像に映し出される非言語記号も対象となっている。各テクストを取り巻く環境（コンテクスト）について、以下にもう少し詳しい説明を加えておく。

〈報道週刊誌：*Newsweek*と『ニューズウィーク日本版』〉

　*Newsweek*は1933年に創刊された週刊ニュース情報誌である。出版社はワ

シントン・ポスト社で、本社はニューヨークである。競合誌は、タイム社から発行されている *Time*、USニューズ＆ワールド・レポート社から発行されている *U.S. News & World Report* で、この3つがアメリカで長い期間上位3つを占めている。単純な形容はできないが、3つのうち相対的に *Time* は中道、*Newsweek* はリベラルな報道と評されている。『ニューズウィーク日本版』は、1986年TBSブリタニカにより発刊された。『ニューズウィーク日本版』は、一部日本版独自の記事もあるが米国版から選択翻訳した記事が85％を占める。その目指すところは「日本のメディアとは見方が違う第三の視点」(菅谷, 2000, p. ii) であり、グローバルな視点の提供であった。1992年上半期、下半期の発行部数はそれぞれ約16万3千部、15万部であり、その後90年代は徐々に発行部数を減らしている（篠田, 1997, p. 97）。

英語版と日本語版が大きく異なる点は、英語版がアメリカのみならず世界に読者を持っていること、読者層は知識人、政治家、企業家、ジャーナリストをはじめ、国際問題やアメリカ国内の政治問題にもかなり関心の高い一般大衆であること、他の主要メディアと並び、オピニオン誌の一角を担うという意味で影響力が大きいことが挙げられる。それに対し、日本版は日本のローカルな一週刊誌である。日本の活字情報の中でオピニオン誌と位置づけられる『世界』や『中央公論』等の月刊誌よりは、むしろ『週刊新潮』、『週刊文春』等、日本のイエロージャーナリズムを代表する週刊誌と競合関係にある。ただし、これらの競合誌と比べると発行部数ははるかに少ない。

1990年代は、日本の雑誌ジャーナリズムが岐路を迎えた時代であった。まず総合月刊誌が90年代半ば次々に休刊となった。篠田 (ibid.) によれば、総合月刊誌の存在意義はそのオピニオン性にあり論争をリードしていく役割を担っていたが、70年代以降ジャーナリズムと呼べるものが長期的に低迷し、論壇と呼べるようなものはほとんど姿を留めていなかった。それでも『文藝春秋』(文藝春秋社)、『現代』(講談社)、『世界』(岩波書店)、『中央公論』(中央公論社)等は、発行元の出版社の「看板雑誌であり、ジャーナリズムに関わる領域であるから、そう簡単に休刊とはいかない」(篠田, ibid., p. 89) 状況であった。

しかし、もともと商売的には大きな利益の期待できない総合月刊誌では、長期低迷期にあって、休刊に追い込まれるものや、部数を増やすためにセンセー

ショナリズムに傾かざるを得ない雑誌も出てくる。

　一方の週刊誌は、大衆ジャーナリズムの代表的な存在であったが、80年代後半になると、雑誌の長期低迷傾向は週刊誌にも及ぶ。一時を除き一貫して総合週刊誌のトップの座を守っていた『週刊ポスト』をはじめ、『週刊文春』、『週刊現代』等も80年代前半にピークを迎えた後、80年代後半から徐々に衰え始めた。以前は新聞とともに事件を取材し報道を行っていたのが、70年代以降のテレビの急速な浸透によってその速報性や映像を使った迫真性で勝負できない状況に追い込まれた。その結果、ニュースや事件を追ってスクープをとってくるという路線から、今の時代をどう読むかといった企画へと方向を転換していく（ibid., p. 98）。同じ頃登場する写真週刊誌は、テレビと対抗するのではなく共存共栄の形を模索したものである。

　こうした中で、週刊誌が部数を維持していくために、センセーショナリズムに走る傾向は一層強くなっていった。日本全体でのジャーナリズムの低迷の中で、アメリカのオピニオン誌としての *Newsweek* の翻訳版を出そうというのはそれなりに大きな意図もあったと思われる。*Newsweek* が購買層としてターゲットを絞ったのは、上記週刊誌の読者層の40代から50代より若い層であったが、こうした日本の報道週刊誌を取り巻くコンテクストは、『ニューズウィーク日本版』の編集や翻訳に少なからず影響を与えたと考えられる。

　『ニューズウィーク日本版』における翻訳については、「超訳」という問題も考えておくべきだろう。超訳とは、「英語から日本語に翻訳した文章を、さらにもう一度日本語らしい日本語に直した」もので、「日本語としてこなれた、違和感のない翻訳である」（鳥飼, 2004 [2001], p. 14）。つまり、翻訳学における用語を使用するなら、徹底した受容化方略による翻訳ということになり、また意訳か直訳かという意味では意訳である。近年文学作品やベストセラー小説等でよく使用される手法だが、その週刊誌版と言われ批判されたのが『ニューズウィーク日本版』である。鳥飼（ibid.）は、『ニューズウィーク日本版』の創刊以来その翻訳に携わってきた翻訳者の話をもとに、その翻訳の特色について以下の2つを挙げている。ひとつ目は、「ひとつの記事を複数の翻訳者が訳すグループ翻訳方式」がとられていること、ふたつ目は「複数の翻訳者により日本語を何度も書き直す、という作業を経て日本語として読みやすい記事に仕上げ

る」点である。

　ここには、『ニューズウィーク日本版』に限らず、メディア翻訳一般を考える上での重要な示唆があると考えられる。つまり、ルポルタージュのような書籍翻訳の場合はやや異なるだろうが、報道に関わる翻訳では通常、複数の翻訳者（さらにジャーナリスト、編集者、あるいはプロデューサー等）が翻訳に関わり、最終的な翻訳物が生成されるまで、全体の整合性や読者による受容を考慮しながら何度も書き直される過程があるということ、そしてそれはメディア翻訳が、いかに相互行為の産物であるかの一面を示すものであるということである。それだけではなく、超訳のような徹底した受容化方略は、前述したような現在日本のメディアを取り巻く資本主義、市場主義、あるいは大衆商業主義を背景に持つことからその関連性も明らかであろう。

　『ニューズウィーク日本版』が当時、超訳として批判を受けたということ自体興味深い。なぜなら、読者のこのような批判自体が、まさに報道に関わる翻訳が忠実、客観的なものであるはずだという前提の上に成り立っているからである。実際にはメディアの組織の中では、超訳という言葉は使わないまでも、上記のような徹底した受容化方略が取られており、この現象は『ニューズウィーク日本版』に限ったものではない。このことは、現在の日本のメディア翻訳が、いかにそれを取り巻くコンテクストで生起しているものなのかを物語るものでもある。さらに、第1章でも述べた現代のメディア翻訳、特に日本における報道翻訳の特徴の一面をよく表すものであり、その不可視性を示唆するものでもある。

　『ニューズウィーク日本版』は、基本的に *Newsweek* 英語版の「翻訳」として出版されており、各記事には起点テクストである英語記事の執筆者の名前が明記されている。このことは、その執筆者が作者（author）あるいは本人（principal）であることを示すとともに、翻訳は発声体（animator）としての行為であると位置づけられていることを意味している。日本の読者は、表向きは英語原文と「等価」の翻訳テクストを読んでいると想定されながら、実は超訳を読んでいるという現実は、メディア翻訳の置かれた状況を如実に表すものであり、本書で取り上げる他の3つの種類のメディア・テクストだけでなく、現状ではほとんど翻訳実践を確認することが難しい新聞やニュースのテクストと共通す

る問題が内包されている。なお、本書で対象としたデータは、1992年に発行された旧ユーゴ紛争関連記事英日合わせて85本である。[12]

〈外交・国際専門誌：*Foreign Affairs*・月刊『中央公論』〉

　Foreign Affairs は、アメリカ外交問題評議会[13]（Council on Foreign Relations, CFR）が発行する外交・国際専門誌である。アメリカでこの種の雑誌としては最も権威があると言われている。発表当時大きな議論を巻き起こしたハンチントン（Samuel P. Huntington）による *The Clash of Civilizations and the Remaking of World Order*（1998）[14] も、ボスニア紛争の最中、*Foreign Affairs* 1993年夏号に掲載された "The Clash of Civilization?" がもとになっている。アメリカ大統領選挙のあった2008年には、オバマ大統領、ヒラリー・クリントン国務長官はともに、当時の大統領候補として外交論文を発表している。

　1991年から1998年までは、『中央公論』で、*Foreign Affairs* の一部論文が翻訳されて掲載された。[15] 1991年から1995年までの論文は、*Foreign Affairs* の趣旨・目的から考えても想像がつくように、先の Huntington（1993）のように何らかの形で旧ユーゴの問題に触れているものが多い。管見では、旧ユーゴ紛争と直接関連する内容で、『中央公論』に翻訳が転載されたのは11本である。[16] 中・東欧や国際政治の研究者、ジャーナリスト、外交官等からの論文が中心である。日本での読者層は研究者や外交関係者が中心で、一般読者層は非常に限られていたと考えられるが、第6章で述べたように、当時の日本のニュースや新聞によるボスニア紛争報道は、非常に断片的であり紛争の原因や背景、進行状況を理解する上ではほとんど情報を提供できていなかった。その意味で、『中央公論』に載せられた翻訳論文は、次に取り上げるルポルタージュとともに、この問題に関心を持つ人々に貴重な情報と論点を提供するものであったと言える。それだけに一部の翻訳であっても、日本で出版されたことは大きな意味を持った。

　これらの論稿が日本の総合月刊誌のひとつのである『中央公論』に掲載されていることは、日本における報道雑誌の出版事情を考え合わせた時、翻訳行為を取り巻くコンテクストに関し、同じ報道雑誌の『ニューズウィーク日本版』とマクロなレヴェルでは共通するものがある一方で、ミクロなレヴェルでは当

然異なるものがあることを示唆している。日本語訳のある 11 本のうち、以下の談話分析でおもに取り上げるのは 92 年秋号発表のラメット（Sabrina P. Ramet）による "War in the Balkans" と、同年 12 月発表の日本語訳「旧ユーゴ地域紛争の本質は何か」である。ラメットは当時、国際関係論を専門とするワシントン大学助教授であり、旧ユーゴ紛争以外の研究でも旧ユーゴに関する多くの著作、論文があり、高く評価されている。[17] 翻訳は、『ニューズウィーク日本版』同様、全体的に読みやすさを重視していると言えるが、『ニューズウィーク日本版』では紙幅上の制約もその要因であると考えられる大幅な省略などは基本的にない。

〈ルポルタージュ：*The Fall of Yugoslavia* と『ユーゴスラヴィアの崩壊』〉

　ボスニア紛争をはじめとする旧ユーゴ紛争を扱った日本人ジャーナリスト、特にフリーのジャーナリストによるルポルタージュには、紛争の状況を知る上で貴重なものが多い。激しい紛争ゆえに取材も困難であり、日本のテレビや新聞が限られた現地報道しか行わなかった状況にあって、これらルポルタージュが出版されたこと自体注目に値する。第 7 章でも言及した今井・三浦（1993）、伊藤（1996）他、吉岡（1993）、水口（1996）等があるが、取材の密度およびこの地域に関する知識と理解という点で群を抜き、世界レヴェルで読者に影響力を持ったのがここで取り上げるグレニー（Misha Glenny）による *The Fall of Yugoslavia: The Third Balkan War*（1993 [1992]）である。その邦訳が『ユーゴスラヴィアの崩壊』（井上健・大坪孝子・訳, 1994）である。[18]

　本書は、出版と同時に高い評価を受け、当時東欧研究者の参考文献としても度々参照されている。月村（2006, p. 268）は、旧ユーゴ関連参考文献案内箇所で「翻訳物の中ではグレニー 1994 が、旧ユーゴ連邦解体の過程を最も分かりやすく書いている」と述べている。翻訳は分かりやすいだけでなく、全体的に文章もよく練られかつ正確である。1992 年に刊行された初版は、第 5 章 August 1991 — May 1992: Bosnia-Hercegovina — Paradise of the Damned（翻訳本 1991 年 8 月—1992 年 5 月：ボスニア・ヘルツェゴヴィナ—亡者の楽園）で終わっている。1993 年の増補版では、第 6 章 June 1992 — June 1993: Beyond Hades（翻訳本 1992 年 6 月—1993 年 6 月：黄泉の国のむこうに）が加筆されている。

つまり起点テクストとなる著書は、紛争とほとんど同時進行で執筆されたことになる。本書が談話分析で考察を試みたのは、おもにボスニア紛争を対象とするこの第5章と第6章である。グレニーは、イギリス有力紙 Guardian を経て、BBC の特派員として中欧で活躍した。次項で述べる BBC ドキュメンタリーの製作に関わったかどうか不明だが、事実関係の描写に関して、BBC の番組の描写と重なり合うものが非常に多い。

　ボスニア紛争当時のルポルタージュの翻訳としては、上記以外にもイグナティエフ（Michael Ignatieff, 1993）*Blood and Belonging: Journeys Into the New Nationalism* の日本語訳である『民族はなぜ殺し合うのか：新ナショナリズム6つの旅』（幸田敦子・訳, 1996）、ニコルソン（Michael Nicholson, 1993）*Welcome to Sarajevo: Natasha's Story* とその翻訳『ウェルカム・トゥ・サラエボ』（小林令子・訳, 1998）がある。Ignatieff (1993) は6つの旅先での見聞をまとめたものであり、直接ボスニア紛争を扱ったものではないが、その第1章がクロアチアとセルビアの旅に当てられている。英国でジャーナリストとして活躍するイグナティエフは、1993年に BBC ドキュメンタリー・シリーズのレポーターも務めた。*Blood and Belonging* はその番組と同時進行で書いたものである。

　一方、Nicholson (1993) は、英国のジャーナリストであるニコルソンが、93年におけるボスニアでの体験とサラエヴォに住むムスリム人の少女ナターシャを救い出し英国に連れて渡るまでの経緯を綴ったものである。ルポルタージュ的要素も多々あるが、全体が少女ナターシャを中心とする記録となっている。映画『ウェルカム・トゥ・サラエボ』（1998年7月日本公開）の原作である。ニコルソンも英国 ITN（独立テレビジョン・ニュース）の海外特派員として25年以上世界各地の紛争報道を手掛けた。

　これら3つに共通するのは、すべて英国の有力メディアのベテラン・ジャーナリストによるルポルタージュであること、特に最初の2人は旧ユーゴの歴史や政治についてよく研究し、精通していることが挙げられる。この点で *Newsweek* のジャーナリストと比べた場合、概してその背景知識の面で差があると言える。とはいえ、現地の人とのやりとりは通訳者を介していることがルポルタージュの中の記述で分かる。彼らによる出来事の解釈には、翻訳（通訳）という行為が大いに関わっているのだが、一般的にルポルタージュでこうした点

を特に取り上げていないのはある意味、不思議ではある。しかし、この点については、序章でも指摘したように、メディアやジャーナリズムにおける「導管的」翻訳観が大いに関わっていることが推測される。

　Newsweek や *Foreign Affairs* の翻訳が基本的に出版社内部あるいはそれに準ずる翻訳者によって担われ、その結果編集者の意向も大きく作用したと考えられるのに対し、これらのルポルタージュの翻訳は出版翻訳を専門とする翻訳者が行っている点が、報道雑誌の翻訳と異なる点である。グレニー（1994）は、比較文学・アメリカ文学の研究者との共訳となっている。出版翻訳が読者という消費者を相手にする以上、もちろん出版社や編集者の意向が翻訳に影響しないわけはないだろうが、その度合いは、雑誌よりははるかに低かったと考えられる。本書では他の２つも比較参照しながら、おもにグレニーの書を中心に分析する。

〈ドキュメンタリー：*The Death of Yugoslavia* と『ユーゴスラビアの崩壊』〉

　BBC のドキュメンタリー・シリーズ *The Death of Yugoslavia* 全６回（各50分）は、ボスニア紛争をはじめとする一連の紛争で国家崩壊へと至った旧ユーゴ連邦の解体過程を、紛争当時の様々な映像と紛争当事者へのインタビューを交えて描いたものである。インタビューの中心となっているのは、旧ユーゴ内の政治リーダーたちであるが、国連、EC（EU）の代表や西側諸国の政治家たちのインタビューも含まれる。NHK ２カ国語放送『ユーゴスラビアの崩壊』（NHK 版各48分）はその翻訳ドキュメンタリーである。[19]

　番組は、紛争当事者へのインタビューを挟む等、当時画期的と言われた独自の手法と内容で国際的にも高く評価された。旧ユーゴの共通語であったセルビア・クロアチア語を含む数々の言語にも翻訳されている。一方で、1993年に設立された ICTY（旧ユーゴ国際刑事裁判所）に検察側の証拠として提出され、後述するようにセルビア・クロアチア語から英語への翻訳をめぐり度々物議を醸した。

　イギリスでは95年９月に第１回目が、日本では翌96年10月に NHK 教育テレビで、その後全く同じ構成で、BS1 において2009年６月と2010年３月、および９月に再放送されている。2009年から2010年は、ベルリンの壁崩壊20

周年ということもあり、BS1では東欧諸国関連のアーカイヴ番組が数多く再放送されたが、短い期間に同じ番組が立て続けに3度放送されるのはめずらしい。この2年間にBS1では、その他にも数本の旧ユーゴ関連の海外ドキュメンタリー番組が翻訳され、放送・再放送されたが、いずれも90年代前半の民族紛争に関わるものである[20]。こうした番組構成や内容は、日本というコンテクストにおいて、旧ユーゴ諸国に関する解釈や理解が、現在もなお、民族紛争、民族間対立という枠組みで為されていることを物語っている。

　起点テクストとなる The Death of Yugoslavia のテクストには、セルビア・クロアチア語等の旧ユーゴの諸言語のみならず、フランス語やスペイン語等も含まれている。NHKによると、日本語への翻訳は英語の台本からということであった。したがって、インタビューや当時の映像における発話で英語以外の箇所は、直接これらの言語から翻訳されたものではないということになる。この場合の起点テクストを、セルビア・クロアチア語と捉えるべきか、英語と捉えるべきかは難しい。ここでは起点言語としてのセルビア・クロアチア語からまず目標言語の英語へ、次にこの英語が起点言語となって目標言語の日本語へ翻訳されるという二段階の翻訳が行われていることになる。

　NHKとして行った翻訳という意味では、起点テクストは当然英語になる。しかし、視聴者が音声多重放送で聞いているのはセルビア・クロアチア語である。つまり、日本語音声で番組を見ている視聴者は、番組の登場人物がセルビア・クロアチア語を話している際、それを日本語のヴォイス・オーヴァーとして聞くか、あるいは日本語の字幕として読むかしているわけである。現地語から日本語への翻訳について英語を介している点は、翻訳実践を考察しようとする上で困難な条件となるが、同時にこれ自体が現在の日本における国際報道の一面を表している。先に言及した他のドキュメンタリー番組も台本は英語ということであった[21]。このことは、日本において欧米諸国や近隣諸国以外の地域に関する国際報道番組が、基本的に英語を介しているという現実を反映していることになり、ここにも視聴者には見えないコンテクストが翻訳行為を取り巻いているのである。こうした点を考慮して、本書では実際に放送で話されているテクストを起点テクストとして分析する。

　2010年3月の再放送分を録音し、筆者自身が外国語モードと日本語モード

で書き起こしを行った。筆者の知る限りにおいては、現在、本番組の英語台本を所蔵し、一定の条件下で公開しているのは King's College London, Liddle Hart Center for Military Archives のみである。年間に参照できる文書の量と引用に厳しい規定があるため、本書では起点テクストが英語である箇所については一部重要箇所を確認するために参照するにとどめ、起点テクストがセルビア・クロアチア語である箇所のみ、英語台本箇所を許可された範囲で引用した。[22] BBC の放送は Google videos 等いくつかのインターネットサイトで閲覧できるが、BBC による公式のアーカイヴではないため内容の信頼性という点で問題もあり、また内容が信頼できても台本そのものではない点に配慮し、考察の際はあくまでも参考にとどめ引用等は行わなかった。[23] 以下では、このシリーズの中心テーマであるボスニア紛争勃発前後を扱った第 4 回『地獄の門』をおもに分析対象とする。

　ドキュメンタリー番組の翻訳は、同じメディア翻訳と言っても先の 3 つの活字媒体の翻訳とは異なる点も多いので、以下にその特徴をまとめておく。

〈番組の構成要素と TV 記号〉

　ドキュメンタリー番組は、映像、音声、文字など様々なモード、すなわちマルチ・モードで伝えられる。そこで使用される記号は言語記号のみでなく非言語記号もあり、また翻訳も音声記号間だけでなく文字記号との間でも行われる。BBC 全シリーズ 6 本の番組は、旧ユーゴに民族主義が台頭し始める 1980 年代後半からアメリカ主導によるボスニア停戦合意が締結される 95 年 11 月まで、基本的には時系列的にまとめたものである。各番組では、あるまとまったひとつの出来事をめぐって基本的に、以下の A、B、C の 3 つが繰り返される構成になっている。第 4 回『地獄の門』は、1992 年春のボスニア紛争勃発に至った経緯を、1990 年から 1992 年半ばごろまでのアーカイヴ映像と、紛争勃発後かなり時間を経たと思われる時期に行われた紛争当事者へのインタビュー、それにナレーションを加えて描く構成となっている。

	非言語記号	発話者	言語記号（起点）	言語記号（目標）
A	アーカイヴ映像(VTR)と音声	ナレーター	英語による発話	日本語によるヴォイス・オーヴァー
B	アーカイヴ映像(VTR)と音声	左記出来事の参与者	おもにセルビア・クロアチア語による発話	日本語による字幕
C	インタビュー映像(VTR) ＊インタビュアの姿も通訳者の姿も見えない	左記出来事の参与者	おもにセルビア・クロアチア語による発話	日本語によるヴォイス・オーヴァー

表8.1　BBC *The Death of Yugoslavia* 第4回 *The Gates of Hell* 番組構成と TV 記号

第4回『地獄の門』の基本的構成は、以下のようになっている。
A　あの時（1992年、一部それ以前）・あそこ（ボスニア）の出来事を、「今・ここ」のナレーター（私たち）が視聴者（あなたたち）に語りかける。
B　あの時（1992年、一部それ以前）・あそこ（ボスニア）の出来事の参与者（あの人々・彼／彼女）の発話を今・ここで再現する。（Bがない場合もある。）
C　あの時（1992年、一部それ以前）・あそこ（ボスニア）の出来事について、今（より少し前の）・あそこのあの人々（彼／彼女）が視聴者（あなたたち）に語りかける。

　当然のことながらナレーターは、ジャーナリスト自身ではないが、BBC あるいは製作担当のジャーナリストの声（私たち）を代弁する存在である。もちろん、BBC での放送と NHK の放送では基点となる「今・ここ」は異なり、同時に「今・ここ」を取り巻く参与者（番組製作者、翻訳者、ナレーター、視聴者（あなたたち）等）も異なっている。
　また、興味深いことは、上記Cにおいては、紛争当事者がカメラに向かってアップで映し出され、視聴者に向かってセルビア・クロアチア語で話しかけてくるが、当然その場にいるはずの通訳者の姿は見えないことである。BBC の視聴者にとっても、セルビア・クロアチア語から英語への翻訳行為が見えにくい構造となっているわけである。NHK の視聴者にとっては、さらに英語から日本語への翻訳行為も隠され、あたかも彼らが話すそのままを聞いているよ

うな錯覚を覚える。本書では基本的に言語記号を扱うことになるが、ドキュメンタリーがこのような構成と映像という記号によって、「今・ここ」に、「あの時・あそこ」の出来事が生々しく現実味を帯びて再現されることを常に念頭に置きながら、談話分析を進めることにする。

〈視聴覚翻訳のモード〉

　視聴覚翻訳のモードは基本的には、吹き替え、字幕、ヴォイス・オーヴァーの３つである。このジャンルでの中心となっている映画で使用されるのは、おもに吹き替えと字幕である。一方のヴォイス・オーヴァーはドキュメンタリーやニュースで従来から広く用いられている。字幕はその費用効率の点からヨーロッパだけでなく北米・南米、日本や中国を含む全世界で広く行われている。問題は、字数の制約のため（言及指示的な）情報量が 40 ～ 75％減ることである。一方、ヴォイス・オーヴァーは、吹き替えのように音声との同期は図られず、その分制約が小さくなり費用も掛からない。また、翻訳によって情報量は左右されるが、字幕のような制約は低い（Chiaro, 2009）。

　翻訳学においては、このヴォイス・オーヴァーの重要性は、これまで看過される傾向にあった。Franco（1998, p. 236）が指摘するように、その背景にはヴォイス・オーヴァーでは画面で起点言語の存在が確認できることによって、翻訳は現実の発話そのものだという錯覚を与えることと関係していると考えられる。特に起点言語が少数言語の場合、実際の発話内容を聞き取り、理解できる人が少ないため、なおのことその錯覚は強固となりやすい。これは字幕にも当てはまることである。このことは、ドキュメンタリー翻訳においては言及指示的な「等価」が保障されているはずだと見なされてきたことを意味していると言えるだろう。このようにドキュメンタリー翻訳は、他の活字メディアの翻訳と様々な面で異なる特徴を持つ。

　以上を踏まえ、各テクストの起点テクスト・目標テクスト間における言及指示の次元である「言われていること」の次元でのシフト（ずれ）で典型的なものを取り上げ、それを手掛かりに社会指標性の次元である「為されていること」を考察する。それによって起点テクストをめぐって翻訳行為が生起するコンテクストにおいて、翻訳行為の参与者（基本的には翻訳者）が起点テクストを

解釈し、目標テクストという訳出テクストを産み出す過程を検証する。

3 事例分析
3.1 報道週刊誌：*Newsweek*

前章で考察したように、ボスニア共和国で 1992 年春に散発的に始まった民族間の衝突は、ボスニア共和国の旧ユーゴ連邦からの離脱と独立を問う国民投票（2月29日と3月1日）、4月6日 EC 諸国、翌日アメリカによる独立承認、続く首都サラエヴォ郊外のセルビア人勢力によるサラエヴォ包囲という経緯と併行して、ボスニア各地で激化していった。

各紛争では旧ユーゴ連邦軍を引き継いだ形の新ユーゴ（セルビア共和国とモンテネグロ共和国で構成）が、セルビア人勢力を支援しているとして、国際社会は新ユーゴを非難する雰囲気であふれていた。5月27日のサラエヴォでの市民への砲撃事件が直接的な契機となり、国連は対新ユーゴ経済制裁を決定する。その背景には、連邦軍＝侵略者＝セルビア共和国＝セルビア大統領ミロシェヴィッチ＝ボスニア・セルビア人勢力という構図が欧米メディアを中心に作り上げられていった経緯があるのは前述したとおりである。

旧ユーゴ解体の過程で、「民族浄化」と呼ばれるようになる他民族排斥が行われたが、アメリカ PR 会社の積極的なキャンペーンによって、民族浄化はナチスのホロコーストと結びつけられ、侵略的な民族であるセルビア人による残虐な行為と見なされ、8月の強制収容所のスクープで決定的なものとなった。

ここでは、上記と関わる記事の翻訳行為を、①固有名詞に表象される紛争当事者関係：民族と国家、②新しい概念との出会い：ethnic cleansing と民族浄化、③翻訳する主体の視点：サラエヴォ包囲をめぐって、④文化的ステレオタイプの喚起：Balkan とバルカン、の以上 4 点に絞り考察を試みる。

① 固有名詞に表象される紛争当事者関係：民族と国家

ボスニア紛争の当事者は Muslim(s)、Serb(s)、Croat(s)（以下、括弧内は複数形）の3者であるが、これらに対応するセルビア・クロアチア語は musliman(i)/Musliman(i)、Srbin(Srbi)、Hrvat(i) である。このうち、後の2つは日本語では「セルビア人」「クロアチア人」の訳が定着しているが、英語の Muslim (s)の訳は専門書でも定訳と言うべきものはなく、いろいろな訳が混在していた。

　ドーニャ・ファイン（1995）の訳者は、「訳者あとがき」で「最も苦慮したのは muslims をいかに日本語に置き換えるか」（p. 298）だったと述べている。それは、第6章で論じたように、セルビア・クロアチア語の musliman(i)/Musliman(i) が「宗教的帰属としてのイスラム教徒＝ムスリム、民族としての『ムスリム人』の2つを含んでいる」（ibid.）からである。後者については、通常大文字で始まる Musliman(i) と表記される。Musliman(i) は、ひとつの民族のカテゴリーとして 1974 年にその旨が憲法に明記されたことは先に述べたとおりである。

　『ニューズウィーク日本版』では、Muslim(s) をめぐって当初は「モスレム人」、「イスラム系住民」、「イスラム教徒」の訳が混在していた。これらの訳はどれも、辞書に載っているものであり、その言及指示的な意味はほとんど変わらない。つまり、どれも Muslim(s) の言及指示的な側面を見れば、「等価」的な表現となっていると言える。その後、4月から5月にかけて一部「イスラム系住民」という表現も残しつつ「イスラム教徒」の訳が徐々に定着していく。この経緯は、語彙的対応だけでなく、その概念の解釈をめぐっても試行錯誤があったことを示唆している。起点テクストでこの語が3つの民族集団を表す語彙として他と併置される時、翻訳する主体がこの語をどう解釈すべきか、どう訳すべきかと迷ったことは大いに予測できる。なぜなら、Muslims は通常、民族集団を表す語ではなく、他の2つとはカテゴリーが異なるように見えるからである。

　しかし、例えば、目標テクストの「イスラム教徒」という訳語を見ると、日本語への翻訳ではこの語が宗教的帰属を表すものと考えられ、後者の民族的概念としては理解されていなかった可能性も示唆される。背景知識を持たない読者の中にはこの訳語から、前者に解釈した人も多かったのではないだろうか。英語の Muslim（または Moslem）は通常、どちらの意味でも大文字で始まるので、起点テクストにおいてどちらに解釈していたかは曖昧であり、後述するBosnian という英語の語彙同様、両義的な語彙である。したがって、英語から日本語へ翻訳する際、そのどちらと取るかは、その翻訳する主体の視点、立ち位置に関わるものであり、自らの社会指標性が示される。

ボスニアに住むこの3民族はもともとすべて南スラヴ人に属し、話す言葉や外見にほとんど違いはない。もし異なるものがあるとすれば、宗教的な背景である。前述のように、この地は中世において、ビザンチン帝国とローマ帝国の2大キリスト教帝国の狭間にあり、さらに東からオスマン・トルコのイスラム教が進出する最前線でもあった。3大文明が重なり合う中で、北部のスロヴェニア人とクロアチア人はローマ・カトリックを受け入れ、セルビア人はビザンチン帝国の統治下で東方正教を、そしてトルコの支配下でボスニアの南スラヴ人の一部はイスラム教に改宗した。この人々が musliman(i) と呼ばれた人々である。ひとつの民族と認められる以前は、たいていセルビア人またはクロアチア人と申告していた人々である。しかし、歴史の過程で musliman(i) は、セルビア人ともクロアチア人とも異なるアイデンティティを持ち、文化的独自性を有するようになっていた。その結果74年の憲法では明確にひとつの民族 Musliman(i) として明記されることになるのである。

連邦解体、内戦を経て、現在ではユーゴ連邦で形成された Musliman(i) という民族概念は放棄され、Bošnjak（Bošnjaci）（ボシュニャク。日本語では、当初ほとんどの場合「ボスニア人」と訳されていた）という民族概念が使われるようになり、それに伴い言語もセルビア・クロアチア語ではなくボスニア語（bosanski jezik）と呼ばれるようになっている。したがって、ボシュニャクは、ボスニアに住む人々（ムスリム人、セルビア人、クロアチア人、その他の諸民族すべてを含む）を一般的に指すそれまでの Bosanac（Bosanci）（ボサナッツ）という語とは異なる概念である。そこには、近代的な国民国家ボスニア共和国の担い手としてのボスニア人（ボシュニャク）という思いが強く現れているという（齋藤, 2004; 柴, 1998b）。

ここに見られる、一般名詞の musliman(i) から固有名詞の Musliman(i) へ、さらに、従来一般名詞的に使われていた Bosanac（Bosanci）から区別して、新たな固有名詞としての Bošnjak（Bošnjaci）へという言語使用の変遷は、明らかに言語使用者たちのアイデンティティ、立ち位置を指標するものである。なぜなら、固有名詞は、人称代名詞や指示詞に次いで指標性の高い（象徴性の低い）名詞だからである（小山, 2008, pp. 228-239; Silverstein, 1976b）。これらの言語使用は、彼らがどのようなコンテクストを前提としているのかを如実に表すもので

ある。

　ところが、Dragovic-Drouet（2007, p. 38）も指摘するように、英語のBosnianという語は、それまではボスニアに住む人々一般を指していたのに対し、92年のボスニア独立を機に、新たにMuslimという民族共同体を指すようになり、その結果、この語の持つ曖昧性が英語やフランス語などでも政治的な操作に利用される危険性を持つようになったのである。つまり、英語のBosnian(s)には、セルビア人とクロアチア人も含むボスニアに住むすべての人々Bosanac（Bosanci）という本来の意味とBosniaという新しい国民国家の担い手としてのBošnjak（Bošnjaci）（従来のMusliman(i)）の2つの意味を持つようになったため、どちらの意味で使うか、あるいは解釈するかで異なるテクストを生むことになる。

　それはまた、この紛争をどう捉えるか、あるいはボスニアという新たに国際社会で承認された国に対して自らの立場をどう表明するかを示すものとなる。実際、このような英語の両義性が日本語への訳出にも影響していると考えられるのである。日本語への翻訳でどの訳を選ぶかということは、その翻訳者（編集者）が英語のBosnianをどう解釈するかであり、それはまた自らの立ち位置を示すものだからである。

　一方、英語でセルビア人を指す語には、SerbとSerbianがあり、ともにセルビア語も指す。しかし、特に後者は形容詞として、「セルビア人の」だけでなく「セルビアの」という意味で使用されることが多く、これがBosnian同様、政治的な意味合いを持って使用される危険性を孕む。なぜなら前者であれば、ボスニア共和国内のセルビア人も指せば、セルビア共和国のセルビア人も、またセルビア人一般も指すが、後者であれば明らかにセルビア共和国を指すことになるからである。

　例えばSerbian forcesという語の言及指示的な等価の観点からは、「セルビア軍」という訳語は、特に問題はないように見える。しかし、Serbianをボスニアのセルビア人と解釈するか、セルビア（共和国）と解釈するかは、ボスニア紛争というコンテクストにあっては、大きな違いとなる。前者であれば、ボスニア内のセルビア人武装勢力、セルビア人共和国（スルプスカ共和国）の軍を指すと通常考えられるが、後者であれば新ユーゴの主要構成国セルビア共和国

の軍を指すことになるからである。

　その例を次に挙げてみたい。まず、国民投票の結果を受けてボスニアの独立が承認された直後、4月20日の記事（日本版4月23日）を取り上げる。以下、STは起点テクスト（ここでは英語）、TT（ここでは日本語）は目標テクストを指す。なお、強調のための太字と斜体については本文で使用されている場合にのみ、そのまま引き写し、その旨を注記した。タイトルとキャプション箇所における形式的な使用については、ここでは煩雑さを避けるために標準スタイルに変更して表示した。

〈タイトル〉
ST: Yugoslavia's Second Front: Ethnic war has spread to the Bosnian Republic (1992.4.20)
TT: ボスニアが最前線に：ユーゴ危機の解決にまたもや重大な障壁（1992.4.23）

上記タイトル箇所の英語テクストでは、ユーゴ紛争の戦線がクロアチアからボスニアに移ったことが示唆されている。そして、旧ユーゴ連邦と連邦の一員であったボスニア共和国という2つの主題が浮かび上がり、ユーゴの一連の紛争が、ethnic warであることが明示される。それに対し日本語テクストでは、ボスニア紛争がユーゴの行方にとってのさらなる危機であることが示唆されるにとどまる。

〈写真のキャプション〉
ST: Under fire in Sarajevo: A Bosnian soldier defends civilians against Serbian snipers (1992.4.20)
TT: 首都サラエボで、セルビアの攻撃から市民を守る防衛隊の兵士（1992.4.23）

英語テクストを見ると、砲火を浴びるサラエヴォでの攻撃する側と攻撃される側（市民を守る側）という対照ペアによって、このethnic warの構図が浮かび上がる。攻撃するのはセルビア人狙撃兵であり、攻撃を受けて立つのはボスニア人の兵士（ボスニアの市民）である。これに対し日本語テクストでは、攻撃す

るのはセルビアである。上述したように、「セルビア」とは通常「セルビア共和国」を指す語である。つまり、ここではセルビア（共和国）対ボスニア（共和国）という国家間同士の戦闘ということになる。これは言及指示的機能におけるシフトである。続く本文を見てみる。

〈本文〉
ST: The little Bosnian town of Bosanski Brod is mostly deserted now. Fighting broke out there early last month, after <u>Croats and Muslims</u> in the former Yugoslav republic of Bosnia and Hercegovina voted to become independent. <u>Serbs</u> boycotted the referendum, and a few days later <u>Serbian soldiers and militiamen</u> began shelling the town's <u>Croatian- and Muslim-controlled neighborhoods</u>.（1992. 4. 20）
TT: ボスニア北部のボサンスキ・ブロードは、ほとんど死の町と化した。
　戦闘が始まったのは先月初め。<u>クロアチア人、セルビア人、イスラム教徒</u>が住むボスニア・ヘルツェゴビナ共和国で、ユーゴスラビア連邦からの独立の是非を問う国民投票が実施された直後のことだった。
　クロアチア人とイスラム教徒の圧倒的多数は賛成票を投じたものの、<u>セルビア人</u>は投票をボイコット。数日後、<u>連邦軍兵士とセルビア人民兵</u>が、<u>クロアチア人とイスラム系の居住区</u>に砲撃を開始した。（1992. 4. 23）

上記は、本文冒頭箇所である。ここでは、Croats and Muslims と Serbs が異なる選択を行った2月29日および3月1日の国民投票後、戦闘の始まったボサンスキ・ブロードという町での出来事について述べられている。

英語テクストでは、ethnic war、つまりボスニアの3つの民族集団が関わる戦争というフレームによって、攻撃しているのは Serbian soldiers and militiamen すなわちセルビア人の兵士と民兵であり、攻撃されているのは Croatian- and Muslim-controlled neighborhoods すなわちクロアチア人とムスリム人が支配する地域という像が明確となる。ここでは、Serbian がセルビア共和国を指すとも解釈できなくはないが、国民投票を受けてのボスニアの3民族をそれぞれ指していると解釈するのが自然だろう。それに対し、日本語テクストでは、攻撃しているのは、連邦軍兵士とセルビア人民兵である。攻撃されているのはクロアチア人とイスラム系の居住区である。キャプション箇所での「セルビア」対「ボスニア」という解釈と同じ前提に立ち、セルビア（共和国）＝新ユ

ーゴ連邦＝連邦軍という訳となったと考えられる。

　また、日本語テクストでは補足説明として、ボスニア共和国にはクロアチア人、セルビア人、イスラム教徒が住んでいるという記述が付け加えられている。英語テクストでは一応3つの民族集団のひとつとして捉えられている Muslims は、日本語テクストでは「イスラム教徒」となっている。この記述を見る限りでは、他の2つの民族集団と同レヴェルの概念として認識されているかどうかは定かでない。同記事の以下の箇所とも比較してみよう。

> ST: More than 150 people have died since Serbian forces launched attacks a month ago in support of Bosnian Serbs, who make up 31 percent of the republic's population and who vehemently oppose independence. Serbian forces have repeatedly shelled the capital of Sarajevo. Twice last week, Serbian snipers fired into crowds of peace demonstrators in the Bosnian capital, killing at least six people and wounding more than a dozen. (1992. 4. 20)
> TT: だが、同共和国の人口の三一％を占めるセルビア人は独立に強く反対しており、一カ月前に連邦軍とセルビア人民兵が攻撃を開始して以来、死者の数は一五〇人を超えた。
> 　セルビア側は、首都サラエボへの砲撃を繰り返している。先週はセルビア人狙撃兵が平和を訴えるデモ隊に向かって二度も発砲し、少なくとも六人が死亡、十数人が負傷した。(1992. 4. 23)

　これは、ボスニア共和国で、戦闘が始まって以来死者が 150 人を超えたことを伝える箇所である。英語テクストでは戦闘の発端が、ボスニアで 31％ を占めているボスニアのセルビア人を支援する Serbian forces による攻撃であるとしている。ここまで読み進めてみると、たしかに、英語の Serbian forces も、セルビア（共和国）軍、したがって連邦軍の一部を指しているように解釈できなくもない。しかしながら、この時点で、セルビア人勢力への連邦軍の軍事的支援や関与は定かではなかったし、実際、首都サラエヴォを包囲し繰り返し攻撃しているのは、丘の上のセルビア人勢力である。ということは、英語テクストには自らの主張のための何らかのレトリックがあると捉えることもできる。そうでなければ、Croatian は隣国のクロアチアでなくボスニアのクロアチア人を指しながら、Serbian はボスニアのセルビア人ではなく隣国のセルビアを指

すというのは理屈が合わない。あるいは、ボスニアのセルビア人は、ボスニアにあってもセルビアの一部ということだろうか。さらに次の箇所を見てみよう。

> ST: A 'massacre': To some extent, the latest conflict is a proxy war between Serbia and Croatia. <u>The Yugoslav Federal Army</u> has more than 100,000 troops in Bosnia and Hercegovina and has been fighting alongside <u>Bosnian Serbs</u>. <u>Serbian guerrillas</u> from the war in Croatia have seized several Muslim cities along the republic's eastern border with Serbia, including Bijeljina, where 27 <u>Muslims</u> died in the fighting. Bosnia's <u>Muslim</u> president, Alija Izetbegovic, called the guerrilla attack a "massacre," and appealed for international intervention to halt <u>Serbian "aggression."</u> (1992.4.20)［太字原文］
> TT: ボスニアの紛争は、セルビア＝クロアチア間の「代理戦争」だともいえる。<u>連邦軍がボスニアに一〇万以上の兵力を展開し、地元のセルビア人を支援している</u>からだ。クロアチアから流れこんだ<u>セルビア人ゲリラ</u>が、セルビアと境を接する東部のイスラム系都市を占拠しており、そのひとつビエリナでは二七人の<u>イスラム教徒</u>が殺された。
> 　ボスニアの元首であるアリ・イゼトベゴビッチ幹部会議長（<u>イスラム教徒</u>）は、ゲリラの襲撃を「虐殺行為」と糾弾。<u>セルビアの「侵略」</u>を阻止するための国際的な介入を要請している。(1992.4.23)［人名表記原文のまま］(25)

ここで初めて英語テクストで The Yugoslav Federal Army について言及され、連邦軍は Bosnian Serbs を支援していると述べられる。これによって、先の Serbian forces は、セルビア共和国の軍、つまり連邦軍（旧連邦を引き継いだセルビアとモンテネグロによって構成される軍隊）を指しているのではないかという解釈の可能性が高くなる。しかし、英語テクストではあくまでそれは明示されない。

さらに、Serbian guerrillas がクロアチアからボスニアに場所を変え流れ込んできたという記述で、ボスニア共和国外のセルビア人不正規兵に言及した後、ボスニア・ヘルツェゴヴィナ大統領の Serbian "aggression" に対する国際社会の介入要請について述べられている。これは、この時期の国際社会や欧米メディアの主張と重なる。つまり、ボスニア紛争を旧ユーゴ連邦軍＝セルビア共和国（＝ミロシェヴィッチ）による「侵略」とする認識である。日本語テクストはもちろん、この箇所を「セルビア」の「侵略」としている。

以上を見てみると、起点の英語テクストにおいて、Serbian の両義性が見えない形で機能していることは明らかだろう。つまり、ひとつはボスニアで対立している3つの民族集団としてのセルビア人を指し、もうひとつはセルビア共和国を指す。あるいは、後者についてはセルビア人一般（つまりボスニアのセルビア人もセルビア共和国のセルビア人も含めたセルビア人すべて）という解釈も可能となる。どのようなコンテクストを指標するかによって、Serbian は意味を変えてしまうのである。

そこで改めて対照ペアに注目すると、攻撃する側は Serbian snipers あるいは Serbian forces で、攻撃される側は a Bosnian soldier あるいは Croatian and Muslim である。Serbian をボスニアのセルビア人を指すと取れば、この紛争はボスニア内セルビア人対クロアチア人・ムスリム人となり内戦となる。一方、Serbian をセルビア共和国と取れば、このセルビア共和国によるボスニア共和国に対する侵略となる。つまり英語テクストは、最初にこの紛争を3つの民族集団による紛争と捉えボスニア内セルビア人によるクロアチア人・ムスリム人への攻撃と述べながら、一方で明示しない形ではあるがセルビアによるボスニアに対する攻撃・侵略を示唆、あるいはすり替えるレトリックが見て取れる。

内戦だというのは当時のセルビア共和国大統領ミロシェヴィッチの主張であり、侵略とするのは欧米メディアの主張である。加えて、英語テクストには、Bosnian の語の両義性も巧みに組み込まれているともとれる。この時期は Bosnian の本来の意味のボサナッツから、民族集団としてのムスリム人を指すボシュニャクへと意味が変容していく過渡期である。新しく承認されたボスニア共和国とはボスニア人の国家であるわけだが、そこでのボスニア人はもはやボサナッツではなく、ボシュニャクである。ボスニアのイゼトベゴヴィッチ大統領が、いかに連邦から独立したボスニア共和国が多民族共存国家であることを強調しても、実際にはボシュニャク（ムスリム人）主体の国家であったことは、民族名の変更にも現れている。

上記のような英語テクストの固有名詞（形容詞）の使用には、こうした意図が働いていると推測でき、これらの語彙の使用には言及指示的機能以上に社会指標的機能が働いているととれる。日本語の翻訳は、当時の欧米メディアの論調を前提とし、こうした起点テクストに明示されない機能を解釈し、訳文にお

いて明示化した結果と言えるのではないだろうか。あるいは、そこまで深く読み込んだ結果ではなく、セルビアはセルビア人の国、クロアチアはクロアチア人の国、ボスニアはボスニア人の国という近代国民国家の単純なモデルを参照した可能性も排除できない。

　前者のような解釈にも、後者のフレームが何らかの形で作用していることは明らかだろう。Bosnian からはクロアチア人も抜けて、Bosnian＝ボスニア人（ボシュニャク、ムスリム人）、Serbian＝ボスニア内セルビア人＝セルビア共和国とするフレームが前提となっており、単語（言語形態、signifiants）の同一性が、言及指示対象（referents, signifiés）の同一性を生み出していく様子が観察される。それは、以下の例においても見られる。

　　〈写真のキャプション〉
　　ST: Evicted by their neighbors: At least 400,000 <u>Bosnian refugees</u> are fleeing the fighting（1992. 5. 11）
　　TT: 内戦終結の気配は見えない ── 民族紛争を逃れて避難する<u>モスレム人</u>（1992. 5. 14）

　　〈写真のキャプション〉
　　ST: 'Displacement on an enormous, shocking scale': <u>Bosnians</u> flee from the fighting at home（1992. 5. 25）
　　TT:「何のために戦っているのかわからない」── <u>ボスニアのイスラム系住民</u>の状況はとりわけ悲惨だ（1992. 5. 28）［使用されている写真はSTと異なる］

上記の例はサラエヴォに関する記事に載せられた写真のキャプションである、英語テクストの Bosnian refugees あるいは Bosnians が日本語テクストでは「イスラム系住民」あるいは「モスレム人」となっている。英語では明示してはいないが、Bosnian(s) が上述した2つの意味のうちムスリム人（ボシュニャク）を指すと解釈されたのである。

　第7章で言及したとおり、ボスニアの中でもサラエヴォは完全な民族混住地域で、民族間の結婚も多かった。ところが日本語訳ではボスニア人＝イスラム教徒、サラエヴォ住民＝イスラム教徒という構図、さらに攻撃するのはセルビア、攻撃されるのはイスラム教徒となり、新ユーゴのおもなメンバーのセルビ

ア共和国、あるいは（旧ユーゴ連邦軍を引き継いだ新ユーゴ）連邦軍によるボスニア国家への侵略という欧米メディアの主張を支える構図となっている。このことは、日本語テクストの翻訳に関わる言語使用者（翻訳者や編集者）が、欧米メディアの言説における言及指示テクスの背後に隠される相互行為のテクストを前提的に指標しながら、新たな日本語テクストを生みだしていることを物語るものである。次の例も見てみよう。

〈タイトル〉
ST: Sarajevo at War With Itself（1992. 5. 18）
TT: ボスニアに牙むくセルビア軍：分割のおそれも出てきた首都サラエボの危機（1992. 5. 21）

上記はタイトル箇所だが、英語テクストでは戦争の当事者について言及していないのに、日本語テクストではサラエヴォを攻撃しているのはセルビア軍であることがすでにテクストの前提となっている。そして以下の本文が続く。

〈本文〉
ST: Sarajevo, whose ethnically mixed population of Serbs, Croats and Slavic Muslims had for years lived in peace, erupted in street warfare just after lunch two weeks ago. Serbian forces and Bosnian militiamen blamed one another for having started the fight. By midafternoon Serbian forces in the mountains that ring the city had opened up with mortars, tanks and artillery, and pounded the city for the next 10 hours.（1992. 5. 18）
TT: セルビア人、クロアチア人そしてスラブ系モスレムが混在するサラエボの街頭で武力衝突が発生したのは、二週間前の昼過ぎのこと。午後三時ごろには、サラエボ周辺の山岳部にいたセルビア軍が迫撃砲や戦車、大砲で攻撃を開始。その後一〇時間にわたって、激しい砲撃を加えた。（1992. 5. 21）

英語テクストでは、サラエヴォの３民族集団の平和的な共存について述べられた後で、Serbian forces と Bosnian militiamen の非難の応酬に関する記述があり、Serbian forces in the mountains による攻撃について述べられている。ここでは、Serbian forces はサラエヴォを包囲している丘（山）の上のセルビア

人勢力を指していることは明らかだが、日本語テクストでは最初の記述も省略され、攻撃しているのは一方的に「セルビア軍」となっている。

　5月27日サラエヴォのパンの行列に迫撃砲が打ち込まれた事件も、セルビア人勢力の仕業とされ、それをセルビア共和国が支援しているとして、即国連によって新ユーゴに経済制裁が決定・実行された。以下の記事は、その事件後の6月22日（日本版6月25日）のものである。

〈タイトル〉
ST: Belgrade's Injured Innocence: Serbia rejects blame for the bloodshed in Sarajevo（1992. 6. 22）
TT: ボスニア絶対絶命：国連制裁もセルビアを硬化させただけ？（1992. 6. 25）

〈写真のキャプション〉
ST: Facing the Serbians: A Bosnian fighter peers from his foxhole（1992. 6. 22）
TT: タコツボ壕から敵の動静をうかがうボスニア側兵士（1992. 6. 25）

〈本文〉
ST: For the exhausted survivors who huddle there in basement shelters, the once beautiful city of Sarajevo has become a living hell. The people have been cut off from supplies of food and medicine for more than two months. They are without water or electricity. Serbian gunners shell them relentlessly from the hills surrounding the Bosnian capital. Westerners are outraged by what they see as naked aggression by the Serbians and the hard-line government of President Slobodan Milosevic, and last month the U.N. Security Council imposed tough sanctions on Serbia.（1992. 6. 22）
TT: サラエボ市内の地下壕には、疲労困憊した生存者たちが身を寄せ合っている。美しい都会だったサラエボも、今や生き地獄と化した。食料や医薬品の供給を断たれて、既に二カ月以上。水も電気もない。
　セルビア軍は、このボスニア・ヘルツェコビナの首都に容赦ない砲撃を加えている。西側諸国は、セルビア人とミロセビッチ大統領率いるセルビア政府による侵略行為に怒りを隠そうとしない。国連安全保障理事会は先月、セルビアに対する経済制裁に踏み切った。（1992. 6. 25）

この日の記事のタイトル、写真キャプション、本文冒頭箇所での、SerbianとBosnianの翻訳において、上記同様の解釈が前提とされていることは一目瞭然だろう。

以上、見てきたように、起点・目標テクスト間での「言われていること」のレヴェル、つまり言及指示的な意味的等価に関するレヴェルで生じているシフトは、起点テクストで「為されていること」、つまり起点テクストの社会指標的機能を、コ・テクストおよびコンテクストにおいて前提的に指標した結果であると考えられる。それによって、また新たな効果（再コンテクスト化）を生んでいる。言い換えると、英語では明示されていない、しかしながらその意図が巧みに組み込まれている「攻撃するのはセルビア共和国＝セルビア人＝連邦軍」、「攻撃されるのはボスニア共和国＝ボスニア人＝ムスリム人」というフレームを喚起し、セルビアおよび連邦軍を侵略者とする日本語テクストを生み、それが新たなコンテクストを創出していることがこれらの例から読み取れる。

② 新しい概念との出会い：ethnic cleansing と民族浄化

　日本語の「民族浄化」という熟語は、1992年のボスニア紛争の時に英語のethnic cleansingの翻訳語として登場し頻繁に使用され、今では多くの人にとってはそれほど特別な言葉ではなく人口に膾炙した語ともなっている。一方で、92年当時のような衝撃的な印象や、何となくナチスやホロコーストを類推させるが、その実何を指しているのか分からないという曖昧さはなくなったかもしれない。しかし、今もこの語の意味をきちんと説明できる人は少ないのではないだろうか。つまり、この語はもっぱらメディアで使用され、その後は研究書でも使用されるようになって一見定着した用語であるかに見えるが、今も特定の人々のみが使用する、いわばジャーゴンといってもよい。

　しかし、ethnic cleansingのもととなったセルビア・クロアチア語のetničko čišćenjeの使われ方が、たしかに他の民族を何らかの形で追い出し民族的に均一な集団となることを「婉曲的」に述べた言葉であったにせよ、旧ユーゴにおいては個々の場所で繰り広げられる経験的事柄を指す言葉であったのに対し、ethnic cleansingは象徴性・抽象性の高い言葉であり、この2つの間には言及指示的な意味以上のずれを感じる。

　前述のように、ethnic cleansingという英語の熟語もまた、独立間もないボスニア政府と契約したアメリカPR会社ルーダー・フィンが、ボスニア政府に有利な宣伝活動を行うためにキャッチコピーとして目をつけたセルビア・クロ(27)

アチア語の etničko čišćenje から翻訳されたものである。これを英語に訳す際には ethnic cleansing と ethnic purifying の2つがあったが、後者が宗教的な意味合いも持つのに対し、前者は「汚れを落とす」という意味でより日常的な場面で使用されるため "ethnic" という語と結びつくとより恐ろしくぞっとするような響きがある（高木, 2005, p. 120）とし、ホロコーストと言わずにホロコーストを想起させるという理由により、この訳語が採用された。これについては、第7章で論じたとおりである。

　PR会社によるキャンペーンを受けとる側、特にジャーナリスト、さらにはメディアの視聴者・読者にとって問題であったのは、そして同時にこの語を利用する側にとって都合がよかったのは、まさにこの語の持つ曖昧性であった。つまり、民族的に混じりけのない空間・場所を作り出すために単にその場所から他の民族を「追い出すこと」なのか、民族を「根絶やしにしてしまうこと」なのか、また特定の責任主体の意図的な政策の結果なのか等、具体的な内容は明確ではなかった。ルーダー・フィン社が利用したのも明らかにこの用語の響きが持つ曖昧性であり、ここに、Goffman（1974）の言うところの「フレームの曖昧性（frame ambiguity）」が生じることになった。それが、翻訳にも様々な影響を及ぼすことになるのである。

　セルビア・クロアチア語の etničko čišćenje の語源については、諸説ある点についてもすでに述べたが、決して新しい言葉ではなく、旧ユーゴでは86年から展開されていたセルビアの反アルバニア・キャンペーンで使用されていた。そこでの意味は、旧ユーゴのコソヴォ自治州における多数派のアルバニア人がセルビア共和国からの分離独立を目指すために少数派のセルビア人を追い出し、民族的にきれいな・純粋な（čist）地域をつくろうとしているというものだった。さらに、歴史を遡ってみると、第2次大戦中のナチスの傀儡政府であった「クロアチア独立国」で行われた組織的な強制追放や同化、大量殺人を組み合わせた「民族的に純粋なクロアチア国家」づくり（佐原, 2005, p. 204）に行き着くことも前述のとおりである。

　近年でも、1992年に突然ボスニア紛争で始まった出来事ではなく、それ以前にコソヴォでのアルバニア人によるセルビア人の排斥やクロアチア紛争でのクロアチア人居住地域からのセルビア人の排斥、反対にセルビア人居住地域か

らのクロアチア人の排斥を指して使われており、必ずしも組織的なものではなく、前者のような民族的に多数者の者が少数者を追い出すことを意味していたと考えられる。čišćenje は čistiti という動詞の名詞であるが、čistiti は「きれいにする」「掃除する」という意味で「部屋を掃除する」など今も日常的に使用される言葉である。その意味では、「掃き出す」「追い出す」というイメージに近いかもしれない。英語の cleanse も日常的に使われるが、こちらは汚いもの、害になるものをすっかり除去してしまうという意味である。一方「浄化」という日本語は、決して日常的な言葉ではない。英語とはまた異なる意味で、「民族浄化」には強いインパクトがある。

しかしながら、ethnic cleansing という語が欧米主要メディアで 1992 年春から夏にかけ使用され始め、徐々に頻度を増し、強制収容所のスクープ記事と映像が全世界に流れた 8 月初め前後から 1993 年にかけて多用されているのに対し、日本の朝日新聞でのこの語の初出は、1992 年の 8 月 14 日、毎日新聞では 7 月 4 日、読売新聞では「民族純化」の訳語で 7 月 29 日であり、欧米主要メディアとはかなり時間差がある。欧米主要メディアの記事については、日本の主要メディアも当然目を通していたはずであるから、この時間差は、日本でこの語の解釈・翻訳をめぐってかなり試行錯誤があったことを示唆する。以下は、*Newsweek* に ethnic cleansing という語が初出した 1992 年 6 月 22 日（日本版 6 月 25 日）の記事である。これは、①で最後に取り上げた事例と同じ日の記事である。

〈タイトル〉
ST: Bosnia. Will America Step In?: The Pentagon thinks it may have to take charge（1992. 6. 22）
TT: アメリカが軍事介入か：ユーゴ内戦が超大国に突きつけた難問（1992. 6. 25）

〈本文〉
ST: There seemed little hope for feeble United Nations efforts to arrange a reliable ceasefire that would let humanitarian aid be delivered to besieged Bosnian citizens subsisting on dandelions and dog food in their basements. Unless the world's last superpower brought its military might to bear, a quarter-million people were in danger of starving to death.（1992. 6. 22）

TT: 国連の手ぬるい取り組みでは停戦は不可能で、包囲されてタンポポやドッグフードで食いつないでいる<u>ボスニア国民に人道的援助を届ける望みも、ほとんどない</u>ようにみえる。<u>世界で唯一残った超大国</u>が武力の行使を控えれば、二五万の人々が餓死する危険がある。(1992.6.25)
ST: ···. The one consistent principle that seems to animate Bush is standing up to a bully — be it Panamanian dictator Manuel Noriega or Iraqi President Sadam Hussein. With his dark references to <u>"ethnic cleansing"</u> and his "Greater Serbia" swagger, <u>Milosevic</u> fills the role. (1992.6.22)
TT: ［中略］ブッシュにとって不変原則の一つは、パナマのノリエガであれイラクのフセインであれ、弱い者いじめをする者には敢然と立ち向かうということのようだ。「大セルビア主義」を標榜する<u>ミロセビッチ</u>は、まさに悪役そのものだといえる。(1992.6.25)

　上記は、セルビアのボスニアへの侵略を目の前にして、アメリカの軍事介入が政府でも話し合われているとして、今のところブッシュ大統領はそれほど乗り気ではないが、セルビアを止めることができるのはアメリカしかないという趣旨の記事の一部である。上記下線部に注目すると、「無力な国連」とそれに代わる「超大国アメリカ」、「飢餓に瀕するボスニア市民」と「ボスニアを侵略する（セルビア大統領）ミロシェヴィッチ」という対照ペアとともに、「弱い者の味方のアメリカ」と「弱い者いじめをするセルビア」という対照ペアが浮かび上がる。その中で、二重線部 "ethnic cleansing" はミロシェヴィッチとの関連で語られている。英語テクストでは初出であるにも関わらず、この語についての説明はない。

　しかし、ボスニア市民の窮状についての記述の後で、"Greater Serbia" という語と併置されることで、ミロシェヴィッチの大セルビア主義と同様、何か組織的・計画的な戦略であるかのような印象を受ける。この記事を書いたのはマーガレット・ワーナー記者である。ワーナーは、ルーダー・フィン社が反セルビア・キャンペーンで、特にその関係に力を入れた人物である。その意味で、この英文記事がルーダー・フィン社から得た情報をもとにしていることはほぼ間違いないだろう。ところが、日本語テクストでは ethnic cleansing については完全に省略されている。

　その後の翻訳では以下のように、訳出されない場合もある。訳語も「民族的

粛清」、「民族浄化」、「大掃除」、「追い出し」等、類似の訳語の間で揺れ動いている。動詞の cleanse の用例も含め、以下に例を挙げる。cleanse の主語は、二重線部にあるとおり、ほとんどすべてセルビア人であることにも注目したい。

〈本文〉

ST: <u>Serbian irregulars</u> were trying to "cleanse" Sarajevo and other areas by driving Croatian and Muslim residents out of their homes.（1992. 7.13）
TT: <u>武装したセルビア人勢力</u>は、ボスニア・ヘルツェゴビナの首都サラエボからクロアチア人やイスラム系の住民を<u>追い出そう</u>としている。（1992. 7.16）

ST: Then he unveiled a dramatic-sounding new peace proposal: a cease-fire in the battered republic of Bosnia and Hercegovina, the withdrawal of Serbian heavy weapons in Bosnia and an end to the brutal practice of "ethnic cleansing," which he called "the disgrace of our nation."（1992.7.27）
TT: パニッチは［中略］かなり大胆な和平案を発表した。
　その内容は、ボスニア・ヘルツェゴビナでの即時停戦、セルビア人勢力がもつ重火器の引き揚げ、そして彼が「祖国の恥」と呼ぶ「<u>民族的粛清</u>」の蛮行に終止符を打つというもの。（1992.7.30）

〈タイトル〉

ST: A Push for 'Purity': The widening Yugoslav civil war enters a new and ugly phase of <u>'ethnic cleansing</u>（1992.8. 3）
TT: <u>「民族浄化」</u>に突き進むユーゴ：歴史に逆行する蛮行が戦後最大規模の難民危機の原因に（1992. 8. 6）

〈本文〉

ST: "<u>Ethnic cleansing</u>" is, in effect, a crude attempt to reverse history.（1992. 8. 3）
TT: ［上記全文、日本版では省略］

〈本文〉

ST: "<u>Ethnic cleansing</u>" has bred its own peculiar vocabulary. <u>Serbian authorities</u> in Bosnia arrange "safe transportation" for deportees. Those who flee or are driven away are referred to as "departed residents."（1992. 8. 3）
TT: ［上記全文、日本版では省略］

〈本文〉

ST: <u>Bosnian Serbs</u>, who boycotted the Feb. 29 vote, were just as concerned about their minority rights. Convinced that Muslim President Izetbegovic had plans to

turn Bosnia into an Islamic state, they captured and "cleansed" Muslim and mixed villages of local civilians, just as they had in Croatia months before, installing a Serbian army and government.（1992. 8. 10）
TT: ボスニアの少数派セルビア人も同じように権利の危機を感じ、二月二九日の投票をボイコットした。イゼトベゴビッチ幹部会議長のねらいはボスニアのイスラム化にあると信じる彼らは、クロアチアでやったように村々を占拠し、イスラム教徒を追い出した。（1992. 8. 13/20）

〈本文〉
ST: The Serbs have all but won their war in Bosnia. Their brutal policy of ethnic cleansing has demolished whole villages and made refugees of more than 1 million civilians, mostly Muslims and Croats.（1992. 8. 24）
TT: ここまでくれば、セルビア人側としては勝ったも同然である。冷酷無比な「民族浄化」を推し進め、ボスニア全土の村という村を破壊し尽くし、イスラム教徒やクロアチア人を一〇〇万人以上も追い出した。（1992. 8. 27）

〈本文〉
ST: Within Yugoslavia itself, Serbia is intent on completing the sinister process of "ethnic cleansing" in the hapless Republic of Bosnia and Herzegovina.（1992. 8. 31）
TT: 現にセルビアは、今もボスニア・ヘルツェゴビナの「民族浄化」に全力をあげている。（1992. 9. 3）

「民族浄化」という訳語は8月6日に初めて使われ、8月27日以降定着している。8月31日の英語記事全体では、5箇所で ethnic cleansing が使われているが、日本語訳はすべて「民族浄化」である。8月24日以降は、英語テクストに ethnic cleansing という語がなくても、日本語テクストで使用される（追加される）事例、特にタイトルや小見出しに使われる事例が増える。

　この時期に「民族浄化」の訳が定着した背景については、まず以下の2つの欧米メディアによるスクープの影響があったと考えられる。前述したように、8月2日、ニューヨーク地方紙が、ボスニアにセルビア人による強制収容所があるという記事を発表した。自らもユダヤ人であるルーダー・フィンの担当取締役のジェームス・ハーフは、すぐにこの情報をアメリカ3大ユダヤ系組織に伝えた。周知のように、アメリカ社会ではユダヤ系アメリカ人が大きな影響力を持っている。6日、イギリスITNの撮った強制収容所らしき場所の映像がテレビで放映され「強制収容所」の証拠映像として、瞬く間にメディアを通し

て全世界に広がった。この時期を境に、報道では ethnic cleansing や concentration camp という語が頻繁に使用されるようになり、国際世論は激しいセルビア批判となった。

「ethnic cleansing/民族浄化」と「Holocaust/ホロコースト」、「concentration camp/強制収容所」と「Auschwitz/アウシュヴィッツ」、「Serbia/セルビア」と「Nazi/ナチス」という類推を喚起する明瞭な「加害者」と「被害者」という対照ペアの図式に則って、強固なテクスト化が行われ、コンテクストに根差した指標的な出来事であった個々の人々の個々の場所での経験は脱コンテクスト化され、"ethnic cleansing" あるいは「民族浄化」という象徴的な言葉となっていったと考えられる。どちらも政治指導者やメディアがもっぱら使用する語彙であったが、一般の人々にとってはその強烈なイメージのみが先行し、その中身は漠然としたままであった。

上述したように、セルビア・クロアチア語で当時使用されていた状況からは、「民族一掃」「民族追放」あるいは「民族の追い出し」のような訳のほうが実態に近かったかもしれない。そして、それは個々のコンテクストに根ざす経験的な事柄であり、それを行使する主体、それを行使される客体、行使の仕方もそのときどき、その場所場所で異なっていたものと考えられる。しかし、当時の英語を介した主要メディアから発せられる情報の中の ethnic cleansing は、ルーダー・フィンが意図した「ホロコースト」を想起させるものであり、日本の翻訳の現場でも、ボスニアで起きている出来事をナチス・ドイツによるホロコーストというフレームで解釈し、ユダヤ人の民族抹殺等を念頭に「民族浄化」の訳出が行われていったのではないかと考えられる。

etničko čišćenje、ethnic cleansing、民族浄化、これら3つの熟語は、言及指示的な意味的等価だけに注目すれば、それほど大きなずれがあるわけではない。しかし、言語使用者の社会指標的側面に注意を向ければ、旧ユーゴ諸民族と欧米メディア、そして欧米メディアの言説を前提とする日本のメディアでの解釈の違いは歴然である。日本語の訳語については、その生成、定着過程を考え合わせると、英語テクストの時間軸に沿った展開と主張に影響されつつ、当時の国際世論や他のメディアの動向からこの語の概念を解釈していった結果であると想定される。そもそも、この語の解釈を可能とするメタ語用的枠組みが

③ 翻訳する主体の視点：サラエヴォ包囲をめぐって

　ここまで敢えて言及しなかったが、*Newsweek* における記事のタイトルでは、明らかに起点・目標テクスト間で、語彙、文法等の対応関係に大きなシフトが見られ、訳文を読んだだけでは原文を推定できないこともしばしばである。ここには、編集者の意向や決定権が大きく関わってくる。①でも取り上げた以下のタイトルもその一例だろう。(35)

　　ST: Belgrade's Injured Innocence: Serbia rejects blame for the bloodshed in Sarajevo（1992. 6. 22）
　　TT: ボスニア絶対絶命：国連制裁もセルビアを硬化させただけ？（1992. 6. 25）

　報道記事では、通常、構成スキーマに従って、ヘッドライン（タイトル）、サブタイトル（新聞ではリード）、事件あるいは出来事、事件の背景、事件への反応、そして最後に論評という順で展開する。トピックはたいてい、ヘッドラインやサブタイトル、リードの部分で提示される。しかしながら、トピックはジャーナリストの社会的認知に関わる非常に主観的なものである。言い換えると、ジャーナリストがどのように観察したかで、ニュースの出来事自体が変わってくる（van Dijk, 1993）。

　読者や視聴者に十分な知識や情報がない限り、通常ジャーナリストが重要だと見なした主観的な情報を受容することになる。このことは、ジャーナリストの解釈に読者・視聴者の解釈が大きく依存していることを意味する。そのジャーナリストの解釈が端的に表れるのが、このタイトル箇所である。タイトルは読者のフレームを形成する上で大きな作用を持つ。目標テクストのタイトルは、本文の訳出と編集が終わった段階で最終的に決まる。つまり、全体の記事を翻訳者、そしてそれ以上に編集者がどう解釈したかに左右されるが、さらにどのようなコンテクストでどのような読者に向け発するものかにも影響を受ける。

　実際、タイトルは、巻末資料の *Newsweek* と『ニューズウィーク日本版』タイトル一覧を見れば明らかなように、起点・目標テクスト間で言及指示的側面

においても大きなずれが見られる箇所である。その明らかな言及指示的明示性によって、起点テクストから受けとるメッセージと、目標テクストから受けとるメッセージはかなり異なるものとなる。しかしそこには、それ以上に社会指標的（相互行為的）な側面が強く反映しているのである。それは読者のテクスト全体の読みにも影響を与える。

　タイトル一覧を一瞥して感じることは、日本語のタイトルは、英語以上に主観的かつ情緒的であることだろう。これはテクスト生成に参与するジャーナリストや翻訳者、編集者に関わる問題である。話し手、または書き手の聞き手に対する心的態度を表すのが広義のモダリティだが、この機能は通常文法構造の叙法（mood）や様態（modality）で具現する。Newsweek でも、起点テクストと目標テクストのタイトル箇所で、こうしたモダリティのシフトが頻繁に観察される。以下では、タイトルで示される主観性・情緒性と絡めて、本文に観察されるモダリティのシフトから、翻訳者（あるいは編集者）の訳出行為を考察する。

　当初、Newsweek の英文記事におけるモダリティは、本文に関する限り基本的に日本語の翻訳テクストでも維持されていた。ところが、②で取り上げた ethnic cleansing が初出した6月22日以降、このモダリティに明らかなシフトが観察されるようになる。以下はその傾向が典型的に現れた7月6日（日本版7月9日）の記事である。

〈タイトル〉
ST: The Siege of Sarajevo: In a city where some 800 snipers roam the streets, humanitarian aid won't be easy（1992. 7. 6）
TT: 瀕死のサラエボを救うのは誰だ：独善的民族意識を振りかざすセルビア人に、とうとう世界が本気で怒り出した（1992. 7. 9）

　上記は、4月初めにセルビア人勢力によって包囲されたサラエヴォのその後の状況を伝える記事である。タイトルでは英日間で言及指示的内容にも相当なシフトがある。英語テクストにおける Siege of Sarajevo という出来事の伝達という陳述が、日本語テクストでは「瀕死のサラエボを救うのは誰だ」という疑問法の形に変化している。また、日本語テクストにおける、「攻撃される瀕死のサラエヴォ（ボスニア人：ムスリム人という前提）」と「攻撃する民族主義的セ

ルビア人」という対照ペアが引き起こすテクスト化によって、聞き手に対しより主観的、情緒的、扇動的な訴えかけとなっている。続く本文は以下のようになっている。

〈本文〉
ST: No one is safe in Sarajevo, not even a foreign doctor attempting to bring desperately needed medicine to the city's battered and exhausted hospitals. Dr. Alain Guilloux, a trustee of the French relief group Médecins sans Frontière, was driving escorted by U.N. peacekeeping-force convoy on the outskirts of the city last week when his Jeep suddenly came under repeated sniper fire. One bullet shattered the Jeep's windows, passing within inches of Guilloux's face. (1992. 7. 6)
TT: <u>これが八年前にオリンピックを開催した町か</u>。ボスニア・ヘルツェゴビナの首都サラエボでは今や誰もが死と隣り合わせだ。
　先週フランスの民間団体「国境なき医師団」に属する医師アラン・ギユーが、現地に届ける医薬品を積んでジープを走らせていたときの<u>こと</u>。国連平和維持軍（PKF）の護衛つきだったのが、サラエボ郊外でいきなり銃撃を受けた。繰り返し飛んでくる<u>銃弾</u>。一発はフロントガラスを粉々にし、ギユーの顔のすぐわきをかすめた。(1992. 7. 9)

日本語テクストの下線部の感嘆文は、起点の英語テクストにはない。新聞、雑誌の翻訳では、起点言語や起点文化で前提とされるものが、必ずしも目標言語や目標文化に当てはまらないことも多いため、補足的な説明が追加されることはよく起る。

　ここでは、日本の読者が持っていると想定されるサラエヴォ・オリンピック（1984年）に関連づけて記事をはじめ、読者の注意を喚起することを狙ったものと思われる。これは同時に「平和」の象徴であるオリンピックと「戦争」、「あの時」と「今」を対峙させ、今の戦争の悲惨さを浮かび上がらせる効果がある。感嘆文は、そこに駄目押し効果を生む。また、二重線部にあるような体言止めは、日本のジャーナリズムで読み手に対する情緒的効果を狙った手法としてよく使われるが、通常の論述では使用されない有標の表現でありテクスト化（前景化）に貢献している。このテクストに続く箇所は、以下のようになっている。

ST: Still trembling from the incident, Guilloux decried the lack of firmer international action to stem the suffering in the capital of newly independent former Yugoslav republic of Bosnia and Hercegovina. "This is happening only 900 kilometers from the borders of the European Community," he said. "But where are the Europeans? Where are the Americans?"

Where indeed? Many of Sarajevo's 300,000 remaining residents are wondering why outside powers are permitting such primitive violence to unfold on the very doorstep of a postmodern Europe that had supposedly outgrown it. (1992. 7. 6)

TT: まだ恐怖に震える声で、ギユーは国際社会の及び腰を怒る。「EC（欧州共同体）から九〇〇キロしか離れていない場所で、こんなことが起きている。なのにヨーロッパの人間やアメリカ人はどこへいったのか」

確かに、そのとおりだ。対立から共存の時代へとひた走るヨーロッパの玄関先で、かくも原始的な暴力ざたが拡大していくのを、国際社会はなぜ傍観しているのか。サラエボ市内に残る三〇万市民の悲痛な叫びが聞こえないのか。(1992. 7. 9)

引用された医師の問いかけは、ECのすぐそばでこのように悲惨な紛争が起きているのに、欧米の人々は何をしているのかという怒りの表明である。この問いかけに対するジャーナリストの考えが下線部である。英語テクストでは疑問法でまず応じ、次に引用の形でサラエヴォ市民の声を伝えている。それに対し、日本語テクストでは平叙法で医師の考えに賛同した上で、直接話法で読者に問いかけ、訴えている。起点テクストでは問いかけているのはサラエヴォ市民だが、目標テクストではまるでジャーナリスト自身がサラエヴォ市民の立場に立って国際社会の行動を促している印象である。ここでは、完全にオリゴの転移が生じている。以下は、この記事の最後の箇所である。

ST: Whoever fired at the Médecins sans Frontières Jeep ceased immediately when U.N. troops under Maj. Gen. Lewis MacKenzie of Canada returned fire — a rare step reserved for life-threatening situations. Shooting at unarmed doctors is one thing; taking on well-trained foreign troops, apparently, is another. If intervention ensues, the Serbians will learn the difference. (1992. 7. 6)

TT: ギユー医師の車を銃撃した者は、同行の国連軍部隊が反撃するとすぐ発砲を中止した。丸腰の医者を撃つのと、よく訓練された外国の軍隊に発砲するのとでは話が違うことぐらい、彼らも理解はしているようだ。今後本格的な軍事介入が行われれば、セルビア人はその違いを思い知ることだろう。(1992. 7. 9)

日本語テクストでは、英語テクストにある下線部直前の文が一部省略されている。日本の読者に関係ないと想定される情報の省略である。これも報道記事の翻訳でよく使われる方略である。そしてその省略箇所を補うように、日本語テクストでは「彼らも理解はしているようだ」の文が追加されている。「彼ら」とはもちろんセルビア人である。

　このように起点・目標テクスト間におけるモダリティのシフトによって、日本語テクストは読者に対し主観的で情緒的、あるいは劇画的とも言える印象を与えている。このシフトの背景については、前項で論じたような『ニューズウィーク日本版』の翻訳者（そして編集者）の置かれた状況を考慮すべきだろう。『ニューズウィーク日本版』は、部数こそ少ないが『週刊文春』や『週刊新潮』等と競合する週刊誌である。これらの週刊誌は、総合月刊誌に比べ、事実の記述よりもセンセーショナリズムを売り物としている。そこでは、イエロージャーナリズムの影響が大きく、90年代前半の週刊誌の低迷期は、一層センセーショナリズムに傾いた時期であった。つまり、日本語テクストはこのような日本の週刊報道雑誌が置かれたコンテクストを前提的に指標するものと考えられる。

　一方、翻訳という相互行為の場で、翻訳者（あるいは編集者）のフッティングに変化が生じた面もあるだろう。つまり、翻訳者は通常、規範としても、読者の期待としても、メッセージを相互行為の参与者に向けて伝える単なるanimator（発声体）、つまり意味的「等価」を伝達するのみの役と捉えられている。それを、そのフッティングを変化させることで自らがメッセージを創出するauthor（作者）となるのである。編集者であれば、最終的な訳出物に責任を負うprincipal（本人）として、タイトルやモダリティを決めるのかもしれない。翻訳者が、訳出過程において起点テクストで言われていることに共感し、あるいは欧米メディアの主張を自らの主張として表明したいとする積極的な意図が働いたともとれる。いずれにしても、目標テクストは翻訳する主体の置かれたミクロなコンテクストにおける言語行為の結果であり、言及指示のテクストのみならず新たな相互行為のテクストを生み出しているのである。

④ 文化的ステレオタイプの喚起：Balkanとバルカン

　さて、日本で「バルカン」と言えば「バルカンの火薬庫」を思い浮かべる人も多いだろう。普段の生活ではほとんど馴染みのない遠い地域について、この言葉から連想するのは、今にも爆発しそうな混沌とした不安定な危険地帯というイメージである。バルカンで何か紛争が起これば、途端にそれが周辺地域を巻き込む大きな戦争につながったという歴史と、一度火事が起これば爆発する火薬庫との類似性に基づく比喩である。バルカンという語が醸し出すのは、紛争の発火点という暗いイメージであり、第1次世界大戦の発端となったサラエヴォ事件を想起させる。「バルカンの火薬庫」とはもちろん、「ヨーロッパの火薬庫であるバルカン」の意味だが、現代の日本にあってバルカンをヨーロッパと関連づけて思い描いた人がどれだけいただろうか。アルセーヌ・ルパンの『バルカンの火薬庫』の小説を思い浮かべた人もいるかもしれない。これは翻訳書の題名で、原題は *La poudrière*（火薬庫）であるが、題名にバルカンという言葉は入っていない。

　第6章で述べたように、西欧にとってのBalkanも負のイメージを伴う語である。この語から派生したBalkanization（バルカン化）という語も同様である。ヨーロッパのオリエント、つまり一方で遠い昔への郷愁を、もう一方では近代・文明を象徴する西欧に対し非近代、野蛮を喚起する語である。バルカンはヨーロッパの中にありながら、ヨーロッパとは対照的なものの象徴である。日本語の「バルカン」も西欧近代と対照的なものであることに変わりがないが、日本にとっては日常的に接する機会のないこの地域の名は、より抽象的であり、「火薬庫」に象徴されるように、遠く暗い過去を引きずる何となく不気味な危険地帯というステレオタイプを喚起する。以下の幾つかの表現を見てみよう。

　　ST: In the tumultuous Balkans, those words have an all-too-familiar ring.（1992.3.9）
　　TT: 「火薬庫」バルカンの人々にとっては、嫌になるほど聞かされた言葉だ。（1992.3.12)

　　ST: The Balkan dispute looked like a messy regional affair: by seceding, Slovenia and Croatia had taken matters into their own hands. Besides, no one seemed blameless when it came to shedding blood.（1992.6.8）

TT: それにスロベニアとクロアチアの分離独立で始まった「バルカンの火事」は厄介な地域紛争であり、悪者が誰なのかもはっきりしないようにみえた。(1992. 6. 11)

ここでの英語テクストのBalkanという語には、ヨーロッパとの対比としての意味が込められているわけだが、焦点は現実の紛争の壮絶さと複雑さにある。それに対し日本語テクストでは、ヨーロッパというコンテクストは抜け落ち、あくまでも現代の日本から見た遠い「火薬庫」としてのバルカンを類推する表現となっている。以下で、7月6日（日本版7月9日）の例を詳しく見てみたい。

> ST: Bosnia and its suffering capital are at the center of a cruel — and complex — Balkan *danse macabre*. On one side is the internationally recognized government of President Izetbegovic, a Muslim. Izetbegovic says he wanted a state in which power would be shared by Muslims, Serbs and Croats. On the other side is the Serbian government led by President Slobodan Milosevic, who appears to be using the Bosnian Serbs as the advance guard of his bid to build a "Greater Serbia" from the remnants of the former Yugoslavia. (1992. 7. 6) [斜体原文]
> TT: ボスニアとその首都サラエボは、バルカンの血と硝煙の歴史にまた新たな一章を書き加えつつある。紛争の一方の当事者は、イスラム系のイゼトベゴビッチ幹部会議長率いるボスニア・ヘルツェゴビナ共和国政府。そしてもう一方の当事者が、モンテネグロとともに「新ユーゴ」建国を宣言したミロセビッチ大統領率いるセルビア政府だ。ことにミロセビッチは、ボスニア国内のセルビア人を、大セルビア国家建設の野望のために利用しているのかもしれない。(1992. 7. 9)

英語テクストの "a cruel — and complex — Balkan *danse macabre*" にあるフランス語 *danse macabre*（死の舞踏）は、ヨーロッパの中世末14世紀に流布したフランスの詩がもとになっていると言われている一連の絵画や彫刻などの様式を指している。そこでは死にゆく人々が狂ったように踊り続ける集団的なヒステリー状態が描かれている。バルカンで起こっているのは残酷で複雑な集団ヒステリーであるという解釈である。*danse macabre* が流行った頃ヨーロッパでは、100年戦争やペストの流行で死者が絶えなかった。起点の英語テクストは、バルカンの紛争が、ヨーロッパにとってそれほどまでに大きな衝撃であったことを示している。それに対し、日本語テクストは相変わらず、火薬の発火地としてのバルカンである。

英語テクストでは、その後の展開を見ても明らかなように、この紛争を「国際的に承認を受けたボスニア共和国」と「旧ユーゴの残骸にすぎないセルビア共和国（新ユーゴは新国家を宣言したが国際的には承認されていない）」、「3つの民族集団ムスリム人、セルビア人、クロアチア人による国家を目指すと主張しているイゼトベゴヴィッチ」と「セルビア人による大セルビアを目論むミロシェヴィッチ」の間の対立に起因すると捉えている。それが、「バルカン」、あるいは、「ヨーロッパの死の舞踏」なのであるから、死をもたらす元凶はミロシェヴィッチである。そして何と言っても、バルカンとはヨーロッパにとってオリエント、非文明、野蛮の象徴なのである。それに対し、日本語テクストにはそれほどの強いメッセージ性は読みとれない。バルカンでまた紛争に火がついた程度の認識である。

以上を見てみると、同じバルカンという負のイメージも、バルカンからはたしかに地理的・心理的距離があるといってもヨーロッパの視点に立つか、地理的・心理的に非常に遠く離れた日本の視点に立つかで、異なるテクストを生む結果を生じさせている。後者では、脱コンテクスト化の度合いがより高いテクストを生んでいると言える。もともとは山を意味する一般名詞であったBalkan/バルカンは、歴史の流れの中で固有名詞となっていったが、それは西欧近代によってラベルづけされたものであり、この語の使用にはそれぞれの言語使用者たちのアイデンティティが色濃く反映されている。

3.2　外交・国際専門誌：*Foreign Affairs*

90年代以降、月刊誌も週刊誌と同様に低迷が続いていたが、月刊『中央公論』については、当時はまだ従来どおり、中央公論社から出版されていた。『中央公論』は、オピニオン誌として出版社の顔ともいうべき地位にあった。その意味で『ニューズウィーク日本版』とは、同じ報道雑誌でもかなり性格の異なるものである。

Foreign Affairs はアメリカでも高く評価されている外交・国際専門誌であるが、『中央公論』はその中から4、5本程度の論文を選んで1、2箇月遅れで翻訳、掲載していた。こうした背景は、『ニューズウィーク日本版』とは異なる翻訳方略を生むひとつの要因となるだろう。雑誌の性格上、オピニオン性が強

く、ひとつの論稿の長さも長い。日本語テクストには、タイトルのすぐ後に起点の英語テクストにはない要約部とも言える箇所がある点も特徴である。しかし、『中央公論』ではこの点について説明がない。したがって、一般の読者は、この箇所が英語原文にもあるものとして読むのが普通だろう。『ニューズウィーク日本版』同様、各記事に翻訳者の名前は明記されていない。

　以上を踏まえ、ここでは、以下の２つの視点から考えてみる。①タイトルとトピックに現れる報道の客観性というフレーム、②解釈の前提としての『ニューズウィーク日本版』（既存テクスト）の２点である。

① 報道の客観性というフレーム：タイトルとトピック

　英語と日本語のテクスト間では、タイトル箇所において、言及指示的側面に大きなずれがあること、そしてそのずれの背後に社会指標的機能におけるずれが観察される点については、前項でも触れた。そして、日本語テクストのタイトルが、起点テクストである *Newsweek* の記事タイトルより主観的、情緒的でセンセーショナルな表現になっていることは、日本の報道週刊誌が置かれたコンテクストを反映した結果である可能性が大きい点についてもすでに論及した。この項では、同じようにタイトル部に注目した上で、タイトルと強い関連性を持つトピックについて検討してみたい。

　91年夏以降95年までの旧ユーゴ関連の論文タイトルは巻末に示したがそのうちの幾つかを以下にに挙げる。

　　ST: Ramet, S. P.（1992, Fall）. War in the Balkans.
　　TT: ラメット，S. P.（1992.12）. 旧ユーゴ地域紛争の本質は何か

　　ST: Pfaff, W.（1993, Summer）. Invitation to War
　　TT: パフ，W.（1993.10）. 旧ユーゴ紛争 ― NATO介入以外に道はない

　　ST: Gompert, D.（1994, July/August）. How to Defeat Serbia
　　TT: ゴンパート，D.（1994.9）. ボスニア問題の再検討

　　ST: Zimmermann, W.（1995. March/April）. The Last Ambassador
　　TT: ジマーマン，W.（1995.5）. ユーゴスラビア崩壊の記録

ST: Glenny, M. (1995. May/June). Heading off War in the Southern Balkans
TT: グレニー，M. (1995.7). 第三次バルカン戦争勃発の危機

ST: Boyd, C. G. (1995. September/October). Making Peace with the Guilty: The Truth about Bosnia
TT: ボイド，C. G. (1995.11). ボスニア紛争の「真実」

　上記の日本語タイトルには、『ニューズウィーク日本版』のようなセンセーショナルな表現や情緒的な表現はない。起点の英語タイトルと比べた時、言及指示的意味だけでなく、社会指標的機能においてもかなりのずれがあるが、その意味合いは Newsweek の場合とは異なる。
　Foreign Affairs の場合、英語テクストのタイトルは、論文筆者の主張、立場、考えを鮮明にするものとなっている。これは起点テクストの性格上当然であろう。Pfaff と Glenny はともにジャーナリストだが、ここでは報道記事ではなく自らの主張を展開する論説となっている。それに対し日本語テクストのタイトルには、そのような表現はほとんどなく中立的な解説といった雰囲気である。それによって、これらがあたかも客観的な報道記事であるかのような印象さえ受ける。つまり、起点テクストではその筆者が旧ユーゴでの紛争を自らが関わるものとして描いているのに対し、目標テクストでは紛争という出来事から距離を置いて描きその客観性を浮き立たせている。
　ここでは、1992年に書かれた "War in the Balkans" とその日本語訳「旧ユーゴ地域紛争の本質は何か」を取り上げて、この点についてさらに踏み込んで検討してみる。日本語のタイトルからは、この記事が旧ユーゴ紛争についての詳しい解説といった類のものであるという印象を受ける。このタイトルに続く要約箇所（前述したとおり、起点テクストにはない）は以下のとおりである。

　　ユーゴ紛争は近隣諸国を巻き込み、新たなバルカン問題を引き起こしかねない。いまや西側の利益までもが危機にさらされている。バルカンの火種を消すには軍事介入しかないのだろうか（p. 397）

ユーゴ紛争が将来さらなるバルカン問題に発展する危険性があるので、問題が小さいうちに解決しなくてはいけないが、それには西側の軍事介入しかないのか考えてみようというものである。(36) ここで、英語テクストのタイトルの "War in the Balkans" との関連性が見えてくる。War in the Balkans は一見普通の表現に見える。しかし、この表現は欧米の論説で頻繁に使われる、特定の共時的負荷を伴った「定型句」的なものである。例えば、*International Herald Tribune* のコラムニスト Pfaff (1993) の "Invitation to War" では、以下の文で始まる。

> War in the Balkans is widely thought to be atavistic, the product of a perverse time warp that unloads fourteenth-century hatreds at the edge of the Europe of Maastricht, high-speed trains and the Single Market. (p. 97)

ここによく表されているように、War in the Balkans は、非近代の象徴としてのバルカンで起きた戦争であり、それは同時にヨーロッパで起き、ヨーロッパを巻き込み第1次世界大戦へと導いた the Balkan wars（バルカン戦争）を想起させるものである。ヨーロッパ、さらには世界を巻き込む戦争という危機感を持った用語である。Glenny の論稿のタイトルである "Heading off War in the Southern Balkans" の表現もそこから生まれている。Ramet のタイトルもこのように、強いメッセージ性を持っていると考えられる。Ramet の本文箇所を見てみよう。

> Indeed one of the conclusions to be drawn from this war in the Balkans is that ethnic war is apt to be more ferocious and vindictive than other types of conflagration, and its combatants more tenacious (at least in the absence of external intervention). (p. 97)

> The deployment of American ground troops into Bosnia would surely stir up at least as much domestic opposition — probably more — as the preparations for Desert Storm. But the failure to marshal countervailing force to push back the Serbs could end up destabilizing much of the Balkan peninsula. It could produce a wave of refugees that exceeds the capacity of west European countries to absorb.

At yet another level, allowing Serbia to mount <u>a war of aggression</u> with impunity, to engage in "ethnic cleansing" and to redraw the boundaries of sovereign states by force would signify that the United States and the European Community view the Helsinki agreement on human rights as a dead letter — a dangerous precedent. For all these reasons <u>I am inclined to view the employment of countervailing force under a U.N. aegis as the lesser evil</u>. (pp. 97-98)

ここから明らかなように、英語テクストの筆者は、この紛争こそ War in the Balkans であり、セルビアの侵略と民族浄化、そして国境線変更を阻止するには（アメリカが）軍事介入すべきだと主張している。これは、人道主義の名の下でのアメリカの国益という視点に立った提言である。日本語テクストの要約とはトーンが違う。この抜粋箇所に続く論文最後の箇所では、起点および目標テクストは以下のようになっている。

ST: In June 1991 most west European and American politicians viewed the war as a "Yugoslav affair," <u>having little importance for their own states</u>. A year later it has become clear that the crisis is already a "European affair," with the threat of igniting a more general Balkan war, one that would affect U.S. interests as well. (p. 98)
TT: 一九九一年六月に紛争が勃発したとき、西ヨーロッパ、そして米国の政治家たちは、その国際的影響を過小評価し、紛争はユーゴスラビア自身が解決すべき問題だとみなしていた。だが、それから一年が過ぎ、旧ユーゴ紛争が新たなバルカン戦争の火だねとなりかねないヨーロッパ全体にとっての深刻な脅威になっていることはもはや誰の目にも明らかである。<u>われわれは、これが米国にとっての脅威であることも忘れてはならない</u>。(p. 414)

英語テクストで述べられているのは、欧米の政治家が欧米諸国への影響を甘く見たということで、アメリカの国益の視点に立つものである。それに対し、日本語テクストでは国際的影響を甘く見たとなっており、英語テクストのような欧米の政治家の立場に立った表現とはなっていない。また、英語テクストにおける "Yugoslav affair" と "European affair" のような明確な対照性も日本語テクストでは薄らいでいる。

このように日本語テクストでは、タイトルに始まり、要約に続き、本文のほ

とんど最後に至るまで、起点テクストにおける筆者の際立った主張や立場をやや抑えている。なぜこのような翻訳方略が取られたのかについては確実なことは言えないが、『中央公論』という月刊論壇誌として、より客観的な表現を尊重する規範が働いていたのではないかと考えられる。『中央公論』と『ニューズウィーク日本版』は同じ雑誌でも、月刊論壇誌と週刊誌という異なる報道規範を持つ組織である。その結果が報道の方略に現れたのではないだろうか。

だが、それにしては日本語テクストの最後の一文は唐突に響く。突然明示された「われわれ」に、読者は一瞬「われわれ」とは誰だと思うだろう。もちろん、すぐに読者は納得する。筆者は（恐らく）アメリカ人なので「われわれ」とはアメリカ国民だろうと。そう言えば、たしかに本文でもアメリカの軍事介入が必要なことを論じていたと。ここには、コンテクストへの依存度の高い、言い換えると指標性の高い一人称代名詞を翻訳することの難しさが如実に現れていると言える。最終的には、起点の英語テクストの意図を汲み取って、日本語として辻褄を合せて訳出したということだろうか。

ここでは、急に『ニューズウィーク日本版』のような情緒的、主観的な調子となり animator から author へフッティングを変えたようにも取れ、タイトルに現れていたような客観性の論調にほころびが見える。その結果、客観性というフレームで読んでいた読者は戸惑うことになる。翻訳の持つ相互行為性が、こうした翻訳の一貫性に関わる部分にも現れる結果となっている例である。

② 前提としての既存テクスト：『ニューズウィーク日本版』

①では、『中央公論』掲載の日本語テクストの訳出に、『ニューズウィーク日本版』における訳出とは異なる規範が働いている可能性について示した。しかし、最後の一文に見られるように、客観性という規範が一貫したものであったかは疑問である。『ニューズウィーク日本版』より客観的ともとれる『中央公論』の翻訳であるが、一方で以下のような『ニューズウィーク日本版』における翻訳との類似点も観察された。

ST: Numerous Croatian, Serbian and Muslim villages have disappeared from the map in the fighting, with what was once the thriving city of Vukovar, population

45,000, reduced to rubble. The Bosnian capital of Sarajevo, the city where World War I began, was placed under siege by Serbian forces in March, and in the daily bombardments that have followed, the unique cultural blend that gave Sarajevo a special charm has been extinguished, probably forever. (p. 79)
TT: 戦闘の結果、クロアチア人、セルビア人、イスラム系住民が居住する旧ユーゴの多くの村が、戦禍によって破壊された。かつては四万五〇〇〇の人口を擁し、繁栄を極めていたユコバル［原文のまま］の町も瓦礫の山と化した。第一次世界大戦の発端となった事件が起きたボスニアの首都サラエボは、三月にはセルビア軍の手に落ちたが、その後戦火が絶えることはなく、この見事なまでに文化的な融合をみせていた美しい町の栄華も完全に破壊されてしまった。(p. 397)

ST: Western officials and publications circulate myths that perpetuate misunderstanding about the nature of the war and render any effective countermeasures more elusive. Of those myths the most popular are these: the conflict between Serbs and Croats is "centuries old"; the war is primarily a "religious" war (between Orthodox Serbs and Catholic Croats or Bosnian Muslims); "no one" anticipated the war (the usual canard circulated by people who have not been paying attention); and, since the Croatian government is also repressive (alongside the Serbian government), it must share near-equal blame for the war. None of these myths is true, and yet each has gained a certain currency. (p. 80)
TT: 旧ユーゴ紛争をめぐる西側の政府関係の発言やマスコミの報道は誤った前提に基づいており、むしろ人々に紛争の本質を見誤らせ、効果的な対応策の実施を困難にしている。もっとも広くいわれているのは、次のようなものである。セルビアとクロアチアの対立は数世紀来のものであり、その紛争の主要な原因は宗教的なもの、つまりセルビアの正教徒、クロアチアのカトリック教徒、ボスニアのイスラム教徒間の対立をめぐるものである。戦争を望んでいる者は誰もいない。紛争の責任に関していえば、セルビア政府同様、クロアチアの政府も抑圧的政策をとっており、責任は双方にある。だが、こうした考え方のすべては誤りである。にもかかわらず、多くの人々がこの誤った考えを信じ込んでいる。(p. 398)

『ニューズウィーク日本版』では、英語の持つ Serbian および Bosnian の両義性に翻訳者が気づいていたか気づかなかったかは断定できない。いずれにしても、Serbian forces は当初ボスニアのセルビア人勢力ではなく、セルビア共和国の軍隊を指す意味で「セルビア軍」あるいは「連邦軍」と訳され、Bosnian は「イスラム教徒」「イスラム系住民」と訳されていた。上記の例は、『中央公論』の翻訳でも、『ニューズウィーク日本版』同様の解釈が為されていたこと

を物語る。起点テクストがこの紛争をセルビアによる侵略と見ていたことは、3.2 の①における aggression や evil という語の使用を見ても明らかである。しかし、前述したように、起点テクストでは Serbian に関し両義性を巧みに使用しており、言及指示的側面からだけではその意味を特定できず、コンテクストから読み取るしかない。

それでは、上記抜粋箇所ではどうだろうか。起点の英語テクストでは少なくとも Serbs と Serbian government（あるいは Serbia）、Croats と Croatian government（あるいは Croatia）、Muslims と Bosnian government（あるいは Bosnia）については一応区別している。それに対し日本語テクストでは、セルビア人＝セルビア、クロアチア人＝クロアチア、イスラム系住民＝ボスニアという枠組みで解釈されている。「セルビアの正教徒、クロアチアのカトリック教徒、ボスニアのイスラム教徒間の対立」という表現ではそれぞれ宗教の異なる3つの民族国家が対立していることになる。こうした解釈が、Serbian forces を「セルビア軍」とし、Serbs を「セルビア」とする訳語となって現れていると考えられる。Serbian forces という表現については、この英語テクスト全体で7箇所使われているが、日本語では「セルビア軍」の訳が5箇所、「セルビア側」と「セルビア」がそれぞれ1箇所であった。

これは、単なる『中央公論』の翻訳の特徴を指すだけではないと考える。『ニューズウィーク日本版』の翻訳が、その時の欧米主要メディアの論調、起点テクストの論調、語の両義性や曖昧性に規定されていたように、『中央公論』の翻訳もまた同様の前提があったと考えられる。『ニューズウィーク日本版』の場合と異なるのは、すでに『ニューズウィーク日本版』の解釈と訳を参照できた点である。当時、英語から日本語の訳で既存のものがあったとすれば、『ニューズウィーク日本版』、あるいは ABC、CNN の日本語への時差通訳である。『中央公論』の訳出がこれらの翻訳の影響を受けた可能性は高い。

特に、翻訳という実践領域では、語彙レヴェルでは、既存の訳が必ず参照される。『ニューズウィーク日本版』では8月まで試行錯誤の続いた ethnic cleansing や動詞 cleanse の訳も、『中央公論』では「民族浄化」、「浄化する」で全く揺れていない。その他、細かいことだが、Ramet の論説では、Alija Izetbegovic（アリヤ・イゼトベゴヴィッチ）の日本語訳が「アリ・イゼトベゴビ

ッチ」となっている。『ニューズウィーク日本版』にも大統領名のフルネームが表示される箇所が1箇所（英語版4月20日）あり、その日本語テクストが「アリ・イゼトベゴビッチ」である。

　また、先に抜粋した日本語要約箇所には、英語テクストにはない「バルカンの火種」という表現が使われていたが、3.1でも見たように日本語のテクストでは頻繁に使用される語である。そこには「バルカン＝火薬庫」というステレオタイプが働いているのはもちろんである。『ニューズウィーク日本版』でも起点の英語テクストにそれに相当する表現がないのに、日本語テクストでは92年だけでも、8箇所「火ダネ」というカタカナ混じりの形で使用されている。当然と言えば当然であるが、既存訳がすでに次の訳のコンテクストを作り出していることの例である。それを考えると、たったひとつの訳語産出が持つ社会的な意味は大きい。

　このように、同じ箇所でも角度を変えて見れば、語彙や統語レヴェルでも様々なシフトがあることに気づくだろう。省略や追加、反復などもメディア翻訳ではよく使用されるレトリックである。『ニューズウィーク日本版』では、語彙だけでなく節や文章がまるまる省略されることも先に見たとおりだが、時にはひとつの段落がまるごとないということもある。限られたスペースに収めなければいけないという編集上の制約もあろう。その際は、重要でないものから省略するというのが基本である。しかし何を重要でないかととるかも、編集者の視点が関わる。『中央公論』では『ニューズウィーク日本版』のような大きな省略は観察されなかったし、前者では後者のような情緒的、センセーショナルな表現は基本的に抑えられていた。

　このことは全体として報道の客観性という規範が、翻訳に反映されていたことの表れと考えられる。それは、同じ日本のジャーナリズムの中にあっても、そのミクロなレヴェルではそれぞれが異なる位置に立つことを意味している。しかし、同時に既存の翻訳として『ニューズウィーク日本版』のテクストが新たな前提、コンテクストを創出していることもまた事実である。

3.3　ルポルタージュ：*The Fall of Yugoslavia*

　次に取り上げるのは、ルポルタージュの *The Fall of Yugoslavia* と翻訳書

『ユーゴスラヴィアの崩壊』である。原書は1992年初版（93年増補版）で、取材とほとんど同時進行で執筆されたにも関わらず、旧ユーゴについて十分リサーチしていることが窺える内容である。また翻訳書の方も大変わかりやすく自然な日本語であるが、省略や明らかなモダリティの変更もほとんどなく、背景知識に裏付けられた翻訳であるというのが筆者の印象である。まずボスニアの3つの民族についての記述を英語テクストから抜粋してみよう。

ST: Throughout the history of the two Yugoslav states, people who lived in Bosnia-Hercegovina were known in the media and in colloquial language as *Bosanci* or *Hercegovci*. Over the past two years, the peasantry of Hercegovina (Serb or Croat) has vigorously reasserted its traditionally separate identity from Bosnian people. At the same time, however, Bosnia has been rapidly losing its identity. The word *Bosanci* dropped out of the vocabulary in Serbia and Croatia first as the nationalist agendas of the Croatian Democratic Union (HDZ) and the Serbian Socialist Party (SPS) began to speak of lands which were historically indivisible parts of Serbia or Croatia. Soon in Bosnia itself people stopped calling themselves Bosnians. Instead most became Bosnian Serbs, Bosnian Croats or Moslems. The Serbs and the Croats later dropped the auxiliary word Bosnian.

　This process of differentiation was the initial step towards war in the republic. (p. 143)［斜体原文］

TT: ボスニア・ヘルツェゴヴィナの住民は、ユーゴスラヴィアの二つの時代を通じて、マスコミでも巷でも、ボスニア人あるいはヘルツェゴヴィナ人と呼ばれてきた。しかし、ここ二年ばかりヘルツェゴヴィナの農民（セルビア人、クロアチア人ともに）は、自分たちは歴史的にボスニア人とは別の民族だと強く主張している。同時に、ボスニアのほうは、急速にその民族的求心力を失いはじめた。まずはセルビア、クロアチアの両共和国でボスニア人という言葉が使われなくなった。クロアチア民主連盟（HDZ）やセルビア社会党（SPS）といった民族主義政党が、歴史的にみて、ボスニアのどこそこは本来クロアチアに、あるいはセルビアに属すべき土地だなどと主張しはじめたときだ。まもなく当のボスニアでも、自分たちをボスニア人とは呼ばなくなり、その代わりに、ボスニアのセルビア人、ボスニアのクロアチア人、ムスリム人と呼ぶようになった。そしてしまいには、「ボスニアの」という言葉まで落ちてしまった。

　こうして自分たちを他と区別していく過程が、ボスニア紛争への最初のステップとなった。(pp. 204-205)

英語テクストを読むと、人々が、ボスニア・ヘルツェゴヴィナという土地にア

イデンティティを持つボスニア人（Bosanci）、ヘルツェゴヴィナ人（Hercegovci）という概念に代え、ボスニアのセルビア人、ボスニアのクロアチア人、そしてムスリム人という民族的な帰属にアイデンティティを求めるようになっていった様子がよく分かる。

BosniaおよびBosnianが持つ内実をセルビア・クロアチア語のBosanci（あるいはHercegovci）を使って説明を試みている。翻訳学の用語を用いるとすれば、これは借用（borrowing）という方略で、典型的な異質化方略である。報道における翻訳が、基本的には受容化方略に傾きやすい中で、敢えて異質化方略を採用している点が、このテクストの特徴となっている。日本語はセルビア・クロアチア語には言及していないが、上記の関係性を考慮した訳出となっている。

ここでは、先の2つの報道雑誌に観察されたようなシフトはほとんど観察されない。それだけに、以下のような、現代日本における翻訳のより根本的な問題を指し示してくれる。それは、①近代以降の概念nationとその翻訳語である「国家」、「国民」、「民族」との関係性と、②現地語、英語、日本語間の対応の2点である。①は、報道の翻訳に関わらず、学術書を含む様々なジャンルでの翻訳、また私たちが日常、外国語の本を読んで解釈するという行為においても、常に関わる問題である。②は、日本の報道がおもに英語を介している事情から、報道の対象とされる現地の言葉と英語の対応が見えないことから生じる問題である。例えばセルビア・クロアチア語のBosanac（Bosanci）とBošnjak（Bošnjaci）の2つの語と英語のBosnian(s)、あるいはMuslim(s)とmuslim(s)の2つの語と英語のMuslim(s)/Moslem(s)の関係が見えないことからくる問題である。以下、この2点に絞って考察する。

① 既存の概念：nationと民族

まず、以下の抜粋を見てみよう。

> ST: The Slav Moslems of Bosnia are the only nation, certainly in Europe and possibly in the world, who are nominally identified by their religion and not their language or ethnicity. Most are Slavs (Croats and Serbs) or more accurately in Bosnia's case, Catholic or Orthodox Christians, who were converted during the five centuries of Ottoman rule in Bosnia, although doubtless there is a rich mix of

Turkish, Albanian, Jewish and Egyptian blood as well, given the ethnic fluidity of Ottoman imperial structures. Before the collapse of the Porte's rule, the Moslems were identifiable as the landowning aristocracy of Bosnia, that is, they were associated with class and religion rather than nationhood. For many centuries, Bosnia's rulers, local and regional, came from this class, so while other Balkan nations were busy creating and then nurturing a modern national identity in the nineteenth century, there was less impetus for the Bosnia Moslems to do this — they were already established as the privileged of the region. It was not until the interwar period that the Moslems began to transcend their religious and class origins and instead to assume a national identity. Like all other minorities in the Kingdom of Serbs, Croats and Slovenes, they had to subordinate any sense of community they may have developed to the dominance of the three main southern Slav tribes. (pp. 139-140)

TT: ボスニアのスラヴ系ムスリム人は、言葉でも人種でもなく、その宗教によってのみ他と区別される、ヨーロッパ、いやおそらく世界で唯一の民族だ。そのほとんどがスラヴ人（クロアチア人やセルビア人）で、ボスニアに限っていえば、カトリックか東方正教会に属していた者が、オスマン・トルコの支配下にあった五百年の間にイスラム教に改宗したという事情があった。オスマン帝国支配下で諸民族の出入りがあったことを考えれば、そこには当然トルコ人、アルバニア人、ユダヤ人、それにエジプト人の血も混じっていると思われる。オスマン・トルコが崩壊するまで、彼らムスリム人はボスニアの土地持ち貴族であり、民族ではなくむしろその地位と宗教によって規定される存在であった。何世紀もの間、ボスニアの地域支配者たちは、この階級から選ばれている。したがって、十九世紀にバルカン半島の他の民族が、それぞれ近代的な民族意識の育成に躍起になっていたときも、ボスニアのムスリム人は泰然たるものだった。すでに地域の特権階級としての地位を手にしていた者に、何を慌てる必要があったろう。しかし、両大戦間に入ると、そんなムスリム人にも宗教や地位を越えた、民族としての意識が芽生えはじめる。というのも、旧ユーゴ王国の前身である「セルビア人、クロアチア人、スロヴェニア人の王国」では、他の少数民族同様、ムスリム人もまた自分たちの民族意識を、この三主要南スラヴ民族を脅かしかねないものとして押さえつけられていたからだ。(pp. 200-201)

上記では、英語の nation、nationhood、national (identity)、ethnic (fluidity)、minorities、sense of community、tribes が日本語で「民族」と訳出されている。当然のことながら nation＝民族ではなく、日本語の「民族」には nation、ethnic/ethnicity、community、tribe という語のそれぞれと重なりがある。一方で ethnicity は「人種」と訳されている。

続けて、以下で、Muslim/Moslem という nation の概念、nation の主権と republic の主権の関係、および Yugoslavia という State からの Bosnia という republic の独立の関係を表した箇所を見てみよう。

ST: They argued that, within Bosnia, the presence of the Moslems would dilute any actual or potential resentment felt between the republic's Serbs and Croats. Tito was convinced by this argument and the Moslems' elevation to <u>nationhood</u> was enshrined in the constitution of 1974. From then on, they were no longer referred to as 'moslems' with a small 'm', but as 'Moslems' (in Serbo-Croat Moslem is only written with a capital when it refers to <u>nationhood</u>).

In addition, the key concept of <u>tri-national parity</u> entered its mature phase. In every sphere of Bosnian life (with the critical exception of the JNA) <u>the three communities</u> were equally represented. The importance of this concept cannot be underestimated as its violation by the Moslems and Croats, as well as by the international community, is at the core of the Serbs' decision to fight. It implies that Bosnia's polity consists of <u>'three constituent nations'</u> and that major constitutional changes may only be made if agreed by all three sides. This reaches to the very heart of post-war Yugoslavia, a state which, uniquely, was constructed on a dual concept of sovereignty: the sovereignty of the republics and the sovereignty of the nations. Independence, it follows, cannot be granted to a republic unless the <u>nations</u> of the republic also seek that independence. (pp.141-142)

TT: 彼らはボスニアにおけるムスリム人の存在は、セルビア人とクロアチア人の間の潜在的なものも含めた憎しみの感情を緩和させると主張。チトーもこれを納得し、ムスリム人の<u>民族</u>への昇格は一九七四年の憲法に正式に記載されることになった。それ以来、彼らは小文字で始まる一般名称の「ムスリム」ではなく、大文字で始まる特定の民族名としての「ムスリム」となった（セルビア・クロアチア語では、特定の<u>民族</u>を表すときの頭文字は必ず大文字で表記されている）。

これに加え、<u>三民族</u>を同等とみなす基本認識も浸透してきた。ボスニア社会のすべての面に（連邦軍だけは明確に区別されていたが）、この<u>三民族</u>が同等に進出していた。ムスリム人やクロアチア人、さらには国際社会がこの認識にそむいたことが、セルビア人が戦争を決意した核にあるのだから、なおのことその意義を軽んずるべきではない。つまり、ボスニアの政治は「<u>三民族</u>」によって形成されているのであり、その政治形態に大きな変化が出てくるとすれば、それは三者間の合意が成立した場合に限られるということだ。これは各共和国の主権と<u>民族</u>の主権という、二重の主権構造をもつ特異な国家としての戦後ユーゴスラヴィアの根幹に触れる問題である。従って、共和国内の各<u>民族</u>がそろって独立を求めないかぎり、共和国の独立が認可されることはない。(pp. 202-203)

3　事例分析　　263

これは、旧ユーゴ連邦国家におけるボスニア共和国の主権と、そのボスニア共和国における民族の主権について論じている箇所である。ここでは連邦国家を構成するのが共和国であり、それを構成しているのが3つの nation である。翻訳者は英語の nation、nationhood、tri-national parity、the three communities、'three constituent nations' ともに「民族」としている。もうひとつ、以下の例を見てみたい。

> ST: To a large degree, the wars of the Yugoslav succession have been <u>nationalist</u> in character. They are not <u>ethnic conflicts</u>, as the media would often have it, as most of those doing the killing are of the same <u>ethnos</u>. Indeed what is striking about Bosnia-Hercegovina, in particular, is just how closely related are <u>the Serbs, the Croats and the Moslems</u>. Religion is the crucial factor dividing <u>these people</u>, although this is not a confessional conflict. For centuries, <u>these people</u> have been asked to choose between competing empires and ideologies, which have invariably been defined by religion. (p. 172)
>
> TT: ユーゴスラヴィアで起こった戦争は、そのほとんどが<u>民族主義的性格</u>を帯びていた。マスコミはしばしば<u>人種</u>の争いだというが、それは違う。殺し合いをしている人間の大多数は同じ<u>人種</u>なのだ。実際、ボスニア・ヘルツェゴヴィナではセルビア人、クロアチア人、ムスリム人の間の密接な関係に驚かされる。今回の戦争は宗教戦争ではないが、<u>彼らを分け隔てている</u>重要な要素は宗教だ。何世紀もの間、<u>彼らは対立</u>する帝国やイデオロギーのいずれかを選ぶよう迫られてきたが、そのいずれもが明らかに宗教をその背景にもつものだった。(p. 245)

起点テクストでは、これまで述べてきた3つの nation は同じ ethnos であり、この3者間で起こった紛争は、ethnic conflicts ではないと述べている。ここでの日本語は「人種」である。では、ethnic cleansing はどう扱われているだろうか。実は、グレニーはこの用語の使用についてかなり慎重であったと考えられる。メディアで洪水のように使われた語であるが、第5章と第6章合わせても2回しか使用していない(37)。それは、以下の2箇所である。

> ST: Soon after his inauguration, Clinton identified Bosnia as the most pressing foreign policy issue facing his new Administration. He dismissed the VOPP

[Vance-Owen peace plan] because in his view 'it appeased Serb aggression and legitimized ethnic cleansing'. This was nonsense. Serb aggression was not appeased because the VOPP emphatically prevented the creation of a Greater Serbia. Neither did it legitimize ethnic cleansing because it forced the Serbs to hand back so much conquered territory and included explicit provisions for the return of property acquired by force. (pp. 228-229)［挿入引用者］

それに対する目標テクストはどちらも「民族浄化」である。この訳は、英語の nation（national, nationality）およびethnos（ethnic, ethnicity）と日本語の「民族」「人種」という言葉の概念が1対1の対応をなしていないことを物語る。次の例も見てみよう。

ST: President Izetbegović suffers from regular attacks of naivety but he is consistently well-intentioned, humane and has discarded any youthful fundamentalism that he may once have felt. This does not, however, excuse Izetbegović the error of having encouraged the formation of a democracy based not on political or economic interests but on national groups — the death of Bosnia. (p. 154)
TT：イゼトベーゴヴィッチ議長はしばしば愚直な行動をとるが、しかし、それも常に国民によかれと思ってのことなのだ。若い時期には一度はかぶれたことがあったかもしれない原理主義とも、今ではきっぱりと縁を切っている。だが、それでもなお、彼が政治・経済の利害関係ではなく民族集団を基盤とする「民主社会」の形成を促した — つまりは、ボスニアを死に導いた罪は消えるものではない。(p. 220)

ST: So far the struggle has been fought in the eastern and southern extremities of Croatia and the entire territory of BiH. It has been the tale of how the two largest peoples in the former Yugoslavia have attempted to define the contours of their new, free and deeply democratic nation states by force, with the hapless Bosnian Moslems trapped between these two sets of flesh-ripping teeth.
　This does not exonerate Bosnia's Moslem leaders of a share of the responsibility. They coaxed their people into a war for which they were criminally unprepared, and at times have both consciously and unconsciously allowed the mass slaughter of their own in the hope of receiving weapons from the West so that they might fulfill their political agenda. (p. 183)
TT：これまでのところ戦闘が起きているのは、クロアチアの東部と南部の国境地帯、そしてボスニア・ヘルツエゴヴィナ全土だ。そして、そこで繰り広げられてきた物

語とは、旧ユーゴスラヴィアで大多数を占めた二つの民族が、自らの新しい、自由な、根底から民主的な国家の輪郭を確定しようと武力を行使し、その際に不運なボスニアのムスリム人が、牙をむき出しにした二者の間に挟まれた、というものだった。

 とはいえ、ボスニアのムスリム人指導部が責任をすべて免れられるわけではない。言葉巧みに人々を戦争に引き込んでおきながら、言語道断にも準備はできておらず、自国民が大量に殺戮されるのを、知らぬままに、時には知りながら見過ごした。そうすれば西側から武器の供与を受けられ、ひいては自らの政治生命を全うできるだろうと考えたのだ。(p. 259)

上記2つの事例では、通常は一般的な人々を指すpeopleが、「人々」と訳されるだけでなく、「国民」あるいはnation state（通常日本語では「国民国家」と訳される）の一民族一国家の主体としての「民族」と訳されている。英語のnation、ethnos、tribe、peopleと日本語の「民族」、「国民」、「人種」、「部族」、「人々」は、それぞれ1対1の対応をしていないことがここからも明らかだが、同じ言語の中の語彙の間でもそれぞれの境界を引くことは難しい。

 アンダーソン（1997 [1983]）、ゲルナー（2000 [1983]）、スミス（1999 [1986]）、ホブズボーム（2001 [1992]）等の例を挙げるまでもなく、nationとは何か、民族とは何か、エスニシティとは何か、という議論だけでも学問上の一大テーマである。ここではそれに深く踏み込むことはできないが、これらの概念が歴史・社会・文化に深く根ざすものであるだけに、それを翻訳するということは、まさに起点テクストに遭遇する翻訳者と、その翻訳者が置かれた歴史・社会・文化的コンテクストに大きく依存したものとなる。だからこそ、これらの語彙を解釈することは、言及指示のレヴェルにとどまらず、テクスト化の社会指標的な機能に大いに関わる行為となる。

 明治以降、国際政治の分野での翻訳では、通常「自決権」の行使の主体としてのnationには「民族」という語が使われ、国家の構成員の総体については「国民」が使われてきた。つまり、nationの翻訳語としては「民族」と「国民」の2つの訳語が共存してきた。しかし、この2つは異なるレヴェルの概念である。後者は、明らかに近代社会における国民主権という観念を前提とした概念である。それに対し、民族は何らかの意味での一体性、あるいは「我々」を基盤とするもので固定的なものではない。この何らかの一体感をもつ集団が国家

あるいはそれに準じる形で政治的な単位となるべきだという意識が生まれ、その意識が共有されると「自決権」の行使につながる。しかしながら、単一民族・単一言語・単一国家という近代の国民国家の理念を追求する日本では、この２つの概念が混同されてきたと言えるだろう。

また、自決権という場合も、英語では self-determination であり、決定の主体がどのような集団なのかについても様々な捉え方がある。それに対して、日本語では、ほとんどの場合「民族自決」と訳される。しかし、旧ユーゴの紛争でも露呈したように、ここでは self-determination の主体は民族なのか、共和国なのか、欧米社会においても十分な合意のないまま、基本的には民族の「自決権」と捉えられ各勢力の大義として使われてきた。スロヴェニア共和国のように、各共和国がほぼ単一の民族で構成されていれば、民族の「自決権」と共和国の「自決権」は重なるが、セルビア人も多く居住するクロアチア共和国、あるいは３つの民族集団が混住するボスニア共和国では両者は重ならない。もし民族の自決権を認めて連邦からの民族としての独立を承認するなら、新しい国家における民族の自決権も尊重しないわけにはいかない。

一方、文化人類学や社会学等の分野では、こうした国家の制度とは特に関わりのない社会文化的な集団を指す ethnic group、ethnos、community、society、tribe に「民族」の訳が使われてきた。こうして見ると、日本の「民族」という言葉は、近代から現代における日本というコンテクストとそれと深く関わる翻訳実践の中から形作られてきたと言える。(38)

現在もなお議論の続くテーマであるが、問題は学問上の議論が、未だ一般の人々に共有されていないことであり、それだけに報道におけるこれらの用語の使用は難しく、起点テクストにおける解釈、翻訳者の解釈、読者の解釈で大きなずれを生む。グレニーの翻訳も、近代日本の概念に関わる翻訳の実践の根本にあるひとつの大きな課題を提起していると言えるだろう。同じ頃のルポルタージュであるイグナティエフ（1996）の翻訳者も「訳者あとがき」に以下のように書いている。

　　この、日本語一語には置き換えにくい "nation" という概念を、邦訳版では「民族」「国民」のほかに、多く国（ネイション）と訳しました。ここで言う「国（ネイション）」

とは、必ずしも「国家」を指すものではなく、独自の言語・歴史・伝統を持つ単なる民族集団(エスニック・グループ)と区別するための、すなわち、政治的個性と自治権を有する、土地に根ざした共同体を表わすための、便宜的訳語であるとお考えください。(p. 360)［ルビ原文］

翻訳者が nation をめぐって煩悶する様子が窺える。そして、これは多くの翻訳者のみならず、欧米の文献を解釈しようとする人々が繰り返し苦しんできたものではないだろうか。Nicholson（1993）とその日本語訳ニコルソン（1996）の以下の箇所も参考としたい。

ST: How little we knew then of Bosnia or the Serbs. What strangers we were to the Balkans and the simmering ambitions and hatreds so thinly disguised there.... The land that to all the world had meant harmony, tolerance and peace.
　What did we know then of the Bosnians? Were they one nation or three? What besides the hyphen did the Serb-, Croat- and Muslim-Bosnian have in common? (pp. 1-2)
TT: ボスニアについても、あるいはセルビアについても、我々はほとんどわかっていなかったのだ。バルカン諸国についても、そこでかろうじて覆い隠されていた爆発寸前の野望や憎しみについても、門外漢だった。［中略］この国は全世界にとって、異なる民族と宗教の調和と寛容と平和の象徴だったのだ。
　当時、我々はボスニアの何を知っていただろう。ボスニアは一つの国なのか、それとも三つか。セルビア系、クロアチア系、ムスリム系のボスニア人の間には、"系"を除いて、共通するものはあるのか。(p. 8)

ST: The two tribes share the same language but have little else in common. The Serbs are Orthodox Christians whose religion was crucial in keeping their national identity alive during almost four centuries of Ottoman occupation. The Croats were ruled by the Austrians and Hungarians, and their Catholicism and self-consciously Western attitudes were just as important in shaping their nationalism. Although kept apart by their separate rulers, both Hapsburg and Ottoman did their worst to stroke mutual hatreds, especially in those areas where Serb and Croat overlapped.
　The ferocity of the Balkan peoples has at times been so primitive that anthropologists have likened them to the Amazon's Yanomamo, one of the world's most savage and primitive tribes. (p. 17)
TT: 二つの種族は同じ言語を共有しているが、それ以外に共通することはないに等

しい。セルビア人は東方正教で、その宗教はオスマン帝国による四世紀近い征服の間も、自分たちの国のアイデンティティを死に絶やさないでいるために、非常に重要な役割を果たした。クロアチアはオーストリア人とハンガリー人に支配された。そしてカトリック主義と自意識の強い西側的態度が、クロアチアのナショナリズムを形作るのに重要だった。それぞれ違う支配者により分離されていたが、ハプスブルクとオスマントルコとが、特にセルビアとクロアチアが重なり合っていた地域で、互いの憎悪を最悪の状態にしたのである。

バルカン諸国民の獰猛さは時に非常に原始的であり、人類学者が世界一残忍で、原始的な部族の一つであるアマゾンのヤノマモ族になぞらえるほどだ。(p. 26)

起点テクストが英語の nation の概念に則った形で話を進めているのに対し、日本語テクストでは「国」、「国民」、「民族」、「種族」の概念が入り乱れている。それだけでなく、日本語訳には、クロアチア人＝クロアチア、セルビア人＝セルビアという国民国家的発想が如実に反映している。このことは、これらの日本語の語彙の使用がいかに日本の近代に深く根差すものであるかを示している。

nation や ethnicity など抽象性・象徴性の高い、言い換えると指標性の低い語彙は個々のコンテクストの場への依存度は低く、その意味でのずれは翻訳において生じにくい。しかし、異なる言語体系において意味が内包するものは、その言語共同体や語用共同体が置かれた社会・文化・歴史的コンテクストに深く根差すものである。したがって、翻訳という言語行為においては、語用の両面、特に明示化されない分意識化されにくい社会指標的側面においてずれが生じやすい。現代は、「国家」、「国民」、「民族」、「エスニシティ」などの概念と関わる現代社会の枠組み、言い換えるとグローバル社会の中で起きる様々な出来事を解釈・理解するための枠組み自体が混沌としている状況であり、翻訳実践のさらなる検証が必要な領域であることは間違いない。

② 現地語、英語、日本語間の対応

①では、nation や ethnicity などの英語の翻訳をめぐる問題について取り上げたが、当然のことながらこれは英語と日本語の対応にとどまらない問題である。西欧諸語においても nation に相当する語があるが、国や時代により使われ方は異なる。塩川 (2008, pp. 14-19) によると、英語圏でも微妙な差はあるが、概して英語の「ネーション」とフランス語の「ナシオン」にはエスニック（あ

るいは民族）の意味合いが低いが、ドイツ語の「ナツィオーン」とロシア語の「ナーツィヤ」はエスニックな意味合いが強く、国籍の意味でこれらの語を使用できないという。さらに、ドイツ語には「フォルク」、ロシア語には「ナロード」というエスニックの意味合いが強い言葉がある。しかし、ロシア語ではソ連時代に「ナーツィヤ」と「ナロード」を区別し、前者はエスニックな「民族」を指して、後者は超エスニックな「国民」を指す使い方が広まったという（ibid., p. 16）。

　ロシアと同じスラヴ語圏にある旧ユーゴのセルビア・クロアチア語では、ロシア語と同じ言葉があるが、概念として一部重なりながらも完全に同じではないようである。セルビア・クロアチア語では「国家」にあたるのは država（ドゥルジャヴァ）であり国籍は državljanstvo（ドゥルジャヴリャンストゥヴォ）である。そして narod（ナーロド）は「人々」という意味で最も頻繁に使用される言葉であり、同時に「民族集団」の意味を持つ。Benson (1998) の *Standard English-SerboCroation, SerboCroation-English dictionary* では、narod について以下のようにある。すなわち、1. people, nation; ethnic group、2. the common people, common folk, the masses、3. people, crowd; population の順で提示される。

　しかしながら、日常的には、それぞれの民族を表す時、Srbin（セルビア人）、Hrvat（クロアチア人）、Musliman（ムスリム人）/ Bošnak（ボスニア人）などの語が使われ、srpski narod（セルビア民族）、hrvatski narod（クロアチア民族）のような使い方は、それほど頻繁ではなく、有標である。一方で、憲法で規定される主要「民族」は narod であり、少数民族を表す narodnost（ナーロドノスト）と区別されていた。

　このように、セルビア語・クロアチア語（現在のボスニア語も含む）の narod と英語の nation の概念と用法は似て非なるものである。因みに、「自決権」は samoopredeljenje/samoopredjeljenje であり、文字どおり「自らの決定」の語義を持ち、その主体は民族だけではない。このことはまた、起点テクストの英語における nation やその他の語もまた、現地の narod に関わる出来事を英語の nation その他の枠組みで解釈していることを示唆する。ボスニア紛争をめぐる解釈は、narod ひとつ取ってみても、narod を nation（あるいは people、 ethnic group 等）に、そして nation を「民族」（あるいは「国家」、「国民」等）に解釈（翻訳）するというコンテクスト化とテクスト化の限りない変容の過程に関わるということになる。

　すでに見たように、セルビア・クロアチア語の Bosanac（Bosanci）と Bošnjak（Bošnjaci）、英語の Bosnian(s)、そして日本語の「ボスニア人」の関係も同様である。グレニーがわざわざ、セルビア・クロアチア語の Bosanci や Hercegovci を記したのも英語の Bosnian(s)では、言及指示的機能だけでなく、社会指標的機能において言い尽くせないものがあると考えたからだと思われる。日本語の「ボスニア人」は言及指示的機能としての近似という意味では間違いではないし、説明の付加や注でこの語の意味するところはかなり理解できる。しかし、「ボスニア人」という訳語を選んだ途端に、セルビア・クロアチア語の持つ Bosanci の社会指標性は変容してしまうのも事実であり、そこに翻訳者の尽きせぬ苦悩の種があるように思われる。グレニーがわざわざセルビア・クロアチア語を使った例は多くはないことから考えても、そこには、グレニーのこの事実への気付きがあると考えられるのではないだろうか。『ユーゴスラヴィアの崩壊』の第5章と第6章では、このような借用の例として、上記の Bosanci や Hercegovci 以外では、Sarajlije（Sarajlija の複数形）、raja、rakija などがある。当然有標の表現となる。これらの翻訳についてまず、Sarajlije の例を見てみよう。

ST: For the urban population, Karadžić, Koljević, Ekmečić, Ćosić and Milošević were thugs who were simply making their lives difficult. They were by no means enamoured of the incompetence and insensitivity of large parts of the SDA leadership, but they were embarrassed by the SDS who, until the war broke out, were regarded as buffoons. After the war started, they were regarded as cowardly criminals. This vast social gap between Sarajlije (people from Sarajevo) and the Serb peasants developed into an unbridgeable ravine when the latter imposed their siege on the former, Serbs, Croats and Moslems alike. (p. 156) ［挿入原文］

TT: 都市部の住民にとっては、カラヂッチも、コーリエヴィッチも、エクメチッチも、チョースィッチも、そしてミローシェヴィッチも、みんな自分たちの生活をだいなしにした極悪犯でしかなかった。無能で思慮に欠ける指導者の集まりともみえる SDA に肩入れしているわけではなかったが、彼らの目からすれば、戦争が始ま

る前の SDS は粗野な人間の集まりでしかなく、恥ずべき集団だった。さらに、戦争が始まってみると、その集団は今度は卑劣な犯罪集団と化したのだ。サラエヴォっ子と粗野なセルビア人との間にあるこうした社会的ギャップは、後者が、セルビア人、クロアチア人、ムスリム人のいかんにかかわらず、サラエヴォの住民すべてを包囲させたことで決定的なものとなった。(p. 222)［人名表記原文のまま］

Sarajlije は、通常、英語では Sarajevans と訳される。そして Sarajevans は、ほとんどの場合日本語では「サラエヴォっ子」と訳される。しかし、Sarajlije はサラエヴォの住民という意味にとどまらない。それは粗野な農村部の住民に対する都市の住民としての、多民族混住・共生の歴史を持っているという自負を表している。それだけに、民族主義が荒れ狂ったこの時代にあって、素朴な民族主義に対する怒りと嘲りをも表すものである。ボスニア紛争にあって Sarajlije が戦ったのは、直接的にはサラエヴォを包囲する偏狭なセルビア人民族主義者であったが、それだけではなくムスリム人を中心とする国家建設を目指すボスニア政府の民族主義的路線でもあった。raja の例もこれに関連する。

> ST: Despite these weird creatures which festered in Bosnia's social undergrowth, the people of Sarajevo, or the *raja*, as urban Bosnians are called, were still blissfully optimistic that they would be spared war. Kemal Kurspahić, the jovial editor-in-chief of Bosnia's daily *Oslobodenje*, almost convinced me with the help of three glasses of *rakija* in his office that popular wisdom was by no means taken in by the games and manipulation of the three national parties. (p. 157)［斜体原文］
> TT: ボスニア社会の下草の中でこうした不穏な動きがある一方、サラエヴォの住民（ボスニアの都会人を指す地元の言葉でいえば、ラーヤ）のほうは、ここでは戦争は起きないと、相変わらずの楽観的な構えだった。ボスニアの日刊紙『オスロボジェーニエ』の陽気な編集長ケマル・クルスパヒッチは、オフィスで地酒のラキヤを三杯飲みながら、こちらが思わず騙されてしまいそうな調子で、民衆は三つの民族主義政党の策略や煽動に引っかからないだけの分別をちゃんともっているのだ、と語った。(p. 224)［挿入原文］

これまでの例では、英語テクストで使用されるセルビア・クロアチア語は、日本語テクストでは日本語に訳されていたが、ここではセルビア・クロアチア語をそのまま生かす翻訳方略（借用）を取っている。rakija は旧ユーゴ各地で様々な果物から作られるブランデーである。raja については、英語起点テクストと

日本語目標テクストがほぼ対応している。グレニーがこの語を使用したのは、英語で言い表せない意味合いがあると感じたためだろう。しかし、raja がサラエヴォの都会人を指すというのは少々検討が必要である。raja はトルコ語からきており[39]、ボスニアの人々が普通に使う用語であるが、セルビアやクロアチア等ではあまり使われない。ボスニアに特有の、しかし同時に日常的な語であり、「普通の人々」、あるいは「庶民」を指す。通常権力や高い地位を持つ人には使われない。つまり、仮にここでボスニアの『オスロボジェーニェ』誌の編集長クルスパヒッチが自分達のことを raja と呼んだとすれば、それは戦争や民族主義を煽り立てる政治指導者たち（さらにはこうした政治指導者たちのもとで権力を握っていった政府系メディアや知識人）との対比で使っていたと考えるべきではないだろうか。つまり、ここでクルスパヒッチが raja を使うことは、言及指示以上の社会指標的効果があると考えられる。

残念ながら等価という観点からは、英語では raja の言及指示的側面も社会指標的側面も大きくずれる結果となっている。しかし、それ以上にここで重要なのは、英語テクストでセルビア・クロアチア語を敢えて使用した（借用）のは、その語の持つ社会指標的機能を伝えるための方略と考えられるが、日本語テクストにおいてはそれが十分反映されていないことだろう。その結果、意味的等価の「言われている」ことにおいては大きなずれはないにも関わらず、その語の担う社会指標性とその効果、つまり「為されていること」のレヴェルではその効果が薄れ、脱コンテクスト化してしまう結果をもたらしていると言えるだろう。

借用という翻訳方略は、異質化方略のひとつであり、メディア翻訳のように視聴者・読者がすぐに理解できる分かりやすい受容化方略（なるべく異質性をなくす方略）では避けられる傾向にある。ある言語使用によって、このようにその語りの効果が異なってくるのである。メディア翻訳自体が、言語行為であるという根本的な問題がここに観察されるのである。

3.4　テレビドキュメンタリー：*The Death of Yugoslavia*

最後に取り上げるのは、BBC 製作のドキュメンタリー *The Death of Yugoslavia* である。ここで主として検証するのは、6 回シリーズのうち、1992 年の

ボスニア紛争勃発前後を扱った第 4 回 *The Gates of Hell* と『地獄の門』である。紙幅の都合上、分析の対象をこのシリーズの焦点である (1) ミロシェヴィッチ大統領を軸とする談話と (2) イゼトベゴヴィッチ大統領を軸とする談話に絞ることとする。

まず、談話の展開を分かりやすくするために、以下に、分析対象とするシリーズ第 4 回に登場するおもな人物を挙げる。ナレーター以外は、ボスニア紛争に関わるとされる 3 つの共和国の大統領(40)、ボスニア内のセルビア人勢力の代表、およびセルビアの民族主義政党の指導者である。

ナレーター	BBC（あるいはジャーナリスト）の声を代表。声のみ。
ミロシェヴィッチ Slobodan MILOŠEVIĆ	当時のセルビア共和国大統領。その後、1997 年から 2000 年まで新ユーゴ連邦大統領。1999 年 ICTY により起訴。2001 年 ICTY に引渡し。2006 年審理中に死亡。
イゼトベゴヴィッチ Alija IZETBEGOVIĆ	当時のボスニア・ヘルツェゴビナ共和国大統領。捜査は開始されたが ICTY に起訴される前に 2003 年死亡。
トゥジマン Frajo TUĐMAN	当時のクロアチア共和国大統領。1999 年に病死し、結果的に捜査は開始されず ICTY への起訴を免れた。
シェシェリ Vojislav ŠEŠELJ	当時の超民族主義政党セルビア急進党党首、セルビア民兵指揮官。2003 年 ICTY に引渡し。
カラジッチ Radovan KARADŽIĆ	当時のボスニア・セルビア人勢力代表。1995 年に起訴されるも逃亡。2008 年セルビアで拘束され、ICTY に引渡し。

表 8.2 BBC *The Death of Yugoslavia* 第 4 回 *The Gates of Hell* 登場人物

データに関する説明において言及したとおり、ドキュメンタリー番組の翻訳と活字メディアの翻訳は、様々な点で異なる。その点を考慮し、談話の展開をなるべく分かりやすく提示するために、(1) と (2) それぞれかなり長くなるが、番組の時間軸に添った形でまとまりごとに談話を抽出しながら分析を進める。分析については、これまでと同様に、起点テクストと目標テクストにおける言語行為の 2 つの側面である「言われていること」と「為されていること」の両側面と、その動的な関連に目を向ける。繰り返しになるが、前者は「報道され

ている出来事」の次元である。それに対し、後者は「報道という語りによって為されていること」、つまり報道されている出来事を取り巻くコンテクストの次元であり、どのような社会的コンテクストにジャーナリストや視聴者が存在し、どのような報道によってどのような社会指標的機能を果しているのかの次元である。

　起点テクストがセルビア・クロアチア語の場合は、[　]内に筆者による訳を入れた。起点テクストと目標テクストにおける下線部は、今回の分析に際し注目した箇所である。同じ番号は相互に対応する箇所を示している。VOはヴォイス・オーヴァーの略である。旧ユーゴの政治指導者たちの発話は基本的にセルビア・クロアチア語（現在のボスニア語も含む）である。NHKの番組ではBBCによるインタビュー箇所はヴォイス・オーヴァー、その他の場面での発話は字幕である。字幕箇所は、1行が1回の画面に表示されたものである。

事例（1）ミロシェヴィッチ大統領を軸とする談話
　具体的な談話を提示する前に、起点となるBBCのテクストについて、番組で「語られている出来事」と「語りによって為されていること」の2側面の概略を示すことから始めたい。
　ここで語られている出来事は、ボスニア紛争勃発の経緯である。中でも中心となっているのは、ミロシェヴィッチ大統領、およびユーゴ連邦軍のボスニア紛争と民族浄化への直接的関わりについてである。番組冒頭部でミロシェヴィッチが繰り返し、自分たちはボスニアで軍事的支援はしていないと述べている姿が描かれる。続いて、画面には1992年4月ボスニア紛争勃発当時の映像が映し出される。そして、セルビア超民族主義集団指導者シェシェリとボスニア内セルビア人勢力指導者のカラジッチへのインタビューが短く挿入され、ミロシェヴィッチ自身の関与を示唆する内容が紹介される。この2つのインタビュー映像はその後、再度詳細な前後の経緯を加えた形で繰り返される。番組はボスニア紛争勃発に至る経緯を描いていく。
　ボスニアでは3つの民族間で独立の是非をめぐり対立が深まり、紛争への危機が高まっていた。他方、セルビアのミロシェヴィッチとクロアチアのトゥジマンは、ボスニア政府抜きで領土の分割の交渉を行っていた。トゥジマンは3

民族による国家連合とセルビア・クロアチアによるボスニア分割を天秤にかけながら後者を選択し、カラジッチと交渉を進める。一方、国際社会によるボスニアの独立承認を見越して、ミロシェヴィッチは連邦軍の再編と撤退の方略をめぐらす。セルビアとの国境に近いボスニア内のいくつかの町では、セルビア人勢力とムスリム人との間で激しい戦闘が繰り広げられ、多くのムスリム人が殺され、土地を追われ、収容所に送られた。これらの戦闘にはシェシェリが自らの私兵を送りこんだ。これらが語られたおもな出来事である。

　では、この語りによって為されていることは何だろうか。BBCによる語りというこの出来事は、ボスニア紛争末期の95年秋というコンテクストで生起したものである。この頃、和平合意に向けて交渉が続けられており、交渉ではミロシェヴィッチはトゥジマンとともに交渉に大きな役割を果たしていた。しかし、前者は紛争当初より連邦軍を通してボスニアを侵略し、セルビア人勢力による民族浄化に関わっているとして国際社会やメディアから激しい非難を受けていた。そこにスレブレニツァの大量虐殺事件が起きたのである。

　BBCでこの番組制作に当たったジャーナリストは、この番組と併行して出版した著書で、彼らの番組制作の意図について、ユーゴ崩壊をもたらした重要な出来事を客観的に描くことだとしている (Silber & Little, 1995, p. 25)。しかし、そこで、ユーゴにおける「戦争 (war)」と崩壊は「社会主義と一党独裁から自由市場の民主主義に平和的に移行することによっては何も得ることのない人々によって計画的、組織的に行われた」（日本語訳引用者）と述べ、特にミロシェヴィッチを厳しく非難している (ibid.)。BBCが、ミロシェヴィッチの罪を西側の政治指導者や国連、ICTY、西側世論に向け告発することを意図していることは明らかだろう。これらの点を念頭に置きながら、以下の談話を見ていくことにしたい。

①番組冒頭〈どこかの会場。ミロシェヴィッチが英語でカメラに向かって話している。〉
ST　　　　We are not supporting any military action in Bosnia and Herzegovina.
TT（字幕）ボスニアでの軍事行動を支援してはいない

〈部屋のソファに座って英語でミロシェヴィッチがカメラに向かって話している〉
ST　　　　We are not provoking or supporting hostilities.

TT（字幕）　挑発もしていない

この番組冒頭部は、それぞれ異なる場面でのミロシェヴィッチの発言だが、それをわざわざ並べることによって、緩やかな詩的構造（反復構造）⁽⁴¹⁾をなし、自らを潔白とするミロシェヴィッチの主張を浮かび上がらせている。

②続いて「1992年4月ボスニア戦争勃発」と画面表示。〈映像とともにナレーターの声〉
ST　　　　Serbia's president Milošević has repeatedly said that ②-1<u>the conflict in Bosnia was a civil war</u>, for which he could not be blamed. But ②-2<u>the men in charge of the murder and ethnic cleansing in Bosnia</u> now describe his role.
TT（VO）　セルビア共和国大統領ミロシェヴィッチは、②-1<u>ボスニア戦争に関して自分が非難されるいわれはない</u>と繰り返し主張してきました。しかし、②-2<u>他のセルビア人指導者たち</u>はこう証言しています。

　英語テクストのcivil warに当たる日本語テクストは「戦争」である。これは、言及指示的な意味的「等価」という観点からは、一見大きな違いはないように見えるかもしれない。しかしこのテクストにおけるcivil warはBBCの立場を鮮明にする上で重要な語彙である。つまり、ボスニア紛争は主権国家間の「戦争」であり、ユーゴ連邦軍による「侵略戦争」であるという立場である。civil warを使用しているのは、これがミロシェヴィッチの従来からの主張だからである。番組冒頭の詩的構造からなるミロシェヴィッチの談話も、その主張を浮かびあがらせるための仕掛けである。だからこそ、この主張を覆すための証拠映像や証言が意味をなす。

　「内戦」か「戦争」かは国際政治・国際法上重要な意味を持つが、日本語テクストではすでにミロシェヴィッチ自身が「戦争」と認めていることになる。「ボスニア戦争勃発」の文字表示にも示されているように、ここでは、欧米メディアが紛争勃発当初より拠って立つ「戦争」というフレームで、最初からこのテクストを解釈していることになる。

　続く②-2では、これから行われるインタビューが、ICTYで「民族浄化」の罪に問われている2人の証言であることを強調することによって、ミロシェヴ

ィッチ自身の主張を覆し、侵略戦争と民族浄化の罪を問うというBBCの立場を明確に示すものである。しかし日本語テクストでは「他のセルビア人指導者」となっておりBBCの意図とメッセージは不明瞭となっている。言及指示的機能のずれが、社会指標的機能のずれと相まって再コンテクスト化が生じている。このような再コンテクスト化は、翻訳者あるいは番組編集者などによる解釈の結果であると言えるだろう。

③続いて〈インタビュー映像：インタビューに答えるシェシェリ〉
ST　　　　③-1Tada je svaki put direktno Milošević tražio da se upućuju dobrovoljci. ③-2Mislim to nas nije trebalo ubeđivati mnogo.［③-1当時、毎回、直接ミロシェヴィッチが志願兵を送るよう要請していました。③-2私たちにとっては、それに多くの説得は必要なかったと思います。］
TT（VO）　③-1お前の指揮下にある兵士も送ってくれと、ミロシェヴィッチ自身が頼んできたのです。

④続いて〈インタビュー映像：インタビューに答えるカラジッチ〉
ST　　　　Presednik Milošević ④nije smatrao da je samo priznanje, međunarodno priznanje Bosne i Hercegovine nešto presudno.［ミロシェヴィッチ大統領は、④承認そのもの、ボスニア・ヘルツェゴヴィナの国際承認そのものは何か特別なこととは考えていませんでした。］
TT（VO）　ミロシェヴィッチは④ボスニアが世界に承認されたことなどお構いなしでした。

ミロシェヴィッチの主張を覆すための2人の証言がここで示される。まず③のシェシェリへのインタビューで、起点テクスト・目標テクスト間でシフトが観察される。セルビア・クロアチア語テクストでは、ミロシェヴィッチがセルビア内で広く志願兵を送るよう要請したと述べるに過ぎないのが、日本語テクストでは「お前の指揮下の兵士を送ってくれ」となっている。ここでBBCの英語台本を参照、引用すると "Milosevic himself asked me / to send my fighters"［スラッシュ台本まま］となっている。ここではBBC番組製作時におけるセルビア・クロアチア語から英語への翻訳におけるシフトが目標テクストに反映していることが窺える。このシフトによってミロシェヴィッチの関与の証拠性は高くなる。また日本語テクストでは省略されているセルビア・クロアチア

語テクスト③-2から窺えるのはシェシェリがミロシェヴィッチと距離をおいていることである。それに対し、日本語テクストからは、ミロシェヴィッチとシェシェリがより近い関係にある印象を受ける。ここでの翻訳は、証拠提示、すなわちミロシェヴィッチとボスニアにおける民族浄化の罪に問われているシェシェリとの関連性を示すセルビア・クロアチア語から英語へのテクスト作成時の意図的な解釈とも取れ、それを反映した日本語テクストでは起点テクストとの間で言及指示と社会指標両面で変化が生じている。

　④のカラジッチへのインタビューでも同様のことが言える。起点のセルビア・クロアチア語テクストでは、カラジッチはミロシェヴィッチが「ボスニア・ヘルツェゴヴィナの国際承認そのもの」を重要と考えていなかったと述べる。これは、国際承認を自らの死活に関わると考えているボスニアのセルビア人勢力と全く異なる見解であり、すでに両者の間に齟齬が生じていたことが起点テクストから分かる。しかし、日本語テクストでは「お構いなし」とあるように、国際社会の意向を無視するようなミロシェヴィッチの態度が焦点化されている。このセルビア・クロアチア語箇所の英語台本を参照すると "Milosevic didn't care that / the world recognized Bosnia."(44) となっており、ここでも英語の影響が窺える。

　この箇所は、後の⑩で再現され、その前後の展開によって、日本語テクストで（独立を）「承認された」となっている箇所が実はこの時点でまだ「承認前」であることが明らかになる。独立「承認後」とすれば、⑪以下で国際社会の決定を無視し連邦軍を利用して巧妙にボスニアに対する戦争を画策していくミロシェヴィッチの姿を描け、彼の主張への反論の前提を提供できる。翻訳に恣意性がなかったとしても、日本語テクストはBBCの主張をすでに所与の事実として前提にした解釈の結果である可能性が高い。

⑤番組のタイトルが表示され、92年3月に至るまでの経緯が（A）、（B）、（C）の形で幾つか繰り返され、〈1992年3月とされる首都サラエヴォの映像とともにナレーターの声〉

ST　　　⑤-1<u>For centuries Muslims, Serbs and Croats had lived here together. Now they had to choose a future. Half the Yugoslav republics had gone for independence</u> and ⑤-2<u>it was time for the Bosnians to decide.</u>

TT（VO）　⑤-1連邦は崩壊し始め、既にスロベニアとクロアチアは独立していました。しかし、ボスニアではイスラム教徒44％、セルビア人31％、クロアチア人17％という民族構成のために、独立をめぐり国論が2分していたのです。

この⑤のナレーターの語りでは、英語テクスト全体の構成と内容が、日本語では大幅に変更されている。欧米社会の視聴者と日本の視聴者とではボスニア紛争に関する背景知識も理解度も異なり、その都度補足的な説明も必要となるだろう。しかし、このような変更で反対に漏れてしまう内容、あるいは結束性を保つために何らかの方略で対応する箇所も出てくる。ここでは⑤-2のナレーターの語りが省略されて、次のようにカラジッチの言葉になっている。

⑥続いて〈インタビュー映像：インタビューに答えるカラジッチ〉
ST　　　⑥-1Mismo sami sebe doveli u situaciju u kojoj više nema zajedničkog života.... ⑥-2Tu se jasno videlo da Bosna nemože da opstane. [⑥-1これ以上共存の生活のない状況へと私たち自身が自らを導いたのです。[中略] ⑥-2そこではボスニアは存続できないことは明らかだったのです。]
TT（VO）　⑤-2ボスニアが運命を選ばなければならない時にきていました。

上記に示したとおり、⑥-1と2で実際にカラジッチがセルビア・クロアチア語で話した部分は省略され、代わりに⑤-2でナレーターが話していることがカラジッチの発話となっている。

⑦1992年2月末、独立に反対するセルビア人勢力が選挙をボイコットする中、イゼトベゴヴィッチは独立を問う国民投票を強行。首都サラエヴォで危機が高まる。イゼトベゴヴィッチとカラジッチの会談で一旦危機回避。
〈映像とともにナレーターの声〉
ST　　　The Bosnian Serb leader, Radovan Karadžić had not really backed down. He knew that his patron, the Serb President, Slobodan Milošević and the President of neighboring Croatia had agreed to carve up Bosnia. ⑦-1Rumors of this Serb-Croat deal have long circulated. ⑦-2Now those involved in the talks tell what happened.
TT（VO）　しかしボスニアのセルビア人指導者、ラドバン・カラジッチはこれでおと

なしく引き下がったわけではありませんでした。彼は自分たちの後ろ盾であるセルビア大統領ミロシェヴィッチがクロアチア大統領トゥジマンとボスニア分割の密約を交わしていたことを知っていました。

⑧続けて〈インタビュー映像：インタビューに答えるトゥジマン〉
ST　　　Rješenje je ono što sam ja predlagao za čitavu Jugoslaviju da se Bosna i Hercegovina organizira kao konfederacija triju naroda. Da bi sva tri naroda bila zadovoljna. ⑧-1Drugo rješenje je da se ide na podjelu. [ひとつの解決策は、私がユーゴスラヴィア全体について提案したもので、ボスニア・ヘルツェゴヴィナを３つの民族の連合として編成するというものです。そうすれば、全ての３つの民族は満足するでしょう。⑧-1 もうひとつの解決策は、分割するというものです。]
TT（VO）⑧-2 私はミロシェヴィッチにこう言明しました。ボスニアの３つの民族がひとつの連邦を作れるならどの民族も幸せだ。⑧-1 しかしそれが不可能なら、ボスニアは分割されるべきだ。

⑨続けて〈映像とともにナレーターの語り〉
ST　　　⑨-1Tudman now went for partition.
　　　　⑨-2In his capital, he initiated a series of secret meetings between the Bosnian Serbs and his clients, the Bosnian Croats.
TT（VO）⑨-2 トゥジマン大統領は隣接するボスニアの南西部を勢力下におくことで、クロアチア領内のセルビア人勢力を背後から封じ込めたいと考えていました。彼は、ボスニアのクロアチア勢とカラジッチ率いるセルビア勢を密かにザグレブに招き数回にわたって交渉を行わせました。

⑦⑧⑨は、ボスニアの将来について、ボスニアのムスリム人抜きで、セルビアのミロシェヴィッチ、クロアチアのトゥジマン、ボスニアのセルビア人勢力およびクロアチア人勢力の間で領土に関する画策がめぐらされる状況を伝える箇所で、これはBBCの主張、つまりミロシェヴィッチのこの紛争への関与の証拠を示す重要箇所である。ここでは、⑤同様、内容や構成で大幅な変更が生じている。つまり、情報が付け加えられたり、その分他の情報が省略されたりしている。⑨-2では、これも翻訳というより編集に近い。起点のテクストにある⑦-1、⑦-2、⑨-1は日本語では消えているが、その中には⑨-1のようにトゥジマンによる分割案の選択という重要な情報が削除されている。さらに⑧-1ではモダリティにシフトがあり、(45) ⑧-2に関してはトゥジマンが話していないことが

⑩クロアチア勢力とセルビア勢力の分割交渉の経緯と、それをミロシェヴィッチに報告するカラジッチについてナレーターの解説が続き、〈インタビュー映像：インタビューに答えるカラジッチ〉
ST 　　　⑩-1<u>Predsednik Milošević nije smatrao da je međunarodno priznanje Bosne i Hercegovine nešto presudno. On je govorio kako je Kaligula proglasio svog konja za senatora…</u> [⑩-1<u>ミロシェヴィッチ大統領は、ボスニア・ヘルツェゴヴィナの国際承認そのものは何か特別なこととは考えていませんでした。彼は言いました。どうやってカリギュラが自分の馬を元老院議員に任命したかを。</u>]
TT（VO）　ミロシェヴィッチはこう言いました。ローマの皇帝カリギュラは、馬を元老議員に任命したがその馬が議席につくことはなかった。

この箇所は冒頭の④のカラジッチへのインタビューを繰り返している箇所である。④では、インタビューの時点でボスニアが国際承認されたと翻訳されていたことが、この⑩の前後関係によって、この時点ではまだ承認前ということが分かる箇所である。

⑪続けて〈ナレーターの声〉
ST 　　　⑪-1<u>Milošević controlled the Yugoslav Army but he was too clever to use it openly against Bosnia. He adopted a more devious approach.</u>
TT（VO）　⑪-1<u>ボスニアの独立承認を目前にして、ミロシェヴィッチには至急手を打たなければならない問題がありました。</u>

⑫ミロシェヴィッチはボスニアに配備している連邦軍を引き揚げる。ボスニア出身の兵士が連邦軍から抜け、現地に留まりセルビア人勢力に加わる。セルビア本国から超民族主義集団の民兵が送り込まれる。セルビア国境近くビエーリナとズヴォルニクが戦闘地になる。〈当時の映像とともにナレーターの声〉
ST 　　　⑫-1<u>The first place Milošević sent the paramilitaries was the city of Bijeljina.</u> ⑫-2<u>The Serbs wanted absolute military control there.</u> It was the strategic crossroads in Northeast Bosnia.
TT（VO）　⑫-1<u>こうした過激な民兵組織が最初に送り込まれたのはビエーリナ、ボスニア北東部の戦略拠点でした。</u>

⑬〈ズヴォルニクに攻め入るセルビア人勢力の映像とともにナレーターの声〉

ST		But ⑬-1the mayor knew that federal army tanks had already surrounded his town.^(46)
TT（VO）	しかし既に町は⑬-1連邦軍の戦車に包囲されていました。⑬-2出動を命じたのはセルビア大統領のミロシェヴィッチでした。

⑭〈ズヴォルニクでの戦闘、殺害、土地を終われる人々の映像とともにナレーターの声〉
ST		Some two thousand people were unaccounted for. Nobody knows how many of them were executed on the spot or how many were sent to ⑭-1concentration camps, where the murder continued. The rest were expelled. 49,000 Muslims lived in Zbornik.
		⑭-2None remained. 5 centuries of Islamic life and culture there were erased. This is ethnic cleansing.
TT（VO）	行方不明者およそ2000人。何人がその場で殺害され、何人が⑭-1強制収容所に連行された揚句命を奪われたのか知る者はいません。生き残ったイスラム系住民は全て町から追い払われます。ズヴォルニクのおよそ4万9千人のイスラム教徒が姿を消そうとしていました。⑭-25世紀にわたるイスラム教徒の生活と文化がこの地から抹殺されるのです。これが民族浄化です。

　ミロシェヴィッチが企んだとされる連邦軍の再編により、連邦軍から抜けたボスニア出身の兵士がボスニア内セルビア人勢力に合流する一方で、シェシェリなどのセルビアからの私兵も加わってムスリム人を民族浄化していく過程が⑪から⑭までで描かれる。
　⑫-1の英語テクストでは「ミロシェヴィッチが民兵を送った」とあるのに対し、日本語テクストでは受身形で「民兵組織が最初に送り込まれた」となり、誰が送り込んだのかという行為の主体は隠される。しかし英語テクスト⑬-1で「連邦軍の戦車が彼の町を包囲した」が日本語テクストで「連邦軍の戦車に包囲され」と受身形で表現された後、英語には全く言及のない⑬-2「出動を命じたのはセルビア大統領のミロシェヴィッチでした」という文が挿入され、攻撃の主体が明示される。つまり英語テクストではミロシェヴィッチが民兵を送る主体であったこと、そしてその民兵はボスニアに残った元連邦軍ボスニア出身兵士と連邦軍が残した戦車とともにそこにいたことまでしか述べていないが、日本語テクストでは連邦軍にミロシェヴィッチが出動を命じたことになっている。ここでも、BBCの「主張」がすでに事実となって日本語テクストの解釈の前提となっていると考えてよいであろう。

そして⑭の民族浄化についての語りと映像につながる。⑭-1と⑭-2は起点と目標テクスト間でほとんどずれのない箇所であるが、セルビア人による強制収容所の存在とムスリム人に対する民族浄化という構図は1992年以来のもので、これらが起点テクストにおいても目標テクストにおいてもすでに前提とされるべき所与の事実となっている。1995年の段階では、3民族が多かれ少なかれ民族浄化に関与したことが明らかにされつつあったが、英主要メディアは一貫して、セルビア人およびセルビア側を非難し続けていた。つまり、民族浄化はセルビア人が行うものであるという前提が出来上がっていた。

⑮〈インタビュー映像：インタビューに答えるシェシェリ〉
ST　　　　Ja ne mogu da kažem da ⑮-1toga nigde nije bilo. ⑮-2To je nekada više organizovano ovde u Beogradu. [私は⑮-1それがどこにもなかったということはできません。⑮-2それは、ある時はここベオグラードで大方組織されました。]
TT（VO）　⑮-2民族浄化の計画は大方ベオグラードでたてられました。

⑯続けて〈インタビュー映像：インタビューに英語で答えるミロシェヴィッチ〉
ST　　　　There is no one who can believe, ah, what, ah is mentioned as, as organized genocide, and even organized from Beograd, and even organized by me…. It's really out of all consideration.
TT（VO）　組織化された大虐殺だっただの、ベオグラードでこの私が計画を企てただの、そんなデマを信じているものはひとりだっていない。全く論外の話だ。

⑰続けて〈インタビュー映像：インタビューに答えるシェシェリ〉
ST　　　　I ⑰tada je svaki put direktno Milošević tražio da se upućju dobrovoljci. [それに、⑰当時、毎回、直接ミロシェヴィッチが志願兵を送るよう要請していました。]
TT（VO）　⑰お前の部下も送ってくれと、ミロシェヴィッチ自身が頼んできたのです。

⑭の民族浄化についての語りと映像の直後、⑮でシェシェリのインタビューへと続き、⑰でミロシェヴィッチの民族浄化への関与を裏づける言説（③の繰り返し）が再現される。ここで注意すべきは、⑮-1と⑮-2で起点のセルビア・クロアチア語テクストでは「それ」がどこにもなかったということはできない、「それはある時」はベオグラードで組織されたと言っているに過ぎないのが、

日本語テクストでは「それ」が「民族浄化」となっている点である。しかし、直前の映像から「それ」を指しているのが民族浄化だろうと推測できるに過ぎない。

実は、シェシェリが民族浄化を指しているのかどうかはここからは分からない。指示代名詞はコンテクストがあって初めて意味をなすものである。単に「民兵をセルビアから送ること」だったということもありうる。英語台本を参照、引用すると、"I can't deny this took place. Mostly it was organized here in Belgrade."(47) となっており起点のセルビア・クロアチア語に近いテクストとなっている。これも BBC 番組製作上のレトリックととれる。日本語テクストでは、これまでの起点テクストの展開と映像を前提としてこの訳語を選びとったものと考えられる。これは⑰（③）の "tada [当時、その時]" という語についても言える。

以上、ミロシェヴィッチの民族浄化への関与に関わる談話を抽出して、そこでの翻訳を分析した。次に、ミロシェヴィッチ同様 ICTY への起訴を検討されることになるイゼトベゴヴィッチ大統領をめぐる談話を検証した上で、ドキュメンタリー番組全体の問題を整理する。

事例（2）イゼトベゴヴィッチ大統領をめぐる談話

まず BBC のテクストで「言われていること」を確認しておく。シリーズ 4 回目の The Gates of Hell の主要テーマであるボスニア紛争勃発の背景には、事例（1）に見たように、一方でセルビア共和国大統領ミロシェヴィッチとカラジッチ率いるボスニア・セルビア人勢力、シェシェリ等セルビア内超民族主義の私兵組織、ユーゴ連邦軍、クロアチア共和国大統領トゥジマンが存在する。これらはボスニア紛争をめぐるボスニア内のセルビア人勢力と外部の勢力、すなわちセルビア共和国とクロアチア共和国の関係に関わるものである。

こうした勢力の対極にあるのが、イゼトベゴヴィッチ大統領率いるボスニア政府である。以下で示す事例（2）は、番組タイトル表示直後のイゼトベゴヴィッチ大統領の演説から、番組最後までの幾つかの談話を番組進行に従って抽出したものである。

まず最初にユーゴ連邦の崩壊によって、ボスニアのムスリム人が隣国セルビ

ア共和国に脅威を感じていることが紹介され、イゼトベゴヴィッチ大統領が民衆の前でボスニアがユーゴ連邦に留まらない意思を表明する姿が描かれる。しかし、それがボスニア内のセルビア人の意思を無視したことから、ボスニア議会でもカラジッチと対立し議会が紛糾する。セルビア人勢力が選挙をボイコットする中、イゼトベゴヴィッチは強硬に国民投票を実施し、勝利を勝ち取る。しかし、その直後からサラエヴォでは銃撃戦が始まる。サラエヴォの中立系テレビ Jutel（ユテル）(48)は２つの民族の代表としてのイゼトベゴヴィッチとカラジッチの対話を求める。両者の話し合いで首都では一旦危機が回避されるが、すでに事例 (1) でも見たようにズヴォルニクやビエーリナなどの町で戦闘が激化する。

　ここに至って、イゼトベゴヴィッチは紛争解決のために、すべての市民に協力を求める。しかし、翌日（ボスニア独立承認の前日）、サラエヴォでは市民による平和と共存を求める大規模なデモが行われ、イゼトベゴヴィッチ率いるボスニア政府とカラジッチ率いるセルビア人勢力に対して、そして双方の民族主義に対して激しい抗議活動が行われる。両者の溝は埋まらず、サラエヴォは丘の上のセルビア人勢力に包囲されたまま、その後数年に渡って断続的な攻撃を受けることになる。ボスニアは国際社会によって独立を承認されたが、国家としてのボスニアはその全領土を支配することはできなかった。しかし、国際社会はボスニアを助けようとしなかった。これが語られたことである。

　次に BBC の語りによって「為されていること」に目を向けてみる。繰り返すが、ここではボスニアの危機に際し、ボスニアを構成するすべての民族に結集を呼びかけるイゼトベゴヴィッチ大統領の姿が描かれる。しかし、番組ではこの発言に関するイゼトベゴヴィッチ自身の意図については必ずしも明らかにされていない。その意図として考えられるのは、ひとつは状況の重大さに気づいた大統領がようやくその民族主義的態度を改め、すべての民族によるボスニア国家を維持しようとしたというもの、もうひとつは国際社会にボスニア政府が諸民族の平等と共存を支持していることを表明する、いわば見せかけの態度というものである。実際、ボスニア政府およびイゼトベゴヴィッチの態度については、欧米政府やメディアでもこの２つの見方が常に混在していた。

　イゼトベゴヴィッチのこの呼びかけが遅過ぎたのか、見せかけに過ぎないと

市民が判断したのか、翌日にはサラエヴォ市民が平和を求めて大規模な反政府デモを繰り広げる。BBCの番組では市民がカラジッチだけでなく、イゼトベゴヴィッチの民族主義にも反対していたことを示唆する語りがなされる。つまり、一方でイゼトベゴヴィッチの民族主義にも責任があることを示している。しかし、あくまでミロシェヴィッチとその支援を受けたセルビア人勢力が攻撃・侵略する主体であり、イゼトベゴヴィッチとムスリム人主体のボスニア共和国は攻撃される側として捉えられている。番組の最後では、国連への加盟を果たした、つまりは独立国として正式に国際社会の一員として認められたボスニアが、自らの全領土を支配する力を持たず、加えて国際社会が無関心であるとして、イゼトベゴヴィッチの立場に同情的である。以上を踏まえ、以下でその箇所の具体的翻訳を追ってみる。

①事例（1）冒頭のタイトル表示の直後、「1990年ボスニアビハチ」と画面表示。〈野外大集会場の映像とともにナレーターの声〉
ST　　　　①-1 The Muslims of Bosnia felt threatened. As Yugoslavia collapsed they faced domination by their neighbor, Serbia.
TT（VO）　①-2 イスラム教徒が人口の4割を占めるボスニア・ヘルツェゴヴィナ。①-1 その最高指導者はセルビア共和国の台頭に脅威を感じていました。

②続いて〈演説するイゼトベゴヴィッチ大統領の声〉
ST　　　　Moram reći ovde otvoreno. ②-1 Bosna neće ostati u krnjoj Jugoslaviji.［（私は）この場で率直に言わなくてはいけません。②-1 ボスニアは、既に崩壊してしまったユーゴスラヴィアには留まりません。］
TT（字幕）②-1 セルビア主導のユーゴ連邦には残留しません。

〈演説するイゼトベゴヴィッチ大統領の映像が映し出される〉
ST　　　　Drugim rječima, ②-2 Bosna neće i ne pristaje da ostane u velikoj Srbiji i da bude njen dio.［言い換えれば、②-2 ボスニアは大セルビアに留まって、その一部になりませんし、それに同意するようなこともありません。］
ST（字幕）②-2 ボスニアを大セルビアの一部にはさせません。

まず、起点テクストにはない①-2は、日本の視聴者のための補足説明である。ここで注目する点は①-1である。英語テクストではセルビアの脅威を感じているのはボスニアのムスリム人であるが、日本語テクストでは最高指導者、つま

りイゼトベゴヴィッチとなっている。続く②のセルビア・クロアチア語では、ボスニア（共和国または政府）がユーゴ連邦に留まらない、（なぜならユーゴ連邦は大セルビアの国家であるから）大セルビアに留まらないと述べているのに対し、日本語テクスト②-2で「ボスニアを大セルビアの一部にはさせません」となっており、私（イゼトベゴヴィッチ）が主語・動作主となり、大セルビアに挑む力強い指導者として描かれる。一方で①で示されていた「セルビア共和国」の脅威にさらされている「ボスニアのムスリム人」が②のイゼトベゴヴィッチの演説では、ボスニアそのものになってしまっていることに見られるレトリックが後景化する。英語台本を参照、引用すると、②-1、②-2はそれぞれ、"Bosnia won't stay in a Yugoslavia run by Serbia." "I won't let Bosnia be a part of Greater Serbia."(49) となっており、英語からの訳の反映であることが窺える。

③続いて〈ナレーション〉
ST　　　③-1But Izetbegović didn't speak for all Bosnians. One third of them were Serb. They wanted Bosnia to stay in Yugoslavia, ③-2where most Serbs lived. In parliament their leader issued a black warning.
TT　　　しかしボスニアの人口の3割に当たるセルビア人たちは、ユーゴスラヴィア連邦にとどまることを望んでいました。セルビア人のリーダーは、③-3イスラム教徒の大統領イゼトベゴヴィッチに不吉な警告を発します。

②を受けて、英語テクスト③-1では "But Izetbegović didn't speak for all Bosnians." と述べているように、英語テクストは大統領の演説のレトリックを十分認識しているのに対し、日本語テクストではこの箇所は省略されている。明らかに日本語では、英語起点テクストの展開とイゼトベゴヴィッチの発話に隠された民族主義は見落とされている。その要因としては、最初のナレーションで示された大セルビアとボスニアの対比、続くイゼトベゴヴィッチの発話による大セルビアに挑むというボスニア指導者イゼトベゴヴィッチ像、さらに次の④のカラジッチによる反ムスリム的発言「ボスニアは地獄に引きずり込まれ、イスラム教徒は絶滅するかもしれない」による極端な民族主義者としてのカラジッチ像、さらに⑥におけるイゼトベゴヴィッチの全民族に語りかける反民族主義者像が影響しているのではないかと考えられる。

④〈議会の壇上で発言するカラジッチの映像〉
ST　　　　④-1Nemojte da mislite da nećete odvesti Bosnu i Hercegovinu u pakao, a Muslimanaski narod možda u nestanak. ④-2Jer Muslimanski narod ne može da se odbrani ako bude rat ovde. [④-1 あなたがたがボスニア・ヘルツェゴヴィナを地獄へと、そしてムスリム人を多分消滅へと導くことはない、などと思わないでください。④-2 なぜなら、もしここで戦争が起これば、ムスリム人は自らを守ることができないからです。]
TT（字幕）　④-1 ボスニアは地獄に引きずり込まれ
　　　　　　　イスラム教徒は絶滅するかもしれない

ここでのカラジッチの発言に関しては、起点のセルビア・クロアチア語でも過激な表現となっているが、字幕のため字数制限があり、日本語テキストとの間でかなりのずれが生じている。英語台本を参照、引用すると、"I warn you. You'll drag Bosnia down to hell."となっており、英語のテクストが日本語への翻訳を規定していることが窺える。

⑤2月29日〜3月1日国民投票の後、サラエヴォは不穏な空気につつまれ銃撃等が始まる。〈直後の3月3日 YUTEL KANAL のテレビニュースでキャスターがカラジッチとイゼトベゴヴィッチに訴える〉
ST　　　　⑤-1Predsedniče Karadžiću, predsedniče Izetbegoviću, kao ljudi koji predvodite dva naroda, vi znate koja je u ovom trenutku vaša odgovornost. Mi apelujemo u ime javnosti koja se javlja masovno telefonima i koja predlaže vaš sastanak. [⑤-1 カラジッチ大統領、イゼトベゴヴィッチ大統領、2つの民族を率いる立場の者として、あなた方は現時点でのご自分の責任をご存じですね。私たちは、世論の名において心より訴えます。多くの人々が（我々に）電話を掛け、あなた方の会談を求めています。]
TT（字幕）　⑤-1 この事態の責任は大統領とカラジッチ氏にあります。
　　　　　　　民衆は二人の会談を望んでいます

⑤については、字幕の字数制限のため情報量が制約され、その後の展開で重要な情報が日本語テキストでは欠落してしまっている。セルビア・クロアチア語テクストにある民族の代表としてのイゼトベゴヴィッチへの言及がない点である。つまり、③でも示したとおり、BBC の番組ではイゼトベゴヴィッチがボ

スニア大統領であっても、その民族主義的姿勢は明らかであり、決してすべてのボスニアの人々を代表していなかったことを認めていたが、日本語テクストでは③においても、この⑤においてもその点を明示しなかったため、この後に続くテクストとの一貫性がくずれる要因となる。

⑥サラエヴォでは一旦危機がおさまるが、東部セルビア共和国に近い町ビエーリナでは戦闘が繰り広げられ、セルビア人勢力によってムスリム人の多数が殺害、追放される。
〈イゼトベゴヴィッチがボスニアの全市民に協力を呼びかけるテレビの映像〉
ST　　　　Pozivam sve građane Bosne i Hercegovine dakle, ne samo Muslimane, kome, kojima pripadam, nego i Srbe i Hrvate, i pripadnike drugih nacija, baš sve.
　　　　　［ですから、私はボスニア・ヘルツェゴヴィナの全ての市民に結集を呼びかけます。私が属するムスリム人だけでなく、セルビア人とクロアチア人にも、そしてこの国に属する他の民族にも、まさに全ての人に呼びかけます。］
TT（字幕）　そのためにボスニアの全市民に協力を求めます。
　　　　　イスラム教徒だけでなく
　　　　　セルビア人、クロアチア人にも…

⑦続いて〈その翌日４月５日の映像とともにナレーターの声〉
ST　　　　The next morning the citizens of Sarajevo in their thousands took to the streets demanding peace. ⑦-1They saw the city's tradition of tolerance, more mixed marriages than anywhere else in Yugoslavia at mortal risk. They occupied the Parliament chamber.
TT（VO）　⑦-1首都サラエヴォは、ユーゴスラヴィアの他のどの地域よりも、異民族間の結婚が多い町でした。戦争に巻き込まれれば、骨肉相争う悲劇が予想されました。４月５日、何千人もの市民たちが民族共存を訴える平和デモに繰り出します。市民たちは議事堂を占拠しました。

⑧続いて〈議事堂前に集まって叫ぶ市民の映像〉
ST　　　　Bosna, Bosna, Bosna, Bosna［ボスニア、ボスニア、ボスニア、ボスニア］
TT（字幕）　ボスニア！　ボスニア！
ST　　　　⑨-1Vlada se raspala. ［⑨-1政府は崩壊した。］
TT（字幕）　⑧-2政府は我々を見捨てた
ST　　　　⑧-2Narod je prepušten sam sebi. ［⑧-2人々は見捨てられた。］
TT（字幕）　⑧-3民衆が主導権を！

日本語テクストにおいて、民族主義者としてのイゼトベゴヴィッチの姿が言及されないため、⑦と⑧のサラエヴォ市民のデモが、なぜボスニア政府に向かうのかという点との関連が消えて、完全に脈絡が失われてしまっている。起点テクストにおける⑦-1、⑧-1、⑧-2 が意味をなさなくなってしまったからか、実際の発話と対応していない。その結果が次の⑨となって現れる。

⑨続いて〈ホリデー・インホテルに向かう群衆の姿とともにナレーターの声〉
ST　　　⑨-1They opposed the nationalism of both Izetbegović and Karadžić. ⑨-2The Serb leader could watch it all. His office was across the street in the Holiday Inn hotel. ⑨-3He saw the crowd challenge his right to divide the city and attempt to march to his headquarters.
TT（VO）　⑨-3 やがて群衆は、サラエボを分割しようとしているセルビア人指導者カラジッチに非難の矛先を向けます。⑨-2 カラジッチの司令部が設置されていたホリデーインホテルに向かって、人々が押し寄せ始めました。

ここでは、⑨-1 の起点テクストのナレーションにある "They opposed nationalism of both Izetbegović and Karadžić." は日本語テクストではなくなり、市民が反対しているのはカラジッチのみになってしまう。

⑩ホリデー・インにいたセルビア人狙撃兵により6人の市民が殺害される。狙撃兵が逮捕される間にカラジッチは町から逃げ、丘の上に避難する。そしてそこを拠点にセルビア人武装勢力によるサラエヴォへの断続的な攻撃が開始される。一方、リスボンの会議に出席していたイゼトベゴヴィッチ大統領は、帰途についたサラエヴォ空港で連邦軍に拘束される。連邦軍と政府の間で交渉が続いた結果、イゼトベゴヴィッチは解放される。

〈モスクで祈りを捧げるイゼトベゴヴィッチの映像とともにナレーターの声〉
ST　　　⑩-1The president made it home. ⑩-2The Serbs who had nearly extinguished both him and his state, now set siege to his capital.
TT（VO）　⑩-1 イゼトベゴヴィッチは、無事ボスニア勢支配地域にもどることができました。⑩-2 一方難を逃れた連邦軍のクカーニヤッツ将軍は本格的な首都攻略に乗り出すことになります。

⑪続いて〈紛争による死亡者のものと思われる墓地を歩くイゼトベゴヴィッチの映像とともにナレーターの声〉
ST 　　　⑪-1 Bosnia became a member of the UN. ⑪-2 But nobody would help her take control of her own territory.
TT（VO）⑪-1 5月22日、ボスニアはスロヴェニア、クロアチアとともに国連に加盟しました。⑪-2 しかし領土の奪還に手を貸してくれる国はありませんでした。

　⑩、⑪では、その領土を連邦軍によって攻撃され失っているのに、国際社会がその領土奪還に手を貸してくれなかったと、イゼトベゴヴィッチ、ボスニア政府を被害者として同情的に描く。⑩-2の起点テクストと目標テクストは大きく内容が異なる。紙幅の都合上長くなるので省略したが、その前後のテクストからイゼトベゴヴィッチ拘束に連邦軍のクカーニヤッツ将軍が大きく関わったことが分かる。しかし日本語のテクストのような内容を確認できる記述は起点テクストにはない。⑪-2の起点テクストの"But nobody would help her take control of her own territory."と目標テクストの「しかし領土の奪還に手を貸してくれる国はありませんでした。」の間では、大きなずれはないにしても、部分的にはイゼトベゴヴィッチの民族主義が招いた結果として、ボスニア領土に政府の支配が及ばないことになったという起点テクストの指摘が、目標テクストではセルビアと連邦軍による侵略によって領土を失ったというテクストに変容してしまっている。

　BBCによるボスニア政府への同情という全体の調子に影響された結果か、責任はセルビアおよびボスニア・セルビア人側にあるとする番組の全体的な主張と一貫性を保つためか、目標テクストでは起点テクストにあったイゼトベゴヴィッチの民族主義とその責任、そしてそれに対してサラエヴォ市民が反対していたという事実が抜けおちた解釈（テクスト）となり、新たなコンテクストを創出していることになる。

⑫続いて〈メディアに答えるベーカー米国務長官〉
ST 　　　There will be no unilateral use, no unilateral use of the United States force. As we have said before, we are not, and we cannot be the world's

policeman.
TT（字幕）　米国の軍事力を一方だけに使うことはありえない
　　　　　　我が国は世界の警察ではない

　このベーカー国務長官の会見の後、ムラディッチ将軍がボスニア・セルビア人勢力の軍事戦略を司る任に就き、本格的な紛争が始まる映像で第4回の番組は終わる。
(51)

　以上、起点テクスト・目標テクスト間のシフトを手掛かりに考察を試みた。日本の視聴者を念頭にテクストの大幅な変更が行われている箇所もあったが、そうしたよく目につく部分よりも、語彙の選択や代名詞など結束性に関わる箇所、意味的一貫性を支える箇所に社会指標性に関わる重要なシフトが観察された。
　「内戦」が「戦争」に、「それ」が「民族浄化」になるなどは、起点テクストを解釈する過程で様々な可能性の中から翻訳者や編集者が選びとったものである。それは日本語への翻訳過程においてBBC英語原文や映像、当時の欧米メディアの主張がすでに事実として前提的に指標され、同時に編集という枠組みで新たに内容が再編成されていった結果であったと概ね言えるだろう。セルビア・クロアチア語等の言語からの翻訳でも様々なシフトが観察されたが、そこには英語の介在による影響も示唆された。上記考察で明らかなように、言及指示面のシフトは社会指標的機能にも影響を及ぼす結果となっている。
　これは逆も言えるだろう。すでにに見たように、BBCの作品はボスニア紛争がミロシェヴィッチの主張する内戦ではなく、侵略戦争であり、その侵略戦争にミロシェヴィッチが加担したということを2人（シェシェリとカラジッチ）の証言をもとに明らかにし、西側の民主主義の立場から断罪し、ICTYと西側世論に訴えかけるというイデオロギーを示すものである。ここで考察した結果としては、2人の証言は起点となるセルビア・クロアチア語を見る限り、BBCが意図したほど説得性が高いとは言えない。セルビア・クロアチア語からの英語の訳は、BBCの主張を支える証拠とするためのメディアによる恣意的・意図的解釈ともとれる。
　しかし翻訳という言語行為を考察する上で、より重要なことは、日本語で

BBCの「主張」がすでに「所与の事実」として指標され、結果としてBBCと同じイデオロギーを共有しながら、さらに新たなテクストを生んでいる点である。同時にICTYへの証拠という意味ではメッセージ性が弱くなっていることは、日本でのこの問題への関与の低さを表していると言えるだろう。もし参照する枠組みがBBCの主張や欧米メディアの主張以外にもあれば、あるいは起点テクストとなるセルビア・クロアチア語の翻訳者が翻訳過程に参与できる仕組みがあったとすれば、異なる解釈もあり、異なる番組となっていたかもしれない。

　BBCの番組は、ICTYで被告の犯罪の証拠として、ミロシェヴィッチをはじめとする被告人裁判で検察側によって提出された。しかし判事側からは番組の編集やセルビア・クロアチア語から英語への翻訳について "the tendentious nature" であると指摘されるなど度々問題となった(52)。ICTYでは、このドキュメンタリーシリーズ第1回での87年コソヴォにおけるミロシェヴィッチの次の言葉と映像も証拠として取り上げられた。コソヴォの会場に押し寄せたセルビア人に対し、アルバニア人警察が警棒で制止する場面でミロシェヴィッチが述べた言葉とは、"Nesme niko da vas bije. Nesme niko da dira."(53) であり、その英語の字幕は "You will not be beaten again!" である。日本語字幕は「もう二度とあなた方を殴らせない」(54)である。ミロシェヴィッチは裁判において "again"(55) の意図的挿入をはじめ、英語の字幕が正しくないとして抗議を行った。当時の内外メディアはすぐにこの言葉を取り上げた。国内においてはセルビア人擁護の表明であるとしてセルビアの守護神として祭り上げられ、その後彼はセルビア共産党トップに駆け上っていく。国外では彼の民族主義の出発点として盛んに引用された。この翻訳をどう捉えるべきだろうか。

4　考察

　以上、4つのタイプのテクストを取り上げて、起点テクストから目標テクストへという翻訳という言語実践を、言語使用の2つの側面である「言われていること」と「為されていること」の次元、特に後者の社会指標的側面の次元を中心に検証した。従来の翻訳学での等価の議論は、2つの異なる言語、言い換えると、言語構造が異なる言語間での等価をどう実現するかが中心をなし、そ

こでは言語構造の基盤となる言及指示的語用における等価が問題となってきた。しかし、語用には社会指標的語用の側面があり、翻訳も言語実践であるならばこの側面を視野に入れるような取り組みが必要であるという観点から分析を行ったのが本章であった。

その結果、これらの翻訳実践において語用の両側面で様々なシフトが観察された。2つの側面が互いに影響し合っているのはもちろんだが、そのシフト自体が言及指示的語用の面にのみ注目した場合は、近似という意味での選択の幅（範列におけるあれかこれか）を示すに過ぎないことも多かったのは事実だが、同時にその社会指標的側面に注意を向けてみるならば、そこには起点テクストを解釈する翻訳者やジャーナリストが置かれたコンテクストが目標テクストの前提となり（コンテクスト化）、解釈が行われることによって目標テクストとなり（テクスト化、脱コンテクスト化）、そしてその目標テクストが新たなコンテクストを創出している（再コンテクスト化）過程が観察された。

もう一度ここでの分析を簡単に振り返ってみたい。*Newsweek* から『ニューズウィーク日本版』への翻訳では、①紛争当事者の関係、②新しい概念 ethnic cleansing、③翻訳する主体の視点、④文化的ステレオタイプの4つに絞って考察した。Serbian forces を「セルビア軍」と訳すか「セルビア人勢力」と訳すか、あるいは「ボスニア・セルビア人武装勢力」、「セルビア共和国軍」、さらには「連邦軍」とまで訳すか、これらは Serbian forces の言及指示的な意味範疇で言えば、どれもそれぞれ近似をなしており、それほど大きなずれには見えない。しかし、その社会指標的機能の面では明らかに異なることが分かる。「セルビア軍」の訳も、必ずしもセルビアの軍隊を指すとも言えず、ボスニアの中のセルビア人からなる軍隊を指すと言ってもおかしくないが、日本の読者の視点から見ればやはり前者となる可能性が高いだろう。

この訳語が選択された過程については、起点テクストにおける Serbian の語用で明示されない社会指標的機能が、すでに解釈の前提とされ目標テクストで明示化された可能性や、すでに流布している欧米メディアの解釈が前提となっている可能性が示唆される。そして日本語のテクストにおいては、ボスニアで実際に起こっている複雑な紛争当時者間の関係性は捨象され、脱コンテクスト化された単純なテクスト、つまりセルビアによるボスニアへの攻撃、侵略とい

う欧米メディアの主張と同じテクストとなって日本の読者の前に提示される結果となっている。これは Bosnian をめぐる翻訳行為においても同様である。

　また、紛争当事者に関して、英文テクストに内在されたレトリックとそれを解釈した結果としての日本語テクストを比べてみた時、その翻訳行為には、民族名＝国家名（民族＝国家）という近代国民国家のイデオロギーが前提とされている様子が窺える。それによって例えば、ボスニア内のムスリム人（ボシュニャク、ボスニア人）とセルビア人という民族間の戦いが、ボスニアとセルビアという国家間の戦いという意味に、翻訳をとおして変容していく姿が観察された。

　ethnic cleansing から「民族浄化」、あるいはセルビア・クロアチア語の etničko čisćenje から英語の ethnic cleansing という翻訳も、言及指示の面で言えば、近似の語に置き換えただけのものに見える。しかし、それぞれがどのようなコンテクストを指標する語であるかを考察した時、そこにはある出来事・事象を解釈する過程で言及指示的テクストのみならず相互行為のテクストが生み出され、それが新たなテクストの前提となっていく過程が表されている。

　世界の歴史を振り返った時、特に近代国民国家、近代ナショナリズムの時代で、民族浄化と同じような現象は至るところで観察されたものである。それにも関わらず、ethnic cleansing が現代のナチス、ホロコーストの復活の象徴として、またバルカン諸民族の前近代性と野蛮の表出として、特別に負荷を持つ語として機能したことを考えれば、翻訳行為というものが翻訳者やジャーナリストが置かれたミクロなレヴェルでのコンテクストに関わるだけではなく、近代イデオロギーというマクロなレヴェルでのコンテクストが前提となる相互行為であることの現れと言えるだろう。

　また、モダリティの変容に現れるようなシフトは、言及指示の側面でもその違いが明確に現れるが、そこで為されていることはフッティングの変化に示されるように、翻訳者や編集者という言語使用者によるテクスト解釈へのミクロ・レヴェルでの積極的な関与を示している。同時に、やはりミクロ・レヴェルではあるが、その彼らを取り巻く日本社会のジャーナリズムというコンテクストの影響が如実に現れている。そして、「バルカン＝火薬庫」という象徴性の高い（形式化した）ステレオタイプの喚起は、ミクロ・レヴェルのさらに周

りを取り巻く日本の近代のイデオロギーというマクロ・レヴェルのコンテクストを指標するものと言えるだろう

次に検証した *Foreign Affairs* と『中央公論』では、①客観性というフレームと②既存の訳の影響について取り上げた。①では、成功しているかいないかは別として、客観性という規範が起点テクスト全体の持つ社会指標的側面を一種抑えるような、あるいは一種中和するような目標テクストを生み出している面が示唆された。その結果起点テクストで提起された現代におけるバルカン戦争、つまりヨーロッパのみならず世界を巻き込む戦争という認識と、それを阻止するためのアメリカによる軍事的介入の必要性というアメリカの視点に立つ起点テクストの持つ強いメッセージは目標テクストではそれほど明瞭ではなくなっている。つまり、アメリカ（ワシントン）の国際政治という文脈から脱コンテクスト化されたテクストとなって再生されている。

一方②のような現象は、あらゆる翻訳のジャンルでも観察されることだが、*Newsweek* の例で見たように、メディア翻訳の持つ力関係やイデオロギーが、次の翻訳に参照されることによって維持、強化、再生産、そして再コンテクスト化されることを示唆している。

ルポルタージュ *The Fall of Yugoslavia* から『ユーゴスラヴィアの崩壊』への翻訳では、近代以降の日本の翻訳実践に関わる① nation の概念と翻訳について、そして②では①で考察した nation の概念に関わる様々な日本語の単語、すなわち「国民」、「民族」、「エスニシティ」等とも重なる現地語の概念と翻訳について取り上げた。これらは、ここで取り上げたルポルタージュの翻訳にのみ特徴的なものではなく、メディア翻訳を超え、様々なジャンルの翻訳、そして書記テクスト以外のあらゆるテクストの翻訳（そこには当然人類学で言う「文化の翻訳」も含まれる）、さらに現代のみでなく日本が近代を迎えた時以来の歴史的過程における翻訳を規定するものである。つまり、ここには近代日本の翻訳史の一面が凝縮されている。

これらの翻訳にあたっては、研究者から翻訳者、ジャーナリスト、一般の読者まであらゆる人々が、その解釈と訳出に悩み、多くの訳語が産出され、それがまた参照されるという過程が繰り返されてきた。どのような訳語を選択するかはその言及指示的機能のみに左右されるものではなく、その語が起点テクス

トにおいてどのような社会指標機能を担っているのかをコ・テクストとコンテクストを前提として解釈者がどう解釈するかに関わるものである。*The Fall of Yugoslavia* の翻訳書『ユーゴスラヴィアの崩壊』を見ても、一人の翻訳者があるテクストを解釈する場合にも多様な解釈があり、同時期の他のルポルタージュの翻訳を見てもまた異なる解釈があり、それぞれが相互行為のテクストを生み出している。

②で考察した起点テクスト（ここでは、英語）にとっての起点テクスト（ここでは、セルビア・クロアチア語）にさらに目を向ければ、ボスニア紛争という出来事が、日本で最終的な翻訳テクストになるまでには、出来事の参与者によって多くの解釈が繰り返されていること、そしてその解釈を可能にしている（あるいは限定している）のが出来事とその参与者のおかれた歴史・社会・文化的コンテクストであることがより明らかであろう。

最後のBBCドキュメンタリー *The Death of Yugoslavia* の翻訳は、同じメディア翻訳であっても、他の3つのテクストと様々な面で異なる特徴を有している。音声や映像を伴い、視聴者が眼前に見る映像と音声は、英語のみならずセルビア・クロアチア語等、複数の言語による発話であるが、それがひとつの言語、つまり日本語に訳出されている。

視聴者にとっては、番組で示される音声や文字は、一見これらの様々な言語から直接翻訳されているような印象を受ける。しかし、番組全体は、実はBBCによって提供された英語台本から翻訳されたものである。言い換えると、視聴者が想定している起点テクスト（例えば、セルビア・クロアチア語）と実際の起点テクスト（英語）が重なっていない。訳出モードにもヴォイス・オーヴァーと字幕の2つがあり、両者ともに時間的・字数的制限を受けるが、特に後者ではその情報の半分近くが失われてしまう。

一方、映像という助けによってその情報が補完される面もあるが、映像の解釈もまた解釈する主体によって多様であり、そこにはいくつもの解釈が可能である。しかしながら、視聴者はまさにこの映像ゆえにそこで映し出されていること、そしてそこで「言われていること」は「事実」であると捉える。ここで考察したように、起点テクスト（英語のナレーションとセルビア・クロアチア語の発話）には、言及指示以上に社会指標的側面での機能が強く観察される。つま

り、英語のナレーション箇所ではBBCのボスニア紛争の解釈と英国を代表するメディアとしてのBBCの使命が現れ、日本語テクストにはそのBBCの主張をあたかも「事実」として前提的に解釈するNHKの姿勢が現れていた。

セルビア・クロアチア語の発話の箇所に関しては、日本語への翻訳の前に一旦英語に翻訳されているわけだが、日本語の翻訳には明らかに英語台本とコ・テクストが影響していることが窺えた。しかし、セルビア・クロアチア語から英語への翻訳に関しては視聴者には隠されていて、存在しないがごとくである。そこでは意図的とも思えるテクストの変容が観察される箇所もあった。結果として目標テクストでは起点テクストに対して言及指示および社会指標的両側面に関して変容が見られ、目標テクストとして新たな言及指示的テクストと相互行為のテクストを生んでいた。つまり、日本において公共性・客観性を象徴する公共メディアであるNHKの番組もまた、世界における公共性・客観性の体現としてのBBCの番組を所与の事実として前提とするとともに、日本のジャーナリズムの置かれたコンテクストにあって、その立場を反映させつつ新たなテクストとコンテクストを創出していったと言えるだろう。

以上、日本というコンテクストにおいて、英語の起点テクストから日本語の目標テクストへというメディア翻訳という実践が、どのように、言及指示的語用のみならずミクロからマクロ・レヴェルに至るまでの社会指標的語用という側面を持ち、それゆえにまたその実践を通して言及指示的テクストと社会指標的テクスト（相互行為のテクスト）を生み出しているのか、つまり言語行為としてのメディア翻訳の片鱗が、ボスニア紛争報道の表象と翻訳実践を分析することによって示されたと言えるだろう。

このことは、翻訳という実践、起点テクストとの遭遇とその解釈という出来事が、その出来事にとっての「今・ここ（オリゴ）」を中心に、オリゴが置かれた社会・文化史的な空間で生起するものであることを物語る。以上から、その出来事の参与者である翻訳者（ジャーナリスト、編集者）は、Aの言語からBの言語へその言及指示的意味を導管のように通すものではなく、自らが属する社会集団や組織、国家、権力関係というミクロ・レヴェルから、さらにはその社会集団や権力関係を取り巻く文化・歴史・社会的信念体系、特に近代を規定する様々なイデオロギーというマクロ・レヴェルのコンテクストの中で、そのコ

ンテクストを前提として(つまり、コンテクスト化して)自ら主体的に解釈する存在であり、翻訳という実践はそのような解釈(テクスト化)とその解釈によって新たなコンテクストを創出するというテクスト化とコンテクスト化の連鎖の過程であると結論づけられるだろう。

注

(1) 本章で分析対象としたデータ(メディア・テクスト)については、付録として巻末にタイトル一覧を載せた。
(2) 基本的に、毎年2月、4月、6月、9月、12月の5回。
(3) アメリカ国内には、本社の他に支局が9つ、また国外に13ある。2003年の発行部数は、アメリカ国内で約310万部、国外で90万部と推定されている。
(4) 1923年創刊。
(5) 1933年に *U.S. News* として創刊。
(6) 2003年からは阪急コミュニケーションズから発行されている。
(7) メディア・リサーチ・センター(1992)『雑誌新聞総かたろぐ1992年版』には、以下のようにある。「米国版から選択翻訳した記事(85%)に、日本人によるコラム、日本に関連の深い人々とのインタビュー、ニュースの背景や人名解説など日本版独自の記事を加えて編集する。英語版発売日の2日後に日本で発行」される雑誌で、「世界各国で同時発売される出足の早いそのニュースは、日本のマスコミにもひんぱんに引用されている。」(メディア・リサーチ・センター・編,1992, p.134)
(8) 19世紀、イギリスから独立を果たしたアメリカでは大衆的な新聞が登場し、消費者の購買意欲を煽るためにスキャンダルやゴシップなど、俗悪でセンセーショナルなニュースや記事を提供する手法が大成功を収めた。イエロージャーナリズムとは、このようなジャーナリズムの傾向を指す言葉である。市場原理の優先とそれに伴う倫理観の欠如した無責任な姿勢は、その後批判の対象となり、メディア自身からも客観主義や社会的責任について問題が提起されるようになった。しかし、ちょうどその頃、2つの世界大戦が起き、戦時下にあってはジャーナリズムが国家やナショナリズムに利用され、従属してしまうことが露呈した。イエロージャーナリズムとともに戦争の報道は、客観性が犠牲にされるだけでなく、簡単に事実が歪曲されることを示すものだった(山本,2005, pp.59-67)。大戦後は、マス・メディアの系列化・寡占化が進む一方、世界規模の激しい競争の中で、市場受けする記事や報道が優先されるようになった。イエロージャーナリズムは一時衰退するように見えたが、市場原理の中で今もこの競争の一環となっている。
(9) 92年上半期の出版部数は、『週刊文春』と『週刊ポスト』がともに約67万部、『週刊新潮』『週刊現代』『週刊朝日』がそれぞれ約54万5千、51万4千、41万6千部である(篠田,1997, p.97)。
(10) 『BOSS』、『サンサーラ』、『Views』等。
(11) 「超訳」自体は、アカデミー出版の登録商標である。アカデミー出版発行の海外小説、シドニー・シェルダンの *Master of the Game*(邦題『ゲームの達人』)等の翻訳で考案された方略で、原文の大胆な省略や順序の変更等を含む。読者の読みやすさを重視した一種の翻案ともいえ、原文を逸脱し過ぎているとの批判も受けた。
(12) タイトル一覧については、巻末付録参照。

(13) 1921年設立、ニューヨークに本部を持つ非営利会員制組織である。アメリカのシンクタンクをはじめとする超党派の組織で、外交問題や世界情勢を研究・分析することを目的とし、会員にはアメリカ政府、アメリカ議会、国際金融機関、企業、大学や研究機関の関係者が多い。アメリカの外交政策に多大な影響力を持つと言われている。その組織の起源は、第1次世界大戦後、ウィルソン大統領の下で、戦後の国際秩序を検討する目的で、国務省とは別に集められた知識人を中心とするグループである。そこには、ウォルター・リップマンも参加した。
(14) 邦題は、『文明の衝突』(1998)。
(15) その後、1998年から2008年9月までは朝日新聞社『論座』で同じように一部の論文が翻訳されて掲載された。2008年3月からフォーリン・アフェアーズ・ジャパンから『フォーリン・アフェアーズ・日本語版』が出版を開始したが、2009年2月休刊。現在、その後継として、同じ出版社から『フォーリン・アフェアーズ・リポート』が出版されている。
(16) 巻末付録参照。
(17) その著書に、*Nationalism and Federalism in Yugoslavia 1962-1991*（1992b）、*Thinking About Yugoslavia*（2005）等がある。
(18) グレニーは、*The Balkans: Nationalism, War, and the Great Powers, 1804-1999*（1999）の著者でもある。
(19) 第1回『民族主義の台頭』(*Enter Nationalism*)、第2回『戦争への道』(*The Road to War*)、第3回『独立戦争』(*Wars of Independence*)、第4回『地獄の門』(*The Gates of Hell*)、第5回『安全地帯』(*A Safe Area*)、第6回『アメリカによる和平』(*Pax Americana*)。巻末付録参照。
(20) おもなものは以下のとおりである。2009年6月再放送『裁かれる戦争犯罪 — 旧ユーゴ国際戦犯法廷』(2005年オランダ VPRO 制作 *Against All Odds*)、2009年6月および2010年6月再放送『引き裂かれたイレブン — 旧ユーゴのサッカー選手たち』(2000年オランダ NPS/PvH 制作 *The Last Yugoslavian Team*)、2010年4月放送『戦った男 戦わなかった男 — 旧ユーゴ 心の旅路』(2008年オランダ／ベルギー Volya Films 制作 *Jack, the Balkans and I*)。
(21) 注(20)参照。
(22) 今回、セルビア・クロアチア語の英訳箇所を参照、引用したのは以下の台本である。'The death of Yugoslavia' programme 4: The gates of hell post production script (1995).
(23) 興味深いのは、NHKでのヴォイス・オーヴァー箇所が、BBCの放送では字幕となっている点である。例えば第4回放送分では、セルビア・クロアチア語でのインタビュー箇所は、NHKの番組では日本語によるヴォイス・オーヴァーだが、BBCの番組では英語の字幕である。この翻訳方式の差は、翻訳の情報量のみでなく、翻訳の効果にも異なる影響を与えるものと推測される。今回台本を引用した箇所に関する限り、インターネットサイトで閲覧できるBBCの放送の英語字幕と英語台本はほぼ一致していた点も記しておく。
(24) ハプスブルク帝国がボスニアの民族政策を推し進める際に使用した語である。この用語をMusliman(i)に代えて使用することに、その社会指標性がはっきり示されている。
(25) アリはアリヤとなるべきところである。単なる見落としとも取れなくはないが、イスラム教徒の名前ということでアリという名前を類推した可能性もある。これについては、3.2の*Foreign Affairs*の箇所で再度取り上げる。
(26) 第7章注(18)参照。
(27) 契約は1992年5月18日。しばらくして、ethnic cleansing という語が、アメリカのテレビのニュースや新聞に頻繁に使用されるようになる（木下, 2005, p. 248）。
(28) 「民族浄化」と呼ばれる現象をどう理解し、定義するかの議論ついては、佐原（2005）を

参照。
(29) 今、何が起こっているのかという状況の解釈に関して生じる疑念を指す（Goffman, 1974, p. 302）。
(30) Benson (1998) の辞書では、čist については以下のようにある。1. clean, pure、2. net、3. clear。また、čistiti については、to clean; to purge となっている。
(31) 「民族の浄化」あるいは「民族浄化」という日本語自体は、すでに 20 世紀前半の 1920 年代ごろからハンセン病患者対策を掲げる論者によって使用されていたという。その背景には、日本の近代国民国家、資本主義経済の確立過程と、その過程で導入されてくる優生学の思想や議論があったのは言うまでもない。詳しくは、藤野 (2001)、森 (2001) 参照。ボスニア紛争報道における英語の ethnic cleansing の訳出にあたって、当時の訳出に関わった人々に用法に関するこうした歴史的認識があったかどうかは定かではないが、強制収容所の報道によりナチスのホロコーストとの類推が働く中で、優生学の視点に立った「民族浄化」の用法が復活した可能性もあるかもしれない。反対に、ボスニア紛争報道でこの用語がクローズアップされたことで、日本の近代という歴史的経緯における「民族浄化」の用法に再び光が当てられることになった可能性もあるだろう。翻訳語との関係については、さらなる検証が必要である。ただし、ナチスとの関連から、優生学的な類推が働いたとしても、語の用法としては異なる点に注意が必要である。ハンセン病患者対策での使用は、基本的に同一民族の浄化が想定されているのに対し、ボスニア紛争等の民族紛争では、他の民族の存在が前提とされ、その民族を排斥・殲滅することによる浄化が想定されている。
(32) 木下 (2005, p. 251) によると、*The New York Times*、*The Washington Post*、*The Wall Street Journal* の 3 大高級紙、および *Time*、*Newsweek*、*US News and World Report* の 3 大高級誌、3 大テレビ系列で働く全従業員の 27% がユダヤ人である。8 月 2 日のスクープを書き、93 年のピュリッツァ賞を受賞したロイ・ガットマンもユダヤ人である。ガットマンの記事は、その後、現場を見て書いたものではなく、証人、それもたった一人の証人の証言にのみ依拠した記事であったことが明らかにされている。ハルバースタム (2003 [2001]) のようにガットマンを絶賛するジャーナリストがいる一方で、Brock (2006 [2005]) のようにその取材の信憑性に疑問を投げかけるジャーナリストもいる。
(33) この映像について疑問に感じたドイツのジャーナリスト、トーマス・ダイヒマンが 1997 年詳しい検証リポートを行って、この施設が単なる難民の収容所であり、痩せた男は鉄条網の中ではなく外にいたという内容の報告を行っている。ITN はこれに反論。しかし、双方ともにどこまでが本当なのかは、今では分からない。詳しくは木下 (2005, pp. 260-264) を参照。
(34) 注(31)も参照。
(35) ニュース言語の産出過程に関わる人々、特にジャーナリストや編集者については、Bell (1991) 第 2 章を参照。
(36) 「バルカンの火種」という表現については、前項で取り上げた「バルカンの火薬庫」が想起されるが、この点については②で取り上げることにする。
(37) cleanse (あるいは cleansing) だけではさらに 6 回使用しているが、territory または area の cleanse という使い方である。
(38) 詳しくは川田・福井 (1988)、李 (1996)、西川 (1995)、塩川 (2008) 等参照。
(39) オスマン・トルコ支配下では、臣民を指していた。
(40) これら 3 人の大統領については、5 章参照。
(41) 詩的構造、反復構造については、4 章参照。
(42) 'The death of Yugoslavia' programme 4: The gates of hell post production script (1995). p. 1.

(43) BBCの番組では、ヴォイス・オーヴァーではなく字幕のため、画面との同期を図るタイミングを示していると思われる。
(44) 'The death of Yugoslavia' programme 4: The gates of hell post production script (1995). p. 1.
(45) モダリティについては、4章参照。
(46) ズボルニクの市長（ムスリム人）を指す。
(47) 'The death of Yugoslavia' programme 4: The gates of hell post production script (1995). p. 20.
(48) 連邦レヴェルのテレビ局ユテルはベオグラードが本拠地だったが、セルビアでの民族主義の標的とされ、サラエヴォに本拠を移していた。しかし、ボスニア紛争が始まるとここでも閉局を余儀なくされる。
(49) 'The death of Yugoslavia' programme 4: The gates of hell post production script (1995). p. 2.
(50) 'The death of Yugoslavia' programme 4: The gates of hell post production script (1995). p. 2.
(51) 旧ユーゴ連邦人民軍に30年以上にわたって勤務。1992年5月、ボスニア・セルビア人共和国（スルプスカ共和国）軍司令官に任命される。しばしば、カラジッチと対立。ムラディッチは、ボスニアにおける民族浄化、特にスレブレニツァでのムスリム人虐殺の実行を指揮したとしてICTYに起訴されたが、逃亡を続けていた。2011年5月末、セルビア国内で拘束された。
(52) United Nations ICTY. (2006, February 23). IT-02-54 Transcripts, pp. 48680-48683.
(53) 直訳すると「誰もあなた方をたたくことは許されない。誰も触ることは許されない。」［日本語訳引用者］となる。
(54) マックィーン（1996. 10. 4）
(55) United Nations ICTY. (2005, February 9). IT-02-54 Transcripts, pp. 35946-35947.

終 章

1　メディアの表象と相互行為としての翻訳

　1990年代以降、冷戦の終焉と情報通信テクノロジーの急速な発展を受けて、私たちを取り巻く社会も急速にグローバル化が進展している。日々様々な情報が行き交うなか、その情報の橋渡しをする翻訳の役割の重要性については、多くの人の認めるところだろう。現在のメディア翻訳の拡大と多様化も、このような世界の趨勢の反映であると思われる。

　なかでも国際報道の翻訳は、冷戦後の国際関係や新たな世界の枠組みの構築にも関わる実践である。しかし、瞬時に流れてくる遠い地域の情報を受け取りながら、多くの人は、あたかも世界中で同じ「事実」を共有しているという錯覚に陥っていないだろうか。彼の地で生じた出来事について、私たちが受け取る情報には、何が翻訳されるのか、どう翻訳されるのか、が深く関わっていることに、人々はほとんど関心を向けていないというのが現状ではなかろうか。メディアの表象と翻訳の関わりについては、今までほとんど顧みられることはなかったのである。

　国際報道における翻訳という行為は、長らく情報理論的コミュニケーション観に基づき、いわば「導管」として捉えられ、その姿はほとんど不可視であった。他方、情報理論的コミュニケーション観のもうひとつの帰結として、報道の客観性・中立性という規範が、一層メディア翻訳の言語行為的側面を見えにくくしてきた。こうしたコミュニケーション観は、オーディエンスばかりでなく、広くメディア翻訳の実践や研究に携わる人々の間でも共有されてきた。その結果、翻訳学においても、この分野は他の分野、とりわけ文学をはじめとするフィクション領域の研究における進展からは取り残されてきた。

　しかし、本書で見てきたようにメディア翻訳もまた、文学など他のジャンル

の翻訳、さらには通常の言語行為と同様、社会・文化的コンテクストにおいて生起する言語使用、語用実践である。ミクロなレヴェルで、翻訳に編集者、製作者あるいは出版社等の組織の意向が大いに絡む点も、翻訳実践として共通する問題を内包している。出来事の解釈に始まって報道テクストが生成され、それが各国語に翻訳される過程には、様々な組織や文化・社会的背景を持つ言語使用者たちが絡む。特に、国際社会の行方をも左右する近年の様々な紛争をめぐる出来事を伝える報道と翻訳の姿が、情報理論的コミュニケーション観では十全に捉えきれないのは明らかである。

メディア翻訳は、2つの言語間における単なる言及指示的意味の等価的な置き換えではない。出来事や行為がメディアの対象となることに始まって、解釈され、翻訳を通してさらに解釈され、そして読者や視聴者によって解釈されるという一連の記号過程なのである。本書は、このようなメディア翻訳の言語行為、相互行為としての多層的実践を、社会記号論系言語人類学の出来事モデルに依拠して明らかにしようとしたものである。この試みはまた、翻訳学における従来の「等価」理論を中心とする言語理論と、近年の文化理論の乖離を埋めようとするものである。

文化理論の研究者は、おもに解釈の不確定性と個別性、一回性を根拠に「等価」を不可能と見なす。たしかに、現在の翻訳論では、「等価」は時代遅れの議論となってしまった感がある。しかし、言語学や論理学、数学、自然科学は言うに及ばず、社会学や人類学などの社会科学、なかでも比較社会学、比較文化研究、比較文学などでも、等価の概念は今も理論的中心に置かれ、その重要性が認識され続けている。この現実を、翻訳学はどのように受け止めるべきだろうか。少なくとも、上記の例で言えば、作業仮説として、社会、文化、文学間の等価性、比較可能性を前提としなければ、これら学問領域の企てはそもそもなしえない。また、例えば、文化人類学、ブルデュー社会学の相同性の探求が示しているように、科学者だけではなく社会科学が対象とする人々もまた、相同性、すなわち等価性を定立するという営みに日々従事している。そうであるならば、「等価」概念を忌避する昨今の翻訳学のあり方自体に、他の諸科学との整合性の欠如が見て取れると言わざるを得ないのではないか。

翻訳の翻訳としての存在意義は、まさにこの「等価」にあり、メディア翻訳

の客観性の期待も幻想もこの「等価」に起因すると言ってよいだろう。「等価」という語を使用することで誤解を招きやすいが、同じ言語においても、ある言葉や概念を他の言葉や概念で言い換える時、全く両者が同じであることはない。あくまでも「近似」「類似」である。まして言語構造が異なる２つの言語間では、言語相対論を持ち出すまでもなく、ある言語でのＡがもう一方の言語でＢと全く同じになることはない。それでも人々は解釈・理解を求めて言葉を紡ぐ。

「等価」とは、我々の世界の認識を可能にする「限りない近似」への希求とも言える。しかしなぜ、全くの等価が不可能かといえば、それは言語の実態が抽象的な言語構造にあるのではなく、具体的な言語使用にあるからだろう。つまり、言語使用は「今・ここ」という一回限りのコンテクストで生起する行為だからである。この言語使用には２つの側面、すなわち「言われていること」（言及指示的機能）と「為されていること」（社会指標的機能）があることは本書で繰り返し述べてきたところである。

しかしながら、翻訳学における等価の議論は、えてして言語構造や言語使用の言及指示的側面に焦点化され、結果として、言語使用の社会指標的側面が十分検証されてこなかったことも事実である。文化理論で提起される翻訳不可能性は、何よりも社会指標的側面の等価が難しいことを提起しているのである。つまり、「等価」という幻想を超えて、なおかつ翻訳（解釈）の等価性を希求し続けるためには、実際の言語使用においてそれを困難にしている社会指標的側面をも視野に入れ、「メタ語用」のレヴェルで実証的に検証することが必要とされていると言えるだろう。言語人類学の視座は、このような言語使用の２つの側面、言い換えると翻訳学における２つの大きな理論群をつなぐ枠組みとして有効であり、なおかつメディア翻訳の動的な実践を検証するのに役立つものである。

このような視点に立って、第Ⅱ部で行ったボスニア紛争のメディア表象と翻訳実践に関する言説分析を通して、以下が明らかとなったと思う。日本におけるメディア翻訳においては、まず起点テクストとなる欧米主要メディアの言説が、自らの（欧米的）基点に立って、ボスニア紛争という出来事をその社会・文化的コンテクストを前提として解釈した結果創出された相互行為のテク

ストであったこと、そして、目標テクストすなわち日本において視聴者・読者が受け取るメディア翻訳テクストもまた、自らの（日本的）基点に立って、そのような欧米メディア言説とそれよって創出された新たなコンテクストの中で生起した相互行為のテクストであったことである。

第5章と第6章で考察したように、ボスニア紛争とは、旧ユーゴ諸民族の辿った歴史的、文化的・社会的、また経済的・政治的な様々な要因を背景（コンテクスト）とするものである。同時に、それはヨーロッパ近代のナショナリズム、国民国家、帝国主義、民族自決など、近代の価値・信念・イデオロギーという象徴的な価値体系の中で生起したものであり、欧米だけでなく日本を含む国際社会の対応も、このような近代の反映であった。そしてこのような国際社会、特に冷戦後の世界秩序の担い手でもあり、かつ権力を持つ欧米社会の世論に大きな影響を与えたのがまた、このような価値体系をコンテクストとして生起した欧米主要メディアによる言説であった。

メディア翻訳という一連の記号過程を、こうしたコンテクストの中に位置づけた上で、その過程を大きく2つに分けて考察したのが第7章と第8章である。ボスニア紛争をめぐっては、旧ユーゴ内のメディアの動向、とりわけセルビア、クロアチアの政府系メディアによる民族主義的言説が大きく紛争の展開に影響を与えた。しかし、欧米、特に英米の主要メディアの言説もまた、セルビア民族主義を批判しながらもその根本において旧ユーゴ内の民族主義的言説と重なる指標性を示すものであった。それは、ミクロなレヴェルでは欧米ジャーナリストの属する欧米メディアや社会集団、さらには資本主義、民主主義的国家の立場からセルビアを糾弾するものであったが、よりマクロなレヴェルでは近代ヨーロッパの価値体系を指標するものであるかぎりにおいて、旧ユーゴにおける民族主義が指標する価値体系と同じであったと言える。

一方でセルビア、クロアチアだけでなくボスニアでもこうした政府系メディアとは異なる言説があった。またドキュメンタリー映画、民族誌にも現れた一般の人々の言説に観察される指標性に見られたように、ミクロ・レヴェルでは異なるコンテクストを指標した言説が存在した。民族主義的な政府系メディアは旧ユーゴの対立の歴史を、反民族主義を掲げるメディアは共存の歴史を、そして、個人は「対立」と「共存」、「戦争という非日常」と「平和という日常」

の交錯する身体的体験を指標していた。しかし、マクロ・レヴェルのコンテクストにおいては、民族主義的なメディア言説は、欧米メディアと同じ近代西欧の価値やイデオロギーを指標し、一方反民族主義を掲げるメディアの対抗言説も、そして日常的身体的体験を通した個人の言説もまた、近代西欧イデオロギー、すなわち「西洋」対「東洋」、「文明」対「野蛮」という対照ペアが織りなすフレームを喚起・参照していることを示していた。

その意味で、ボスニア紛争をめぐる語用実践は、特に社会指標的な語用実践においては、ミクロなレヴェルでは社会文化的多様性が観察されたが、マクロなレヴェルではその社会文化的多様性は西欧近代イデオロギーによって抑圧され背景化してしまったと言えるのではないか。そして、こうした現地で生まれたテクストは、主要メディアの大きな力の影でほとんど国際的には影響力を持たないまま、そのミクロなレヴェルでの多様性は埋没していき、一方欧米主要メディアの言説が世界（特に、第1世界）に流布していくことになった。

欧米主要メディアの言説が、世界に流布していく過程のひとつが日本語への翻訳という実践である。4つのタイプのメディア翻訳を対象とした分析で、ミクロ・レヴェルでは翻訳者（編集者・ジャーナリスト）による起点テクストの解釈が、一方で彼らを取り巻く日本のジャーナリズムやメディアのあり方に影響を受けつつ、他方で欧米メディアの既存言説や起点テクストのコ・テクストを所与のものとして前提としていることが観察された。このことは、とりもなおさず、日本のメディアが欧米メディアの言説を「事実」として一方的に受けとる傾向を示しており、両者の力関係を如実に表すものである。さらに翻訳行為が日本の近代における歴史と文化・社会を指標するものであり、さらには日本の近代の価値観を規定する近代西欧のイデオロギーを指し示すものであることが観察された。

以上の考察によって、メディア翻訳が、人々が一般に考えているような言及指示的意味の等価的伝達、つまり導管なのではなく、出来事を取り巻く言語使用者（ジャーナリストや翻訳者等）がミクロからマクロ・レヴェルのコンテクストを前提的に指標することを通して、「今・ここ」で生起した出来事が解釈可能なテクストとなり、同時に新たなコンテクストを創出していくという一連の記号過程の連鎖であることが示されたと考える。このことから、メディア翻訳

という言語実践をさらに科学的に追究していくためには、メタ意味論的レヴェルでの「等価」にとどまらない、語用の持つ社会指標的側面を視野に入れたメタ語用レヴェルでの「等価」の議論が必要であり、そうした視点からの検証や分析が不可欠であると結論づけられるだろう。

2 今後の課題

　メディア翻訳の実践に関する研究は、翻訳学でもまだ始まったばかりであり、発展途上にある。その中で、本書はメディア翻訳の相互行為性を示す上で、一定の成果をあげることができたと考える。これまでほとんど不可視であったメディア翻訳について、その実態をある程度可視化でき、その意味でそれなりの意義があったと思う。また、翻訳学で翻訳の相互行為性を探求するための新たな枠組みが求められている中で、従来の翻訳学の言語学的知見と蓄積を活かしつつ、文化理論も視野に入れた取り組みとして言語人類学の応用の可能性を示すことができたのではないか。これは、翻訳学における言語理論と文化理論をつなぐひとつの試みであり、これからの日本における翻訳学の発展に多少なりとも貢献できたと信じたい。

　しかしながら、多くの課題も残されたことも率直に認めなければならない。何よりもまず、本書がメディア翻訳の典型的事例として取り上げたボスニア紛争報道は、あくまでもひとつの事例に過ぎないことである。そのひとつの事例であっても、そこで起きている多層的、複層的なコンテクストとテクストの絡みを、複眼的な視点から必要な資料を網羅して考察し得たかというと、答えはもちろん否である。さらに、民族紛争や地域紛争がそれぞれ個別のものであり、簡単に一般化できないように、紛争報道、あるいは報道翻訳をこの事例だけで一般化できるものではないことは言うまでもない。他の紛争報道、ひいてはより一般的な報道とどれだけ共通する課題を提起できるかには、これからの様々な事例研究が必須である。

　一方、今回は英米主要メディアのみを対象としたが、他の欧米諸国のメディアにもミクロなレヴェルで多様な解釈があったと思われる。加えて、英米での独立系メディアの動向も今回は対象としていない。また、データの制約があったとはいえ、日本の紛争報道におけるメディア言説と翻訳の関係性を明らかに

しようとするなら、衛星放送における翻訳実践や、さらにほとんどその実態の見えない新聞やニュースの内部で行われている様々な翻訳実践にまで踏み込んで考察する方法を探るべきであろう。

　以上と関連するが、ここではメディア翻訳の過程を大きく２つに分けて考察したが、実はこの２つの過程にはその他の多くの解釈行為、翻訳行為が重層的に絡みあっている。例えば、ボスニア紛争の場合で言えば、ジャーナリストの取材には現地の通訳者の存在が必須であった。通訳者がどのような出自やバックグラウンド、経験を持っているのか、彼らの通訳に対する規範は何かも報道テクストに影響する。様々な現地の政治家あるいは住民へのインタビューとその引用記事は、こうした通訳者が発話をどう解釈し、どう表現したかに大きく依存する。ボスニア紛争では通訳者の絶対数が不足し、ほとんど訓練を受けたことの無い人々も通訳者として働いた。また、通訳者は通訳者としての意識的、あるいは前意識的な規範・倫理を持ちながらも、民族紛争においては自らがどの民族に属し、どのように紛争を解釈しているか、また誰に対して通訳するのか、その効果は何かという問題等との間でジレンマに陥った。そのことは通訳実践に影響を及ぼす。本書が扱った４つの英語起点テクストでは、通訳者の存在が前提とされながらも、その姿が見えないことはもちろんのこと、名前さえ言及されることはほとんどなかった。メディア翻訳における通訳者あるいは通訳の実践についても、今後の大きな課題であろう。

　一方、報道の翻訳過程そのものも大変複雑であり、いくつもの工程がある。現地でのインタビューをニュース記事にするにも、まず現地の言語でのインタビューに始まって、編集、要約、翻訳、再び編集というように、いくつもの工程を経て、最終的には決められたスペースに収まるよう調整される。前述したように、そこでは、ジャーナリストと翻訳者の仕事はほとんど一体となっており、ジャーナリストが翻訳者としてではなく、むしろジャーナリストとして翻訳を行っていると言える。通常彼らは、特別な翻訳教育を受けてはいない。さらに、そこには編集という作業も大きく絡む。メディア翻訳を考察するには、この「編集」という視点を抜きに深く論じることはできないだろう。

　このようにメディア翻訳は、本書で行ったような２つの過程には単純に還元できない複雑な過程である。さらに、ドキュメンタリー翻訳に典型的に見られ

たように、その翻訳過程では書記言語記号だけでなく音声記号、さらに非言語記号も対象とされている。こうした様々な記号を対象としているだけに、社会記号論系言語人類学の枠組みは、メディア翻訳の分析にさらに大きな可能性を秘めていると思うが、それを十全に活かすためには理論に対する一層深い理解とその活用方法に対する知見が必要とされるだろう。また、これと関連し、オング（1991 [1988]）が指摘したような、Orality（声の文化、口頭性）と Literacy（文字の文化、書記性）の問題も、現代社会におけるメディア翻訳においては、どちらかを排他的に扱うのではなく両者の切り結ぶ関係性からも考察していく必要があるのではないかと思う。

　一方、メディア翻訳とグローバル化は切り離せない問題であるが、今回問題提起したグローバル社会の中で英米主要メディアと英語という言語がもつ権力性について、そしてそれがもたらす不均衡な情報の流れについても、グローバル化を単に欧米あるいは英語を中心とする見方だけでは、グローバル化の多層的で多様な姿を見落としてしまうことになるだろう。

　そして、本書でも度々指摘しながらも、ここではほとんど扱えなかったものにオーディエンス（視聴者・読者）への影響・効果がある。オーディエンスもまた、解釈する主体であり、メディアの影響、メディア翻訳の影響も一様ではないはずであり、そこに解釈が行われるならば、そこにはひとつひとつ異なるオリゴがあり、テクストがあるはずだろう。これらはすべて今後の課題である。

3　異文化コミュニケーションにおけるメディア翻訳の役割

　目の前には、様々な課題が山積している。その課題に思いを巡らせば、本書が成し得たことといえば、メディア翻訳という言語実践への人々への気づきの喚起というメディア翻訳研究のささやかな一歩を踏み出したことぐらいである。それでも、この研究の目指すところへと向かう大切な一歩ではないかと思う。目指すのは、異質なる他者への理解と共感を育むという異文化コミュニケーションの課題に、メディア翻訳はどのような役割を果たせるのか、どのような可能性があるのか、それを模索することである。本書を締めくくるに当たり、ここまでの考察と今後の課題を踏まえ、異文化コミュニケーションにおけるメディア翻訳の役割について述べ、結びとしたい。

グローバル化の時代を迎え、国家や社会の境界を越え相互依存関係が強まる一方で、旧ユーゴの一連の紛争に見たように、国家間の戦争だけでなく、地域間、民族集団間の紛争や摩擦も絶えない。文化や社会、言語の多様性と共存が久しく叫ばれながら、グローバル化や国際化は、なかなかそうした方向に向かわず、現在の国際社会の力関係を反映して、欧米諸国を中心とした「価値」や「社会体制」などのフレームの世界的な拡がりと（部分的な）内面化、そしてそれに伴う社会文化変容に収斂していくようにさえ見える。こうした現象は、建前とは逆に、多様性を抑圧する側面も持ち、それはまた新たな摩擦と軋轢を生む。

　旧ユーゴにおける一連の紛争にも、そうした欧米を中心とする世界の不均衡な権力関係と欧米の価値観、それと深く関わる近代ヨーロッパのイデオロギーのもつ影響力が紛争の行方も左右した。旧ユーゴ諸国家、諸民族をはじめヨーロッパの辺境・周辺地帯にある国々や社会・民族集団が、冷戦崩壊後、この権力構造の頂点に立つ西欧の一員になることを目指して互いに先を争った。ヨーロッパの一員となるためには、近代西欧の価値に一歩でも近づき、近代的な国民国家の形を整えなければならない。これは、例えば、バルト三国など旧ソ連邦を構成していた共和国に見られた、言語ナショナリズム（民族言語の法的な押し付け）と個人の言語権・教育権の法的・体制的保証との間の相克という現象にも観察されるものである（塩川, 2004）。言語ナショナリズムも個人の言語権・教育権という問題も、ともに近代イデオロギーに基づくものだからである。しかし、そのような考えは西欧社会やイデオロギーに潜む自文化・自民族中心主義にも結びつきやすく、他の文化や民族を抑圧、排斥する危険性も孕んでいる。そこには、他者に対する関心、理解、共感はない。

　他方、ボスニア紛争をはじめとする旧ユーゴ紛争は、これまでの近代ヨーロッパの枠組みそのものの再検討を迫るものでもあった。異文化コミュニケーションの重要性は、こうした権力関係の中で自文化のみに価値を置くことによって切断されがちな異文化との関係に、対話をもたらし、その相互作用を通して他者に対する理解・共感を深めていくことにあり、同時にそれを通し既存の価値体系を問い直すことにある。それが、自文化中心主義がもたらす摩擦や紛争を防ぎ、文化、社会、言語、民族、宗教の多様性の保持と共存につながる。

異文化コミュニケーション研究の教育と使命は、様々に異なる文化が自己の文化を維持、継承しつつ、他の文化と共存する道を模索し、地球、世界、人類の平和に貢献することと言えるだろう。異文化接触、異文化交流の接点で橋渡しを担う翻訳は、異文化コミュニケーション研究にとっても重要である。特にメディア翻訳は、紛争や戦争に大きく関わる実践である。それだけに、翻訳が近代に規定された価値と権力構造というコンテクストで生起している言語実践であることをまず認識することから出発し、異文化コミュニケーションに翻訳がいかなる形で関わり、貢献できるかを考えていくことが求められていると言えるだろう。

　Baker（2006a）も述べるように、翻訳は紛争の流れや環境を醸成するナラティヴの表象と構築に重要な役割を担っている。メディア翻訳は、他の言語による事実の客観的、意味の等価的置き換えであるという従来考えられてきたような理解自体が、紛争を醸成するナラティヴを支えてしまうことにもなりかねない。何よりもまず、メディア翻訳の相互行為性、つまり翻訳には言及指示的な側面だけではなく、翻訳という言語使用に関わる翻訳者やジャーナリストなどのアイデンティティ、イデオロギー、権力関係という社会指標的側面があり、自らの翻訳行為がそれに関わっていることを認識することが必要であろう。そして、現代のメディア翻訳が、世界における非常に不均衡な権力関係の中で行われていることに、メディア翻訳に携わるジャーナリストや翻訳者だけでなく視聴者や読者も常に思いを致すべきだろう。

　Fairclough（1995, p. 55）が指摘するように、言語使用は、既存の社会的関係や知識、信念体系を再生産、維持すると同時に、創造的に変化させる。メディア翻訳が言語実践であるならば、メディアを取り巻く世界の不均衡な権力関係を助長し、再生産する実践ではなく、反対に変えていくための実践となり、そのような環境を構築する力ともなる。

　少なくとも日本というコンテクストにおいては、国際報道の欧米主要メディアと英語への一方的な依存を問い直し、世界における多様な出来事と多様な解釈を許容する姿勢や体制作りが必要なのではないだろうか。どれかひとつの解釈だけが正しい、あるいは「事実」ということはない。グローバル・ニュースが間違いであり、ローカルな声だけが正しいというのでもない。しかし、もし、

ボスニア紛争における多様な声、例えば、サラエヴォの新聞 *Oslobodenje*（オスロボジェーニェ）に描かれたような民族の共存を基盤とする統一国家ボスニアを求める市民の声、あるいはセルビア、クロアチアの独立メディアに述べられた反民族主義の声も掬い上げることができたら、簡単に欧米主要メディアの言説そのものを唯一の「事実」とし、その言説を前提としてボスニア紛争を解釈することにも疑問が生じたであろう。

　欧米メディアが近代西欧社会の価値や信念に規定される存在であるならば、それはまた旧ユーゴにおける各民族による他民族排斥の上に成り立つ国民国家の建設を正当化し、彼らの民族主義的言動を支えてしまう。こうした欧米メディア言説の持つ権力性に無意識であること、そして日本のメディアもまたそうした権力関係の中にあることに無意識であることは、メディア翻訳を通してこのような権力性を維持、再生産していくことにもつながりかねない。

　異なる他者への共感と理解を目指す異文化コミュニケーションに、メディア翻訳が積極的な役割を果たすためには、メディア翻訳に関わる人々だけでなく視聴者や読者もメディア翻訳の持つ相互行為性を理解し、その相互行為性ゆえの様々な危険と可能性を認識すること、そして様々な視点を持つメディア・テクストに人々がアクセスできるような情報の流れを保証し、英語だけではなく世界の多様な言語・文化との間でのメディア翻訳も可能にしていくような取り組みが必要とされているのではないだろうか。

注

(1) Dragovic-Drouet（2007）参照。またクロアチア紛争については、Stahuljak（2010）も参照。
(2) 従来「中立性」という規範に強く支配され、「見えない存在」「透明な導管」として扱われてきた通訳者に光を当て、オーラルヒストリーという手法を通して、その規範と実践を考察した先駆的な研究に、鳥飼（2007）、Torikai（2009）がある。「中立性」という規範を保持しながらも、実際のコミュニケーションの場では、その時々において自主的にポジショニングを決め、創造的な選択をしている通訳者像とその役割を、見ている人には暗黙の了解として見えないことになっているが舞台にはなくてはならない存在である「黒衣」というモデルを使って探究したものである。このような通訳という実践の相互行為性に焦点を当てる研究が、今後、特に政治や国際関係が絡むメディア翻訳での通訳の実践の検証には必須である。
(3) Bielsa & Bassnett（2009）、Schäffner & Bassnett（2010）参照。

あとがき

　本書は、2011年6月、立教大学に提出した博士論文『メディアの表象と翻訳行為：ボスニア紛争報道に関する言語人類学的考察』を改稿したものである。部分的に加筆、修正、再構成した箇所はあるが、基本的な論の展開、分析、考察に大きな変更は加えていない。

　本書の関わる学問領域は、翻訳学と言語人類学を中心に、言語、社会、文化を扱う学問諸領域、メディア研究、地域研究、歴史学、国際政治学まで広範な範囲に及ぶ。その各領域に十分な専門性を持ち合わせているわけではない筆者が、自らの能力を顧みず、無謀にも上記テーマに取り組みはじめてからすでに7年近くの時が流れた。それぞれの領域の奥深さ、広がり、そしてその複層的な相互関連性を知れば知るほど、筆者の不勉強を恥じ、自身の未熟さを思い知らされる毎日である。終章でも触れた通り、筆者の専門領域として残された課題も山積している。上記関連領域に関しては、必死に文献を紐解き、テクストを紡ぐ日々であったが、そこに浅学ゆえの思い違いやあってはならない間違いがないことを祈るばかりである。もしあったとすれば、もちろんそれはすべて筆者の責任に帰すものである。これらのことは、現在の筆者の限界を示すものではあるが、その現状に決して満足しているものではない。不備や誤りは、将来の研究でぜひ論じ直していきたい。しかし、今回こうした問題点を十分認識しつつも、上記論文をほぼそのままの形で、本書として上梓できる機会に恵まれたことを非常に有り難く思う。なぜなら、異文化コミュニケーション学、そして異文化コミュニケーション学としての翻訳学を探究する者として、異なる他者への理解と共感を育むという異文化コミュニケーション学の今日的な課題に、今というこのときに、メディア翻訳の果たす役割と可能性を提起することは大きな意義を持つと信じるからである。

　本書の一部は、すでに個別に発表した以下の論文内容を含むものである。
　　第Ⅰ部：「グローバル化とメディア翻訳：社会記号論系言語人類学の切り開く新たな地平」(『翻訳研究への招待』第7号)、「『等価』再考——『翻訳理論の探

求』に探る翻訳学の新たな可能性」(『異文化コミュニケーション論集』第9号)
第II部：「翻訳、テクスト、コンテクスト――ボスニア紛争とそのメディア表象」(『異文化コミュニケーション論集』第7号)、「相互行為としてのメディア翻訳――ドキュメンタリー番組の言説分析」(『通訳翻訳研究』第10号)

　数多のメディアの表象に囲まれ、その中で私たちは生きている。そのメディアの表象とは、いかなるものなのだろう。歴史の大きなうねりの中で、私たち自身が、メディアの表象を解釈・翻訳するという行為を通して、ボスニア紛争だけでなく、現在も様々な紛争、出来事が繰り返されるこの世界と繋がっている。そうであるならば、メディアの表象・言説がそもそも生起する過程そのものが、言語使用者としての人間の解釈と翻訳という言語行為、相互行為の繰り返される場であることへの気づきが今こそ必要なのではないだろうか。

　この研究そのものもまた、筆者自身の解釈・翻訳の実践であった。日本語で書かれた文献を読むとき、英語で書かれた文章を読み理解しようとするとき、頭の中に浮かびあがる様々な解釈の可能性の中から、それを自分の言葉として産出しようとするとき、そして英語のテクストやセルビア・クロアチア語のテクストの日本語訳を試みるとき、そこでは限りないコミュニケーションが繰り返され、テクストとコンテクストの間を行きつ戻りつした。その意味で、本研究もまた、翻訳の相互行為性を自ら確かめる過程であり、コンテクスト化とテクスト化の過程であったと言える。このことは、本書自体が相互行為のテクストであり、言語使用者としての筆者自身のアイデンティティ、イデオロギーを指標するものである。その意味で、本書で示唆された考察結果も、ひとつの解釈であり、何を前提とする解釈なのかを自ら様々な視点で検証し直さなければならないばかりでなく、多くの他の研究者によって検証され、批判されるべきものである。その対話の繰り返しが、メディア翻訳の役割と可能性を未来に切り開くことにつながることを切に祈る。

　博士論文を執筆する過程においては、多くの方々から親身なご指導、ご助言、ご協力を賜った。そのご厚恩に浴することができたことを大きな喜びとし、ここに深謝申し上げたい。

　立教大学大学院異文化コミュニケーション研究科で、博士前期課程より一貫してご指導いただいた小山亘教授には、言葉で言い尽くせないほどお世話になった。筆者にとって全く未知であった言語人類学の道へと誘い、学問の深奥さを教えていただいた。その懐の深さで、辛抱強く筆者を導き、言葉とコミュニケーション、社会、

文化への尽きせぬ興味を引き出してくださった。

　副指導教授の同研究科鳥飼玖美子教授には、本研究科におけるすべての勉学の過程において、厳しくもあたたかいご指導とお力添えで、大きな課題の前に身が竦みそうになる筆者の背中を何度力強く押していただいたか分からない。そして、筆者に異文化コミュニケーションに果たすべき翻訳、翻訳学の役割と使命を問い続ける勇気を与え続けていただいた。

　学外審査員を務めてくださった大阪大学大学院言語文化研究科の佐藤彰准教授には、懇切丁寧に拙論をお読みいただいた上で、数々の貴重なコメントをいただき、メディアと言語の問題を深く探求していく上での指針を示していただいた。

　立教大学大学院異文化コミュニケーション研究科後期課程では、平賀正子教授、野田研一教授、阿部治教授、灘光洋子教授、中谷一准教授の諸先生方に、機会あるごとに数々の示唆に富むご助言を賜った。さらに、前期課程のときより筆者を見守り続けてくださった異文化コミュニケーション研究科のすべての先生方に、ここに衷心からの感謝の気持ちをお伝えしたく思う。

　同研究科後期課程でともに学んだ方々との様々な議論の時間は、筆者に常に新たな刺激を与えてくれる至福の時であった。ここにおひとりおひとりのお名前を挙げることは控えるが、その助言と激励が大きな励みとなった。この場を借りて心からお礼を申し上げたい。

　筆者が津田塾大学で国際関係学の学徒として、初めてユーゴスラヴィアという国に出会ってから、長い年月が過ぎた。筆者の未熟ながらもこの地の歴史や文化に対する視点の基盤は、その時代に培われたものである。当時大変お世話になった方々のご恩に報いることはできなかったが、その方々への感謝の気持ちを今日まで忘れたことはない。

　本書の資料収集にも多方面でお世話になったが、今回の出版にあたり、Liddle Hart Center for Military Archives 所蔵の資料引用を許可していただいた Brook Lapping Productions 社にあらためて謝意を表したい。

　この度、みすず書房から本書を上梓するにあたっては、守田省吾編集長にご理解、ご支援を賜るとともに、担当してくださった島原裕司氏には筆者にとっての初めての単著執筆をきめ細かな適切なご助言で支えていただいた。ここに厚く御礼申し上げる。

　最後になるが、研究と執筆という長い道程を支え続けてくれた家族ひとりひとりへの深い感謝を忘れずにここに記しておく。

本書を、異文化の狭間で、この翻訳という人間の根源的な営みに挑み続けるすべての方々に捧げたい。

　2013年2月

坪井睦子

付録　第8章談話分析データ一覧

① ***Newsweek***・『ニューズウィーク日本版』旧ユーゴ関連掲載記事一覧（出版日時順*）

Fifteen cease-fires... and counting (1992, January 20). *Newsweek, 119*, 34.

「15度目の停戦合意も危ないユーゴ」(1992. 1. 23).『ニューズウィーク日本版』1992年1月23日号, 36-37頁.

Deming, A. (1992, January 27). The quietest revolution — Macedonia hopes to achieve a Yugoslav miracle: Independence without ethnic confrontation. *Newsweek, 119*, 20.

Deming, A. (1992. 1. 30).「マケドニアの静かな革命：ユーゴの共和国に『流血なき独立』は可能か」『ニューズウィーク日本版』1992年1月30日号, 20頁.

Deming, A. (1992, February 24). Bring on the blue helmets: Can the U.N. keep the peace in Yugoslavia? *Newsweek, 119*, 16.

Deming, A. (1992. 2. 27).「ユーゴ和平、大きな山場：PKF派遣でバンス和平工作は実るか」『ニューズウィーク日本版』1992年2月27日号, 20頁.

Privat, P. (1992, March 9). 'Peace is hanging on a thread': Bosnia and Hercegovina's path to sovereignty. *Newsweek, 119*, 19.

Privat, P. (1992. 3. 12).「ユーゴの新たな火ダネ：新生ボスニアの前途は不安がいっぱい」『ニューズウィーク日本版』1992年3月12日号, 29頁.

Deming, A. (1992, March 16). Yugoslavia: Profits of peace: Awaiting the U.N. troops — and their hard cash. *Newsweek, 119*, 38.

Deming, A. (1992. 3. 19).「国連軍を待つユーゴ：国民は早くも『PKF特需』を期待」『ニューズウィーク日本版』1992年3月19日号, 26頁.

Deming, A. (1992, April 20). Yugoslavia's second front: Ethnic war has spread to the Bosnian Republic. *Newsweek, 119*, 25.

Deming, A. (1992. 4. 23).「ボスニアが最前線に：ユーゴ危機の解決にまたもや重大な障壁」『ニューズウィーク日本版』1992年4月23日号, 25頁.

Emerson, T. (1992, May 11). A leaner, meaner Yugoslavia: Serbia's new federation won't find many friends. *Newsweek, 119*, 44.

Emerson, T. (1992. 5. 14).「孤立無援の新ユーゴ：大セルビアの野心は消えていない」『ニューズウィーク日本版』1992年5月14日号, 32頁.

Sullivan, S. (1992, May 18). Botching the Balkans: The Yugoslav fiasco displays the limits of Western diplomacy. *Newsweek, 119*, 36-37.

Sullivan, S. (1992. 5. 21).「吹き飛んだバルカン和平の幻想：東欧民主化に賭けた米・

EC 外交の限界」『ニューズウィーク日本版』1992年5月21日号,36-37頁.

Brand, J. (1992, May 18). Sarajevo at war with itself. *Newsweek, 119*, 37.

Brand, J. (1992. 5. 21).「ボスニアに牙むくセルビア軍:分割のおそれも出てきた首都サラエボの危機」『ニューズウィーク日本版』1992年5月21日号,37頁.

Breslau, K., & Brand, J. (1992, May 25). 'All we can do is suffer': The plight of Yugoslavia's 1.5 million refugees. *Newsweek, 119*, 18-19.

Breslau, K., & Brand, J. (1992. 5. 28).「ユーゴのさまよえる難民たち:仁義なき内戦のなかで150万人が家を失った」『ニューズウィーク日本版』1992年5月28日号,18-19頁.

Post, T., & Breslau, K. (1992, June 8). Getting tough on Serbia: Why now, after months of U.S. foot-dragging? *Newsweek, 119*, 20.

Post, T., & Breslau, K. (1992. 6. 11).「セルビアに強硬措置:ついに米政府が事態収拾に乗り出した」『ニューズウィーク日本版』1992年6月11日号,18頁.

Nagorski, A. (1992, June 15). The lessons of Yugoslavia: Warring republics must solve their own problems. *Newsweek, 119*, 23.

ナゴースキー,A. (1992. 6. 18).「ユーゴの苦い教訓:欧州への仲間入りをめざす東欧諸国に難問」『ニューズウィーク日本版』1992年6月18日号,29頁.

Deming, A. (1992, June 22). Belgrade's injured innocence: Serbia rejects blame for the bloodshed in Sarajevo. *Newsweek, 119*, 22.

Deming, A. (1992. 6. 25).「ボスニア絶体絶命:国連制裁もセルビアを硬化させただけ?」『ニューズウィーク日本版』1992年6月25日号,28頁.

Warner, M. G. (1992, June 22). Bosnia. Will America step in?: The Pentagon thinks it may have to take charge. *Newsweek, 119*, 23.

Warner, M. G. (1992. 6. 25).「アメリカが軍事介入か:ユーゴ内戦が超大国に突きつけた難問」『ニューズウィーク日本版』1992年6月25日号,29頁.

サリバン,S. (1992. 6. 25).「『民族』の血が騒ぐ:欧州統合に立ちふさがる前世紀の妖怪」『ニューズウィーク日本版』1992年6月25日号,29頁.(英語版なし)

Lane, C., & Brand, J. (1992, July 6). The siege of Sarajevo: In a city where some 800 snipers roam the streets, humanitarian aid won't be easy. *Newsweek, 120*, 24-25.

Lane, C., & Brand, J. (1992. 7. 9).「瀕死のサラエボを救うのは誰だ:独善的民族意識を振りかざすセルビア人に、とうとう世界が本気で怒りだした」『ニューズウィーク日本版』1992年7月9日号,16-19頁.

Watson, R., Warner, M. G., Waller, D., McDaniel, A., & Brand, J. (1992, July 13). Into a new quagmire?: Relief finally reaches besieged Sarajevo, but the United States comes closer than ever before to being drawn into Yugoslavia's ancient blood feuds. *Newsweek, 120*, 22-24.

Watson, R., Warner, M. G., Waller, G., McDaniel, A., & Brand, J. (1992. 7. 16).「戦乱のサラエボは今も一触即発の危機:とりあえず空港は国連の監視下に入ったが」『ニューズウィーク日本版』1992年7月16日号,18-20頁.

Breslau, K. (1992, July 20). Hugging the walls — Survival tips in shattered Sarajevo: Keep off the grass, hurry across the streets, stay out of church. *Newsweek, 120*, 20-22.

ブレスラウ, K. (1992. 7. 23).「絶望の淵に生きるサラエボ市民：3カ月に及ぶ極限状況の生活をリポート」『ニューズウィーク日本版』1992年7月23日号, 18-20頁.

Lane, C., Judah, T., Foote, D., Underwood, A., & Brand, J. (1992, July 27). Panic and hope: Yugoslavia's new prime minister is a shrewd businessman from America. Can he find a way to stop the bloodshed — or is he an earnest amateur? *Newsweek, 120*, 42-43.

Lane, C., Judah, T., Foote, D., Underwood, A., & Brand, J. (1992. 7. 30).「ユーゴに米国帰りの新首相：フロリダ育ちの実業家は祖国の窮状を救えるか」『ニューズウィーク日本版』1992年7月30日号, 26-27頁.

Breslau, K., Stanger, T., Brand, J., & Meyer, M. (1992, August 3). A push for 'Purity': The widening Yugoslav civil war enters a new and ugly phase of 'ethnic cleansing'. *Newsweek, 120*, 14-15.

Breslau, K., Stanger, T., Brand, J., & Meyer, M. (1992. 8. 6).「『民族浄化』に突き進むユーゴ：歴史に逆行する蛮行が戦後最大規模の難民危機の原因に」『ニューズウィーク日本版』1992年8月6日号, 12-14頁.

Lane, C. (1992, August 3). Vukovar: Now it's a Serb city. *Newsweek, 120*, 114-115.

Lane, C. (1992. 8. 6).「セルビア化進むブコバル：クロアチアのかつての激戦地をリポート」『ニューズウィーク日本版』1992年8月6日号, 15頁.

Post, T., & Brand, J. (1992, August 10). Targeting the Muslims: Both Serbs and Croats are grabbing land in Bosnia. *Newsweek, 120*, 34.

Post, T., & Brand, J. (1992. 8. 13/20).「解体寸前のボスニア：東方の『同胞』に目を向けるイスラム教徒」『ニューズウィーク日本版』1992年8月13/20日号, 25頁.

Watson, R., Waller, D., Norland, R., & Breslau, K. (1992, August 17). Ethnic cleansing: Shocking images from battered Bosnia put pressure on Bush to decide what America should do — or can do — to stop the nightmare. *Newsweek, 120*, 10-14.（日本版なし）

Hackworth, D. (1992, August 17). It's all too easy to get sucked into war. *Newsweek, 120*, 14.（日本版なし）

Spreading the blame: The president of Croatia seeks a cease-fire (1992, August 17). *Newsweek, 120*, 17.（日本版なし）

Lane, C. (1992, August 17). When is it genocide? *Newsweek, 120*, 21.（日本版なし）

Brand, J., Breslau, K., & Nordland, R. (1992, August 17). Life and death in the camps: Inmates tell of starvation and beatings inflicted by their former neighbors. *Newsweek, 120*, 15-16.

Brand, J., Breslau, K., & Nordland, R. (1992. 8. 27).「想像絶する強制収容所の惨状：かつての隣人に拷問され, 略奪されるボスニアの悲劇」『ニューズウィーク日本版』

1992年8月27日号, 24-25頁.

In the cross hairs. (1992, August 17). *Newsweek*, *120*, 18-19.

「殺戮の町サラエボを行く」(1992. 8. 27).『ニューズウィーク日本版』1992年8月27日号, 26-27頁.

Post, T., Brand, J., Stanger, T., Breslau, K., & Warner, M. G. (1992, August 24). The face of defeat — It's all but over: The Serbs control Bosnia. How Milosevic had his way. *Newsweek*, *120*, 32-34.

Post, T., Brand, J., Stanger, T., Breslau, K., & Warner, M. G. (1992. 8. 27). 「セルビアの血塗られた野望:『民族浄化』の第一歩を達成したミロセビッチの哄笑が聞こえる」『ニューズウィーク日本版』1992年8月27日号, 16-19頁.

Will, G. F. (1992, August 24). Bedeviled by ethnicity: The itch to fix the world, and the perils of 'self-determination'. *Newsweek*, *120*, 35-36.

ウィル, G. F. (1992. 8. 27). 「『民族』という要素を甘く見るな:第一次大戦後の世界再編作業を今こそ反面教師とすべきだ」『ニューズウィーク日本版』1992年8月27日号, 28-29頁.

Sullivan, S. (1992, August 31). Limits of diplomacy: Delegates from around the world prepare Yugoslav peace talks — but few expect success. *Newsweek*, *120*, 34-37.

Sullivan, S. (1992. 9. 3). 「むなしい和平会議:ボスニア紛争解決のために各国代表がロンドンに終結 だが成果は期待できず、『民族浄化』が飛び火する可能性も」『ニューズウィーク日本版』1992年9月3日号, 8-11頁.

Pedersen, D. (1992, August 31). The man who would be king. *Newsweek*, *120*, 37.

Pedersen, D. (1992. 9. 3). 「旧共産国の王位に一番近い男:ユーゴスラビアの皇太子は伝統回帰の波に乗れるか」『ニューズウィーク日本版』1992年9月3日号, 11頁.

Breslau, K. (1992, August 31). Will Kosovo be next?: Signs that 'ethnic cleansing' is spreading. *Newsweek*, *120*, 38.

Breslau, K. (1992. 9. 3). 「次の発火点はコソボ?:ユーゴ内戦が国境を越えて一挙に拡大するおそれも出てきた」『ニューズウィーク日本版』1992年9月3日号, 12頁.

Pedersen, D. (1992, September 7). They came, they talked: The Bosnia parley was success if, as they say, a big part of success is just showing up. *Newsweek*, *120*, 14-15.

ピーダーセン, D. (1992. 9. 10). 「会議は踊れど真の和平は遠い:混沌のユーゴ情勢に欧米で高まる軍事介入の期待」『ニューズウィーク日本版』1992年9月10日号, 18-19頁.

Is the West betraying itself?: It is indeed, says Bosnia's Muslim president. (1992, September 7). *Newsweek*, *120*, 16.

「欧米諸国は原理原則を捨てた:イゼトベゴビッチ・ボスニア幹部会議長に聞く」(1992. 9. 10).『ニューズウィーク日本版』1992年9月10日号, 20頁.

Hackworth, D. H. (1992, September 14). A taste of the inferno: The Balkan conflict isn't a war; it's indiscriminate slaughter with no logic and no winners. A veteran soldier offers a journal of the quagmire. *Newsweek*, *120*, 16-17.

ハックワース, D. H.（1992. 9. 17）.「絶望の地のかくも無意味な戦い：ベテラン軍人が見たボスニア内戦の不毛と悲惨」『ニューズウィーク日本版』1992年9月17日号, 32-33頁.

Post, T. (1992, October 5). Help from the holy warriors: Inside a secret military camp — How mujahedin fighters are training Bosnia's Muslims. *Newsweek, 120*, 18-19.

Post, T.（1992. 10. 8）.「ボスニア内戦はイスラムの聖戦だ：同胞を救えと中東などから『殉教者』が結集」『ニューズウィーク日本版』1992年10月8日号, 32-33頁.

Breslau, K. (1992, October 5). When marriage is sleeping with the enemy. *Newsweek, 120*, 18-19.

Breslau, K.（1992. 10. 8）.「気がつけば夫と妻は敵味方：血に飢えた『民族浄化』が家族を引き裂く」『ニューズウィーク日本版』1992年10月8日号, 33頁.

Hackworth, D. H. (1992, October 12). 'The blockade is a joke': Why talk about no-fly zones in Bosnia while weapons keep pouring in? *Newsweek, 120*, 24-25.

ハックワース, D. H.（1992. 10. 15）.「国連の武器禁輸は穴だらけ：ベテラン軍人が見たボスニア内戦の裏側」『ニューズウィーク日本版』1992年10月15日号, 34-35頁.

Stanger, T. (1992, October 19). Crusade for Macedonia: Greece believes it is a perennial victim of slights. *Newsweek, 120*, 30.

Stanger, T.（1992. 10. 22）.「マケドニアは誰のもの：由緒ある国名を返せと息巻くギリシャ」『ニューズウィーク日本版』1992年10月22日号, 29頁.

Lane, C. (1992, November 2). Now, a second front: Turning against their Muslim allies, Croats look to split Bosnia with the Serbs. *Newsweek, 120*, 14-15.

Lane, C.（1992. 11. 5）.「ボスニア内戦に『連帯』なし：昨日の友クロアチア人からも追われるイスラム教徒の悲劇」『ニューズウィーク日本版』1992年11月5日号, 18-19頁.

Post, T. (1992, November 2). How the West lost Bosnia: Four missed opportunities on the road to chaos. *Newsweek, 120*, 16.

ポスト, T.（1992. 11. 5）.「火を消せなかった欧米の誤算：バルカンを救うチャンスは4回もあった」『ニューズウィーク日本版』1992年11月5日号, 20頁.

Lane, C. (1992, November 9). Why are the camps still full?: The West is slow to give Bosnian victims asylum. *Newsweek, 120*, 113.

Lane, C.（1992. 11. 12）.「止まらない『民族浄化』：西側はボスニア難民の受け入れを急げ」『ニューズウィーク日本版』1992年11月12日号, 25頁.

Post, T., Nordland R., & Nagorski, A. (1992, November 30). At last, a Balkan plan: But will a new U.S. strategy solve the crisis? *Newsweek, 120*, 14-15.

Post, T., Waller, D., Warner M. G., Nord, R., & Nagorski, A.（1992. 12. 3）.「アメリカがユーゴで動いた：『空白期間』の危機拡大を警戒してセルビアを牽制」『ニューズウィーク日本版』1992年12月3日号, 22-23頁.

Lane, C. (1992, December 14). The Milosevic maneuver: Serbia's hard-line strongman undercuts a rival. *Newsweek, 120*, 24.

Lane, C.（1992. 12. 17）.「セルビア政権攻防戦：どこまで粘れるかパニッチ新ユーゴ首相」『ニューズウィーク日本版』1992年12月17日号，32頁.

Post, T.（1992, December 21）. Signs of life in Sarajevo: Out of despair comes the smallest glint of hope. *Newsweek, 120*, 30.（日本版なし）

② 『中央公論』掲載 *Foreign Affairs* 旧ユーゴ紛争関連論文・記事一覧（翻訳記事：フォーリン・リレーションズ・レビュー監訳）

Gagnon, Jr., V. P.（1991）. Yugoslavia: Prospects for stability. *Foreign Affairs, 70*(3), 17-35.

ギャグノン，Jr., V. P.（1991. 8）.「ユーゴの分裂は回避できるか」『中央公論』1991年8月号，445-460頁.

Treverton, G. F.（1992）. The new Europe. *Foreign Affairs, 71*(1), 94-112.

トレバートン，G. F.（1992. 3）.「新生ヨーロッパの問題点とは何か」『中央公論』1992年3月号，389-409頁.

Ramet, S. P.（1992）. War in the Balkans. *Foreign Affairs, 71*(4), 79-98.

ラメット，S. P.（1992. 12）.「旧ユーゴ地域紛争の本質は何か」『中央公論』1992年12月号，397-414頁.

Stedman, S. J.（1993）. The new interventionists. *Foreign Affairs, 72*(1), 1-16.

ステッドマン，S. J.（1993. 5）.「新介入主義への懸念」『中央公論』1993年5月号，339-354頁.

The editors（1993）. Interview with David Owen on the Balkans. *Foreign Affairs, 72*(2), 1-9.

オーエン，D.（1993. 6）.「バルカンの将来〈インタビュー〉」『中央公論』1993年6月号，365-374頁.

Pfaff, W.（1993）. Invitation to war. *Foreign Affairs, 72*(3), 97-109.

パフ，W.（1993. 10）.「旧ユーゴ紛争 — NATO介入以外に道はない」『中央公論』1993年10月号，510-520頁.

Bell-Fialkoff, A.（1993）. A brief history of ethnic cleansing. *Foreign Affairs, 72*(3), 110-121.

ベルフィアルコフ，A.（1993. 10）.「『民族浄化』の歴史的考察」『中央公論』1993年10月号，492-503頁.

Gompert, D.（1994）. How to defeat Serbia. *Foreign Affairs, 73*(4), 30-47.

ゴンパート，D.（1994. 9）.「ボスニア問題の再検討」『中央公論』1994年9月号，379-394頁.

Zimmermann, W.（1995）. The last ambassador. *Foreign Affairs, 74*(2), 2-20.

ジマーマン，W.（1995. 5）.「ユーゴスラビア崩壊の記録」『中央公論』1995年5月号，365-394頁.

Glenny, M.（1995）. Heading off war in the southern Balkans. *Foreign Affairs, 74*(3), 98-108.

グレニー，M.（1995.7）．「第三次バルカン戦争勃発の危機」『中央公論』1995年7月号，386-395頁．

Boyd, C. G. (1995). Making peace with the guilty: The truth about Bosnia. *Foreign Affairs*, 74(5), 22-38.

ボイド，C. G.（1995.11）．「ボスニア紛争の『真実』」『中央公論』1995年11月号，491-508頁．

③ ルポルタージュ

Glenny, M. (1993 [1992]). *The fall of Yugoslavia: The third Balkan war*. London: Penguin Books.

グレニー，M.（1994）．『ユーゴスラヴィアの崩壊』（井上健・大坪孝子・訳）．白水社．[原著：Glenny, M. (1993 [1992]). *The fall of Yugoslavia*. London: Penguin Books].

Ignatieff, M. (1993). *Blood and belonging: Journeys into the new nationalism*. London: BBC Books.

イグナティエフ，M.（1996）．『民族はなぜ殺し合うのか：新ナショナリズム6つの旅』（幸田敦子・訳）．河出書房新社．[原著：Ignatieff, M. (1993). *Blood and belonging: Journeys into the new nationalism*. London: BBC Books].

Nicholson, M. (1993). *Welcome to Sarajevo: Natasha's story*. New York: Miramax Books.

ニコルソン，M.（1998）．『ウェルカム・トゥ・サラエボ』（小林令子・訳）．青山出版社．[原著：Nicholson, M. (1993). *Welcome to Sarajevo: Natasha's story*. New York: Miramax Books].

④ NHKテレビドキュメンタリーシリーズ BBC制作 *The death of Yugoslavia*（1995）全6回番組一覧

マックィーン，A.（プロデューサー）．（1996.10.4）．「ユーゴスラビアの崩壊 第1回 民族主義の台頭（*Enter nationalism*）」（佐原徹哉・日本語版監修）．48分．NHK．

マックィーン，A.（プロデューサー）．（1996.10.11）．「ユーゴスラビアの崩壊 第2回 戦争への道（*The road to war*）」（佐原徹哉・日本語版監修）．48分．NHK．

マックィーン，A.（プロデューサー）．（1996.10.18）．「ユーゴスラビアの崩壊 第3回 独立戦争（*Wars of independence*）」（佐原徹哉・日本語版監修）．48分．NHK．

マックィーン，A.（プロデューサー）．（1996.10.25）．「ユーゴスラビアの崩壊 第4回 地獄の門（*The gates of hell*）」（佐原徹哉・日本語版監修）．48分．NHK．

マックィーン，A.（プロデューサー）．（1996.11.1）．「ユーゴスラビアの崩壊 第5回 安全地帯（*A safe area*）」（佐原徹哉・日本語版監修）．48分．NHK．

マックィーン，A.（プロデューサー）．（1996.11.8）．「ユーゴスラビアの崩壊 第6回 アメリカによる和平（*Pax Americana*）」（佐原徹哉・日本語版監修）．48分．NHK．

＊英語記事の次の段に、それに対応する日本語翻訳記事を掲載した。基本的には時系列に沿っているが、場合によって、翻訳記事の出版時期が前後する場合もある。またどちらか一方しか掲載されていない場合もあるが、その旨注記した。日本版著者名表記は、原文のままとした。

参考文献

明石康 (2007). 『戦争と平和の谷間で――国境を超えた群像』岩波書店.
Allen, T., & Seaton, J. (Eds.). (1999). *The media of conflict: War reporting and representations of ethnic violence*. London: Zed Books.
アンダーソン, B. (1997). 『増補 想像の共同体――ナショナリズムの起源と流行』(白石さや・白石隆・訳). NTT出版. [原著: Anderson, B. (1983). *Imagined communities: Reflections on the origin and spread of nationalism*. London: Verso].
アパデュライ, A. (2004). 『さまよえる近代――グローバル化の文化研究』(門田健一・訳). 平凡社. [原著: Appadurai, A. (1996). *Modernity at large : Cultural dimensions of globalization*. University of Minnesota Press].
有山輝雄・竹山昭子 (編) (2004). 『メディア史を学ぶ人のために』世界思想社.
Arrojo, R. (1998). The revision of the traditional gap between theory and practice and the empowerment of translation in postmodern times. *The Translator, 4*(1), 25-48.
Asad, T. (1986). The concept of cultural translation in British social anthropology. In J. Clifford & G. E. Marcus (Eds.), *Writing culture: The poetics and politics of ethnography* (pp. 141-164). Berkeley, CA: University of California Press.
バフチン, M. M. (1995). 『ドストエフスキーの詩学』(望月哲男・鈴木淳一・訳). 筑摩書房. [原著: Бахтин, М. М. (1963). *Проблемы поэтики Достоевского* (2nd ed.). Moscow: Sovetskii Pisatel'].
ベーカーⅢ, J. A. (1997). 『シャトル外交激動の四年 下』(仙名紀・訳). 新潮社. [原著: Baker III, J. A. (1995). *The politics of diplomacy: Revolution, war & peace 1989-1992, Vol. 2*. New York: G. P. Putnam's Sons].
Baker, M. (1992). *In other words: A coursebook on translation*. New York: Routledge.
―― (2006a). *Translation and conflict: A narrative account*. New York: Routledge.
―― (2006b). Contextualization in translator- and interpreter-mediated events. *Journal of Pragmatics, 38*, 321-337.
―― (2007). Reframing conflict in translation. *Social Semiotics, 17*(2), 151-169.
Banks, M. & Murray, M. W. (1999). Ethnicity and reports of the 1992-95 Bosnian conflict. In T. Allen & J. Seaton (Eds.), *The media of conflict: War reporting and representations of ethnic violence* (pp. 147-161). London: Zed Books.
Bassnett, S., & Lefevere, A. (Eds.). (1990). *Translation, history and culture*. London: Pinter.

―, & Trivedi, H. (Eds.). (1999). *Post-colonial translation: Theory and practice*. London: Routledge.
Bateson, G. (2000 [1972]). *Steps to an ecology of mind*. Chicago: University of Chicago Press.
Beck, U. (2000). *What is globalization?* (P. Camiller, Trans.). Cambridge: Polity Press. (Original work published 1997)
Bell, A. (1991). *The language of news media*. Cambridge, MA: Blackwell.
―, & Garrett, P. (Eds.). (1998). *Approaches to media discourse*. Malden, MA: Blackwell.
Benjamin, W. (1992 [1923]). The task of the translator (H. Zohn, Trans.). In R. Schulte & J. Biguenet (Eds.), *Theories of translation: An anthology of essays from Dryden to Derrida* (pp. 71-82). Chicago: University of Chicago Press.
Benson, M. (1998). *Standard English-SerboCroation, SerboCroation-English dictionary: A dictionary of Bosnian, Croatian, and Serbian standards*. Cambridge: Cambridge University Press.
Berić, G. (1992, April 2). Divlji istok. *Oslobodenje*, p. 2.
Bermann, S., & Wood, M. (Eds.). (2005). *Nation, language, and the ethics of translation*. Princeton: Princeton University Press.
Bhabha, H. K. (1994). *The location of culture*. London: Routledge.
Bielsa, E. (2007). Translation in global news agencies. *Target, 19*(1), 135-155.
―, & Bassnett, S. (2009). *Translation in global news*. London: Routledge.
Bjelić, D. I., & Savić, O. (Eds.). (2002). *Balkan as metaphor: Between globalization and fragmentation*. Cambridge, MA: MIT Press.
Blommaert, J. (2005). *Discourse: A critical introduction*. Cambridge: Cambridge University Press.
― (2010). *The sociolinguistics of globalization*. Cambridge: Cambridge University Press.
Босна и Херцеговина у бртлогу грађанског рата: Крвопролиће у Сарајеву. (1992, April 7). *Борба*, p. 1.
Bourdieu, P. (1991). *Language and symbolic power* (G. Raymond & M. Adamson, Trans.). Cambridge: Polity Press. (Original work published 1982)
Boyd, C. G. (1995). Making peace with guilty: The truth about Bosnia. *Foreign Affairs, 74*(5), 22-38.
Brock, P. (2006 [2005]). *Media cleansing: Dirty reporting ― Journalism and tragedy in Yugoslavia* (2nd ed.). Los Angeles: GM Books.
ブロック，P. (2009).『戦争報道 メディアの大罪――ユーゴ内戦でジャーナリストは何をしなかったのか』(田辺希久子・訳). ダイヤモンド社．［原著：Brock, P. (2006 [2005]). *Media cleansing: Dirty reporting ― Journalism and tragedy in Yugoslavia* (2nd ed.). Los Angeles: GM Books.］

BS放送通訳グループ (1998).『放送通訳の世界——衛星放送のニュース番組を支える立役者』アルク.

Bugajski, J. (1995). *Nations in turmoil: Conflict and cooperation in Eastern Europe* (2nd ed.). Oxford: Westview Press.

Bugarski, R. (2004). Language and boundaries in the Yugoslav context. In B. Busch & H. Kelly-Holmes (Eds.), *Language, discourse and borders in the Yugoslav successor states* (pp. 21-37). Toronto: Multilingual Matters.

Bühler, K. (1982 [1934]). *Sprachtheorie: Die Darstellungsfunktion der Sprache*. Stuttgart: Gustav Fischer.

Burns, J. (1996). The media as impartial observers or protagonists — Conflict reporting or conflict encouragement in former Yugoslavia. In J. G. R. Paterson & A. Preston (Eds.), *Bosnia by television* (pp. 92-100). London: British Film Institute.

Cambis, T. (Director). (1997). *Exile in Sarajevo* [Motion picture]. Australia. Australian Film Commission & S. B. S. Independent.

カステラン, G. (2000).『バルカン世界——火薬庫か平和地帯か』(萩原直・訳). 彩流社. [原著: Castellan, G. (1994). *Le monde des Balkans: Poudrière ou zone de paix?* Paris: Librairie Vuibert].

Castells, M. (2000). *The rise of the network society: The information age: Economy, society and culture, Vol. 1*, (2nd ed.). Oxford: Blackwell.

Cerovic, S. (1992, May 18). Fikret Abdic, the last hope: The cellars of Sarajevo. *Vreme News Digest Agency Archive 91-97*. Retrieved July 31, 2010, from http://www.scc.rutgers.edu/serbian_digest/

Chesterman, A., & Arrojo, R. (2000). Shared ground in translation studies. *Target, 12* (1), 151-160.

Chiaro, D. (2009). Issues in audiovisual translation. In J. Munday (Ed.), *The Routledge companion to translation studies* (pp. 141-165). London: Routledge.

千田善 (1993).『ユーゴ紛争——多民族・モザイク国家の悲劇』講談社.

——— (1999).『ユーゴ紛争はなぜ長期化したか——悲劇を大きくさせた欧米諸国の責任』勁草書房.

——— (2002).『なぜ戦争は終わらないか——ユーゴ問題で民族・紛争・国際政治を考える』みすず書房.

近盛晴嘉 (1977)「解説」ジョセフ彦記念会早稲田大学 (編)『ジョセフ彦海外新聞』(317-338頁). 早稲田大学出版部.

——— (1980)『海外新聞と横浜毎日新聞』神奈川県.

チョムスキー, N. (1994).『アメリカが本当に望んでいること』(益岡賢・訳). 現代企画社. [原著: Chomsky, N. (1992). *What Uncle Sam really wants*. Berkeley, CA: Odonian Press].

——— (2002).『アメリカの「人道的」軍事主義——コソボの教訓』(益岡賢・大野裕・クープ, S.・訳). 現代企画社. [原著: Chomsky, N. (1999). *The new military hu-*

manism: Lessons from Kosovo. Monroe, ME: Common Courage Press].
——（2003）．『メディア・コントロール——正義なき民主主義と国際社会』（鈴木主税・訳）．集英社．［原著：Chomsky, N.（2002）．*Media control: The spectacular achievements of propaganda*（2nd ed.）．New York: Seven Stories Press］．
Ciric, A.（1992, August 10）．Return to the past: To each his own camp. *Vreme News Digest Agency Archive 91-97*. Retrieved July 31, 2010, from http://www.scc.rutgers.edu/serbian_digest/
Cockburn, P.（1992, August 9）．The Bosnia crisis: Sight that shook the world. *The Independent Article Archive*. Retrieved September 30, 2010, from http://www.independent.co.uk/article-archive/
Cohen, L. J.（1993）．*Broken bonds: The disintegration of Yugoslavia*. Boulder, CO: Westview Press.
Cronin, M.（2003）．*Translation and globalization*. London: Routledge.
——（2006）．*Translation and identity*. London: Routledge.
Čulić, M.（1992, April 7）．Ustaše štete Hrvatskoj. *Danas*, 12-14.
「大セルビア主義を警戒——強まる西側メディアの非難」（1992年7月4日）．『毎日新聞』朝刊，9頁．
'The death of Yugoslavia,' programme 4: The gates of hell post production script（1995）．London: Liddell Hart Centre for Military Archives King's College London.
Denitch, B.（1996）．*Ethnic nationalism: The tragic death of Yugoslavia*. Minneapolis, MN: University of Minnesota Press.
Díaz-Cintas, J.（Ed.）．（2009）．*New trends in audiovisual translation*. Bristol: Multilingual Matters.
——, & Anderman, G. M.（Eds.）．（2009）．*Audiovisual translation: Language transfer on screen*. New York: Palgrave Macmillan.
Dizdarević, Z.（1994）．*Sarajevo: A war journal*（A. Alcalay, Ed., A. Hollo, Trans.）．New York: Henry Holt and Company.（Original work published 1993）
ドーニャ，R. J.・ファイン，J. V. A.（1995）．『ボスニア・ヘルツェゴヴィナ史——多民族国家の試練』（佐原徹哉・柳田美映子・山崎信一・訳）．恒文社．［原著：Donia, R. J., & Fine, J. V. A.（1994）．*Bosnia and Hercegovina: A tradition betrayed*. London: C. Hurst & Co.］．
Dragovic-Drouet, M.（2007）．The practice of translation and interpreting during the conflicts in the former Yugoslavia（1991-1999）．In M. Salama-Carr（Ed.），*Translating and interpreting conflict*（pp. 29-40）．Amsterdam: Editions Rodopi B. V.
ドラクリッチ，S.（1998）．『カフェ・ヨーロッパ』（長場真砂子・訳）．［原著：Drakulić, S.（1996）．*Café Europa: Life after communism*. London: Abacus］．
Duranti, A.（1997）．*Linguistic anthropology*. Cambridge: Cambridge University Press.
Дурић, М.（1992, April 7）．Сукоби, зебња али и жеља са миром. *Политика*, p. 1.
イーグルトン，T.（1997）．『表象のアイルランド』（鈴木聡・訳）．紀伊國屋書店．［原

著：Eagleton, T. (1995). *Heathcliff and the great hunger.* London: Verso Books].
江木慎吾（1995. 9. 5).「メディアの闇：旧ユーゴ紛争から1」『朝日新聞』朝刊，25頁.
―― (1995. 9. 6).「メディアの闇：旧ユーゴ紛争から2」『朝日新聞』朝刊，33頁.
―― (1995. 9. 12).「メディアの闇：旧ユーゴ紛争から3」『朝日新聞』朝刊，25頁.
―― (1995. 9. 13).「メディアの闇：旧ユーゴ紛争から4」『朝日新聞』朝刊，33頁.
―― (1995. 9. 14).「メディアの闇：旧ユーゴ紛争から5」『朝日新聞』朝刊，33頁.
―― (1995. 9. 15).「メディアの闇：旧ユーゴ紛争から6」『朝日新聞』朝刊，33頁.
―― (1995. 9. 19).「メディアの闇：旧ユーゴ紛争から7」『朝日新聞』朝刊，25頁.
―― (1995. 9. 20).「メディアの闇：旧ユーゴ紛争から8」『朝日新聞』朝刊，33頁.
―― (1995. 9. 21).「メディアの闇：旧ユーゴ紛争から9」『朝日新聞』朝刊，33頁.
―― (1995. 9. 27).「メディアの闇：旧ユーゴ紛争から10」『朝日新聞』朝刊，33頁.
―― (1995. 9. 28).「メディアの闇：旧ユーゴ紛争から11」『朝日新聞』朝刊，33頁.
―― (1995. 9. 29).「メディアの闇：旧ユーゴ紛争から12」『朝日新聞』朝刊，33頁.
Espasa, E. (2004). Myths about documentary translation. In P. Orero (Ed.), *Topics in audiovisual translation* (pp. 183-197). Amsterdam: John Benjamins.
Even-Zohar, I. (2004 [1978]). The position of translated literature within the literary polysystem. In L. Venuti (Ed.), *The Translation studies reader* (2nd ed.) (pp. 199-204). New York: Routledge.
Fairclough, N. (1995). *Media discourse.* London: Arnold.
―― (2001a). *Language and power* (2nd ed.). London: Lomgman.
―― (2001b). Critical discourse analysis as a method in social scientific research. In R. Wodak & M. Meyer (Eds.), *Methods of critical discourse analysis* (pp. 121-138). London: Sage.
Fawcett, P. (1995). Translation and power play. *The Translator, 1*(2), 177-192.
Franco, E. P. C. (1998). Documentary film translation: A specific practice? In A. Chesterman, N. G. S. Salvador & Y. Gambier (Eds.), *Translation in context: Selected contributions from the EST congress, Granada 1998* (pp. 233-242). Amsterdam: John Benjamins.
藤濤文子（2007).『翻訳行為と異文化コミュニケーション――機能主義的翻訳理論の諸相』松籟社.
藤野豊（2001).『「いのち」の近代史――「民族浄化」の名のもとに迫害されたハンセン病患者』かもがわ出版.
Gambier, Y. (2003). Introduction ― Screen translation: Perception and reception. *The Translator, 9*(2), 171-189.
―― (Ed.). (1998). *Translating for the media: Papers from the International Conference Languages & the Media, Berlin, November 22-23, 1996.* Turku: University of Turku Centre for Translation and Interpreting.
――, & Gottlieb, H. (Eds.). (2001). *(Multi)media translation: Concepts, practices, and research.* Amsterdam: John Benjamins.

ゲルナー，A.（2000）.『民族とナショナリズム』（加藤節・監訳）. 岩波書店．［原著：Gellner, E. (1983). *Nations and nationalism*. Oxford: Blackwell］.
Gentzler, E. (2001 [1993]). *Contemporary translation theories* (2nd ed.). Toronto: Multilingual Matters.
Giddens, A. (1990). *The consequences of modernity*. Cambridge, MA: Polity Press.
Glenny, M. (1993 [1992]). *The fall of Yugoslavia: The third Balkan war*. London: Penguin Books.
グレニー，M.（1994）.『ユーゴスラヴィアの崩壊』（井上健・大坪孝子・訳）. 白水社．［原著：Glenny, M. (1993 [1992]). *The fall of Yugoslavia: The third Balkan war*. London: Penguin Books］.
Glenny, M. (1999). *The Balkans: Nationalism, war, and the great powers, 1804-1999*. London: Penguin Books.
Goffman, E. (1974). *Frame analysis: An essay on the organization of experience*. Boston: Northeastern University Press.
—— (1981). *Forms of talk*. Philadelphia: University of Pennsylvania Press.
ゴッフマン，E.（2002）.『儀礼としての相互行為——対面行動の社会学〈新訳版〉』（浅野敏夫・訳）. 法政大学出版局．［原著：Goffman, E. (1967). *Interaction ritual: Essay on face-to-face behavior*. New York: Anchor Books］.
Gumperz, J. (1982). *Discourse strategies*. Cambridge: Cambridge University Press.
ガンパーズ，J.（2004）.『認知と相互行為の社会言語学——ディスコース・ストラテジー』（井上逸兵・出原健一・花崎美紀・荒木瑞夫・多々良直弘・訳）. 松柏社．［原著：Gumperz, J. (1982). *Discourse strategies*. Cambridge: Cambridge University Press］.
Gutt, E-A. (2000). *Translation and relevance: Cognition and context* (2nd ed.). Manchester: St Jerome.
羽場久浘子（1994）.『統合ヨーロッパの民族問題』講談社．
—— (1998).『拡大するヨーロッパ——中欧の模索』岩波書店．
ハーバーマス，J.（1994）.『公共性の構造転換——市民社会の一カテゴリーについての探究』（細谷貞雄・山田正行・訳）. 未來社．［原著：Habermas, J. (1990). *Strukturwandel der Öffentlichkeit: Untersuchungen zu einer Kategorie der bürgerlichen Gesellschaft*. Frankfurt am Main: Suhrkamp Verlag］.
ハルバースタム，D.（2003）.『静かなる戦争（上）アメリカの栄光と挫折』（小倉慶郎・三島篤志・田中均・佳元一洋・柴武行・訳）PHP 研究所．［原著；Halberstam, D. (2001). *War in a time of peace: Bush, Clinton, and the generals*. New York: Scribner］.
Halpern, J. M., & Kideckel, D. A. (Eds.). (2000). *Neighbors at war: Anthropological perspectives on Yugoslav ethnicity, culture, and history*. University Park, PA: Pennsylvania State University Press.
Hammond, P. (2004). Humanizing war: The Balkans and beyond. In S. Allan & B. Zeliz-

er (Eds.), *Reporting war: Journalism in wartime* (pp. 174-189). London: Routledge.
Hansen, L. (2006). *Security as practice: Discourse analysis and the Bosnian war.* London: Routledge.
Harvey, K. (2004 [1998]). Translating camp talk: Gay identities and cultural transfer. In L. Venuti (Ed.), *The translation studies reader* (2nd ed.) (pp. 402-422). New York: Routledge.
橋本晃 (2006). 『国際紛争のメディア学』青弓社.
Hatim, B., & Mason, I. (1990). *Discourse and the translator.* London: Longman.
――― (1997). *The translator as communicator.* London: Routledge.
Hayden, R. M. (1996). Imagined communities and real victims: Self-determination and ethnic cleansing in Yugoslavia. *American Ethnologist, 23*(1), 783-801.
波津博明 (2002). 「米英メディアは旧ユーゴ紛争をどう伝えたか」佐原徹哉 (編)『ナショナリズムから共生の政治文化へ―――ユーゴ内戦10年の経験から』(105-146頁). 北海道大学スラブ研究センター.
Hermans, T. (1999). *Translation in systems.* Manchester: St Jerome.
ホブズボーム, E. J. (2001). 『ナショナリズムの歴史と現在』(浜林正夫・嶋田耕也・庄司信・訳). 大月書店. [原著: Hobsbawm, E. J. (1992 [1990]). *Nations and nationalism since 1780: Programme, myth, reality* (2nd ed.). Cambridge: Cambridge University Press].
Holbrooke, R. (1998). *To end a war.* New York: Random House.
Holland, R. (2006). Language(s) in the global news: Translation, audience design and discourse (mis)representation. *Target, 18*(2), 229-259.
Holmes, J. S. (2004 [1988]). The name and nature of translation studies. In L. Venuti (Ed.), *The translation studies reader* (2nd ed.) (pp. 180-192). New York: Routledge.
Holz-Mänttäri, J. (1984). *Translatorisches Handeln: Theorie und Methode.* Helsinki: Suomalainen Tiedeakatemia.
House, J. (1997). *Translation quality assessment: A model revisited.* Tübingen: Gunter Narr.
Huntington, S. P. (1993). The clash of civilization? *Foreign Affairs, 72*(3), 22-49.
ハンチントン, S. P. (1998). 『文明の衝突』(鈴木主税・訳). 集英社. [原著: Huntington, S. P. (1998). *The clash of civilizations and the remaking of world order.* London: Simon & Schuster].
Hymes, D. (1964). Introduction: Toward ethnographies of communication. *American Anthropologist, 66*(6), 1-34.
五十嵐浩司 (1995.9.20). 「『不公平』だった反セルビア―――米の対応 ジョージ・ケニー元国務省担当者に聞く」『朝日新聞』朝刊, 4頁.
五十嵐武士 (1996). 「ボスニア紛争とクリントン政権―――冷戦後の地域紛争と米国外交」『国際問題』第434号 (1996年5月号), 37-60頁. 日本国際問題研究所.

Ignatieff, M. (1993). *Blood and belonging: Journeys into the new nationalism*. London: BBC Books.
イグナティエフ, M. (1996).『民族はなぜ殺し合うのか：新ナショナリズム 6 つの旅』(幸田敦子・訳). 河出書房新社. ［原著：Ignatieff, M. (1993). *Blood and belonging: Journeys into the new nationalism*. London: BBC Books］.
今井克・三浦元博 (1993).『バルカン危機の構図』恒文社.
稲生衣代・河原清志 (2008).「放送通訳における同時通訳と時差通訳の比較」『通訳研究』第 8 号, 37-55 頁.
石田英敬 (2003).『記号の知／メディアの知――日常生活批判のためのレッスン』東京大学出版会.
石井米雄・鈴木勝也・山内昌之 (1994).「座談会 地域紛争に鈍感な日本人」『外交フォーラム』第 71 号 (1994 年 8 月号), 4-15 頁. 世界の動き社.
伊藤守 (編) (2006).『テレビニュースの社会学――マルチモダリティ分析の実践』世界思想社.
伊藤陽一 (編) (2005).『ニュースの国際流通と市民意識』慶應義塾大学出版会.
伊藤芳明 (1996).『ボスニアで起きたこと――「民族浄化」の現場から』岩波書店.
――― (2002).「旧ユーゴスラヴィア紛争とメディア」佐原徹哉 (編)『ナショナリズムから共生の政治文化へ――ユーゴ内戦 10 年の経験から』(91-103 頁). 北海道大学スラブ研究センター.
岩田昌征 (1994).『ユーゴスラヴィア――衝突する歴史と抗争する文明』NTT 出版.
――― (1999).『ユーゴスラヴィア多民族戦争の情報像――学者の冒険』御茶の水書房.
伊豫谷登士翁 (2002).『グローバリゼーションとは何か――液状化する世界を読み解く』平凡社.
Jakobson, R. (1957). *Shifters, verbal categories, and the Russian verb*. Cambridge, MA: Harvard University Russian Language Project.
――― (1960). Closing statement: Linguistics and poetics. In T. A. Sebeok (Ed.), *Style in language* (pp. 350-377). Cambridge, MA: MIT Press.
――― (2004 [1959]). On linguistic aspects of translation. In L. Venuti (Ed.), *The translation studies reader* (2nd ed.) (pp. 138-143). New York: Routledge.
Jones, F. R. (2004). Ethics, aesthetics and décision: Literary translating in the wars of the Yugoslav succession. *Meta, 49*(4), 711-728.
―――, & Arsenijević, D. (2005). (Re)constructing Bosnia: Ideologies and agents in poetry translation. In J. House, M. R. M. Ruano & N. Baumgarten (Eds.), *Translation and the construction of identity: IATIS year book 2005* (pp. 68-95). Seoul: IATIS.
ジョセフ彦記念会早稲田大学 (編) (1977).『ジョセフ彦海外新聞』早稲田大学出版部.
各務英明 (2006).『報道とマスメディア』酒井書店.
Kang, J-H. (2007). Recontextualization of news discourse: A case study of translation of news discourse on North Korea. *The Translator, 13*(2), 219-242.
加藤周一・丸山眞男『日本近代思想大系 15：翻訳の思想』岩波書店.

川田順造・福井勝義（編）(1988).『民族とは何か』岩波書店.
木村昌人・田所昌幸 (1998).『外国人特派員――こうして日本イメージは形成される』日本放送出版協会.
木下和寛 (2005).『メディアは戦争にどうかかわってきたか――日露戦争から対テロ戦争まで』朝日新聞社.
Knightley, P. (2000 [1975]). *The first casualty: The war correspondent as hero and myth-maker from the Crimea to Kosovo* (2nd ed.). London: Prion Books.
Kolstø, P. (Ed.). (2009). *Media discourse and the Yugoslav conflicts: Representations of self and other*. Burlington, VT: Ashgate.
小森陽一 (1997).「翻訳という実践の政治性」川上皓嗣・井上健（編）『翻訳の方法』(277-289頁). 東京大学出版会.
――― (2006).『レイシズム』岩波書店.
Koyama, W. (1997). Desemanticizing pragmatics. *Journal of Pragmatics, 28*, 1-28.
小山亘 (2005).「社会と指標の言語――構造論、方言論、イデオロギー論の統一場としての史的社会語用論」片桐恭弘・片岡邦好（編）『講座社会言語科学第5巻 社会・行動システム』(40-53頁). ひつじ書房.
――― (2008).『記号の系譜――社会記号論系言語人類学の射程』三元社.
――― (2009).「シルヴァスティンの思想：社会と記号」小山亘（編）『記号の思想：現代言語人類学の一軌跡――シルヴァスティン論文集』(11-233頁). 三元社.
――― (2011).『近代言語イデオロギー論――記号の地政とメタ・コミュニケーションの社会史』三元社.
――― (2012).『コミュニケーション論のまなざし』三元社.
Kress, G., & Hodge, R. (1979). *Language as ideology*. London: Routledge & Kegan Paul.
クリステヴァ, J. (1983).『記号の解体学――セメイオチケ1』(原田邦夫・訳). せりか書房. [原著：Kristeva, J. (1969). Σημειωτικη: *Recherches pour une sémanalyse*. Paris: Éditions du Seuil].
――― (1984).『記号の生成論――セメイオチケ2』(中沢新一・原田邦夫・松浦寿夫・松枝到・訳). せりか書房. [原著：Kristeva, J. (1969). Σημειωτικη: *Recherches pour une sémanalyse*. Paris: Éditions du Seuil].
久保慶一 (2003).『引き裂かれた国家――旧ユーゴ地域の民主化と民族問題』有信堂.
クーン, T. (1971).『科学革命の構造』(中山茂・訳). みすず書房. [原著：Kuhn, T. (1962). *The structure of scientific revolutions*. Chicago: University of Chicago Press].
国末憲人 (2008. 3. 3).「セルビアの孤独と屈辱――コソボ独立の歓喜の陰で」『アエラ』2008年3月3日号, 76頁. 朝日新聞社.
Kurspahić, K. (1992, April 7). 6. april 92. *Oslobodenje*, p. 1.
――― (2003). *Prime time crime: Balkan media in war and peace*. Washington, DC: United States Institute of Peace Press.
ラトゥール, B. (2008).『虚構の「近代」――科学人類学は警告する』(川村久美子・

訳).新評論.［原著：Latour, B. (1991). *Nous n'avons jamais été modernes: Essai d'anthropologie symétrique*. Paris: Éditions La Découverte］.
Lefevere, A. (1992). *Translation, rewriting, and the manipulation of literary fame*. London: Routledge.
李孝徳(1996).『表象空間の近代——明治「日本」のメディア編成』新曜社.
Lideri potrošili poverenje. (1992, April 7). *Борба*, p. 3.
Lucy, J. A. (Ed.). (1993). *Reflexive language: Reported speech and metapragmatics*. Cambridge: Cambridge University Press.
Maček, I. (2001). Predicament of war: Sarajevo experiences and ethics of war. In B. E. Schmidt & I. W. Schröder (Eds.), *Anthropology of violence and conflict* (pp. 197-224). London: Routledge.
—— (2009). *Sarajevo under siege: Anthropology in wartime*. Philadelphia: University of Pennsylvania Press.
Malcolm, N. (1994). *Bosnia: A short history*. New York: New York University Press.
丸山眞男・加藤周一(1998).『翻訳と日本の近代』岩波書店.
Mattelart, A. (1996). *The invention of communication* (S. Emanuel, Trans.). Minneapolis, MN: University of Minnesota Press. (Original work published 1994)
マクルーハン, M. (1987).『メディア論——人間の拡張の諸相』(栗原裕・河本仲聖・訳).みすず書房.［原著：McLuhan, M. (1964). *Understanding media: The extensions of man*. New York: McGraw-Hill］.
メイナード泉子・K. (1997).『談話分析の可能性——理論・方法・日本語の表現性』くろしお出版.
メディア・リサーチ・センター(編)(1992).『雑誌新聞総かたろぐ1992年版』メディア・リサーチ・センター.
メイ, J. L. (2005).『批判的社会語用論入門——社会と文化の言語』(小山亘・訳).三元社.［原著：Mey, J. L. (2001). *Pragmatics: An introduction* (2nd ed.). Oxford: Blackwell］
Milošević, M. (1997). The media wars: 1987-1997. In J. Udovički & J. Ridgeway (Eds.), *Burn this house: The making and unmaking of Yugoslavia* (pp. 108-129). London: Duke University Press.
三谷惠子(2008).「地域研究と言語学——Balkanの用法からバルカンを探る」家田修(編)『講座スラブ・ユーラシア学1 開かれた地域研究へ——中域圏と地球化』(142-168頁).講談社.
水口康成(1996).『ボスニア戦記』三一書房.
門奈直樹(2004).『現代の戦争報道』岩波書店.
森幹郎(2001).『証言・ハンセン病——療養所元職員が見た民族浄化』現代書館.
守中高明(1999).『脱構築』岩波書店.
モーリス-スズキ, T. (2004).『過去は死なない——メディア・記憶・歴史』(田代泰子・訳).岩波書店.［原著：Morris-Suzuki, T. (2005). *The past within us: Media,*

memory, history. London: Verso Books].
本橋哲也（2002）．『カルチュラル・スタディーズへの招待』大修館書店．
ムーナン，G.（1980）．『翻訳の理論』（伊藤晃・柏岡珠子・福井芳男・松崎芳隆・丸山圭三郎・訳）．朝日出版社．［原著：Mounin, G. (1963). *Les problèmes théoriques de la traduction*. Paris: Éditions Gallimard].
マンデイ，J.（2009）．『翻訳学入門』（鳥飼玖美子・監訳）．みすず書房．［原著：Munday, J. (2008). *Introducing translation studies: Theories and applications* (2nd ed.). London: Routledge].
Mutić, N. (2009). Self and other in Balkan (post-)war cinema. In P. Kolstø (Ed.), *Media discourse and the Yugoslav conflicts: Representations of self and other* (pp. 215-233). Burlington, VT: Ashgate.
Nagorski, A. (1992, June 15). The lessons of Yugoslavia: Warring republics must solve their own problems. *Newsweek, 119*, 23.
中井和夫（2002）．「連邦解体再考」佐原徹哉（編）『ナショナリズムから共生の政治文化へ——ユーゴ内戦10年の経験から』（59-71頁）．北海道大学スラブ研究センター．
Nicholson, M. (1993). *Welcome to Sarajevo: Natasha's story*. New York: Miramax Books.
ニコルソン，M.（1998）．『ウェルカム・トゥ・サラエボ』（小林令子・訳）．青山出版社．［原著：Nicholson, M. (1993). *Welcome to Sarajevo: Natasha's story*. New York: Miramax Books].
Ničota, M. (1992, May 19). Nikom se ne žuri. *Danas*, 43-44.
Nida, E. A., & Taber, C. R. (1969). *The theory and practice of translation*. Leiden: E. J. Brill.
Nincic, R (1992, March 9). Sketches of hell. *Vreme News Digest Agency Archive 91-97*. Retrieved July 31, 2010, from http://www.scc.rutgers.edu/serbian_digest/
Niranjana, T. (1992). *Siting translation: History, post-structuralism, and the colonial context*. Berkeley, CA: University of California Press.
西川長夫（1995）．『地球時代の民族＝文化理論——脱「国民文化」のために』新曜社．
Nord, C. (1997). *Translating as a purposeful activity: Functionalist approaches explained*. Manchester: St Jerome.
Nordland, R. (2008, August 4). The back of the crowd. *Newsweek, 152*, 48-49.
ノードランド，R.（2008.8.6）．「戦犯逮捕でも消せない歴史」『ニューズウィーク日本版』2008年8月6日号，22-23頁．
野呂香代子（2001）．「クリティカル・ディスコース・アナリシス」野呂香代子・山下仁（編）『「正しさ」への問い——批判的社会言語学の試み』（13-49頁）．三元社．
大羽奎介（1991）．「現地報告民族問題で揺れる地域から——ユーゴスラビア」『外交フォーラム』第36号（1991年9月号），58-61頁．世界の動き社．
大羽奎介（1992）．「ふたたび火薬庫となるかユーゴ情勢」『外交フォーラム』第47号（1992年8月号），69-71頁．世界の動き社．

大石裕（2005）．『ジャーナリズムとメディア言説』勁草書房．
─── ・岩田温・藤田真文（2000）．『現代ニュース論』有斐閣．
─── （編）（2006）．『ジャーナリズムと権力』世界思想社．
岡村黎明（2006）．「第8章 グローバル社会の発展と日本のメディアの課題」渡邊光一（編）『マスメディアと国際政治』（200-224頁）．南窓社．
オング，W. J.（1991）．『声の文化と文字の文化』（桜井直文・林正寛・糟谷啓介・訳）．藤原書店．[原著：Ong, W. J. (1982). *Orality and literacy : The technologizing of the word*. New York: Methuen].
Orero, P. (Ed.). (2004). *Topics in audiovisual translation*. Amsterdam: John Benjamins.
長有紀枝（2009）．『スレブレニツァ──あるジェノサイドをめぐる考察』東信堂．
Owen, D. (1995). *Balkan odyssey*. New York: Harcourt Brace & Company.
Paterson, J. G. R., & Preston, A. (Eds.). (1996). *Bosnia by television*. London: British Film Institute.
Pfaff, W. (1993). Invitation to war. *Foreign Affairs, 72*(3), 97-109.
Putnam, H. (1975). The meaning of 'meaning.' In *Philosophical papers, Vol. 2: Mind, language, and reality* (pp. 215-271). Cambridge: Cambridge University Press.
Pym, A. (1996). Venuti's visibility [Review of the book *The translator's invisibility*]. *Target, 8*(1), 165-177.
ピム，A.（2010）．『翻訳理論の探求』（武田珂代子・訳）．みすず書房．[原著：Pym, A. (2010). *Exploring translation theories*. New York: Routledge].
Quine, W. V. O. (1960). *Word and object*. Cambridge, MA: MIT Press.
Ramet, S. P. (1992a). War in the Balkans. *Foreign Affairs, 71*(4), 79-98.
─── (1992b). *Nationalism and federalism in Yugoslavia, 1962-1991*. Indianapolis, IN: Indiana University Press.
─── (2005). *Thinking about Yugoslavia: Scholarly debates about the Yugoslav breakup and the wars in Bosnia and Kosovo*. Cambridge: Cambridge University Press.
Reddy, M. (1979). The conduit metaphor. In A. Ortony (Ed.), *Metaphor and thought* (pp. 284-324). Cambridge: Cambridge University Press.
Reiss, K. (2000). *Translation criticism, the potentials and limitations: Categories and criteria for translation quality assessment* (E. F. Rhodes, Trans.). Manchester: St Jerome. (Original work published 1971)
───, & Vermeer, H. J. (1984) *Grundlegung einer allgemeinen Translationstheorie*. Tübingen: Niemeyer.
定形衛（2002）．「ユーゴスラヴィアの崩壊と非同盟外交」佐原徹哉（編）『ナショナリズムから共生の政治文化へ──ユーゴ内戦10年の経験から』（43-57頁）．北海道大学スラブ研究センター．
佐原徹哉（2005）．「民族自決と『民族浄化』──ある翻訳の帰結」真島一郎（編）『だれが世界を翻訳するのか──アジア・アフリカの未来から』（167-208頁）．人文書院．

―――(2008).『ボスニア内戦――グローバリゼーションとカオスの民族化』有志舎.
―――(編)(2002).『ナショナリズムから共生の政治文化へ――ユーゴ内戦10年の経験から』北海道大学スラブ研究センター.
サイード, E. W. (1993).『オリエンタリズム』(板垣雄三・杉田英明・監修, 今沢紀子・訳). 平凡社.［原著：Said, E. W. (1978). *Orientalism*. New York: Georges Borchardt］.
―――(1998).『文化と帝国主義1』(大橋洋一・訳). みすず書房.［原著：Said, E. W. (1993). *Culture and imperialism*. New York: Alfred A. Knopf］.
―――(2001).『文化と帝国主義2』(大橋洋一・訳). みすず書房.［原著：Said, E. W. (1993). *Culture and imperialism*. New York: Alfred A. Knopf］.
―――(2003).『イスラム報道 増補版』(浅井信雄・佐藤成文・岡真理・訳). みすず書房.［原著：Said, E. W. (1981). *Covering Islam: How the media and the experts determine how we see the rest of the world*. New York: Pantheon Books］.
齋藤厚 (2004).「旧ユーゴスラヴィア、セルビア・クロアチア語の分裂におけるヨーロッパの対応」『ことばと社会』編集委員会(編)『ことばと社会別冊1 ヨーロッパの多言語主義はどこまできたか』(109-120頁). 三元社.
齊藤美野 (2010).「『翻訳学入門』に学ぶ翻訳方略の対概念」『異文化コミュニケーション論集』第8号, 85-92頁.
酒井直樹 (1997).『日本思想という問題――翻訳と主体』岩波書店.
―――・西谷修 (1999).『増補〈世界史〉の解体――翻訳・主体・歴史』以文社.
Salama-Carr, M. (Ed.). (2007). *Translating and interpreting conflict*. Amsterdam: Editions Rodopi B. V.
Samary, C. (1995). *Yugoslavia dismembered* (P. Drucker, Trans.). New York: Monthly Review Press. (Original work published 1994)
Santaemilia, J. (Ed.). (2005). *Gender, sex and translation: The manipulation of identities*. Manchester: St Jerome.
佐々木隆 (1999).『日本の近代14 メディアと権力』中央公論新社.
Sassen, S. (1996). *Losing control?: Sovereignty in an age of globalization*. New York: Columbia University Press.
佐藤彰 (2005).「ことばとパワー――クリティカル・ディスコース分析を中心に」片桐恭弘・片岡邦好(編)『講座社会言語科学第5巻 社会・行動システム』(56-67頁). ひつじ書房.
里見脩 (2000).『ニュース・エージェンシー――同盟通信社の興亡』中央公論新社.
Schäffner, C., & Bassnett, S. (Eds.). (2010). *Political discourse, media and translation*. Newcastle: Cambridge Scholars Publishing.
―――, & Wenden, A. L. (Eds.). (1995). *Lnaguage and peace*. London: Routledge.
Schleiermacher, F. (2004). On the different methods of translating (S. Bernofsky, Trans.). In L. Venuti (Ed.), *The translation studies reader* (2nd ed.) (pp. 43-63). New York: Routledge. (Original work published 1813)

関場誓子（1992）．「外交戦略の新展開——外交スタイルの変化は何を語るか」『外交フォーラム』第43号（1992年4月号），26-33頁．世界の動き社．
セール，M.（1990）．『翻訳〈ヘルメスIII〉』（豊田彰・輪田裕・訳）．法政大学出版局．［原著：Serres, M.（1974）. *Hermès III: La traduction*. Paris: Éditions de Minuit］．
Shannon, C. E., & Weaver, W. (1949). *The mathematical theory of communication*. Urbana, IL: University of Illinois Press.
柴宜弘，(1995)．「ユーゴスラヴィアの解体と内戦」原暉之・山内昌之（編）『講座スラブの世界第2巻——スラブの民族』(349-369頁)．弘文堂．
―― (1996a)．『バルカンの民族主義』山川出版社．
―― (1996b)．「ボスニア内戦と国際社会の対応——ユーゴスラヴィア解体から和平協定調印まで」『国際問題』第434号（1996年5月号），2-14頁．日本国際問題研究所．
―― (1996c)．『ユーゴスラヴィア現代史』岩波書店．
―― (1998a)．「ユーゴスラヴィア」柴宜弘・中井和夫・林忠行『連邦解体の比較研究——ソ連・ユーゴ・チェコ』(57-88頁)．多賀出版．
―― (1998b)．「国家と宗教・民族——ボスニアのムスリムを手がかりとして」樺山紘一・木下康彦・遠藤紳一郎（編）『世界史へ——新しい歴史像を求めて』(255-276頁)．山川出版社．
―― (2001)．『バルカンの歴史』河出書房新社．
―― (2006)．「ヨーロッパとバルカン——バルカン地域研究覚書き」柴宜弘・佐原徹哉（編）『バルカン学のフロンティア』(13-20頁)．彩流社．
――・小沢弘明 (1997)．「ユーゴ内戦とはなんだったのか」『現代思想』第25巻，第14号（1997年12月臨時増刊号），8-45頁．青土社．
――（編）(1998c)．『バルカン史』山川出版社．
篠田博之 (1997)．「岐路に立たされた九〇年代の雑誌ジャーナリズム」『マス・コミュニケーション研究』第51号，87-103頁．
塩川伸明 (2004)．『民族と言語——多民族国家ソ連の興亡Ⅰ』岩波書店．
―― (2008)．『民族とネイション——ナショナリズムという難問』岩波書店．
Silber, L., & Little A. (1995). *The death of Yugoslavia*. London: BBC Books.
Silverstein, M. (1976a). *Shifters, linguistic categories, and cultural description*. In K. H. Basso & H. A. Selby (Eds.), *Meaning in anthropology* (pp. 11-55). Albuquerque, NM: University of New Mexico Press.
―― (1976b). Hierarchy of features and ergativity. In R. M. W. Dixon (Ed.), *Grammatical categories in Australian languages* (pp. 112-171). Canberra: Australian Institute of Aboriginal Studies.
―― (1979). Language structure and linguistic ideology. In P. R. Clyne, W. F. Hanks & C. L. Hofbauer (Eds.), *The elements: A parasession on linguistic units and levels* (pp. 193-247). Chicago: Chicago Linguistic Society.
―― (1992). The indeterminacy of contextualization: When is enough enough? In P. Auer & A. di Luzio (Eds.), *The contexualization of language* (pp. 55-76). Amster-

dam: John Benjamins.

―― (1993). Metapragmatic discourse and metapragmatic function. In A. Lucy (Ed.), *Reflexive language: Reported speech and metapragmatics* (pp. 33-58). Cambridge: Cambridge University Press.

―― (2003). Translation, transduction, transformation: Skating 'glossando' on thin semiotic ice. In P. G. Rubel & A. Rosman (Eds.), *Translating cultures: Perspectives on translation and anthropology* (pp. 75-105). New York: Berg.

―― (2007). How knowledge begets communication begets knowledge: Textuality and contextuality in knowing and learning.『異文化コミュニケーション論集』第5号, 31-60頁.［邦訳：シルヴァスティン, M.（2011）.「知識とコミュニケーションの弁証法――知ること、学ぶことにおけるテクスト性とコンテクスト性」（榎本剛士・永井那和・訳). 鳥飼玖美子・野田研一・平賀正子・小山亘（編）『異文化コミュニケーション学への招待』（288-330頁). みすず書房］.

Simon, S. (1996). *Gender in translation: Cultural identity and the politics of transmission*. London: Routledge.

スミス, A. R.（1999）.『ネイションとエスニシティ――歴史社会学的考察』（巣山靖司・高城和義・河野弥生・岡野内正・南野泰義・岡田新・訳). 名古屋大学出版会.［原著：Smith, A. R. (1986). *The ethnic origins of nations*. Oxford: Blackwell］.

Smolowe, J., Angelo, B., Graff, J. L., & Mader, W. (1992, May 11). Why do they keep on killing? *Time Archive 1923-to the Present*. Retrieved March 21, 2011, from http://www.time.com/time/archive/

Snell-Hornby, M. (1988). *Translation studies: An integrated approach*. Amsterdam: John Benjamins.

Sofos, S. A. (1999). Culture, media and the politics of disintegration and ethnic division in former Yugoslavia. In T. Allen & J. Seaton (Eds.), *The media of conflict: War reporting and representations of ethnic violence* (pp. 162-174). London: Zed Books.

Spivak, G. C. (2004 [1993]). The politics of translation. In L. Venuti (Ed.), *The translation studies reader* (2nd ed.) (pp. 369-388). New York: Routledge.

Srpski terroristi napali Sarajevo. (1992, April 7). *Борба*, p.2.

Stahuljak, Z. (2010). War, translation, transnationalism: Interpreters in and of the war (Croatia, 1991-1992). In M. Baker (Ed.), *Critical readings in translation studies* (pp. 391-414). London: Routledge.

ステファノフ, N.・ヴェルツ, M.（編）（1997）.『ボスニア戦争とヨーロッパ』（佐久間穆・訳). 朝日新聞社.［原著：Stefanov, N. & Werz, M. (Eds.). (1994). *Bosnien und Europa: Die Ethnisierung der Gesellschaft*. Frankfurt am Main: Fischer Taschenbuch Verlag］.

Stefanovic, N. Lj. (1992, May 18). The destruction of cities: We built them ― We can demolish them. *Vreme News Digest Agency Archive 91-97*. Retrieved July 31, 2010, from http://www.scc.rutgers.edu/serbian_digest/

菅谷明子（2000）.『メディア・リテラシー——世界の現場から』岩波書店.
鈴木正行（2005）.『日本の新聞におけるアフリカ報道——マクブライド委員会報告の今日的検証——外国通信社への記事依存度の変遷を視座にして』学文社.
高木徹（2005）.『ドキュメント戦争広告代理店：情報操作とボスニア戦争』講談社.
高橋秀寿（2006）.「序文 東欧——ヨーロッパの『東』」高橋秀寿・西成彦（編）『東欧の20世紀』（7-31頁）．人文書院.
高橋圭子（2005）.「『クローズアップ現代』の〈物語〉——メディア・テクストの批判的分析」三宅和子・岡本能里子・佐藤彰（編）『メディアとことば2——［特集］組み込まれるオーディエンス』（62-99頁）．ひつじ書房.
高橋康雄（1994）.『メディアの曙』日本経済新聞社.
Tanaka, S. (1993). *Japan's Orient: Rendering pasts into history*. Berkeley, CA: University of California Press.
多谷千香子（2005）.『「民族浄化」を裁く——旧ユーゴ戦犯法廷の現場から』岩波書店.
Thompson, M. (1999). *Forging war: The media in Serbia, Croatia, Bosnia and Herce-govina*. Bedfordshire: University of Luton Press.
Thomson, E. A., & White, P. R. R. (Eds.). (2008). *Communicating conflict: Multilingual case studies of the news media*. London: Continuun.
Todorova, M. (1997). *Imagining the Balkans*. Oxford: Oxford University Press.
トムリンソン, J.（1993）.『文化帝国主義』（片岡信・訳）．青土社.［原著：Tomlinson, J. (1991). *Cultural imperialism : A critical introduction*. London: Pinter Publishers］.
鳥飼玖美子（2004［2001］）.『歴史をかえた誤訳』新潮社.
——（2005）.「通訳における異文化コミュニケーション学」井出祥子・平賀正子（編）『講座社会言語科学第1巻 異文化とコミュニケーション』（24-39頁）．ひつじ書房.
——（2007）.『通訳者と戦後日米外交』みすず書房.
Torikai, K. (2009). *Voices of the invisible presence: Diplomatic interpreters in post-World war II Japan*. Amsterdam: John Benjamins.
Toury, G. (1995). *Descriptive translation studies and beyond*. Amsterdam: John Benjamins.
坪井秀人（2007）.「みずからの声を翻訳する——『アイヌ神謡集』の声と文字」西成彦・崎山政毅（編）『異郷の死——知里幸恵、そのまわり』（83-117頁）．人文書院.
坪井睦子（2009）.「翻訳、テクスト、コンテクスト——ボスニア紛争とそのメディア表象」『異文化コミュニケーション論集』第7号，83-99頁.
——（2010）.「相互行為としてのメディア翻訳——ドキュメンタリー番組の言説分析」『通訳翻訳研究』第10号，141-160頁.
——（2011）.「『等価』再考——『翻訳理論の探求』に探る翻訳学の新たな可能性」『異文化コミュニケーション論集』第9号，129-138頁.
——（2012）.「グローバル化とメディア翻訳：社会記号論系言語人類学の切り開く新たな地平」『翻訳研究への招待』第7号，41-59頁.

月村太郎 (2006). 『ユーゴ内戦——政治リーダーと民族主義』東京大学出版会.
Tymoczko, M. (1999). *Translation in a postcolonial context: Early Irish literature in English translation*. Manchester: St Jerome.
——, & Gentzler, E. (2002). *Translation and power*. Boston: University of Massachusetts Press.
Udovički, J., & Ridgeway, J. (Eds.). (1997). *Burn this house: The making and unmaking of Yugoslavia*. London: Duke University Press.
ウグレシィチ, D. (1997). 『バルカン・ブルース』(岩崎稔・訳). 未來社. [原著: Ugresic, D. (1998). *The culture of lies: Antipolitical essays*. London: Weidenfeld & Nicolson].
ウンバッハ, F. (1996). 「旧ユーゴスラヴィア紛争と NATO の役割——欧州安全保障への教訓」(佐藤治子・訳). 『国際問題』第 434 号 (1996 年 5 月号), 23-37 頁. 日本国際問題研究所. [原題: Umbach, F. (1996). The wars in former Yugoslavia and the role of NATO: Lessons of war and diplomacy for future security challenges].
United Nations International Criminal Tribunal for the Former Yugoslavia. (2005, February 9). IT-02-54 Transcripts. Retrieved July 31, 2010, from http://www.icty.org/x/cases/slobodan_milosevic/trans/en/050209IT.htm
—— (2006, February 23). IT-02-54 Transcripts. Retrieved July 31, 2010, from http://www.icty.org/x/cases/slobodan_milosevic/trans/en/060223ED.htm
van Dijk, T. A. (1988). *News analysis: Case studies of international and national news in the press*. Hillsdale, NJ: Lawrence Erlbaum.
—— (1993). *Elite discourse and racism*. Newbury Park, CA: Sage.
—— (1996). Discourse, power, and access. In C. R. Caldas-Coulthard & M. Coulthard (Eds.), *Texts and practices: Readings in critical discourse analysis* (pp. 84-104). London: Routledge.
—— (1997). Discourse as interaction in society. In T. A. van Dijk (Ed.), *Discourse studies: A multidisciplinary introduction, Vol. 2 — Discourse as social interaction* (pp. 1-37). London: Sage.
Vasic, M., Cabaravdic, Z., Camo, M., & Janjic, D. (1992, June 1). The Bosnian thunder: The killing of Sarajevo. *Vreme News Digest Agency Archive 91-97*. Retrieved July 31, 2010, from http://www.scc.rutgers.edu/serbian_digest/
——, Isakovic, Z., Sutalo, M., Camo, M., & Topic, T. (1992, April 13). War against Bosnia. *Vreme News Digest Agency Archive 91-97*. Retrieved July 31, 2010, from http://www.scc.rutgers.edu/serbian_digest/
Venuti, L. (Ed.). (1992). *Rethinking translation: Discourse, subjectivity, ideology*. New York: Routledge.
—— (1998). *The scandals of translation: Towards an ethics of difference*. New York: Routledge.

―― (2005, May). *Translating humor: Equivalence, compensation, discourse*. Paper presented at the 2nd annual meeting of Rikkyo Intercultural Communication Society (RICS). 鳥飼玖美子（訳）(2006).「ユーモアを訳す――等価・補償・ディスコース」『異文化コミュニケーション論集』第4号, 7-22頁.

―― (2008 [1995]). *The translator's invisibility: A history of translation* (2nd ed.). London: Routledge.

Vermeer, H. J. (2004). Skopos and commission in translational action (A. Chesterman, Trans.). In L. Venuti (Ed.), *The translation studies reader* (2nd ed.) (pp. 227-238). New York: Routledge. (Original work published 1989)

von Flotow, (1997). *Translation and gender: Translationg in the 'era of feminism'*. Manchester: St Jerome.

Warner, M. G. (1992, June 22). Bosnia. Will America step in?: The Pentagon thinks it may have to take charge. *Newsweek, 119*, 23.

渡辺光一（1992）.『テレビ国際報道』岩波書店.

渡邊光一（編）(2006).『マスメディアと国際政治』南窓社.

Will, G. F. (1992, August 24). Bedeviled by ethnicity: The itch to fix the world, and the perils of 'self-determination.' *Newsweek, 120*, 35-36.

Wolf, M. (1997). Translation as a process of power: Aspects of cultural anthropology in translation. In M. Snell-Hornby, Z. Jettmarová & K. Kaindl (Eds.), *Translation as intercultural communication: Selected papers from the EST congress - Prague 1995* (pp. 123-133). Amsterdam: John Benjamins.

Wolff, L. (1994). *Inventing Eastern Europe: The map of civilization on the mind of the Enlightenment*. Stanford, CA: Stanford University Press.

Woodward, S. L. (1997). International aspects of the wars in former Yugoslavia. In J. Udovički & J. Ridgeway (Eds.), *Burn this house: The making and unmaking of Yugoslavia* (pp. 215-244). London: Duke University Press.

The world watches murder. (1992, June 24). *The New York Times*. Retrieved January 26, 2010, from LexisNexis database.

安田敏朗（2000）.『近代日本言語史再考――帝国化する「日本語」と「言語問題」』三元社.

山本武利（編）(2005).『叢書現代のメディアとジャーナリズム第5巻 新聞・雑誌・出版』ミネルヴァ書房.

山内昌之（1992）.『新・ナショナリズムの世紀――分裂する国家と民族の行方を探る』PHP研究所.

山崎佳代子（1993）.『解体ユーゴスラビア』朝日新聞社.

横田洋三（編）(2000).『国連による平和と安全の維持：解説と資料』国際書院.

與那覇潤（2009）.『翻訳の政治学――近代東アジア世界の形成と日琉関係の変容』岩波書店.

米原万里（2004）.『嘘つきアーニャの真っ赤な真実』角川書店.

吉見俊哉（2004）.『メディア文化論——メディアを学ぶ人のための 15 話』有斐閣.
吉岡達也（1993）.『殺しあう市民たち』第三書館.
ヤング, R. J. C.（2005）.『ポストコロニアリズム』（本橋哲也・訳）. 岩波書店.［原著：Young, R. J. C.（2003）. *Postcolonialism: A very short introduction*. Oxford: Oxford University Press］.
Zimmermann, W.（1995）. The last ambassador. *Foreign Affairs, 74*(2), 2-21.

索 引

ア 行

アンダーソン, ベネディクト　Anderson, Benedict　27, 265
異質化　foreignization　48
異質化方略　foreignizing strategy　31, 55, 260, 272
異種混淆性　hybridity　46, 54, 68
イゼトベゴヴィッチ, アリヤ　Izetbegović, Alija　97, 101, 114, 116, 117, 120, 123, 132, 165, 171, 186, 232, 250, 273, 279, 284-291
意味対応訳／意訳　sense-for-sense (translation)　1, 34, 61, 214
ヴァン・デイク, テウン　van Dijk, Teun A.　9, 50, 55, 56
ヴィエスニク　Vjesnik　154, 159, 166, 167, 205
ウォーフ, ベンジャミン・リー　Whorf, Benjamin Lee　62, 76
ウスタシャ　102, 108, 109, 116, 120, 121, 142, 154, 155, 157, 159, 170, 204, 206
ヴレーメ　Vreme　158, 163, 166-170, 173, 205, 206
オスロボジェーニェ　Oslobodenje　159, 160, 161, 163, 171-174, 205, 206, 271, 272, 313
オリエンタリズム　27, 146, 192
オリゴ　77-79, 82, 84, 86, 147, 148, 210, 211, 246, 298, 310

カ 行

解釈学　hermeneutics　34, 57, 64, 74
カラジッチ, ラドヴァン　Karadžić, Radovan　15, 101, 120, 123, 164, 167, 273-275, 277-281, 284-290, 292, 302
間テクスト性　intertextuality　67
ガンパーズ, ジョン　Gumperz, John　76, 81, 89, 90, 94

記号学　semiology　76
記号間翻訳　intersemiotic translation　11, 38, 61, 70
記号作用　signification　76, 77
記号論　semiotics　18, 38, 44, 67, 72, 75-77, 82, 85, 209
客観性　4, 43, 67, 251, 252, 255, 258, 296, 298, 299, 303, 305
客観報道　4, 21
近代国民国家　74, 80, 117, 118, 123, 189, 203, 233, 295, 301
近代イデオロギー　201, 295, 307, 311
言及指示の機能　referential function　11-13, 20, 63, 71, 77, 78, 80, 93, 209, 211, 229, 232, 270, 277, 296, 305
言及指示的テクスト　denotational text　78, 202, 210, 247, 295, 298
言語イデオロギー　78, 80, 94
言語間翻訳　interlingual translation　11, 35, 36, 38, 44, 61, 66, 69, 70, 74, 79, 92, 183
言語内翻訳　intralingual translation　11, 60, 70
公共圏　2
国際通信社　5-8, 16, 21, 22, 29-31, 40, 145
ゴッフマン, アーヴィング　Goffman, Erving　89, 90, 94, 237, 301
固有名詞　84, 86, 87, 120, 121, 207, 211, 224, 226, 232, 250
コンテクスト化　contextualization　77-82, 84, 91, 92, 147, 148, 209, 210, 270, 294, 299
コンテクスト化の合図　contextualization cues　84, 90, 91, 94

サ 行

サイード, エドワード　Said, Edward Wadie　27, 30, 134
再コンテクスト化　recontextualization　5, 43,

195, 236, 277, 294, 296
サピア，エドワード　Sapir, Edward　62, 76
シェシェリ，ヴォイスラヴ　Šešelj, Vojislav　164, 273-275, 277, 278, 282-284, 292
詩的機能　poetic function　77, 80, 81, 84, 88, 89, 94, 211
指標記号　indexicals　75, 76, 85, 89
指標性　indexicality　38, 69, 76, 77, 85-88, 91, 121, 148, 201, 211, 226, 255, 268, 306
社会指標性　social indexicality　17, 76, 119, 223, 225, 270, 272, 292, 301
社会指標的機能　social-indexical function　12, 13, 20, 37, 71, 72, 77, 78, 81, 93, 210, 232, 236, 251, 252, 270, 272, 274, 277, 292, 294, 305
受容化　domestication　48, 54
受容化方略　domesticating strategy　31, 32, 37, 38, 214, 215, 260, 272
シュライアーマハー，フリードリヒ　Schleiermacher, Friedrich　34, 48, 54, 62, 74
象徴記号　symbols　75, 76, 87, 148
象徴性　85, 87, 91, 148, 211, 226, 236, 268, 296
情報理論的コミュニケーション観　4, 36, 38, 303, 304
情報理論的コミュニケーションモデル　3, 12
シルヴァスティン，マイケル　Silverstein, Michael　72, 77, 78, 81, 82, 83, 84, 92, 94, 210, 226
相互行為のテクスト　interactional text　78, 82, 202, 210, 234, 247, 295, 297, 298, 306
ソシュール，フェルディナン・ド　Saussure, Ferdinand de　62, 76

タ行

ダイクシス　deixis　84-87, 89, 211
第3の空間　46, 54, 68
対照ペア　contrastive pair　84, 87-89, 91, 181, 211, 228, 232, 239, 242, 245, 307
大セルビア主義　107, 115, 126, 130, 155, 219, 239
脱構築　34, 57, 59, 64, 65, 67, 68, 73
脱コンテクスト化　decontextualization　11, 80, 81, 84, 87, 88, 91, 148, 195, 204, 209, 242, 250, 271, 294-296
ダナス　Danas　158, 159, 163, 170, 171
タンユグ　Tanjug　30, 152, 158
チェトニク　108, 154, 155, 162, 170, 173, 204
逐語訳　word-for-word (translation)　1, 34, 61
チトー，ヨシップ・ブローズ　Tito, Josip Broz　108-110, 119, 122, 130, 164, 262
抽象名詞　84, 85 ,87, 211
中立性　4, 145, 158, 303, 313
出来事モデル　event model　12, 18, 19, 38, 75, 77, 79, 81-84, 92, 147, 148, 209, 304
テクスト化　[en]textualization　36, 77, 78, 81, 82, 84, 88, 89, 91, 92, 147, 148, 151, 191, 195, 210, 242, 245, 265, 270, 294, 299
デリダ，ジャック　Derrida, Jacques　64, 65
東欧民主化　97, 99, 152
導管　4, 8, 12, 34, 36, 79, 80, 219, 299, 303, 307, 313
導管メタファー　80
東西冷戦　2, 26, 29, 96, 125, 191, 203
トゥジマン，フラニョ　Tuđman, Franjo　97, 99, 114, 116, 117, 120-123, 130, 153-155, 159, 167, 186, 192, 205, 273-275, 280, 284
透明な　transparent　5, 32, 34, 48, 49, 313
透明性　transparency　33, 47, 48, 67

ハ行

パース，チャールズ・サンダース　Peirce, Charles Sanders　38, 44, 67, 72, 75, 76, 94, 209
バーバ，ホミ　Bhabha, Homi K.　46, 47, 54, 65, 66, 68, 176
ハイムズ，デル　Hymes, Dell　76, 77, 81, 89
狭間性　in-betweenness　54
範列　76, 294
範列軸　88
非言及指示的機能　non-referential function　12, 77
非同盟　96, 109-111, 135
批判的談話分析（CDA）　Critical Discourse Analysis　9, 22, 44, 50, 51, 55, 56, 75, 89
フェアクラフ，ノーマン　Fairclough, Norman　9, 44, 50, 55, 312
不可視（の）　38, 48, 303
不可視性　invisibility　2, 38, 47, 48, 215
フッティング　84, 90, 91, 211, 247, 255, 295
フレーム　9, 84, 89, 176, 182, 191, 211, 229, 233, 236, 237, 242, 243, 251, 255, 276, 296, 307, 311

索引　347

フレームの曖昧性　237
フレーム分析　94
ブローズ，ヨシップ　→チトー，ヨシップ・ブローズ
文化的ステレオタイプ　cultural stereotype　84, 88, 91, 92, 211, 214, 247, 294
文化的転回　cultural turn　35, 46, 60
文化の翻訳　translation of culture　35, 55, 65, 66, 68, 296
文化翻訳　cultural translation　35, 47, 59, 60, 65-67
文法範疇　84, 85, 87, 211
ベンヤミン，ヴァルター　Benjamin, Walter　8, 65
ボアス，フランツ　Boas, Franz　72, 75, 76
ポスト構造主義　54, 59, 73
ポストコロニアル翻訳理論　32, 64, 72
ポリティカ　Политика　151, 153, 158, 164-167, 169, 204, 205
ポリフォニー（多声性）　74
ボルバ　Борба/Borba　152, 158, 163, 166, 167, 169, 205, 206

マ 行

ミロシェヴィッチ，スロボダン　Milošević, Slobodan　97, 102, 103, 114-117, 119, 120, 123, 128-131, 140, 143, 153-159, 167, 186, 187, 192, 195, 204, 224, 231, 232, 239, 250, 273-286, 292, 293
民族意識　19, 111, 112, 114, 117, 121, 155, 244, 261
民族自決　98, 100, 101, 106, 113, 124, 125, 128, 137, 148, 156, 190, 202, 203, 266, 306
名詞句階層　83-87, 92, 211

メタ意味論　metasemantics　74, 83, 308
メタ意味論的機能　metasemantic function　82
メタ言語（的）機能　metalingual function　34, 71, 74, 80, 94
メタ・コミュニケーション　94, 156
メタ語用　metapragmatics　18, 67, 74, 77, 78, 82-84, 88, 89, 92, 93, 121, 148, 210, 211, 305, 308
メタ語用的フレーム（枠組み）　147, 191, 242
メタ語用論的機能　metapragmatic function　82, 84, 94
モダリティ　84, 89, 211, 244, 247, 259, 280, 295, 302

ヤ 行

ヤコブソン，ロマン　Jakobson, Roman　11, 38, 40, 60, 61, 67, 70, 72-77, 79-82, 88, 94
ユーゴスラヴィア王国（ユーゴ王国）　19, 104, 107, 108, 142, 261
ユーゴスラヴィア社会主義連邦共和国　13, 96, 119
ユーゴスラヴィア連邦共和国　98
ユーゴ連邦解体　17, 19, 51, 56, 217
ユーゴ連邦（人民）軍　100, 116, 120, 123, 129-131, 142, 160, 224, 231, 234, 274, 276, 284, 302
ユテル　Jutel　152, 158, 285, 302

ラ 行

類像記号　icons　75, 76
類像性　38, 76, 88, 91, 94
連辞　76
連辞軸　88
6機能モデル　40, 79, 80-82, 88

著者略歴
(つぼい・むつこ)

千葉市生まれ．津田塾大学大学院国際関係学研究科修士課程修了（国際学），立教大学大学院異文化コミュニケーション研究科博士課程修了（異文化コミュニケーション学）．現在，立教大学大学院異文化コミュニケーション研究科特任准教授．
専門：翻訳学，メディア翻訳論．

坪井睦子
ボスニア紛争報道
メディアの表象と翻訳行為

2013年 3 月12日　印刷
2013年 3 月22日　発行

発行所　株式会社 みすず書房
〒113-0033 東京都文京区本郷 5 丁目 32-21
電話 03-3814-0131（営業）03-3815-9181（編集）
http://www.msz.co.jp

本文組版　キャップス
本文印刷所　平文社
扉・表紙・カバー印刷所　栗田印刷
製本所　誠製本

© Tsuboi Mutsuko 2013
Printed in Japan
ISBN 978-4-622-07738-1
［ボスニアふんそうほうどう］
落丁・乱丁本はお取替えいたします

通訳者と戦後日米外交	鳥飼玖美子	3990
異文化コミュニケーション学への招待	鳥飼・野田・平賀・小山編	6300
通 訳 学 入 門	F. ポェヒハッカー 鳥飼玖美子監訳	4200
翻 訳 学 入 門	J. マンデイ 鳥飼玖美子監訳	4515
翻 訳 理 論 の 探 求	A. ピ ム 武田珂代子訳	5250
東京裁判における通訳	武田珂代子	3990
トランスレーション・スタディーズ	佐藤＝ロスベアグ・ナナ編	5040
翻 訳 と 異 文 化 オンデマンド版	北條文緒	2100

(消費税 5%込)

みすず書房

メディア論 　人間の拡張の諸相	M. マクルーハン 栗原裕・河本仲聖訳	6090
グーテンベルクの銀河系 　活字人間の形成	M. マクルーハン 森　常治訳	7875
マクルーハンの光景 メディア論がみえる 　理想の教室	宮澤淳一	1680
戦争とテレビ	B. カミングス 渡辺将人訳	2940
村上春樹短篇再読	風丸良彦	2625
村上春樹〈訳〉短篇再読	風丸良彦	2730
日系ブラジル移民文学　Ⅰ・Ⅱ 　日本語の長い旅	細川周平	各15750
遠きにありてつくるもの 　日系ブラジル人の思い・ことば・芸能	細川周平	5460

(消費税 5%込)

みすず書房

書名	著者/訳者	価格
オシムの伝言	千田 善	2520
サラエボで、ゴドーを待ちながら エッセイ集2／写真・演劇・文学	S.ソンタグ 富山太佳夫訳	3990
他者の苦痛へのまなざし	S.ソンタグ 北條文緒訳	2100
国境なき平和に	最上敏樹	3150
アフガニスタン 国連和平活動と地域紛争	川端清隆	2625
イラク戦争のアメリカ	G.パッカー 豊田英子訳	4410
他者の苦しみへの責任 ソーシャル・サファリングを知る	A.クラインマン他 坂川雅子訳 池澤夏樹解説	3570
生きるための読み書き 発展途上国のリテラシー問題	中村雄祐	4410

（消費税 5%込）

みすず書房

書名	著者	訳者	価格
人権について オックスフォード・アムネスティ・レクチャーズ	J. ロールズ他	中島吉弘・松田まゆみ訳	3360
寛容について	M. ウォルツァー	大川正彦訳	2940
ヨーロッパ戦後史 上・下	T. ジャット	森本醇・浅沼澄訳	各6300
荒廃する世界のなかで これからの「社会民主主義」を語ろう	T. ジャット	森本醇訳	2940
記憶の山荘■私の戦後史	T. ジャット	森夏樹訳	3150
ヨーロッパに架ける橋 上・下 東西冷戦とドイツ外交	T. G. アッシュ	杉浦茂樹訳	I 5880 / II 5670
人種主義の歴史	G. M. フレドリクソン	李孝徳訳	3570
ヴェールの政治学	J. W. スコット	李孝徳訳	3675

(消費税 5%込)

みすず書房